Um homem para
qualquer mercado

EDWARD O. THORP

Um homem para qualquer mercado

*De Las Vegas a Wall Street,
como derrotei a banca e o mercado*

TRADUÇÃO
Afonso Celso da Cunha Serra
Petê Rissatti
Rogério W. Galindo

3ª reimpressão

Copyright © 2017 by Edward O. Thorp

Publicado mediante acordo com The Robbins Office, Inc.
e Aitken Alexander Associates Ltd.

A Portfolio-Penguin é uma divisão da Editora Schwarcz S.A.

PORTFOLIO and the pictorial representation of the javelin thrower are trademarks of Penguin Group (USA) Inc. and are used under license. PENGUIN is a trademark of Penguin Books Limited and is used under license.

Grafia atualizada segundo o Acordo Ortográfico da Língua Portuguesa de 1990, que entrou em vigor no Brasil em 2009.

TÍTULO ORIGINAL A Man for All Markets: From Las Vegas to Wall Street, How I Beat the Dealer and the Market
CAPA André Kavakama
PROJETO GRÁFICO Tamires Cordeiro
PREPARAÇÃO Cacilda Guerra
ÍNDICE REMISSIVO Probo Poletti
REVISÃO TÉCNICA André Massaro
REVISÃO Marise Leal e Huendel Viana

Dados Internacionais de Catalogação na Publicação (CIP)
(Câmara Brasileira do Livro, SP, Brasil)

Thorp, Edward O.
    Um homem para qualquer mercado : de Las Vegas a Wall Street, como derrotei a banca e o mercado / Edward O. Thorp ; tradução Afonso Celso da Cunha Serra, Petê Rissatti, Rogério W. Galindo. — 1ª ed. — São Paulo : Portfolio-Penguin, 2018.

    Título original: A Man for All Markets : From Las Vegas to Wall Street, How I Beat the Dealer and the Market.
    ISBN 978-85-8285-078-7

    1. Consultores de investimentos – Estados Unidos - Biografia 2. Finanças – Modelos matemáticos 3. Investimentos 4. Jogos de azar 5. Matemáticos – Estados Unidos – Biografia I. Título.

18-19635   CDD-332.6092

Índice para catálogo sistemático:
1. Financistas : Biografia 332.6092
Cibele Maria Dias — Bibliotecária — CRB-8/9427

[2021]
Todos os direitos desta edição reservados à
EDITORA SCHWARCZ S.A.
Rua Bandeira Paulista, 702, cj. 32
04532-002 — São Paulo — SP
Telefone: (11) 3707-3500
www.portfolio-penguin.com.br
atendimentoaoleitor@portfolio-penguin.com.br

Para Vivian e nossos filhos e suas famílias: Raun, Brian e Ava;
Karen, Rich, Claire, Christopher e Edward;
Jeff, Lisa, Kylie e Thomas.

SUMÁRIO

Prefácio 9

Apresentação 11
por Nassim Nicholas Taleb

1. Adorando aprender 19
2. A ciência é meu parquinho 39
3. Física e matemática 67
4. Las Vegas 86
5. Dominando o blackjack 92
6. O dia do cordeiro 109
7. Contagem de cartas para todos 128
8. Jogadores contra cassinos 145
9. Um computador que prevê a roleta 157
10. Tendo vantagem em outros jogos de azar 174
11. Wall Street: o maior cassino da Terra 184
12. Bridge com Buffett 196

13. Formando um fundo 209

14. Largando na frente na revolução quantitativa 231

15. Subir... 241

16. ... E cair 252

17. Período de ajuste 262

18. Fraudes e perigos 277

19. Comprando na baixa, vendendo na alta 285

20. Investindo com tudo nos bancos 300

21. Uma última baforada 306

22. Protegendo suas apostas 315

23. Até que ponto os ricos são ricos 326

24. Crescimento composto: a oitava maravilha do mundo 337

25. Supere a maioria dos investidores investindo
passivamente 344

26. Você consegue vencer o mercado? Vale a pena tentar? 353

27. Alocação de recursos e gestão da riqueza 366

28. Retribuindo 380

29. Crises financeiras: lições não aprendidas 387

30. Pensamentos 407

Epílogo 417

Apêndices

A: O impacto da inflação no dólar 421

B: Retornos históricos 424

C: A regra dos 72 e mais 427

D: Desempenho da Princeton Newport Partners, LP 430

E: Nossos resultados de arbitragem estatística
para uma empresa da Fortune 100 433

Agradecimentos 435

Notas 437

Referências bibliográficas 460

Índice remissivo 463

PREFÁCIO

Acompanhe minha jornada pelos mundos da ciência, dos jogos de azar e dos mercados de ações. Você verá como superei riscos e obtive recompensas em Las Vegas, em Wall Street e na vida. No caminho, você vai conhecer pessoas interessantes, de contadores de cartas a experts em investimentos, de astros de cinema a ganhadores do Nobel. E aprenderá sobre opções e outros derivativos, sobre hedge funds e sobre como uma abordagem simples de investimentos supera a longo prazo os conselhos da maior parte dos investidores, incluindo especialistas.

Comecei minha vida na Grande Depressão dos anos 1930. Como milhões de outras, minha família passava dificuldades e pensava apenas em sobreviver, um dia de cada vez. Embora não tivéssemos contatos úteis e eu tenha frequentado escola pública, encontrei um recurso que fez toda a diferença: aprendi a pensar.

Algumas pessoas pensam com palavras, outras usam números e há quem use imagens visuais. Faço tudo isso, mas também uso modelos. Um modelo é uma versão simplificada da realidade, como um mapa de ruas que mostra como ir de uma parte da cidade para outra ou a visão de um gás como uma multidão de minúsculas bolas elásticas trombando umas nas outras o tempo todo.

Aprendi que instrumentos simples como engrenagens, alavancas e polias seguem regras básicas. Você pode descobrir quais são essas regras por meio de experimentos e, caso as compreenda direito, pode usá-las para prever o que ocorrerá em novas situações.

O que mais me impressionou foi a magia de um rádio de galena — um rádio primitivo feito com cabos, um cristal e fones de ouvido. De repente, ouvi vozes que vinham de lugares a centenas, milhares de quilômetros, trazidas pelo ar por algum processo misterioso. A noção de que coisas que eu não conseguia ver seguiam regras que eu podia descobrir por meio do raciocínio — e de que poderia usar o que descobrisse para mudar o mundo — me inspirou desde menino.

Em razão das circunstâncias, fui praticamente um autodidata e isso me fez pensar de maneira diferente. Em primeiro lugar, em vez de me submeter a pontos de vista aceitos pela maioria — como "É impossível derrotar um cassino" —, eu checava as coisas por conta própria. Em segundo lugar, como inventava experimentos para testar teorias, adquiri o hábito de pegar o resultado do raciocínio puro — como uma fórmula para avaliar garantias — e tirar vantagem dele. Em terceiro lugar, quando estabelecia uma meta importante, eu fazia um plano realista e persistia até atingi-la. Em quarto lugar, me esforçava para ser sempre racional, não apenas em uma área específica da ciência mas no meu relacionamento com qualquer aspecto do mundo. Também aprendi o valor de só emitir um juízo depois de ser capaz de tomar uma decisão baseada em fatos.

Espero que minha história lhe ofereça uma perspectiva única e que *Um homem para qualquer mercado* ajude você a pensar de modo diferente sobre jogos de azar, investimentos, risco, gestão de finanças, construção de patrimônio — e também sobre a vida.

APRESENTAÇÃO

As memórias de Ed Thorp parecem um livro de suspense — misturam computadores vestíveis que deixariam James Bond orgulhoso, personagens suspeitos, grandes cientistas e tentativas de envenenamento (além da sabotagem feita no carro de Ed para que ele sofresse um "acidente" no deserto). O livro revela uma pessoa meticulosa, rigorosa e metódica em busca da vida, do conhecimento, da segurança financeira e, não menos importante, de diversão. Thorp também é conhecido como um homem de caráter generoso, ávido por compartilhar suas descobertas com qualquer desconhecido (em livros e também pessoalmente) — características que esperamos encontrar nos cientistas, mas em geral não encontramos. E, no entanto, ele é humilde — talvez seja o único investidor humilde do planeta — e por isso, a não ser que o leitor queira reinterpretar o que está nas entrelinhas, não perceberá que as contribuições de Thorp são muito mais importantes do que ele dá a entender. Por quê?

Por causa de sua simplicidade. De sua absoluta simplicidade.

Pois foi a clareza de suas contribuições e de suas ideias que as tornou ao mesmo tempo invisíveis para a academia e úteis para quem as utiliza na prática. Meu objetivo não é explicar nem resumir o livro; Thorp — não é nenhuma surpresa — escreve de modo simples, claro e cativante. Meu papel aqui, como investidor e profissional da matemática financeira, é mostrar sua importância e contextualizá-lo para minha comunidade de traders-cientistas da vida real e de tomadores de riscos em geral.

O contexto é o seguinte. Ed Thorp é o primeiro matemático moderno a usar *com bons resultados* métodos quantitativos para tomar decisões que envolvem risco — e decerto o primeiro matemático a obter sucesso financeiro com isso. Desde então apareceu uma miríade de "analistas quantitativos", como os meninos-prodígio da matemática aplicada na Suny Stony Brook — mas Thorp é o decano da turma.

Seu antecessor mais importante e mais pitoresco, Girolamo (às vezes grafado Geronimo) Cardano, polímata e matemático do século XVI que escreveu a primeira — digamos assim — encarnação de *Beat the Dealer* [Derrote a banca], era um jogador compulsivo. Para dizer o mínimo, ele não foi bem-sucedido — até porque viciados não são bons para decidir sobre riscos; se você precisa ser convencido disso, dê uma olhada na magnificência de Monte Carlo, Las Vegas e Biarritz, lugares financiados pela compulsão desses frequentadores. O livro de Cardano, *Liber de ludo aleae* [O livro dos jogos de azar], foi útil no desenvolvimento posterior da teoria da probabilidade, mas, ao contrário do que aconteceu com Thorp, serviu de inspiração mais para matemáticos do que para jogadores. Outro matemático, um protestante francês refugiado em Londres, Abraham de Moivre, frequentador assíduo de casas de jogos e autor de *The Doctrine of Chances: Or, A Method of Calculating the Probabilities of Events in Play* [A doutrina das probabilidades: Ou Um método para calcular a probabilidade dos eventos em um jogo] (1718), mal conseguia pagar suas contas. É fácil lembrar mais meia dúzia de matemáticos-jogadores, entre eles gigantes como Fermat e Huygens — que ou não se importavam com dinheiro ou não eram muito bons em obtê-lo. Antes de Ed Thorp, o amor que os matemáticos sentiam pelos jogos de azar nem de longe era recíproco.

O método de Thorp consiste no seguinte: ele vai direto ao ponto para identificar uma *vantagem* clara (algo que a longo prazo ponha as probabilidades a seu favor). A vantagem deve ser óbvia e não pode ser complicada. Por exemplo, ao calcular a velocidade de uma roleta, como fez ao usar um computador vestível (tendo como colega de conspiração ninguém menos do que Claude Shannon, pai da teoria da informação), ele estimava uma vantagem típica de cerca de 40% em cada aposta. Mas essa parte é fácil, muito fácil. A parte difícil é *aproveitar* essa vantagem, convertê-la em dólares no banco, refeições em restaurantes, cruzeiros interessantes e presentes de Natal para amigos e parentes. O que importa, no fim das contas, é saber dosar as apostas — nem muito pouco, nem demais. Para conseguir isso, Ed fez um grande trabalho por conta própria, antes do refinamento teórico introduzido pelo terceiro membro do Trio da Informação: John Kelly, autor do famoso Critério de Kelly, uma fórmula para fazer apostas que é discutida hoje porque Ed Thorp a tornou operacional.

Um pouco mais sobre simplicidade antes de falarmos sobre dosagem. Um acadêmico que está sendo avaliado por seus pares e não pelo seu gerente de banco (ou pelo contador que calcula seus impostos) não vê com bons olhos quando uma montanha, depois de grande esforço, dá à luz um rato. Preferem ver o rato parindo uma montanha; o que importa é a percepção de sofisticação. Quanto mais complicado, melhor; coisas simples não rendem citações, não aumentam seu índice de produtividade nem ajudam em qualquer métrica *du jour* que faça os administradores da universidade respeitarem seu trabalho, já que os gestores são capazes de entender essas métricas, mas não a essência do verdadeiro trabalho. Os únicos acadêmicos que escapam do fardo da complicação-pela-complicação são os grandes matemáticos e físicos (e, pelo que ouço dizer, mesmo para eles a vida está cada vez mais difícil no atual ambiente de financiamento e rankings).

Ed começou como acadêmico, mas gostava mais de aprender fazendo, correndo riscos. Quando reencarna como alguém que trabalha no mundo real, *você quer que a montanha dê à luz a estratégia mais simples possível*, aquela que tenha a menor quantidade de efeitos colaterais, o menor número possível de complicações ocultas. A genialidade de Ed transparece no modo como ele encontrou regras *crème* dos economistas da área financeira, faliu de modo espetacular em 1998, perdendo muitas vezes o total de dinheiro que eles previam perder no pior cenário possível.

O segundo, o método dos teóricos da informação do qual Ed foi pioneiro, é praticado por traders e traders-cientistas. Todo especulador que sobrevive usa explícita ou implicitamente esse segundo método (provas: Ray Dalio, Paul Tudor Jones, Renaissance Technologies, até a Goldman Sachs!). Digo *todo especulador* porque, como Peters e Gell-Mann demonstraram, quem não faz isso uma hora ou outra acaba quebrando.

E graças a esse segundo método, caso herde, digamos, 82 mil dólares do tio Morrie, você sabe que existe uma estratégia que lhe permitirá duplicar essa herança sem jamais ir à falência.

Algumas outras coisas que pessoalmente aprendi com Thorp. Muitos especuladores de sucesso, depois de conseguir fazer fortuna pela primeira vez, se envolvem com grandes estruturas, vários escritórios, reuniões matinais, café, intrigas corporativas, aumento do patrimônio e acabam perdendo o controle de suas vidas. Ed não. Depois da separação dos sócios e do fechamento de sua empresa (por motivos que não tinham nada a ver com ele), Thorp não abriu um novo megafundo. Limitou-se a gerir finanças dos outros. (A maior parte das pessoas volta para o conforto de empresas alheias e alavanca sua reputação levantando quantias colossais de dinheiro de terceiros para poder cobrar taxas maiores.) Mas adotar esse freio exige certa intuição, certo grau de autoconhecimento. Ser independente é muito menos estressante — e você nunca será independente se estiver envolvido em uma grande estrutura com clientes poderosos. Já é bem difícil lidar com a complexidade dos cálculos de probabilidades, portanto você deve evitar se expor aos caprichos do humor humano. O verdadeiro sucesso está em sair de uma competição maluca e moldar suas atividades para encontrar a paz interior. Thorp sem dúvida aprendeu uma lição: o trabalho mais estressante que ele teve foi administrar o Departamento de Matemática da Universidade da

Califórnia em Irvine. Dá para perceber que o sujeito tem o controle da própria vida. Isso explica por que ele parecia mais jovem na segunda vez em que nos encontramos, em 2016, do que na primeira vez, em 2005.

Ciao,
NASSIM NICHOLAS TALEB

CAPÍTULO 1

Adorando aprender

Minha primeira lembrança é de estar com meus pais num patamar depois de subir uns degraus de madeira sujos e velhos. Era um dia cinzento em Chicago em dezembro de 1934, quando eu tinha dois anos e quatro meses. Mesmo agasalhado com minha única calça de inverno e um casaco de capuz, eu estava com frio. Escuras e sem folhas, as árvores se destacavam sobre o solo coberto de neve. De dentro da casa, a mulher dizia a meus pais: "Não, não alugamos para casais com crianças". Decepcionados, eles deram meia-volta e fomos embora. Será que eu tinha feito alguma coisa errada? Por que eu era um problema? Essa imagem saída das profundezas da Grande Depressão ficou para sempre na minha memória.

A próxima coisa de que me lembro foi ser levado, aos dois anos e meio, ao médico que minha família adorava, o dr. Dailey. Assustados, meus pais lhe explicaram que eu ainda não tinha falado uma palavra sequer.[1] Qual era o problema? O médico sorriu e me pediu para apontar uma bola que estava sobre sua mesa. Apontei e ele me pediu para pegar seu lápis. Depois de eu cumprir mais algumas tarefas, ele disse: "Não se preocupem, ele vai falar quando estiver pronto". Meus pais foram embora aliviados e um pouco perplexos.

Depois disso, a campanha para me fazer falar se intensificou. Perto do meu aniversário de três anos, minha mãe e duas amigas, Charlotte e Estelle, me levaram com elas à Montgomery Ward, uma loja de departamentos de Chicago famosa na época. Quando sentamos num banco perto de um elevador, do qual saíram duas mulheres e um homem, Charlotte, para me tentar a falar, perguntou: "Aonde será que eles vão?". Respondi clara e nitidamente: "O homem vai comprar alguma coisa e as duas mulheres estão indo no banheiro fazer xixi". Tanto Charlotte quanto Estelle ficaram vermelhas quando eu disse "xixi". Percebi isso, mas como era novo demais para conhecer as convenções sobre constrangimento, não entendi por que elas tinham reagido daquela maneira. Também fiquei intrigado com a sensação que causei com minha súbita transição do silêncio para a tagarelice.

A partir de então passei a me expressar quase sempre com orações completas,[2] encantando meus pais e seus amigos, que agora me enchiam de perguntas e por vezes recebiam respostas surpreendentes. Meu pai tratou então de definir que coisas eu poderia aprender.

Nascido no Iowa em 1898, meu pai, Oakley Glenn Thorp, era o segundo de três filhos, com um irmão dois anos mais velho e uma irmã dois anos mais nova. Quando ele tinha seis anos seus pais se separaram. O pai ficou com ele e o irmão e partiu para o estado de Washington. A mãe e a irmã ficaram no Iowa. Em 1915, meu avô morreu de gripe, três anos antes da Grande Pandemia de Gripe de 1918-9, que matou de 20 milhões a 40 milhões de pessoas no mundo inteiro.[3] Os dois meninos moraram com um tio até 1917. Então meu pai, com dezoito anos, foi para a França para entrar na Força Expedicionária Americana na Primeira Guerra Mundial. Ele combateu na infantaria nas trincheiras, foi de recruta a sargento e recebeu uma Estrela de Bronze, uma Estrela de Prata e dois Corações Púrpura por heroísmo em lugares como Château-Thierry, Belleau Wood e na Batalha do Marne. Eu me lembro de estar sentado no colo dele, ainda muito pequeno, em uma tarde úmida, examinando as cicatrizes no peito causadas por estilhaços e as pequenas mutilações sofridas em alguns dedos.

Depois de ser dispensado do Exército, ao fim da guerra, meu pai se matriculou na Universidade de Oklahoma. Estudou um ano e meio antes de precisar abandonar a faculdade por falta de dinheiro, mas isso não diminuiu o apetite e o respeito que sentia pela educação e que transmitiu para mim, na esperança jamais verbalizada de que eu viesse a chegar mais longe do que ele. Percebendo tal expectativa e esperando que isso nos aproximasse, eu aceitava de bom grado o esforço que ele fazia para me instruir.

Assim que aprendi a falar, ele me apresentou os números. Achei fácil contar até cem, depois até mil. Em seguida aprendi que bastava adicionar um para chegar sempre ao próximo número, o que significava que podia contar sem parar desde que soubesse os nomes dos números. Logo aprendi a contar até 1 milhão. Parecia que os adultos achavam esse número bem grande, então certa manhã sentei e me pus a contar. Eu sabia que uma hora ia chegar a 1 milhão, mas não tinha a menor ideia de quanto tempo isso levaria. Para começar, escolhi um catálogo da Sears do tamanho da lista telefônica de uma cidade grande, porque era o que tinha à mão com mais coisas para contar. As páginas eram repletas de imagens de produtos marcados com as letras A, B, C e assim por diante, impressas, pelo que me lembro, em preto dentro de círculos brancos. Comecei no início do catálogo e contei todas as letras circuladas, um número para cada item, página após página. Depois de algumas horas dormi mais ou menos no número 32 576. Minha mãe diz que quando acordei continuei com "32 577...".

Uma característica que apareceu mais ou menos nessa época foi a tendência a não aceitar nada que me dissessem sem verificar por conta própria se era verdade. Isso teve suas consequências. Quando eu tinha três anos, minha mãe me alertou para não encostar no fogão quente, para não me queimar. Aproximei um dedo o suficiente para sentir o calor, depois pressionei o fogão com a mão. Nunca mais.

Em outra ocasião, alguém me avisou que ovos crus quebravam se a gente os apertasse só um pouquinho. Fiquei me perguntando quanto era esse "pouquinho" e comprimi um ovo bem devagar até quebrá-lo, depois treinei apertando outro, parando quando ele estava prestes a quebrar, para ver qual era o limite exato. Desde muito novo, sempre adorei aprender como o meu mundo funcionava por meio de experimentos e da investigação.

Depois de me ensinar a contar, o próximo projeto do meu pai foi me fazer ler. Começamos com os livros didáticos de iniciação à leitura *See Spot* [Veja Spot], *See Spot Run* [Veja Spot correr] e *See Jane* [Veja Jane]. Fiquei intrigado e desorientado por alguns dias; depois entendi que os grupos de letras representavam as palavras que dizíamos. Nas semanas seguintes folheei todos os nossos livros simples para iniciantes e desenvolvi um pequeno vocabulário. Agora a coisa estava ficando empolgante. Eu via palavras impressas em toda parte e percebi que, se descobrisse como pronunciá-las, podia reconhecê-las e saber o que significavam. A fonética veio naturalmente, e aprendi a articular as palavras para poder pronunciá-las. A seguir veio o processo inverso — ouvir uma palavra e dizer quais eram as letras —, soletrar. Quando completei cinco anos, lia no nível de uma criança de dez, devorando tudo que via pela frente.

A dinâmica da nossa família também mudou com o nascimento do meu irmão. Meu pai, tendo a sorte de estar empregado em meio à Grande Depressão, trabalhava muito para sustentar a família. Minha mãe estava sempre ocupada com o bebê e se dedicou ainda mais a ele quando, aos seis meses de idade, teve uma pneumonia que o matou. Isso me fez ficar muito mais independente e minha reação foi explorar os mundos infinitos, tanto reais quanto imaginários, que encontrava nos livros que meu pai me dava.

Nos anos seguintes li, entre outros, *Viagens de Gulliver*, *A ilha do tesouro* e *Stanley and Livingstone in Africa*. Quando depois de uma busca árdua e perigosa de oito meses Stanley encontrou o homem que estava procurando, o único europeu que se sabia estar na África Central, fiquei arrebatado com sua incrível declaração — "Dr. Livingstone, eu presumo" — e discuti o esplendor das cataratas de Vitória, no rio Zambeze, com meu pai, que me garantiu (ele estava certo) que elas eram bem maiores do que as nossas cataratas do Niágara.

Eu sentia um amor especial por *Viagens de Gulliver*, com seus minúsculos liliputianos, os gigantes de Brobdingnag, os cavalos falantes e, por fim, a misteriosa Laputa, uma ilha voadora no céu sustentada por forças magnéticas. Eu gostava das imagens brilhantes que o livro criava na minha cabeça e dos conceitos fantásticos que me levavam a pensar por conta própria que outras maravilhas podiam existir. Mas na época quase não percebia as alusões históricas e a sátira social de Swift, apesar das explicações do meu pai.

Com a história de Malory sobre o rei Artur e os cavaleiros da Távola-Redonda, aprendi sobre heróis e vilões, romance, justiça e retribuição. Admirei os heróis que, com o uso de suas habilidades extraordinárias e de seu engenho, realizavam grandes façanhas. Introvertido e ponderado, posso ter sido levado a me espelhar nesses personagens no futuro para usar o cérebro para superar obstáculos intelectuais, em vez de usar o corpo para derrotar oponentes humanos. Os livros me ajudaram a estabelecer valores que me acompanhariam durante toda a vida, como agir com retidão, garantir que todos comecem de um ponto de partida igual e tratar o próximo como gostaria de ser tratado.

Em grande medida, as palavras e as aventuras estavam na minha cabeça; eu não tinha ninguém com quem conversar sobre aquilo, exceto em algumas ocasiões com meu pai, exausto depois do trabalho ou nos fins de semana. Isso me levou a ter de vez em quando uma pronúncia peculiar. Por exemplo, durante um ou dois anos, achei que *misled* (*miss-LED*) [induzido a erro] se pronunciava *MYE-zzled*, e por muito tempo depois disso, quando lia a palavra impressa, hesitava por um instante enquanto corrigia mentalmente minha pronúncia.

Quando lia ou apenas parava para pensar, minha concentração era tão completa que eu perdia a consciência do ambiente à minha volta. Minha mãe me chamava e eu não respondia. Achando que eu a ignorava de propósito, ela gritava e depois vinha com o rosto vermelho de raiva na minha direção. Só quando ela aparecia no meu campo visual eu voltava à realidade e respondia. Ela levou um bom tempo para concluir se o filho era teimoso e malcomportado ou se de fato era tão distraído quanto dizia.

Embora fôssemos pobres, meus pais davam valor aos livros e de vez em quando conseguiam comprar um para mim. Meu pai fazia escolhas desafiadoras. Como resultado, entre os cinco e os sete anos eu carregava para todo lado livros que pareciam de adultos, e pessoas que não me conheciam ficavam se perguntando se eu de fato sabia o que havia neles. Um sujeito me fez passar por um teste inesperado e potencialmente constrangedor.

Isso aconteceu porque meus pais fizeram amizade com os Kester, que moravam em uma fazenda em Crete, no Illinois, a uns 75 quilômetros da nossa casa. Eles nos convidavam para passar duas semanas lá todo verão desde 1937, quando eu estava completando cinco anos. Esses dias especiais eram a coisa que eu mais esperava durante o ano. Para um menino da cidade, da periferia de Chicago, era uma alegria tremenda ver "aranhas d'água" correrem pela superfície de um riacho cheio de curvas, brincar de esconde-esconde nos campos de grandes pés de milho, caçar borboletas e exibi-las organizadas e presas em quadros e vagar pelas campinas, entre choupos e pomares. O menino mais velho dos Kester, Marvin, um sujeito forte de uns vinte e poucos anos, me levava para todo lado nos ombros. Minha mãe e as mulheres da casa — a bela irmã de Marvin, Edna Mae, a mãe deles e a tia, May — preparavam imensas quantidades de compotas de frutas e vegetais em conserva. Quando voltávamos para casa, meu pai montava prateleiras no porão para guardar os potes de milho, pêssegos e damascos que tínhamos trazido. Depois havia as fileiras de geleias de frutas e compotas em vidros fechados com uma camada de parafina. Essa cornucópia durava até o ano seguinte.

Meu pai ajudava Marvin e o pai dele, o velho Kester, na lida da fazenda, e às vezes eu os acompanhava. Numa manhã de sol do nosso segundo verão em Crete, meu pai foi comprar mantimentos numa loja da região e me levou junto. Eu estava prestes a fazer seis anos, um garoto alto e magro, cabeleira castanha encaracolada, ligeiramente bronzeado, calça curta demais, canelas à mostra que terminavam em um par de tênis com cadarços esfiapados. Levava comigo *A Child's History of England* [A história da Inglaterra para crianças], de Charles Dickens.

Um estranho que estava conversando com meu pai pegou o livro, que devia ser lido por meninos do décimo ano, deu uma folheada e a seguir disse: "Esse menino não consegue ler este livro". Meu pai respondeu, orgulhoso: "Ele já leu. Faça uma pergunta para ver".

Com um sorriso afetado, o sujeito disse: "Está bem, garoto, me diga o nome de todos os reis e rainhas da Inglaterra em ordem e os anos em que cada um reinou". Meu pai ficou com uma expressão consternada, mas para mim parecia uma coisa rotineira vasculhar minha cabeça para ver se a informação estava lá.

Foi o que fiz, e então recitei: "Alfred, o Grande, de 871 a 901, Edward, o Velho, de 901 a 925", e assim por diante. Quando terminei a lista de mais ou menos cinquenta governantes com "Vitória, começou a reinar em 1837, mas não diz quando acabou", o sorriso do sujeito já tinha desaparecido fazia tempo. Em silêncio, ele me devolveu o livro. Os olhos do meu pai brilhavam.

Meu pai era um homem triste e solitário que não expressava seus sentimentos e quase nunca tocava nos filhos, mas eu o amava. Achei que aquele desconhecido estava me usando para humilhar meu pai e percebi que eu não tinha deixado que isso acontecesse. Sempre que lembro como meu pai ficou feliz sinto aquela felicidade ressoando dentro de mim, sem ter perdido nada de sua força com o tempo.

Minha capacidade incomum de guardar informações foi excepcional até meus nove ou dez anos, quando se reduziu aos poucos a uma memória muito boa para coisas pelas quais me interesso e, com exceções, não muito impressionante para o resto. Ainda me lembro de fatos dessa época, como o meu número de telefone (Lackawanna 1123) e endereço (3627 North Oriole; 7600 W, 3600 N) em Chicago, e a população de Chicago, de sete dígitos (3 376 438), citada no *Rand McNally Atlas and Gazetteer* de capa verde de 1930 que ainda está na minha estante.

Entre os três e os cinco anos, aprendi a somar, subtrair, multiplicar e dividir números de qualquer extensão. Também aprendi as versões americanas dos prefixos milhão, bilhão, trilhão, e assim por diante, até decilhão.[4] Descobri que conseguia somar séries de números com rapidez tanto vendo quanto ouvindo-as. Um dia, quando tinha cinco ou seis anos, na padaria do bairro com minha mãe, escutei o dono recitar os preços ao fechar a conta de um freguês na máquina de somar. Quando ele anunciou o total, eu disse que estava errado e quanto tinha dado a minha soma. O homem riu, bem-humorado, fez a conta de novo e viu que eu tinha razão. Fiquei superfeliz quando ele me recompensou com um sorvete de casquinha. Depois disso, eu sempre passava por lá quando podia e conferia as somas dele. Nas raras vezes em que discordávamos, eu normalmente estava certo e ganhava outro sorvete.

Meu pai me ensinou a calcular raiz quadrada. Aprendi a fazer isso com lápis e papel e também de cabeça. Depois aprendi raiz cúbica.

Antes da invenção da escrita e do advento dos livros, o conhecimento humano era memorizado e transmitido às novas gerações por pessoas que contavam histórias; mas, quando se tornou desnecessária, essa habilidade diminuiu. Do mesmo modo, em nossa época, com a onipresença dos computadores e das calculadoras portáteis, a capacidade de fazer cálculos mentalmente quase desapareceu. No entanto, mesmo uma pessoa que só aprendeu rudimentos de aritmética é capaz de fazer contas de cabeça com facilidade e transformar isso num hábito.

Essa capacidade, sobretudo de fazer contas aproximadas com rapidez, continua sendo valiosa, em especial para avaliar afirmações quantitativas com que você se depara. Por exemplo, escutando certo dia o noticiário econômico a caminho do trabalho, ouvi o repórter dizer: "O Dow Jones Industrial Average [DJIA] caiu nove pontos, chegando a 11 075 por receio de que um novo aumento na taxa de juros resfrie uma economia superaquecida". Mentalmente estimei uma mudança típica (um desvio padrão)[5] em relação ao fechamento anterior do DJIA, na primeira hora do pregão, em mais ou menos 0,6% ou cerca de 66 pontos. A probabilidade do movimento relatado de "pelo menos" nove pontos, ou menos de um sétimo disso, era de cerca de 90%; portanto, ao contrário do que dizia a reportagem, o mercado estava bastante tranquilo e não parecia haver qualquer indício de que estivesse reagindo assustado à possível mudança nos juros.[6] Não havia motivo de preocupação. O simples uso da matemática me permitiu ver o que era fato e o que era exagero.

Em outra ocasião, um conhecido e respeitado gestor de fundos mútuos afirmou que Warren Buffett, depois de assumir a Berkshire Hathaway, tinha conseguido remunerar seu capital, depois de pagos os impostos, a 23% ou 24% ao ano. Então o gestor disse: "Não há como conseguir manter isso pelos próximos dez anos — ele acabaria sendo dono do mundo". Numa rápida estimativa mental[7] de quanto um dólar renderia em dez anos com remuneração de 24%, imaginei um resultado pouco acima de oito dólares. (A calculadora dá 8,59 dólares.) Como na época a Berkshire tinha um valor de mercado de mais ou menos 100 bilhões de dólares, essa taxa de crescimento faria a empresa atingir algo em torno de 859 bilhões de dólares. Isso ainda fica muito abaixo da minha estimativa do valor de mercado do mundo, de 400 trilhões de dólares. O conceito de um valor de mercado para o mundo inteiro me faz lembrar um cartaz que vi certa vez na porta de um gabinete no Departamento de Física da Universidade da Califórnia em Irvine. Dizia: POVO DA TERRA, AQUI FALA DEUS. VOCÊS TÊM TRINTA DIAS PARA ABANDONAR O PLANETA. ENCONTREI UM COMPRADOR PARA ESTA PROPRIEDADE.

Pouco depois de completar cinco anos, comecei a frequentar o jardim de infância da Dever Grammar School, no noroeste de Chicago. Logo fiquei intrigado com o fato de que tudo que nos pediam para fazer era muito fácil. Um dia a professora pediu para desenharmos, numa folha de papel em branco, o contorno de um cavalo, copiado de uma figura que ela nos deu. Marquei pontos na figura e usei uma régua para medir a distância entre eles. Depois reproduzi os pontos na folha, usando a régua para marcar aquele intervalo conforme a figura, e estimei a olho os ângulos certos. A seguir, liguei os novos pontos com suavidade, seguindo as curvas o melhor que consegui. O resultado foi uma cópia bastante fiel do original.

Meu pai tinha me mostrado esse método e também me ensinou a usá-lo para desenhar versões ampliadas ou reduzidas de uma imagem. Por exemplo, para desenhar algo com o dobro do tamanho, simplesmente duplique a distância entre os pontos do original, mantendo os ângulos iguais quando desenhar os novos pontos. Para triplicar a escala, triplique a distância entre os pontos, e assim por diante. Chamei meus colegas, mostrei o que tinha feito e como conseguira aquilo, e eles começaram a trabalhar. Todos entregamos cópias que usavam meu método em vez de desenhos à mão livre como a professora queria, e ela não gostou.

Poucos dias depois, a professora precisou sair da sala por alguns instantes. Disse que devíamos brincar com blocos de madeira ocos gigantes (pelo menos para nós, crianças) de trinta centímetros. Achei que ia ser divertido construir uma muralha, organizei as crianças e erguemos rápido uma grande parede de blocos. Infelizmente meu projeto bloqueou por completo a porta dos fundos — e foi por ela que a professora tentou entrar quando voltou à sala de aula.

A gota d'água veio alguns dias depois. Sentei numa das minúsculas carteiras para meninos de cinco anos e descobri que uma das duas pernas traseiras estava quebrada. Um pedaço afiado de metal estava afastado do assento bem na altura em que se separava do resto da perna, e portanto a parte de trás da carteira tinha como único e frágil suporte a outra perna, ainda inteira. Diante do evidente perigo, era preciso fazer algo. Encontrei uma pequena serra e sem falar nada cortei as duas pernas de modo a nivelá-las com o assento, transformando a cadeira num pequeno e perfeito banquinho. Ao ver isso, a professora me mandou para a diretoria e meus pais foram chamados para uma conversa séria.

A diretora me entrevistou e na mesma hora recomendou que eu fosse transferido para o primeiro ano. Depois de alguns dias na nova turma, ficou claro que as tarefas continuavam fáceis demais. O que fazer? Outra reunião de pais e mestres. A diretora sugeriu me transferir de novo, agora para o segundo ano. Mas eu mal tinha idade para entrar no jardim de infância: era um ano e meio mais novo do que a média de meus colegas de classe no primeiro ano. Meus pais acharam que pular mais um ano me deixaria em tremenda desvantagem social, emocional e física. Analisando hoje os doze anos de escola antes da faculdade, onde sempre estive entre os menores e mais jovens da minha sala, acho que eles tinham razão.

Como meu pai mal conseguia pagar as contas com o salário que recebia durante a Depressão, ir para uma escola particular para alunos superdotados nunca foi uma opção. Tínhamos sorte de ele ter arranjado um emprego como segurança no Harris Trust and Savings Bank. As medalhas que ele ganhou na Primeira Guerra Mundial podem ter ajudado.

A Depressão permeava todos os aspectos de nossa vida. Vivendo com o salário de 25 dólares semanais do meu pai, nunca desperdiçávamos comida e vestíamos as roupas até desmancharem. Eu estimava como tesouros a máquina de escrever Smith Corona que meu pai ganhara em um concurso literário e o binóculo militar usado por ele na guerra. Mais tarde os dois acabaram fazendo parte da minha diminuta coleção de bens e permaneceram nas minhas mãos pelos trinta anos seguintes. Pelo resto da vida eu encontraria sobreviventes da era da Depressão que ainda viviam numa frugalidade compulsiva, muitas vezes irracional, e que tinham uma tendência economicamente ineficiente a poupar.

O dinheiro era escasso e valorizávamos cada centavo. Ao ver nas ruas os trabalhadores suados da WPA (criada por determinação presidencial em 1935, a Works Progress Administration era o maior dos programas do New Deal do presidente Franklin Delano Roosevelt para dar trabalho aos desempregados), peguei emprestados cinco centavos e comprei um envelope de suco em pó, com o qual fiz seis copos, que vendi a um centavo cada. Continuei fazendo isso e descobri que era preciso trabalhar bastante para ganhar uns centavos. Mas no inverno seguinte, quando meu pai me deu cinco centavos para tirar a neve da calçada, encontrei um filão. Ofereci fazer o mesmo para os vizinhos e, depois de um dia exaustivo removendo neve, voltei para casa encharcado de suor e com a enorme soma de dois dólares, quase metade do que meu pai ganhava por dia. Em breve muitos meninos estavam seguindo meu exemplo e o filão se esgotou — uma primeira aula sobre como a competição pode reduzir os lucros.

No Natal após eu completar oito anos, meu pai me deu um jogo de xadrez. Um amigo dele tinha feito o tabuleiro colando as casas claras e escuras de madeira sobre um pedaço de feltro, de modo que eu podia dobrar o tabuleiro em dois ou até enrolá-lo. As peças eram no clássico estilo Staunton, que sempre foi meu tipo preferido, com figuras de ébano negro se opondo a um exército branco de pinho. Depois que aprendi o básico com meu pai, nosso vizinho que morava no beco ao lado, "Smitty" Smittle, decidiu se divertir jogando comigo. Eu ia bastante à casa dele para jogar sinuca, um privilégio que tinha conquistado havia pouco tempo. Smitty ganhou as duas primeiras partidas de xadrez com facilidade, mas a seguir o jogo ficou equilibrado. Poucas partidas depois, eu ganhei. Smitty nunca mais voltou a ganhar e, após uma série de derrotas consecutivas, ele de repente passou a se recusar a jogar comigo. Naquela noite, meu pai me disse que eu não tinha mais permissão para jogar sinuca na casa de Smitty.

"Mas por quê?", perguntei.

"Porque ele tem medo que você rasgue o pano com o taco."

"Mas isso não faz sentido. Já joguei várias vezes e ele sabe que tomo cuidado."

"Eu sei, mas é o que ele quer."

Fiquei decepcionado e indignado com esse tratamento. No meu mundo dos livros, a habilidade, o trabalho duro e a inteligência eram recompensados. Smitty devia ter ficado feliz por eu estar me saindo bem e, se quisesse ser melhor do que eu, deveria treinar e estudar, em vez de me punir.

Antes do Natal seguinte, essa guerra em miniatura no tabuleiro de xadrez seria seguida pela entrada dos Estados Unidos na já tumultuada Segunda Guerra Mundial.

Na minha última primavera antes da guerra, em 1941, contraí sarampo. Como na época acreditava-se que a luz muito forte podia causar danos aos olhos de quem estivesse com a doença, fiquei confinado em um quarto escuro. Para evitar que eu forçasse a vista, todos os meus livros foram tirados de mim. Sem permissão para ler, e entediado, achei um atlas que deixaram por engano no quarto. Nas duas semanas seguintes estudei os mapas, li os resumos sobre todos os países e aprendi geografia por conta própria, além de ganhar uma facilidade para lidar com mapas que seria útil por toda a vida. Depois usei o atlas para acompanhar as batalhas ao redor do planeta. Meu interesse se concentrou na estratégia militar dos antagonistas. Como eles empregavam suas forças? Por quê? No que estavam pensando? Com informações que tirava todo dia das reportagens do rádio e dos jornais sobre a guerra, eu usava um lápis para sombrear, pouco a pouco, a assustadora área sob controle do Eixo, que nunca parava de crescer. Fiz isso durante toda a guerra, usando uma borracha quando os Aliados recuperavam território.

Naquele verão, enquanto ficávamos nos perguntando se os Estados Unidos, como queríamos, entrariam na guerra, Edward, irmão da minha mãe, veio nos visitar. Engenheiro-chefe de um navio da marinha mercante, ele era o tipo clássico, alto, moreno e bonito no seu uniforme, com um bigode e um suave sotaque espanhol que lhe davam o aspecto de um Clark Gable latino. Meus pais e minha professora achavam que eu passava tempo demais pensando (acho que ainda passo) e que seria saudável aprender a fazer algo com as mãos. Depois de alguma resistência da minha parte, fui seduzido, com a ajuda do tio Ed, a entrar no mundo do aeromodelismo, e passamos semanas maravilhosas montando nossa própria força aérea.

As caixas com os kits vinham com um monte de pedaços de madeira de pau-de-balsa e algumas lâminas das quais devíamos recortar com cuidado outras partes do avião, seguindo os desenhos. Usávamos fita adesiva para grudar a grande folha com instruções num papelão e colávamos as peças de madeira umas nas outras depois de encaixá-las no lugar certo e de prendê-las com grampos. Terminadas as asas, a parte superior, a de baixo e as laterais da fuselagem e as partes da cauda, juntávamos tudo num esqueleto completo e cobríamos colando papel de seda. Eu me lembro do cheiro forte de acetona da cola secando, parecido com o cheiro de algumas marcas de removedor de esmalte. Meus primeiros aviões que decolavam com uso de propulsores, com motores feitos de elástico, não voavam bem. Eram muito pesados porque eu usava cola demais para ter certeza de que as peças ficariam no lugar. Quando aprendi a usar a cola com parcimônia, os voos passaram a ser mais satisfatórios. As habilidades que desenvolvi na construção dos modelos e no uso de ferramentas foram um prelúdio valioso para os experimentos científicos que iriam ocupar meu tempo nos anos seguintes, e o conhecimento que ganhei sobre aviões me ajudou a entender os detalhes das grandes batalhas aéreas da Segunda Guerra Mundial. Fiquei triste quando o tio Ed foi embora e me preocupei com o que podia acontecer com ele caso entrássemos em guerra.

Mais tarde naquele verão pré-Pearl Harbor em 1941, meus pais compraram seu primeiro carro, um Ford sedã novo, por oitocentos dólares. Viajamos pela "estrada-mãe dos Estados Unidos", a histórica Rota 66, que vai de Chicago à Califórnia, onde visitamos amigos das Filipinas que tinham se mudado para a pitoresca colônia artística de Laguna Beach. Todo ano eles mandavam uma pequena caixa de doces de laranja que eu e meu irmão esperávamos ansiosos. Agora estávamos vendo pomares com laranjeiras de verdade.

Então a grande guerra mundial que estava destruindo a Europa e a Ásia atingiu os Estados Unidos. No fim da manhã de domingo, 7 de dezembro de 1941, estávamos ouvindo música no rádio e decorando nossa árvore de Natal quando uma voz séria entrou no ar: "Interrompemos este programa para uma informação de última hora. Os japoneses acabam de bombardear Pearl Harbor". Um arrepio percorreu meu corpo. De repente o mundo tinha passado por uma mudança importante para todos nós.

"Em breve o presidente fará um pronunciamento à nação. Fiquem conosco."

Na manhã seguinte (pelo fuso da Califórnia), Franklin Delano Roosevelt fez um discurso pedindo que o Congresso declarasse guerra, enunciando a frase que arrebatou a mim e aos milhões de outros ouvintes: "Um dia que viverá na infâmia...". No recreio do dia seguinte, na escola, fiquei impressionado de ver as outras crianças brincando e rindo como sempre. Parecia que elas ignoravam por completo o que estava prestes a acontecer. Como acompanhava a guerra com atenção, fiquei sozinho num canto, quieto e sério.

Nossa primeira preocupação foi com a família da minha mãe nas Filipinas. O pai dela tinha saído da Alemanha para trabalhar lá como contador dos Rockefeller, onde conhecera minha avó, com quem se casou. Eles dois, além de seis irmãos de minha mãe e os respectivos filhos, ficaram presos na capital Manila quando os japoneses invadiram as ilhas apenas dez horas depois do ataque a Pearl Harbor. Ficamos sem notícias deles. Mais velha do grupo de cinco irmãs e três irmãos, todos fluentes em inglês e espanhol, minha mãe era do tipo extrovertido, que anima qualquer festa. Também era muito bonita, como fica evidente em um retrato que encontrei décadas mais tarde que a mostrava aos quarenta anos, com um maiô preto e exibindo os cabelos negros e o corpo de estrela de cinema, 1,57 metro e 49 quilos, com o oceano Pacífico em segundo plano. Os pais dela, junto com os outros irmãos e suas famílias, exceto o tio Ed, moravam em Manila. Só três anos depois saberíamos o que acontecera com cada um deles, quando as ilhas foram libertadas perto do fim da guerra no Pacífico. Enquanto isso, meus olhos de criança, aos nove anos, acompanhavam em detalhes a Batalha de Bataan, os relatos dos horrores da Marcha da Morte de Bataan e a resistência heroica da fortaleza da ilha de Corregidor, na baía de Manila.

Meu pai era meu guia nesses assuntos. Ele tinha servido em Corregidor como membro da polícia filipina, criada pelos Estados Unidos, e previu com precisão que Corregidor só cairia quando não houvesse mais soldados, armas, munição e comida. A batalha se tornou uma Alamo do século XX.[8] Depois de sair da Universidade de Oklahoma para poder se sustentar, meu pai voltou para a Pacific Northwest, onde trabalhou como lenhador e se tornou membro da International Workers of the World (IWW). Fugindo da feroz perseguição que o sindicato sofria, ele escapou para Manila, onde suas credenciais militares o levaram a entrar para a polícia. Foi lá que ele conheceu minha mãe e se casou com ela. Felizmente eles se mudaram para Chicago em 1931, de modo que meu irmão e eu nascemos nos Estados Unidos e nossa família esteve em segurança durante o conflito, ao contrário do que aconteceu com muitos parentes da minha mãe, que, segundo soubemos mais tarde, passaram a guerra em campos de prisioneiros dos japoneses.

A guerra transformou de maneira drástica a vida de todo mundo. Os doze anos de desemprego persistente e generalizado da Grande Depressão, que chegou a taxas de 25%, foram encerrados de repente pelo maior programa governamental de empregos da história, a Segunda Guerra Mundial. Milhões de jovens saudáveis partiram para a guerra. Mães, esposas, irmãs e filhas saíram de casa para as fábricas, onde construíam aviões, tanques e navios. O "arsenal da democracia" acabaria construindo navios rápidos o suficiente para não serem afundados por submarinos e encheria os céus com aviões numa escala jamais vista antes e que não foi antecipada pelos países do Eixo. Para dar apoio aos nossos soldados e aos exércitos aliados, houve racionamento de gasolina, carne, manteiga, açúcar, borracha e muitas outras coisas. À noite se apagavam as luzes. Os bairros eram patrulhados por civis que deveriam orientar a população em caso de ataque aéreo, e sirenes sinalizavam possíveis riscos. Balões de barragem amarrados ao chão ficavam ancorados em regiões críticas, como refinarias de petróleo, para impedir ataques de aeronaves inimigas.

Nossa primeira viagem para o sul da Califórnia acabou facilitando a mudança da família para lá depois de os Estados Unidos entrarem na guerra; meus pais tinham esperança de encontrar trabalho na indústria da guerra, que estava em crescimento. Enquanto passávamos algumas semanas com nossos amigos em Laguna Beach, eu ia à praia para ver os artistas pintarem, examinar tábuas de marés e a vida marinha e me maravilhar com as conchas de abalones (hoje uma espécie em extinção) empilhadas nos jardins de tantos chalés à beira-mar.

Meus pais logo compraram uma casa numa cidade pequena chamada Lomita, na entrada da península de Palos Verdes. Minha mãe trabalhava como rebitadora no turno intermediário (das quatro da tarde à meia-noite) na Douglas Aircraft. Aplicada e hábil, ela foi apelidada pelos colegas de "Josie Rebitadora", numa alusão a "Rosie Rebitadora", a heroína de lenço na cabeça dos famosos pôsteres da Segunda Guerra Mundial. Enquanto isso, meu pai trabalhava como segurança num estaleiro, o Todd Shipyards, perto de San Pedro, no turno da madrugada. Quase sempre fora de casa ou dormindo, meus pais mal tinham tempo para nos ver e para ver um ao outro. Meu irmão e eu nos virávamos sozinhos. Servíamos nosso cereal com leite de manhã. Eu colocava sanduíches de pasta de amendoim e de geleia de uva em sacos de papel pardo para comermos no almoço.

Fui matriculado no sexto ano na escola Orange Street. Como era dezoito meses mais novo do que os colegas de classe e tinha perdido o primeiro semestre letivo, estava fadado a repetir de ano. Minha nova escola tinha um currículo que me deixaria pelo menos duas séries atrasado em relação à escola em Chicago. Ao me deparar com o horror de anos de tédio, reclamei. Meus pais se reuniram com o diretor e o resultado foi que me pediram para fazer uma prova supervisionada certo dia após a aula. Sem saber qual era o objetivo da prova e louco para ir brincar, depois de responder à maior parte das 130 perguntas olhei para as últimas vinte questões do tipo Verdadeiro-Falso e simplesmente fiz um longo traço que marcava tudo como Verdadeiro para poder sair mais cedo. Quando soube que o teste mostraria se eu podia evitar repetir o sexto ano, fiquei bastante chateado. Mas os problemas acabaram quando corrigiram a prova. Embora pudessem ter usado um teste de proficiência, indicando que eu estava na série certa, descobri que, curiosamente, aplicaram o Teste de Maturidade Mental Califórnia, um teste de QI. Anos mais tarde, fiquei sabendo por que tive permissão para entrar no sétimo ano. Minha nota foi a mais alta que eles já tinham visto, uma nota que a escola em que eu acabaria entrando podia esperar, em termos estatísticos, no máximo de um estudante a cada cem anos.

Embora fossem menos avançados em termos escolares, meus colegas de classe da Califórnia eram maiores e bem mais atléticos que os de Chicago. Sendo um menino menor, mais magro e inteligente, tudo indicava que eu estava encrencado. Por sorte me dei bem com o "cão alfa" e o ajudava com a lição de casa. Ele era o garoto maior e mais forte da classe, além de ser o melhor atleta. Sob sua proteção, terminei o sexto ano em segurança. Décadas mais tarde entendi muito bem o filme *Cuidado com meu guarda-costas*, de 1980.

Entrei no sétimo ano na vizinha Narbonne High School no outono de 1943. Pelos seis anos seguintes teria de lidar com o fato de ser um total estranho numa escola em que músculos eram importantes e cérebros, não. Por sorte, o resultado do meu teste chamou a atenção de um professor de inglês talentoso e dedicado, Jack Chasson, que se tornaria um mentor e uma espécie de substituto dos meus pais na escola. Com 27 anos na época, Jack tinha cabelos castanhos ondulados e a clássica beleza de um deus grego. Tinha um sorriso fácil e amistoso e um modo de dizer as coisas que levantava a autoestima de todo mundo que encontrava. Tendo estudado inglês e psicologia na Universidade da Califórnia em Los Angeles (UCLA), ele era um professor jovem e idealista que queria não só que seus alunos fossem bem-sucedidos, mas também que trabalhassem pelo bem da sociedade e respeitassem as conquistas do passado. Foi meu primeiro grande professor, e seríamos amigos para o resto da vida.

Como não havia dinheiro sobrando, meus pais me incentivavam a poupar para um dia poder entrar na faculdade. Assim, na primavera de 1943, aos onze anos, comecei a entregar jornais. Acordava todo dia entre duas e meia e três da manhã e pedalava na minha bicicleta usada (na época, as bicicletas só tinham uma marcha) por uns três quilômetros até chegar a um beco atrás de um conjunto comercial. Eu e o colega que me falou do emprego, junto com mais alguns meninos, nos jogávamos em uma pilha de sobras de fitas usadas para amarrar jornais e ficávamos conversando. Quando o caminhão do *Los Angeles Examiner* por fim chegava e arremessava uma dúzia de fardos com cem jornais no chão, cada garoto pegava um, dobrava os jornais individualmente para poder atirá-los e enchia os alforjes de lona que ficavam em estruturas sobre as rodas traseiras das bicicletas.

Por causa do blecaute ordenado durante a guerra, as luzes ficavam apagadas e a escuridão era total, exceto pelos faróis ocasionais de algum motorista madrugador. Como estávamos na península de Palos Verdes, a poucos quilômetros do oceano, em muitas noites, em especial no inverno, a neblina vinda do mar ocultava a lua e as estrelas, intensificando a escuridão e parecendo emudecer os diminutos sons de fundo da natureza. Enquanto eu circulava pelas ruas — um fantasma solitário atirando jornais de uma bicicleta —, o único ruído que eu ouvia era o suave arrulhar de pombos. Pelo resto da vida, as vozes delicadas dos pombos no escuro antes do amanhecer me trariam memórias daqueles tempos de jornaleiro.

Dormindo cerca de cinco horas por noite, eu estava o tempo todo cansado. Um dia, descendo por uma ladeira íngreme de uns dez metros no final da minha rota, caí no sono. Acordei com dores e estatelado em um jardim, com jornais espalhados para todo lado, minha bicicleta amassada e uma caixa de correio, seu pilar de madeira de dez por dez centímetros arrancado do chão com o impacto, jogada no gramado ali perto. Juntei os jornais e consegui fazer a bicicleta andar. Com o corpo dolorido e machucado, terminei a rota e fui para a escola.

A uns quatrocentos metros do nosso quintal ficava a Pista de Pouso Lomita, um pequeno aeroporto municipal transformado em base militar. Era comum caças bimotores Lockheed P-38 passarem rugindo pelas copas de nossas árvores em seu procedimento de pouso. Como recebia jornais sobressalentes para o caso de eventualidades — um arremesso ruim podia fazer um jornal parar num telhado ou numa poça —, eu ia à base vender os excedentes por alguns centavos cada um. Não demorou para que eu fosse convidado para tomar café da manhã no refeitório com os soldados. Fartava meu corpo magro de presunto, ovos, torradas e panquecas enquanto os soldados liam os jornais que eu lhes vendia. Muitas vezes eles os devolviam, dizendo-me para vendê-los de novo. Mas vender jornais na base militar era bom demais para durar. Depois de algumas semanas, o comandante me chamou ao seu escritório e explicou, triste e atencioso, que devido à segurança exigida pela guerra eu não podia mais entrar ali. Senti falta dos bons cafés da manhã, da camaradagem com os soldados e da renda extra.

A base, que mais tarde se tornou o Aeroporto Torrance, foi batizada de Campo Zamperini, em homenagem a Louis Zamperini, enquanto ele era prisioneiro de guerra dos japoneses. Ele cresceu a poucos quilômetros da minha casa. O famoso astro da Torrance High School e das pistas olímpicas, herói do best-seller *Invencível*, de Laura Hillenbrand, partiu para a guerra como piloto de um bombardeiro B-24 poucos meses antes de minha família chegar à vizinha Lomita.

Cada rota tinha mais ou menos cem paradas, e recebíamos 25 dólares por mês. (Multiplique por catorze para converter para dólares de 2016.) Era uma quantia impressionante para um menino de onze anos. No entanto, em geral levávamos menos que isso para casa, porque precisávamos cobrar dos clientes e o que faltasse era deduzido do nosso pagamento. Como a assinatura custava algo entre 1,25 e 1,50 dólar por mês, e havia aqueles que se mudavam e davam calote, outros que se recusavam a pagar e alguns que pagavam só parte por não terem recebido todos os jornais, nosso pagamento com frequência era reduzido de maneira significativa. Fazíamos a cobrança depois da escola à tarde e no começo da noite e era comum ter de voltar muitas vezes para falar com gente que não estava em casa ou que estava sem dinheiro. Eu entregava a maior parte do que ganhava para minha mãe comprar selos de poupança nos correios. Minhas cadernetas, ao chegarem a 18,75 dólares, eram trocadas por bônus de guerra que ao longo dos anos passariam a valer 25 dólares cada um. À medida que minha pilha de bônus crescia, ir para a faculdade começou a parecer viável. Mas meu supervisor de área aos poucos reduziu nosso pagamento para ficar com uma parcela maior para si.

Ao aceitarmos o emprego, tínhamos entendido que, se fizéssemos bem nosso trabalho, receberíamos o pagamento integral e talvez ganhássemos um pequeno aumento. Agora o chefe estava ficando com parte de nosso pagamento simplesmente porque podia fazer isso sem ser punido. Era injusto, mas o que um bando de garotos podia fazer? Será que os cavaleiros da Távola-Redonda do rei Artur iriam tolerar isso? Não! Resolvemos agir.

Meus amigos e eu entramos em greve. Nosso supervisor, um sujeito obeso de uns cinquenta anos que suava o tempo todo, tinha cabelos escuros ralos e usava roupas amarrotadas, foi obrigado a entregar dez rotas de jornais em seu velho Cadillac preto. Depois de um ou dois meses, o carro pifou, os jornais deixaram de ser entregues e ele foi substituído. A essa altura, eu já tinha ido para o *Los Angeles Daily News*. Ao contrário do *Examiner*, o *Daily News* era vespertino, de modo que pude compensar meus anos de privação de sono. Enquanto eu estava entregando jornais em uma bela tarde de verão, uma terça-feira, 14 de agosto de 1945, as pessoas de repente saíram de casa, loucas de alegria. A Segunda Guerra Mundial tinha acabado. Era meu aniversário de treze anos e essa foi a única comemoração da data.

CAPÍTULO 2

A ciência é meu parquinho

Na década de 1940, ninguém esperava que os alunos da Narbonne High School entrassem na faculdade. O currículo refletia isso. No sétimo e no oitavo anos, embora estivesse ávido por conhecimento acadêmico, eu tinha que frequentar aulas práticas de marcenaria, metalurgia, desenho técnico, datilografia, impressão e elétrica.

Eu queria ir atrás de meu interesse por rádio e eletrônica, despertado anos antes quando ganhei um dos primeiros rádios simples, um rádio de galena. Feito com um retificador de galena, um cristal negro brilhante, um fio que era chamado de bigode de gato por tocar o cristal no lugar certo e uma serpentina de fio elétrico, o aparelho tinha fones de ouvido, uma antena e um capacitor variável que permitia sintonizar diferentes estações. E aí, como que num passe de mágica, pelos fones de ouvido vinham vozes trazidas pelo ar!

O mundo mecânico de rodas, polias, pêndulos e engrenagens não tinha nada de mais. Eu podia observar as coisas, tocá-las e vê-las em ação. Mas esse era um novo mundo de ondas invisíveis que viajavam pelo espaço. Você precisava fazer experimentos para ver que aquilo estava mesmo acontecendo e depois usar a lógica para entender como tudo funcionava.

Claro que o curso que me interessou foi o de elétrica, no qual cada aluno precisava construir um pequeno motor elétrico operacional. Todo mundo gostava do professor, o sr. Carver, um sujeito rechonchudo, gentil, que os outros professores chamavam de Bunny. Suspeito que Jack Chasson teve uma palavrinha com ele, porque de algum jeito ele ficou sabendo do meu interesse por eletrônica e me falou sobre o universo dos radioamadores. Na época já existia uma rede de gente que construía ou comprava transmissores e receptores de rádio e que conversava dia e noite por voz ou por código Morse no mundo inteiro. Era de fato a primeira internet. Gastando menos eletricidade do que uma lâmpada, eu poderia falar com gente de tudo quanto era lugar. Perguntei ao sr. Carver como podia fazer parte daquilo. Ele me disse que bastava passar por um teste que então era bem difícil.

Na época o exame começava com uma série de perguntas discursivas sobre teoria do rádio. A seguir vinha um teste de código Morse. Esse teste, que com o tempo foi ficando mais fácil, era um grande obstáculo para a maioria, e o sr. Carver me alertou sobre as longas e tediosas horas de prática necessárias até chegar à proficiência. Precisávamos transcrever trechos de código e enviar mensagens usando um telégrafo a uma taxa, sem erros, de treze palavras por minuto. Uma "palavra" era o equivalente a quaisquer cinco caracteres, por isso eram necessários 65 caracteres por minuto, ou pouco mais de um por segundo. Fiquei pensando nisso, então saí e comprei uma máquina de perfurar fitas usada por quinze dólares, na época uma quantia enorme, quase três semanas de renda do trabalho como entregador de jornal. A máquina parecia uma pequena caixa de sapatos preta. Quando a tampa era aberta viam-se dois eixos. O gravador vinha com vários rolos de fitas de papel de um amarelo pálido. Essas fitas tinham furos pequenos para os "pontos" e furos grandes para os "traços". Era possível simplesmente olhar para aquilo e aplicar o código para descobrir as letras e, assim, "ler a fita". A máquina levava a fita de um eixo para o outro, como os antigos gravadores de rolo de alta-fidelidade e os gravadores de fita cassete que surgiriam mais tarde. A fonte de energia era uma manivela que você girava. Era simples, de baixa tecnologia e funcional. Quando um furo passava por uma mola de contato, o circuito se fechava por um tempo. Buracos longos significavam traços e buracos curtos significavam pontos. A caixa ficava conectada a um equipamento simples, um "oscilador de áudio", que emitia sempre a mesma nota, como o dó central do piano. À medida que a fita andava, o contato da caixa ligava e desligava o oscilador, emitindo pontos e traços.

A máquina era ótima para aprendizes porque permitia que sua velocidade fosse ajustada, de uma palavra por minuto a taxas altas como 25 palavras por minuto. Meu plano era entender todas as fitas em velocidade baixa, depois acelerar as fitas um pouco e dominá-las de novo. Para motivar a turma e oferecer um bom exemplo, o sr. Carver mostrou um gráfico da taxa de progresso de aprendizes do Exército no uso do código de rádio na Segunda Guerra Mundial. Esses alunos eram no mínimo alguns anos mais velhos do que nós e tinham a pressão da guerra para aprender com rapidez. Turmas anteriores acharam difícil seguir aquele padrão. O mesmo aconteceu com nossa classe — mas meu plano funcionou. Fiz um gráfico das horas de treino comparadas à minha velocidade e descobri que com meu método eu aprendia quatro vezes mais rápido que os alunos do Exército.

Elevei minha velocidade para 21 palavras por minuto para ter uma margem de segurança. A American Radio Relay League, uma organização de amadores, oferecia orientação para a parte teórica do exame. Achando que estava preparado, fiz a inscrição para o teste e, numa manhã de sábado, no verão, percorri de ônibus trinta quilômetros até um prédio do governo federal no centro de Los Angeles. Eu, um menino de doze anos com uma camisa velha de flanela e calça jeans surrada, me juntei, nervoso, a um grupo de mais ou menos cinquenta adultos. Sentamos em cadeiras duras ao longo de grandes mesas de madeira numa sala de paredes nuas. Supervisionados e monitorados de perto, trabalhamos por duas horas em um silêncio de biblioteca, cortado apenas pelos sons do código Morse nessa etapa do exame. No ônibus de volta para casa, comi meu almoço, que tinha levado num saco de papel pardo, e imaginei que talvez tivesse me saído bem no teste, mas, sem saber qual era o nível de competência exigido para passar, não havia como ter certeza.

Nas semanas seguintes verifiquei a correspondência cheio de expectativa até que, poucos dias após o fim da guerra, recebi um envelope oficial do governo com os resultados. Eu agora era o operador de radioamador W6VVM. Era um dos mais jovens radioamadores — o recorde na época era de onze anos e alguns meses. Naquele tempo havia cerca de 200 mil radioamadores nos Estados Unidos e um número semelhante no resto do mundo. Fiquei empolgadíssimo em saber que podia conversar com pessoas que participavam dessa teia que podiam estar em qualquer lugar do planeta.

Enquanto isso, soldados americanos tinham libertado os sobreviventes da família da minha mãe de um campo de prisioneiros japonês nas Filipinas. Minha avó, o irmão mais novo da minha mãe e duas das irmãs vieram de lá com suas famílias para ficar conosco. Eles contaram que minha tia Nona e o marido haviam sido decapitados na frente dos filhos pelos japoneses e que meu avô tivera uma morte muito dolorosa no campo devido a um câncer de próstata, uma semana antes da libertação. Meu tio Sam, que estudava medicina antes da guerra, disse que, sem acesso a medicamentos e a um centro cirúrgico, só pôde consolar meu avô enquanto ele agonizava.[1]

Para abrigar todo mundo, entre os turnos da madrugada meu pai construiu um sótão, acrescentando ao imóvel dois quartos e uma escada. Eu dividia um quarto com meu irmão, James (Jimmy); o outro ficou para Sam. Ter dez novos moradores na casa além da nossa família de quatro pessoas trouxe outras dificuldades além da superlotação e do fardo de sustentar a todos. Uma tia, o marido e o filho de três anos tinham contraído tuberculose no campo de prisioneiros. Para evitar que os outros pegassem a doença, eles comiam num conjunto de louças separado, com castigos que podiam ser severos para nós caso se enganassem. Claro, compartilhávamos o mesmo ar, e portanto continuava havendo risco de infecção quando eles tossiam e espirravam. Décadas mais tarde, minhas primeiras radiografias de pulmão mostraram uma pequena lesão, que permaneceu estável. Meu médico achava que aquilo tinha sido causado pela exposição à tuberculose.

A outra tia que veio ficar em casa trouxe marido e três filhos. O marido, um fascista mandão que batia na esposa submissa, exigia que ela e os filhos obedecessem a todas as suas ordens. Talvez isso, além de todas as outras experiências que a família passou nas mãos dos japoneses, tenha transformado o menino mais velho naquilo que, na minha opinião, era um sociopata. Ele disse para meu irmão que queria me matar. Nunca tive a menor ideia do motivo. Apesar de Frank, como vou chamá-lo, ser mais velho e maior, eu não pretendia recuar se ele me confrontasse. Como precaução, eu carregava uma bisnaga com amoníaco não diluído, a arma menos cruel de meu arsenal químico. Depois que sua família foi embora de nossa casa, nunca mais o vi, mas parentes contaram que ele foi combater na Guerra da Coreia. Disseram que Frank gostava tanto de matar que, após ser dispensado, se realistou. Outro primo que o viu tempos depois com o filho de sete anos ficou chocado em ver o menininho receber ordens em estilo militar. Quando Frank morreu, em 2012, seu obituário mencionava que ele se tornou um conhecido praticante e professor de artes marciais.

Ao ver o que a Segunda Guerra Mundial tinha feito com meus parentes, e como a Primeira Guerra Mundial, somada à Grande Depressão, tinha limitado o futuro do meu pai, decidi que iria me sair melhor tanto por mim mesmo quanto pelos filhos que esperava ter.

Apesar dos horrores que meus parentes sofreram, nunca me passou pela cabeça, nem na época nem mais tarde, culpar os nipo-americanos ou discriminá-los. Só fiquei sabendo do tratamento que o governo dos Estados Unidos deu a eles depois que foram internados em campos especiais isolados, que suas terras e casas foram expropriadas e vendidas pelas autoridades, que seus filhos desapareceram de minha classe. Jack Chasson falou sobre essa injustiça para mim, para dois amigos próximos meus, Dick Clair e Jim Hart, e também para outros alunos e professores. Depois da guerra, quando alguns dos estudantes que tinham sido detidos voltaram às aulas, Jack me contou sobre um deles, que tinha um quociente de inteligência 71, o que o colocava entre os 3% com QI mais baixo da escola. Formado em psicologia, Jack percebia que esse aluno era de uma inteligência excepcional e atribuía a pontuação baixa à sua dificuldade de compreensão da língua inglesa. Será que eu podia lhe dar aulas particulares no horário de almoço? Claro. O garoto se submeteu a outro teste depois de um semestre e seu resultado foi 140, um superdotado, que o colocava no 1% mais alto da tabela, e muito acima do limite que se exige para entrar na sociedade Mensa de alto QI.

Meu foco na ciência se desenvolveu rapidamente à medida que eu usava parte do dinheiro da entrega de jornais na compra de componentes eletrônicos para montar um equipamento de radioamador, de produtos químicos pelo correio e na farmácia local, e de lentes para construir um telescópio barato feito a partir de tubos de papelão.

Então, em novembro de 1946, quando estava no décimo ano, vi um anúncio da Edmund Scientific Company sobre a venda de um excedente de balões meteorológicos. Desde que comecei a construir aeromodelos eu vinha pensando em meios de satisfazer minha fantasia de ter uma máquina particular de voo. Uma das ideias foi construir o menor avião possível, pequeno, compacto, que mesmo assim pudesse me transportar. Também pensei em construir um pequeno balão, um helicóptero para apenas uma pessoa e sua variante, a plataforma voadora. Meu plano era construir modelos em escala como um modo fácil e barato de provar a viabilidade e resolver problemas práticos. Todos esses projetos estavam além da minha capacidade financeira, mas voar com balões, não. Visualizei como dar os passos necessários para conseguir isso.

Imaginando como seria flutuar pelos céus, encomendei dez balões, cada um com cerca de 2,50 metros de altura, por 29,95 dólares, algo como 360 dólares hoje. Sabia, pelos meus estudos de química por conta própria, que cada balão daqueles, quando cheio de hidrogênio, podia levantar pouco mais de seis quilos. Como eu pesava 43 quilos, oito balões, com capacidade para erguer quase cinquenta quilos, seriam capazes de carregar meu peso, a armação e o lastro. Sem saber como obter o hidrogênio de que precisava a um preço que eu pudesse bancar, apelei para o fogão da família: ele funcionava a gás natural, cujo principal componente era o metano, com um pouco menos da metade da capacidade de levantamento do hidrogênio. Se eu tivesse êxito nos testes, poderia comprar mais balões. Fiquei me imaginando preso a dezesseis balões ou mais de 2,50 metros cada, subindo devagar acima da minha casa e olhando primeiro a vizinhança e depois quilômetros de terreno em todas as direções no sul da Califórnia. Eu planejava usar sacos de areia como lastro. Quando quisesse subir, bastava diminuir o peso derramando um pouco da areia, o que não causaria danos a ninguém lá embaixo. Para descer ou aterrissar, eu tinha desenvolvido um sistema de válvulas para cada balão que me permitiria soltar o gás de maneira controlada.

Depois de uma espera que pareceu infinita, mas que na verdade durou apenas umas duas semanas, os balões chegaram e comecei a trabalhar. Num sábado tranquilo, quando minha família não estava por perto, liguei a mangueira de gás do fogão ao meu balão e o enchi até que estivesse com mais ou menos 1,20 metro de diâmetro, o tamanho máximo que eu conseguia fazer passar, espremendo, pela porta da cozinha, para chegar ao lado de fora. Como previ, ele tinha capacidade de erguer mais ou menos meio quilo. Fui para um campo aberto e fiz o balão subir cerca de quinhentos metros preso a um fio resistente usado para empinar pipas. Tudo ia como esperado, e gostei de ver um avião pequeno do aeroporto local "passar raspando" no meu balão. Uns 45 minutos depois o avião voltou e passou perto do meu balão, que de repente estourou. Parecia que o avião tinha atirado nele, embora eu não tivesse ideia de como ou por quê.

Isso me fez hesitar. Eu me imaginei preso a um grupo de balões, transformado em um alvo irresistível e sendo derrubado pelos meninos da cidade com espingardas de ar comprimido. Arriscado demais, concluí. No entanto, aquele primeiro anúncio deve ter sido um sucesso extraordinário, porque o vi muitas vezes desde então, e 54 anos depois ele continuava sendo impresso[2] sob o título BALÕES METEOROLÓGICOS PROFISSIONAIS, e com boa parte do mesmo texto. Quase quatro décadas após meu experimento, "Lawnchair Larry" amarrou um conjunto de balões de hélio de 1,20 metro de altura a uma cadeira e subiu a milhares de metros.[3]

Decepcionado, fiquei pensando no que mais poderia fazer com os balões. A primeira ideia surgiu um dia quando meu pai levou para casa uns sinalizadores do tempo da guerra que ficavam em botes salva-vidas sobressalentes. Eles vinham em cápsulas metálicas que lembravam granadas e eram disparados para o alto por uma arma especial. O sinalizador resplandecente iluminava uma grande área enquanto descia devagar de paraquedas. Certa noite prendi um pavio a um desses sinalizadores.[4] Depois coloquei o sinalizador em um dos balões gigantes e fui a uma esquina tranquila perto de casa. Acendi o pavio e fiz o balão cheio de gás subir preso a um fio por centenas de metros. Prendi o balão com um laço frouxo a um poste telefônico, de modo que, à medida que ele subia, o laço foi subindo pelo poste, ficando preso no topo, fora de alcance. Então recuei mais ou menos uma quadra e esperei. Em minutos o céu se iluminou com um brilho ofuscante. Uma multidão apareceu e carros de polícia acorreram até o poste. Minutos depois a luz no céu desapareceu. As viaturas foram embora, a multidão se dispersou e tudo ficou como antes. Um segundo pavio, de queima mais lenta, destruiu o cordão, libertando o balão, o que fez as provas do crime sumirem no céu, viajando sabe-se lá para onde.

Pegadinhas e experimentos faziam parte do meu jeito de aprender a fazer ciência. À medida que entendia a teoria, eu a testava com experimentos, muitos dos quais eram atividades divertidas que bolava. Eu estava aprendendo a fazer as coisas por conta própria, sem me limitar ao que era pedido pelos professores, pelos meus pais ou pelo currículo escolar. Adorava ver o poder que o pensamento puro tem quando associado à lógica e à previsibilidade da ciência. Adorava visualizar uma ideia e depois fazer com que ela se tornasse real.

No quarto do andar de cima que dividia com meu irmão, montei uma estação de radioamador de dois metros (de comprimento de onda) completa, com antena giratória direcional na área que não era ocupada pelas duas camas. Também tinha criado um espaço para um laboratório na extremidade da estreita área de serviço contígua à parte de trás da garagem. Era ali que eu fazia grande parte de minhas investigações químicas, algumas das quais davam errado. Por exemplo, depois de ler que o gás de hidrogênio queimava com uma chama azul-clara, decidi verificar isso eu mesmo. Para gerar o gás, derramei ácido clorídrico em zinco metálico num frasco de vidro, selado com uma borracha da qual saía um tubo por onde o gás seria emitido. Eu esperava que isso produzisse hidrogênio suficiente para "tirar" todo o ar do sistema antes de eu tentar inflamar o hidrogênio que saía pela extremidade do tubo. Caso contrário, bum. Com óculos de segurança e roupas de proteção, eu estava justamente tentando pôr fogo no hidrogênio quando meu irmão entrou. Sem conseguir parar a mão que segurava o fósforo, gritei "PARA O CHÃO" enquanto ele se abaixava e o aparato explodia. Depois disso, pintei em branco um aviso de "NÃO ENTRE" no chão para marcar a zona de exclusão, de mais ou menos 1,5 por três metros, ladeada por prateleiras que construí, cheias de produtos químicos e recipientes de vidro. Os vapores e as explosões frequentes garantiam que as pessoas respeitassem voluntariamente o pedido de distância.

Eu me entusiasmava com várias outras coisas. Aos treze anos, por exemplo, estava explorando explosivos a sério. Os experimentos tinham começado alguns anos antes, quando encontrei uma receita para fazer pólvora em uma antiga enciclopédia *Funk & Wagnalls*. Os ingredientes eram uma mistura de nitrato de potássio (conhecido em geral como salitre), carvão e enxofre (que mandavam pôr na comida do cachorro para o pelo ficar brilhante). Uma fornada pegou fogo por acidente enquanto eu trabalhava nela, queimando toda a pele da minha mão esquerda, que se transformou em uma crosta quebradiça cinza-escura. Meu pai mergulhou minha mão em chá gelado, e depois usei uma bandagem encharcada em chá por uma semana. O líquido curativo funcionou: quando tiramos a bandagem e a crosta caiu, fiquei felicíssimo de ver que a recuperação tinha sido completa.

Usando meu bem abastecido laboratório de química como base, produzi grandes quantidades de pólvora, que usava para lançar foguetes caseiros e modelos de carros-foguete que eu fazia correr pela rua de casa. Os carros tinham corpo de pau-de-balsa, rodas leves compradas em uma loja de hobbies e um "motor" que consistia em um cartucho de dióxido de carbono, ou CO_2, como os que se usam hoje para gaseificar bebidas e em espingardas de ar comprimido. Esses cartuchos estavam sendo descartados como sobras de guerra, de modo que meu pai os levou do estaleiro para casa. Mas eu não usava o CO_2 para impulsionar meus carros. Eu retirava o selo que ficava na extremidade do cartucho, deixando o gás escapar. Um pó branco e frio de CO_2 sólido se acumulava à medida que o gás expandia e se resfriava. Uma vez esvaziado o cartucho, eu o enchia com a pólvora caseira, inseria um pavio e colocava meu novo supermotor numa abertura na parte traseira do minúsculo veículo. Como os motores às vezes explodiam, fazendo voar estilhaços, eu usava óculos de segurança e mantinha os meninos da vizinhança a uma boa distância. Quando tudo funcionava, os carros eram de uma velocidade impressionante. Num instante eles estavam ali, no outro já não estavam mais, reaparecendo depois de cerca de um segundo a algumas quadras de distância. Percebendo a tendência dos motores a explodir, construí e testei versões maiores projetadas para isso, bombas feitas a partir de pequenos pedaços de tubulação caseira, que usava para abrir crateras em encostas de penhascos nas áreas desabitadas da península de Palos Verdes.

O desafio seguinte foi o algodão-pólvora, ou nitrocelulose. Isso é a base para a chamada pólvora sem fumaça. Mais uma vez a enciclopédia forneceu a receita: acrescente devagar uma parte de ácido sulfúrico concentrado frio a duas partes de ácido nítrico concentrado frio; sempre que a mistura começar a aquecer, resfrie antes de prosseguir. À infusão acrescentei algodão cirúrgico comum, sempre resfriando a mistura quando ela aquecia. Depois deixei-a descansando na geladeira com um bilhete dizendo "NÃO ENCOSTE". A essa altura minha família sabia que era melhor levar esse tipo de aviso a sério, e portanto eu podia confiar que ele seria o suficiente para manter todos afastados dos meus projetos. Depois de 24 horas, retirei o algodão, enxaguei e sequei. Dissolvendo parte dele em acetona, vi que já não se tratava de algodão comum. Continuei a fabricar mais algodão-pólvora na "fábrica" em que transformei a geladeira e dei início a uma série de experimentos. O algodão-pólvora explode, mas não com facilidade, e em geral precisa de um detonador. Eu não tinha um detonador, por isso pus um chumaço na calçada e bati nele com uma marreta. Aquilo fez um *whum-m-p* e a marreta deu um salto e foi parar atrás do meu ombro, ainda presa às mãos. A calçada agora tinha uma cratera de um palmo de diâmetro. Depois de abrir mais algumas crateras na calçada, usei algodão-pólvora em foguetes e bombas de tubulação, situações em que ela funcionava de modo mais previsível e mais eficaz do que a pólvora comum.

Por fim achei que estava pronto para tentar "a maior de todas", a nitroglicerina. A receita e o procedimento[5] eram os mesmos do algodão-pólvora, com uma mudança à primeira vista pouco importante: a substituição de glicerina comum pelo algodão. O resultado foi um líquido pálido e quase incolor que flutuava no topo, que removi com cuidado, já que se tratava de um explosivo violento e traiçoeiro que havia matado muita gente no passado.

Numa tarde tranquila de sábado, pus uma roupa de proteção, coloquei uma viseira de segurança e umedeci a ponta de um tubo de vidro na nitroglicerina. Usando bem menos do que uma gota, decerto uma quantia segura, aqueci o vidro na chama do gás e de repente ouviu-se um *CRACK!* — que durou bem menos e foi muito mais violento do que as reações dos outros explosivos de ação mais lenta que eu já tinha usado. Pedacinhos minúsculos de vidro se fincaram na minha mão e no meu braço, e saía sangue dessa infinidade de buracos. Fui catando os estilhaços com uma agulha ao longo dos dias, conforme os encontrava. A seguir, pus um pouco de nitroglicerina na calçada e usei a marreta para abrir outra cratera. Mas a instabilidade perigosa da nitroglicerina me preocupava e resolvi descartar o resto do material.

Onde um menino de catorze anos consegue produtos químicos potentes e perigosos como esses? Eu comprava do farmacêutico do bairro, que os vendia para mim em segredo com uma boa margem de lucro. Meus pais trabalhavam bastante e, no pouco tempo que passavam em casa, ou estavam atendendo às necessidades dos dez parentes refugiados que moravam conosco, cuidando da logística da casa, ou estavam caindo exaustos de sono. Eu e meu irmão ficávamos por conta própria. Eu não falava mais do que o necessário sobre meus experimentos. Caso tivessem percebido o que eu de fato estava fazendo, eles teriam me mandado parar.

Quando comecei a ter aulas de química no 11º ano, já vinha fazendo experimentos havia algum tempo. Li o livro de química do ensino médio de cabo a rabo, divertindo-me com a parte teórica da disciplina. Caía no sono à noite repassando mentalmente o material, um hábito que acabou se mostrando, tanto na época quanto mais tarde, bastante eficiente para compreender e lembrar de maneira duradoura o que eu havia aprendido. Nosso professor era o sr. Stump, um cinquentão baixinho e de óculos. Ele adorava química e queria que aprendêssemos direito. Além disso, sempre desejara ter um aluno bom o suficiente para estar entre os quinze vencedores do concurso anual de química para alunos de ensino médio da Sociedade Americana de Química, seção do sul da Califórnia. Era um exame de três horas realizado na primavera, que costumava atrair cerca de duzentos dos melhores alunos de química do ensino médio de todo o sul do estado. Mas depois de mais ou menos vinte anos na nossa escola de baixo rendimento para alunos vindos da classe operária — naquele ano a escola tinha ficado em 31º lugar entre as 32 do distrito de Los Angeles em testes-padrão de proficiência —, ele tinha desistido de concretizar seu sonho.

Entre os cerca de trinta alunos que compareciam à aula, o sr. Stump viu um menino mais novo e magro com cabelos negros encaracolados que se oferecia para responder a todas as perguntas. Ele já tinha ouvido outros professores falarem no garoto — tanto os professores inteligentes, que gostavam dele, quanto os tolos, a quem ele aterrorizava. Claro, o menino devia ter estudado um pouco de química e soube responder às perguntas fáceis nas primeiras semanas de aula, mas o sr. Stump tinha visto outros começarem bem e logo ficarem para trás. Ele nos alertou sobre o primeiro teste e sua dificuldade. Quando devolveu as provas, as notas dos outros alunos variavam entre zero e 33, numa escala que ia até cem. Minha nota foi 99. Agora ele tinha decidido prestar atenção em mim.

Fui falar com ele sobre o concurso de química. O sr. Stump tinha guardado todas as provas dos vinte últimos anos, que eu queria pegar emprestadas para poder estudar para o concurso. Ele relutou em me dar os testes e disse que eu não teria muita chance: eu faria o exame no meu primeiro ano do ensino médio, quando a maioria esperava até o último. Eu tinha pulado um ano, o que significava que tinha quinze anos e enfrentaria alunos de dezessete e dezoito. E eu só tinha cinco meses para me preparar. Além disso, as instalações da nossa escola eram inferiores e eu não tinha colegas para estudar comigo ou me forçar a melhorar. Poucos alunos da nossa escola tinham ousado entrar no concurso e ninguém tinha se classificado bem. "Por que não esperar um ano?", sugeriu o sr. Stump.

Mas eu estava decidido. Em geral os vencedores recebiam bolsas para a faculdade ou universidade da Califórnia que escolhessem. A vida acadêmica estava se tornando meu sonho. Eu gostava de todos os experimentos científicos que vinha fazendo e do conhecimento que eles me proporcionavam. Se conseguisse entrar para uma carreira que desse continuidade a essa espécie de brincadeira, ficaria muito feliz. E o modo de conseguir uma vida como essa era entrar para o mundo acadêmico, onde havia laboratórios, o tipo de experimentos e projetos de que eu gostava, e, quem sabe, a chance de trabalhar com outras pessoas como eu. Mas eu não tinha como pagar pelo tipo de educação necessário para entrar na faculdade. Essa era uma oportunidade.

Depois de falar com o meu professor de inglês, Jack Chasson, o sr. Stump concordou em me emprestar dez provas de anos alternados, que eu poderia usar para ver o conteúdo que caía e o grau de dificuldade, e também para avaliar se havia tendências de mudanças ao longo dos anos. O sr. Stump ficou com outras dez para poder verificar meu nível de preparo.

Além do livro de química da escola, eu estudava com dois outros livros para universitários. Quando um conceito não ficava claro em um deles, em geral o outro me esclarecia. Com a base que eu tinha devido aos meus experimentos e às minhas leituras prévias, o tema me apaixonava. Toda noite eu passava uma hora estudando teoria, depois caía no sono revisando mentalmente a tabela periódica, valências, reações químicas, a lei de Gay-Lussac, a lei de Charles, a constante de Avogadro, e assim por diante. Também continuei com meus experimentos — e com minhas pegadinhas.

Uma boa pegadinha começou quando li sobre uma tintura poderosa chamada anilina vermelha. Ela dava à água uma cor intensa de sangue na impressionante proporção de 6 milhões de gramas de água para cada grama de corante! Consegui vinte gramas de corante para meus experimentos.

Meu laboratório de química caseiro, como mencionei, ficava na área de serviço contígua aos fundos da garagem, que por sua vez dava para o quintal. E no meio do quintal ficava nosso tanque de peixinhos dourados, em forma de rim, com mais ou menos 1,5 por 3,3 metros de profundidade. Isso dá pouco menos de 1,5 metro cúbico de água. Um grama desse corante podia tingir seis metros cúbicos de água com um vermelho intenso, portanto bastava uma pitada, um quarto de grama de corante, para um tanque daquele tamanho.

Para ter certeza, usei quatro vezes essa quantidade, um grama inteiro, mexendo a água com força enquanto derramava o produto, e o tanque de peixes de fato ficou de um vermelho-sangue satisfatório. A cor era tão densa que impossibilitava ver as plantas, exceto quando estavam na superfície. E só se viam os peixes quando eles punham a boca para fora para comer.

Voltei a trabalhar no meu laboratório. Vários minutos se passaram antes de eu ouvir minha mãe gritar, gritar e gritar. Ela achou que alguém, talvez eu, estivesse dentro do tanque, sangrando até morrer. Foi preciso um bom tempo até que ela se acalmasse.

Lamentei ter assustado minha mãe, mas aquilo me deu uma ideia. A treze quilômetros na cidade de Long Beach havia uma imensa piscina pública. O Long Beach Plunge era parte do Long Beach Pike, um antigo parque de diversões. Sendo um "órfão" da Segunda Guerra Mundial que mais ou menos se criou sozinho enquanto os pais davam duro nas fábricas, eu tinha ido de ônibus ao parque e entrado na piscina muitas vezes.

Era a maior piscina aquecida e coberta do sul da Califórnia, com 36 metros de comprimento e dezoito de largura, com uma profundidade média de 1,5 metro.[6] Isso dá um volume aproximado de mil metros cúbicos. Os dezenove gramas que eu ainda tinha de anilina vermelha eram suficientes para dar uma cor intensa a mais ou menos um oitavo disso. Decidi ir em frente mesmo assim. Como cúmplice, escolhi um colega de classe — um garoto magro, pálido e nerd com óculos de lentes fundo de garrafa e cabeleira loira que gostava de ficar me observando enquanto eu fazia meus experimentos. Pus o corante num envelopinho de papel encerado, que selei com parafina de vela e no qual prendi dois cordões, de modo que quando eles fossem puxados em direções opostas o envelope se abriria e deixaria escapar todo o conteúdo.

Em uma bela manhã de sábado no verão, pegamos um ônibus para Long Beach. Chegando no parque, compramos as entradas, fomos ao vestiário, pusemos nossos trajes de banho e caminhamos para a piscina, eu com o envelope de corante escondido na sunga. Já havia umas cem pessoas se divertindo na piscina e em volta dela.

Mergulhei o envelope na água, depois cada um pegou um cordão. Fomos para extremidades opostas da piscina e esticamos os fios, mas não o suficiente para liberar o corante. Por um capricho, eu queria que alguém que estivesse nadando fizesse isso por nós. Não demorou a acontecer. Um homem bateu no cordão sem perceber. O envelope se abriu, soltou o corante, e lá surgiu uma minúscula nuvem vermelha, mais ou menos do tamanho da mão de um adulto.[7]

Tudo estava tranquilo. Corremos para o vestiário e trocamos de roupa. Alarmado, meu "assistente" percebeu uma mancha vermelha que de algum modo apareceu no seu calção de banho: uma prova do crime. Enquanto seguíamos apressados para o mezanino acima da piscina, insisti para que ele não se preocupasse.

Agora a opaca nuvem vermelha estava com o tamanho de uma bola de basquete. Tudo seguia tranquilo. Então outro nadador agitou a água e a mancha ficou com um metro de diâmetro. A nuvem irregular vermelho-sangue continuava densa a ponto de não se poder ver através dela. Então surgiu o primeiro grito, seguido por gritos de alarme e depois mais gritos. Um herói saltou na nuvem, agitando-a e fazendo com que ela se expandisse ainda mais.

A piscina se esvaziou em clima de pânico. Poucos minutos depois, já não havia ninguém na água. Ingressos gratuitos foram distribuídos para que todos voltassem ao parque outro dia. Fascinados pelo tumulto, esquecemos de pegar os nossos. Enquanto os funcionários do local faziam buscas em meio à nuvem carmesim, ela acabou se tornando grande o bastante para ficar semitransparente. Enquanto isso, alguém retirou da água o envelope de papel encerado com os cordões, parecendo intrigado, e o descartou como se aquilo não significasse nada.

Naquela tarde, depois de termos passado horas agradáveis no parque de diversões, subimos de novo para o mezanino da piscina. Mais ou menos metade dela estava da cor de suco de morango. Umas poucas pessoas tinham voltado a nadar e tudo estava tranquilo — mais tranquilo do que o normal, porque não havia muita gente disposta a nadar na água vermelha.

No dia seguinte, o jornal de Long Beach publicou uma pequena nota com o título: "Brincalhões não identificados tingem piscina pública de Long Beach de vermelho". Sessenta anos depois, meu genro, o juiz Richard Goul, estava conversando sobre a história da região com um juiz aposentado que por acaso disse ter lido sobre o incidente na época, sem saber do parentesco de Rich com o "criminoso".

A dez semanas da prova da Sociedade Americana de Química, com meus estudos baseados em testes antigos, eu tinha obtido 990 pontos ou mais de uma escala que ia até mil. Disse então para o sr. Stump que me sentia preparado para tentar resolver os dez testes que ele não havia me dado. Acertei mais de 99% dos dois primeiros também e por isso passei direto para o teste do ano anterior, em que igualmente me saí bem. Eu estava pronto.

No dia do exame, meu pai me levou de carro até a El Camino Junior College, a mais de trinta quilômetros de casa, onde segui a multidão por entre prédios de um andar que pareciam alojamentos militares até chegar à sala da prova. Tinham dito que, naquele ano, pela primeira vez seria permitido o uso de réguas de cálculo, mas que elas não eram necessárias. Na última hora, acabei levando uma de brinquedo que custou dez centavos — o máximo que achava que podia pagar —, acreditando que isso me permitiria fazer uma checagem aproximada dos cálculos, caso sobrasse tempo.

Fui resolvendo o teste e sabia todas as respostas. Então distribuíram a última parte da prova. Essa seção exigia uma quantidade de cálculos muito maior do que eu poderia fazer à mão no tempo concedido. Minha minúscula régua de cálculo de brinquedo era inútil. Ao meu redor, de todo canto apareceram réguas de cálculo de tamanho real, bem construídas. Surpresa! Ter um instrumento desses não era algo meramente opcional — era uma necessidade, caso você quisesse vencer. Não se dava crédito para quem apontasse o método correto, apenas para as respostas numéricas, dentro de um nível especificado de "precisão de régua de cálculo". Fiquei com o estômago embrulhado ao perceber que talvez não alcançasse uma classificação boa o suficiente para conseguir a bolsa de estudos de que necessitava, e chateado comigo mesmo por não ter me preparado para comprar uma régua de cálculo de-primeira-qualidade--difícil-de-pagar. Parecia muito injusto transformar uma prova de química em uma prova de aritmética de régua de cálculo.

De todo modo, comecei a fazer os cálculos à mão o mais rápido que podia. No final, as questões que consegui completar valiam apenas 873 do total de mil pontos do exame, e portanto essa era a maior nota que eu poderia tirar. Eu sabia que em geral o vencedor fazia de 925 a 935 pontos, e por isso não tinha como lutar pelo primeiro lugar.

Quando meu pai chegou para me buscar, eu estava me esforçando para não chorar e mal conseguia falar. Na sala de aula, o sr. Stump percebeu que eu estava chateado e que era óbvio que não tinha me saído bem. Não tocamos no assunto. Pus a história toda na conta da minha ingenuidade. Mas saí e comprei a melhor régua de cálculo que podia pagar. Algumas semanas depois do teste, o sr. Stump me chamou para entregar meus resultados. Eu tinha feito 869 dos 873 pontos possíveis nas questões a que respondi. O primeiro lugar ficou bem à frente, com mais ou menos 930, mas o segundo e o terceiro estavam apenas poucos pontos adiante de mim, que acabei em quarto lugar. Com uma boa régua de cálculo eu poderia ter sido o primeiro. Na expectativa de vencer, não tinha pensado em nenhum plano B para conseguir o resto do dinheiro necessário para pagar a faculdade. Embora tenha tido a satisfação de confirmar o que pensava sobre minhas habilidades, fiquei arrasado.

O sr. Stump, por outro lado, estava exultante. Depois de vinte anos de frustrações ensinando química em uma das escolas de ensino médio com pior desempenho acadêmico de Los Angeles, ele tinha afinal um vencedor. Envergonhado com meu resultado ruim, tentei escapar do jantar que seria oferecido aos vencedores, alegando não ter carona para ir a Los Angeles, mas o sr. Stump insistiu em me levar. No jantar, cada vencedor, seguindo a ordem de classificação, escolhia uma das bolsas oferecidas por várias faculdades e universidades. Como eu esperava, o primeiro e o segundo colocados escolheram, respectivamente, o Instituto de Tecnologia da Califórnia (Caltech) e a Universidade da Califórnia em Berkeley (UC-Berkeley). Como acreditava que ambas eram as melhores instituições para estudar ciência no estado na época, essas eram as únicas que eu queria. Teria sido inteligente ter um plano B em mente quando chegou minha vez de escolher, mas me faltavam informações suficientes para isso, por isso me abstive. As escolas de ensino médio dos vencedores eram todas do mesmo clubinho de elite que vencia todo ano: Beverly Hills, Fairfax, Hollywood e assim por diante. Minha noite melhorou um pouco quando eles se espantaram ao ouvir o nome da minha escola "insignificante", a Narbonne. Infelizmente, fiquei sabendo que eu não poderia fazer o teste de novo no ano seguinte.

Mais ou menos nessa época me interessei por medição de inteligência, querendo saber como me sairia. Numa manhã de sábado, viajei trinta quilômetros de ônibus de Lomita à Biblioteca Pública de Los Angeles para ler e aprender sobre tópicos interessantes (como as pessoas fazem hoje com o Google ou a Wikipédia). Descobri vários testes de QI com gabaritos e, para me avaliar, ao longo de nove semanas fiz um teste diferente a cada sábado, comparando depois as respostas para verificar minha pontuação.

Satisfeito com os resultados, fiquei curioso para saber como tinha me saído anos antes quando um exame, que agora eu sabia ser um teste de QI, me permitiu não repetir o sexto ano. A escola não revelava essa informação, de modo que decidi fazer as coisas por conta própria. Percebi que uma ferramenta de metal em formato de L que eu tinha em casa me ajudaria a abrir todas as portas da escola. Certo fim de noite fui até lá, escondi minha bicicleta nos arbustos e, nervoso, me aproximei de uma porta trancada. Posicionei meu instrumento chato e angulado entre a porta e o batente, inseri como se fosse um gancho atrás da lingueta da fechadura e puxei. A lingueta correu para dentro e entrei nos corredores estranhamente escuros e desertos do prédio. O chão rangia de um jeito sinistro e fiquei preocupado com a possível existência de um vigia noturno, mas subi na ponta dos pés as escadas que levavam ao gabinete do psicólogo no segundo andar. Abri com facilidade as outras fechaduras usando a mesma técnica, e logo estava usando a lanterna para procurar os registros de testes de QI que eu e meus colegas tínhamos feito. Passei horas vendo centenas de resultados. Em grande parte confirmei o que imaginava, o que incluía o fato de que a garota que eu considerava a mais talentosa e interessante da escola tinha QI 148.

Na época, a Narbonne High School tinha cerca de oitocentos alunos do sétimo ao 12º anos. Também tinha uma estrutura de classes sociais que ficava mais rígida à medida que eles ficavam mais velhos. Uns 20% dos estudantes eram "socialites" que ocupavam todos os cargos de representante de classe e nas organizações estudantis e planejavam todas as festas e bailes de formatura de acordo com sua vontade. Esse grupo de elite incluía a maioria dos atletas de ponta, as *cheerleaders* mais bonitas e os alunos das famílias mais ricas. Como as cidades do entorno, Lomita e Harbor City, eram habitadas sobretudo por operários, "mais rico" significava ser filho de um pequeno empresário. A "elite" tinha como comprar almoço e comer em grupos na cantina. Os que levavam o almoço em sacos de papel pardo, como eu, eram a "plebe" e comiam em qualquer lugar. A "elite" tinha acesso a carros, que eles podiam dirigir aos dezesseis anos; muitos já dirigiam no décimo ano. Eu só teria idade para dirigir no último ano do ensino médio e seguiria sem poder comprar um carro. Acesso a um carro era uma necessidade para ir a encontros românticos, festas na praia e viagens para eventos esportivos.

Com meu pequeno círculo de "plebeus", fundei um clube de xadrez, e o sempre prestativo sr. Chasson encontrou uma sala em que podíamos jogar na hora do almoço. Também fundei um clube de ciências que atraiu uns poucos alunos com inclinações acadêmicas. Passei intervalos do almoço jogando bola no paredão, arremessando bolas de tênis velhas contra tabelas de basquete ou jogando bobinho. Quando eu estava com a bola, perseguido por uma horda de meninos maiores, não era fácil me pegar, em parte por causa das minhas pernas fortes de ciclista e em parte pelo meu medo do que podia acontecer caso eles me pegassem.

Eu considerava todas as pessoas que encontrava como minhas iguais, dignas do mesmo respeito que queria receber, a não ser que seu comportamento mostrasse que não mereciam esse tratamento. Muitos da "elite", por outro lado, achavam que os membros da sua panelinha mereciam tratamento especial. Do pedestal a que tinham direito, eles ignoravam e excluíam os "plebeus".

Meu confronto com a "elite" começou quando tirei um B em educação física, no nono ano. Espantado, soube que minhas notas nessa disciplina irrelevante em termos acadêmicos contavam na seleção para ingressar na faculdade. Investigando um pouco mais, descobri que quem se candidatava a esportes como futebol americano e atletismo automaticamente tirava A em educação física. Isso esgotava a cota de As, deixando para os outros, como eu, as notas B, C ou coisa pior. Eu era rápido para a idade, mas fisicamente era um ano e meio mais novo. Atletismo parecia forçado e futebol estava fora de questão. O que fazer?

Por insistência de Jack Chasson, escolhi jogar tênis na educação física, o que significava que automaticamente estava disputando uma vaga na equipe. O suposto técnico era um professor de história que não sabia nada sobre tênis e que apenas organizava os alunos e monitorava as atividades. Não havia orientações, de maneira que aprendi jogando. De algum modo fui escolhido para a equipe júnior, e depois fui promovido à equipe principal nos últimos anos de escola.

Um dos astros do time de futebol americano, que evidentemente era parte da "elite", expressou em palavras o que muitos "socialites" achavam dessa afronta: "Tênis é jogo de mariquinhas". Chamei o herói para uma partida depois da aula. Ele era melhor do que eu esperava, devolvendo a bola com bastante regularidade quando eu jogava na sua direção, por isso o obriguei a correr de um lado para outro até que, depois de uns vinte minutos, ele desistiu por exaustão.

Pouco depois disso, na primavera de meu primeiro ano de ensino médio, e depois do malfadado concurso de química, minha irritação com a "elite" me levou a um plano, inspirado pela empolgação causada pela campanha eleitoral de 1948 que estava em curso (Truman contra Dewey e Wallace). Recrutei uma dúzia de meninos, entre os quais meus amigos Dick Clair e Jim Hart, e fundei o Comitê para Aperfeiçoamento Estudantil. Nossa meta era fazer as organizações estudantis deixarem de ser meramente cerimoniais — que trabalhassem em prol dos estudantes e estruturassem as atividades de modo a incluir todos os alunos, não só a "elite". O plano era lançar uma chapa de candidatos para cada organização estudantil; a família de um dos nossos membros japoneses tinha uma plantação de alface com uma casa de um cômodo, em que nos reuníamos à tarde para nos organizarmos e definir estratégias.

Na noite anterior à eleição, pusemos duas faixas enormes para flutuar acima da escola com os dizeres: VOTE NO COMITÊ PARA APERFEIÇOAMENTO ESTUDANTIL. As faixas estavam penduradas nos meus balões meteorológicos, presos, por sua vez, a galhos inacessivelmente altos, o que conseguimos usando o truque do laço no poste telefônico que funcionara tão bem quando lancei meu sinalizador aéreo. Durante a noite o vento movimentou um pouco os balões, deixando as faixas meio tortas, mas continuavam legíveis quando o dia clareou.

Enquanto os estudantes seguiam para o auditório para ouvir os candidatos, entregávamos folhetos que explicavam nossa plataforma e modelos de cédulas que ensinavam a votar em nossos candidatos. Foi o primeiro partido político de que se teve notícia nos 25 anos de história da escola. Pega de surpresa, a "elite" não teve tempo de revidar. Alguns de seus candidatos perceberam que eu devia estar por trás daquilo e usaram o tempo do seu discurso de campanha para me atacar. A panelinha sempre tinha administrado as organizações estudantis. Era direito deles. Mudar isso significava que eu era um encrenqueiro, um radical, uma ameaça ao status quo. Embora eu tenha perdido por pouco a eleição para o grêmio, quando os votos foram contados descobriram que tínhamos ficado com treze das quinze vagas. Meu amigo Dick Clair foi eleito presidente do grêmio.

Quarenta e seis anos mais tarde, quando dei uma passada no evento de reencontro dos alunos da nossa escola, os membros da "elite" pareciam estar exatamente como eram na época, só mais velhos e mais tranquilos. O ensino médio havia sido o auge de suas vidas. Muitos tinham casado entre si e continuavam morando na região, enquanto para mim o ensino médio tinha sido uma plataforma de lançamento para a grande aventura da vida.

No verão de 1948, depois do primeiro ano de ensino médio na Narbonne, sentei na praia e li mais ou menos sessenta grandes romances, sobretudo americanos, de uma lista que incluía autores como Thomas Wolfe, John Steinbeck, Theodore Dreiser, John Dos Passos, Upton Sinclair, Sinclair Lewis, Ernest Hemingway e F. Scott Fitzgerald. Também havia autores estrangeiros, como Dostoiévski e Stendhal. Jack Chasson tinha me dado a lista e emprestou os livros de sua biblioteca pessoal. Eu intercalava as horas de leitura com períodos pegando jacaré no mar e momentos em que ficava pensando quem eu era e para onde estava indo.

Aquele verão, três anos depois do fim da guerra, foi especialmente difícil para mim. Meus pais se divorciaram. Na época, achei que a causa tinha sido o estresse dos anos anteriores na nossa casa. Trabalhando em turnos diferentes durante a guerra, talvez para que pelo menos um deles, mesmo que dormindo, estivesse presente em casa, eles tinham se afastado. Além disso, a pequena aglomeração que abarrotava nossa casa sempre rendeu conflitos durante os três anos que nossos hóspedes levaram para se mudar de lá.

Meu pai foi morar em Los Angeles. No último ano de ensino médio, eu o encontrava apenas nas manhãs de domingo. Ele percorria de carro os trinta quilômetros até Lomita e estacionava a uma quadra de casa, de onde eu podia vê-lo do meu quarto no segundo andar. Eu saía e passava horas com ele, treinando para o exame de habilitação para dirigir, almoçando fora, conversando, o que fosse. Enquanto isso, minha mãe se preparava para vender a casa quando eu partisse para a universidade, embora na época eu não soubesse disso. A situação do divórcio era confusa, já que nenhum dos dois explicava o que estava acontecendo. Só fui entender anos mais tarde. Minha mãe estava tendo um caso com o marido da família que nos hospedara durante nossa primeira visita à Califórnia, no verão anterior a Pearl Harbor. Só há pouco tempo eu soube pelo meu irmão que o romance começou naquela visita e que o fato de meu pai ter descoberto levou ao divórcio.

Quando o último ano de ensino médio começou, eu ainda estava tentando descobrir como conseguir o dinheiro para pagar a faculdade. Não tinha conseguido a bolsa que esperava ganhar no concurso de química e não podia esperar que minha família ajudasse. Soube que a Associação de Professores de Física promovia um concurso de física para o sul da Califórnia semelhante ao de química. Mas eu ainda não havia estudado física para valer e tinha poucos meses para me preparar. Nosso professor de física era um técnico de atletismo que servia de babá para nossa classe e não sabia nada sobre o assunto. Aprendi sozinho. Sem ter testes antigos para me orientar nos estudos, a única coisa em que podia me basear para saber como era o exame era um pequeno anúncio impresso. No entanto, meus experimentos com eletricidade, mecânica, magnetismo e eletrônica ao longo dos anos me ajudaram na parte teórica. E, é claro, aprendendo essas matérias ao meu modo, bolei novas pegadinhas.

Como parte de meu estudo de óptica e astronomia, comprei pelo correio umas lentes baratas da Edmund Scientific (o mesmo fornecedor dos meus balões) e construí um telescópio de refração. Além de ver as estrelas, percebi que, da minha janela no segundo andar, eu tinha uma visão direta do topo de uma colina a uns oitocentos metros, onde muitos adolescentes paravam o carro para namorar. Por coincidência, eu tinha comprado um farol automotivo velho de doze volts, que para mim fazia o papel de uma lanterna compacta e poderosa.

A ideia surgiu de imediato: acoplar o farol ao telescópio para iluminar tudo aquilo para onde o instrumento apontasse. Preparei o telescópio no "Observatório dos Amantes" e esperei a noite cair. Depois que vários carros estavam estacionados havia algum tempo, olhei pelo visor e acionei o interruptor. Blam! Os carros receberam o facho de luz e os adolescentes, perplexos, flagrados em diferentes etapas de carícias, saíram dirigindo apavorados. Como eu não queria ser identificado, deixava a luz acesa só por alguns segundos. Usei esse truque poucas vezes, e parei quando percebi a aflição que devia causar nos casais.

O dia da grande prova de física chegou, mas pareceu um anticlímax depois do concurso de química. As perguntas a que eu sabia responder valiam 860 dos mil pontos e, com minha super-régua de cálculo nova, fiz os cálculos sem problemas. Mas duas questões, que juntas valiam 140 pontos, eram relativas a assuntos que eu não tinha estudado. Será que eu estaria condenado mais uma vez a um quarto lugar? *O que posso fazer com isso?*, pensei. No tempo que restava, usei um conceito chamado análise dimensional[8] para chegar àquilo que esperava ser a fórmula certa para resolver um dos problemas, e chutei o resultado do outro. Como no caso do concurso de química, os quinze alunos com as notas mais altas foram a um jantar de premiação. De novo, a maioria dos finalistas era de alunos das melhores escolas do sistema educacional de Los Angeles. O espanto foi geral quando o primeiro lugar ficou para um estudante que vinha de onde? Narbonne High School? Uma escola técnica em algum fim de mundo? O padrão de notas do exame de química se repetiu, só que dessa vez fiquei em primeiro, com 931 pontos. O segundo colocado estava cinquenta ou sessenta pontos atrás. Ao vencer os presunçosos e privilegiados, ganhei o direito de ser o primeiro a escolher entre as bolsas oferecidas, hesitando entre o Caltech e a UC-Berkeley. O Caltech, minha primeira opção, oferecia bolsa integral, mas eu não tinha os 2 mil dólares extras anuais para pagar pelo dormitório e alimentação. Pasadena era uma cidade cara e eu não conhecia nenhum lugar próximo de lá compatível com meu orçamento.

Minha bolsa na UC-Berkeley, a maior que eles ofereciam na época, era de trezentos dólares por ano. A anuidade era de setenta dólares, e seria paga à parte por uma bolsa para filhos de veteranos da Primeira Guerra Mundial. Berkeley também tinha dormitórios de baixo custo e alimentação próxima ao campus. Era possível encontrar acomodações ainda mais baratas na Associação Cooperativa de Moradia Estudantil, com hospedagem e alimentação a 35 dólares por mês e quatro horas de trabalho por semana. Quando escolhi Berkeley, consolei-me com a esperança de que pelo menos haveria muitas meninas e que minha vida social podia decolar.

Alguns anos antes, meu interesse por rádio e eletrônica chegou aos ouvidos do sr. Hodge, um engenheiro eletricista aposentado dono de um grande imóvel com jardim subtropical, palmeiras, com estuque e ladrilhos em estilo espanhol e elaborados tanques cheios de peixes ornamentais, que fazia divisa com a cerca dos fundos da nossa casa na Califórnia. De minha casa da árvore a 7,5 metros de altura, uma plataforma de tábuas que preguei em um enorme galho bifurcado horizontal, eu espiava através de um bambuzal e via uma torre misteriosa. A estreita construção cônica, envolta em material usado para telhado asfáltico verde, em outros tempos havia sido a base de um moinho de vento. Um dia o sr. Hodge me convidou para entrar, e subimos dez metros por uma escada em caracol minúscula. A cada lance de escadas eu descobria um novo tesouro de componentes de rádio. Muito sensatamente, o sr. Hodge me deixou escolher como presente apenas um item que eu podia usar, um capacitor. Essa era uma peça fundamental dos receptores e transmissores de rádio da época. Construída a partir de placas fixas de metal, tinha um mostrador que permitia aproximar ou afastar outro conjunto de placas móveis, o que mudava a frequência a que o rádio respondia. Ao incorporar isso a meu rádio caseiro, consegui sintonizar as estações com maior nitidez e precisão. Não se passavam muitas semanas sem que o sr. Hodge saciasse minha ânsia com outro de seus tesouros. À medida que aprendia mais sobre rádio e meu interesse crescia, comecei a especular sobre futuros usos possíveis e impressionantes daquela tecnologia.

Uma ideia era que eu poderia abrir ou fechar uma porta só com o pensamento. Podia usar o fato conhecido de que o pensamento gera atividade elétrica no cérebro e correntes elétricas sutis, porém detectáveis, no couro cabeludo. Pensei em raspar a cabeça e ligar cabos a meu couro cabeludo para usar essas correntes. Esperava conseguir variar essas correntes variando meus pensamentos. Levando essas correntes a um radiotransmissor conectado a meu corpo, geraria o sinal apropriado a ser enviado para um receptor que estaria na porta, o qual por sua vez ativaria motores para abri-la ou fechá-la. Em tese, eu podia mandar informações equivalentes aos pontos e traços do código Morse (ou, numa versão mais atualizada, aos zeros e uns do código binário) e dessa maneira enviar instruções com qualquer grau de complexidade. Jamais construí esse aparelho, mas a ideia de um equipamento eletrônico vestível que eu usaria para controlar objetos à distância ficou na minha cabeça.

O sr. Hodge também me deu uma assinatura de uma revista chamada *Science News-Letter* (hoje *Science News*) e me falou sobre o Concurso Anual de Talentos Científicos Westinghouse. (Mais tarde o patrocinador passou a ser a Intel, e depois a Regeneron.) Ninguém da minha escola tinha ouvido falar desse concurso, nem os professores. Junto com mais de 16 mil alunos de escolas de ensino médio de todos os estados americanos, participei do oitavo concurso anual em 1949, meu último ano de ensino médio. Todos os candidatos fizeram um teste escrito de ciências, e o que aprendi com a *Science News-Letter* foi uma preparação valiosa.

Além das recomendações dos professores, era preciso escrever uma redação sobre ciências. Sem nenhum orientador à mão, fui à biblioteca e comecei a redigir um ensaio sobre o metal berílio. Era um trabalho enfadonho. Parei e pensei nas coisas divertidas que tinha descoberto sozinho. Escolhendo entre elas, escrevi a redação: "Alguns cálculos originais". No primeiro cálculo, eu mostrava como estimar de maneira aproximada as posições dos planetas no céu presumindo que suas órbitas fossem circulares e não as elipses keplerianas mais exatas. Meu segundo cálculo mostrava como descobrir o índice de refração de um prisma de vidro (e, portanto, a velocidade da luz ao atravessá-lo) apenas movimentando-o sobre uma mesa até que ele refletisse metade da luz e transmitisse a outra metade em sua face inferior. Umas poucas medições simples feitas com uma régua e trigonometria forneciam a resposta.

Eu achava que tinha ido bem no teste, mas o peso das cartas dos professores e da redação era muito grande, e eu não fazia ideia de como seria avaliado nesses dois quesitos. À medida que as semanas passavam e não recebia informação nenhuma, imaginei que havia sido eliminado e que iria descobrir isso quando anunciassem os vencedores.

Como tinha parado de pensar no concurso, fiquei perplexo ao encontrar um telegrama na porta de casa numa manhã de primavera. Sem perceber que era para mim, levei-o para dentro. Como jamais havíamos recebido um telegrama, achei que podia ser uma emergência e abri.

Era da Westinghouse. Empolgado e aturdido, li: "Parabéns, você é um dos quarenta finalistas". Poucas semanas depois, viajei de trem pela primeira vez, junto com os dois outros finalistas da Califórnia, para uma estada de cinco dias com tudo pago em Washington, DC, onde encontramos os outros competidores.[9] Os quarenta finalistas ganharam de presente uma palestra com o físico I. I. Rabi, vencedor do Nobel, e uma visita ao acelerador local de partículas de 1,5 metro. Era proibido entrar com material magnetizável na sala do acelerador de partículas, pois o eletroímã do aparelho era poderoso a ponto de arrancar relógios de pulso, botões e fivelas de cintos, transformados em mísseis mortais voando rumo ao equipamento.

Em uma noite de apresentações públicas, cada um de nós falou sobre um aspecto de seu trabalho científico. As apresentações teriam peso importante na classificação dos finalistas para definir quem receberia os prêmios em dinheiro. Mostrei a pequena estação de rádio que construí, arrematada com uma antena giratória que operava por controle remoto. Infelizmente, não havia energia elétrica nos estandes e minha demonstração virou uma coleção de objetos imóveis. Os dez finalistas mais bem classificados recebiam prêmios em dinheiro que variavam entre 10 mil e mil dólares, segundo as notas dos jurados. Os outros trinta recebiam cem dólares. No entanto, todos nós fomos procurados por departamentos de ciências de universidades de ponta. Como destaque, fomos recebidos no Salão Oval da Casa Branca pelo presidente Harry S. Truman. Lembro a sensação do contato com sua mão quando ele me cumprimentou: firme, compacta e com a textura de uma cadeira de couro meio polvilhada com talco.

No ensino médio, nenhum outro aluno se mostrava muito interessado pelas ciências físicas, por isso estudei e fiz meus experimentos sozinho, como autodidata. Mas eu tinha interesses em comum com meus amigos. Dick Clair, Jim Hart e eu fomos especialmente próximos do oitavo ano em diante. Falávamos sobre política estudantil e discutíamos questões do país e do mundo, como eleições, Guerra Fria, a reconstrução da Europa Ocidental e discriminação racial. Gostávamos de literatura e refletíamos sobre moralidade e ética. Jim era poeta, escritor e cartunista de talento. Dick era escritor e filósofo. Embora nossas vidas fossem muito diferentes, manteríamos contato até a idade adulta.

O único jogo de que eu gostava era xadrez. A essa altura, não tinha interesse nem experiência com cartas ou jogos de azar. No entanto, uma das ideias relacionadas à física em que pensei brevemente naquele ano foi a analogia entre uma bola correndo pela roleta e um planeta em órbita. Se era possível prever com precisão as posições dos planetas, achei que poderia prever o resultado da roleta. Eu estava jantando na casa de Jack Chasson logo depois de ele e a mulher voltarem de Las Vegas. Quando ele comentou que não havia modo de derrotar um cassino, afirmei com o orgulho apressado dos adolescentes, incentivado por minha ideia sobre a roleta, que um dia eu faria exatamente isso. Jack disse: "Ah, pare com isso, Eddie", e não falei mais no assunto.

Mas a ideia seguiu em estado latente, esperando ganhar vida.

CAPÍTULO 3

Física e matemática

Em agosto de 1949, quando estava completando dezessete anos, parti para o campus da Universidade da Califórnia em Berkeley. Agora divorciada, minha mãe vendeu a casa, mudou-se e pôs meu irmão, a essa altura com doze anos, num colégio militar. Só muito tempo depois eu voltaria a ver meus pais com frequência, num eco da experiência vivida por meu pai, que se viu sem os pais dele e passou a se virar sozinho aos dezesseis anos. Ele tinha entrado para o Exército, e eu fui para a universidade. Como ele, eu estava por conta própria a partir de então.

Encontrei hospedagem e alimentação algumas quadras ao sul do campus. Pouco antes de partir para a faculdade, soube que minha mãe tinha vendido os bônus de guerra que eu comprara com meu trabalho de entregador de jornais e gastado o dinheiro. Essa traição inesperada foi um golpe emocional que nos afastou por anos, e agora eu já não tinha certeza de que conseguiria me sustentar na universidade. Sobrevivi com as bolsas, empregos de meio expediente e quarenta dólares mensais que meu pai me deu durante o primeiro ano. Sobrevivia com menos de cem dólares por mês, o que incluía tudo: livros, anuidade, alimentação, moradia e roupas. Aos domingos, quando a pensão em que morava não fornecia alimentação, eu ia a festas de igrejas, onde tomava enormes quantidades de chocolate quente e comia *donuts* gratuitos.

O campus estava cheio de veteranos cujas vagas eram garantidas por uma lei federal que beneficiava ex-combatentes da Segunda Guerra Mundial. As aulas de ciências básicas, como física e química, aconteciam em auditórios com centenas de alunos, mas eram dadas pelos melhores professores e a qualidade do ensino era alta. Em química, o curso que escolhi, havia 1500 alunos. Fomos divididos em quatro turmas de quase quatrocentos alunos. A disciplina era ministrada por um professor famoso, e usávamos seu livro como material didático. Como ele estava preparando uma nova edição, oferecia dez centavos por erro encontrado pelos alunos. Comecei a trabalhar e logo lhe mostrei uma lista de dez erros para ver se ele me pagaria. Ele me deu meu dólar. Com esse incentivo, voltei com uma lista de mais 75 erros. Isso me rendeu 7,50 dólares, mas ele não ficou feliz. Quando voltei dias depois com mais centenas de achados, ele explicou que era preciso encontrar erros importantes, não simples erros tipográficos. Apesar de minhas objeções, ele descartou quase tudo que eu havia encontrado. Essa mudança retroativa unilateral do acordo, que mais tarde eu veria muitas vezes em Wall Street, feita por alguém em benefício próprio apenas porque a pessoa podia sair impune, violava meu senso de ética. Não apresentei mais nenhuma correção.

O semestre estava terminando e eu só tinha perdido um dentre as centenas de pontos concedidos pelas provas escritas e por trabalho prático no laboratório, o que me colocava como primeiro da classe. Depois da minha infeliz experiência com o concurso de química no ensino médio, isso era uma demonstração do que eu era capaz. Parte de nossa nota vinha de um teste que fazíamos toda semana, no qual analisávamos quimicamente uma amostra de um material que não sabíamos o que era. Depois de ouvir comentários sobre uma possível sabotagem praticada por alguns alunos, que trocavam escondido as amostras que os demais teriam de analisar, adquiri o hábito de guardar comigo parte do meu material; assim, caso fizessem isso comigo, eu teria como provar que tinha analisado a amostra de maneira correta. Na última amostra dada para a avaliação do semestre, disseram que minha análise estava errada. Eu sabia que não havia cometido nenhum erro, e para provar isso pedi que testassem o material que eu guardara comigo. A decisão sobre meu recurso ficou nas mãos do professor assistente do laboratório, que rejeitou o pedido. Os pontos que perdi me fizeram terminar o semestre em quarto lugar, em vez de em primeiro. Furioso, não me matriculei em química no segundo semestre e mudei meu curso de maior interesse para física. Assim, deixei de frequentar as aulas de química orgânica, o estudo dos compostos de carbono, e a base de toda a vida. Algo fundamental para a biologia.

Essa decisão precipitada, que me levou a trocar de faculdade e de tema de interesse, mudaria o rumo da minha vida. Hoje vejo que ela se mostrou acertada, já que meus interesses no futuro recairiam sobre a física e a matemática. Décadas mais tarde, quando quis aprender um pouco sobre química orgânica para explorar ideias sobre como aumentar a longevidade e a saúde humanas, aprendi o que precisava.

Embora na época a UCLA não fosse uma escola tão boa em matemática e física quanto Berkeley, eu me transferi para lá no fim do ano. Entre outras coisas, eu não tinha feito muitos amigos em Berkeley, o que fazia o lugar parecer frio e solitário, enquanto o ambiente do sul da Califórnia me era familiar. Meu professor Jack Chasson, quase um pai para mim, e meus dois melhores amigos do ensino médio, Dick Clair e Jim Hart, me deram uma dose adicional de apoio emocional e uma sensação de pertencimento. Além disso, as condições em que eu vivia em Berkeley eram horríveis. No segundo semestre, morei na cooperativa estudantil. Era de longe o lugar mais barato onde morar e comer. Se me lembro bem, o prédio se chamava Cloyne Court. Sendo recém-chegado, fiquei com o pior quarto, com várias entradas e compartilhado por cinco pessoas. Havia gente entrando e saindo o dia inteiro. Não se conseguia fazer nada ali. Nem dormir.

Minha bolsa era transferível para a UCLA, o que foi um fator decisivo. Ao chegar lá, instalei-me na Associação Cooperativa de Moradia

Universitária, outro grupo independente de alunos. Integrante do movimento nacional de cooperativas, assim como a cooperativa de Berkeley, a associação era uma ONU em miniatura, com estudantes de todo canto do mundo. Essa sede, que na época tinha dois prédios, o Robinson Hall e a Landfair House, foi fundada na Depressão por uns poucos estudantes que juntaram os recursos que possuíam para poder frequentar a UCLA.

Uma das primeiras pessoas que conheci no outono de 1950 foi Vivian Sinetar. Ela era esbelta, loura e bonita, e estudava literatura de língua inglesa. Melhor de tudo, era muito inteligente. Ela também tinha se transferido para a UCLA no seu segundo ano, vinda da Los Angeles City College. Nós nos conhecemos por meio de um grupo de estudantes que defendia tratamento justo para pessoas de diferentes crenças religiosas, diferentes grupos étnicos e diferentes afiliações políticas. Nós dois gostávamos de escrever e por isso nos oferecemos para editar um jornal para o grupo.

Uma injustiça que afetava os estudantes era que nenhum barbeiro da região cortava o cabelo de nossos amigos negros; outra era o fato de a disciplina sobre a Guerra Civil Americana ser ministrada para os alunos dos anos finais por um professor mais velho que afirmava que o sistema escravocrata do Sul do país era apenas um feliz Estado de bem-estar social para negros desfavorecidos. Juntos, Vivian e eu distribuímos centenas de cópias de nosso panfleto contra o que considerávamos uma ultrajante distorção da história. O professor, furioso, passou uma aula inteira se defendendo e denunciando os autores como covardes anônimos. Os autores não viram sentido em se identificar e arriscar serem expulsos.

Nas noites que passamos trabalhando juntos, Vivian e eu conversávamos sobre tudo e percebemos o quanto tínhamos em comum. Os dois seriam os primeiros de suas famílias a se formar na universidade. Também tínhamos as mesmas noções de justiça e igualdade. No caso dela, isso se devia sobretudo ao fato de seus pais serem migrantes judeus da Hungria que, com suas gigantescas famílias, haviam passado por séculos de perseguição na Europa. Muitos parentes dela morreram em campos de concentração na Segunda

Guerra Mundial, e eles continuavam a sofrer com o antissemitismo nos Estados Unidos. Mas a equidade era também uma questão que a tocava de modo muito pessoal. Vivian era a mais velha de três filhos, com uma irmã nascida pouco mais de um ano depois dela e um irmão dois anos mais novo. A irmã mandava e desmandava com agressividade e, na opinião de Vivian, ganhava muito mais do que seria justo. A mãe, em parte por não estar disposta a entrar em confronto com a filha mais nova e em parte por admirar sua ousadia, convencia Vivian, por ser a mais velha, a fazer as pazes sempre do mesmo jeito, cedendo. Em certa medida foi disso que veio a profunda convicção dela de que todo mundo merecia ser tratado com justiça, uma noção de que eu compartilhava.

Vivian era cautelosa e exigente quando o assunto era namoro, e isso testava a paciência da mãe e da irmã casamenteiras. Uma noite, quando fui encontrá-la para trabalharmos em nosso artigo, elas chamaram Vivian de lado e perguntaram: "E qual é o problema com esse?". Acho que ela respondeu (corretamente): "Ele é muito novo". Eu tinha só dezoito anos quando nos conhecemos, e ela, quase 21. Como era muito mais madura para sua idade do que eu era para a minha, nenhum dos dois pensava no outro em termos de namoro. Vivian estudava literatura, e, embora eu estivesse no curso de física, escolhi fazer algumas disciplinas eletivas com ela. Viramos bons amigos. Os anos se passaram e namoramos outras pessoas, enquanto eu devagar deixava de ser tão novo.

Com alunas bonitas em toda parte, o mundo feminino se abria para mim. Depois de quase um ano saindo com várias garotas diferentes, eu estava numa festa certa noite quando uma garota linda do outro lado da sala chamou minha atenção. Morena, alta e com corpo de modelo, "Alexandra" tinha uma beleza clássica, com zigomas altos e grandes olhos castanhos, o rosto emoldurado por um cabelo estilo Cleópatra. A atração foi mútua e imediata e namoramos por dois anos. Estudante de teatro, ela me arranjou um papel de uma única fala numa peça em que atuava. Passei a maior parte do tempo parado em posição de sentido em um figurino de legionário romano, pensando que a vida de ator não era para mim.

Minha carreira acadêmica quase acabou no primeiro ano de faculdade. Eu costumava chegar às duas da manhã dos encontros com Alexandra e estava trabalhando bastante para poder me sustentar. Com frequência ficava exausto e irritado, em especial quando chegava às oito da manhã para a aula de física.

O professor, filho de um físico famoso, era medíocre. Por ser inseguro e temer perguntas dos alunos, passava as anotações das aulas de uma pilha de cartões para o quadro-negro, dando as costas para a turma para desestimular a interação. Copiávamos tudo em nossos cadernos. Ele fazia isso havia anos e o conteúdo quase nunca mudava, o que me parecia uma idiotice. Por que simplesmente não entregar cópias das anotações para que as pudéssemos ler com antecedência e chegar na aula com perguntas inteligentes? Claro, ele tinha medo de que alguém lhe perguntasse algo que não soubesse responder.

Entediado, comecei a ler o jornal produzido pelos alunos da UCLA, o *Daily Bruin*, durante a aula. Isso fazia mal para a autoestima do professor, algo que, como vim a compreender mais tarde, você jamais deve fazer em um relacionamento, a não ser que não se importe em ganhar um inimigo terrível. Ele ficava incomodado a ponto de parar de escrever no quadro de tempos em tempos para, de repente, me fazer uma pergunta num momento em que eu parecia absorto na leitura. Eu dava a resposta certa e voltava para o meu jornal.

Certa manhã, a situação se tornou crítica. Eu tinha estado até tarde com Alexandra e depois fiquei acordado o resto da noite, terminando um trabalho demorado mas simples, que devia ser entregue no início da aula. Desci correndo as escadas do anfiteatro e, ao mesmo tempo que entregava o trabalho, a primeira das oito badaladas do relógio soou. O professor olhou para mim e disse: "Aham". Joguei meu trabalho na mesa e gritei: "Como assim, aham?". Fui em frente e disse o que pensava das aulas dele sob os olhares de uma classe assustada. Fui para o meu lugar, todos em total silêncio, e a aula prosseguiu como antes. Analisando a situação hoje, vejo que sempre fiquei irritado com gente que eu achava medíocre, mesquinha e inflexível. Mais tarde, descobriria que era burrice ficar brigando com pessoas assim. Aprendi a evitá-las quando pudesse e a me livrar delas com elegância quando não fosse possível.

Uma semana depois, fui chamado pelo diretor de assuntos estudantis. Ele disse que, por causa do meu comportamento desrespeitoso, várias opções estavam sendo consideradas, entre elas minha expulsão. Isso não só arruinaria minha carreira acadêmica como também — e estávamos em 1951, em plena Guerra da Coreia — revogaria minha condição de 1S, que adiava a convocação para as Forças Armadas. Eu passaria a ter status 1A, o primeiro grupo a ser convocado. Talvez em questão de semanas estivesse prestando serviço militar. A junta militar que ficava perto da UCLA tinha basicamente estudantes com status 1S. Os poucos jovens com status 1A já tinham sido chamados e partido para a Coreia. Agora os alunos 1S iriam à guerra. Toda semana mais alguns desapareciam das cadeiras à minha volta. Por sorte, a minha junta militar ficava na região em que meu pai morava, em uma parte de Los Angeles com muitas pessoas registradas como 1A e pouquíssimos estudantes. Assim, como 1S, eu seria um dos últimos convocados. Isso significava que, enquanto estivesse matriculado na UCLA, talvez meu status de 1S me mantivesse na faculdade.

Meu caso foi enviado para o vice-diretor de assuntos estudantis. A essa altura, as consequências da minha imaturidade e do meu mau comportamento estavam ficando evidentes para mim. Na minha reunião com o vice-diretor, que foi surpreendentemente simpático, chegamos a um acordo. Eu me desculparia com o professor. Ficaria sob observação pelo resto do ano letivo. Iria me comportar muito bem a partir dali. Não concorreria a cargos em organizações estudantis. Esta última exigência me deixou intrigado, até eu descobrir que o diretor de assuntos estudantis estava preocupado com alunos independentes e sem papas na língua em termos políticos e que, numa época de macarthismo e juramentos de lealdade, queria reduzir ao mínimo possível os constrangimentos que poderiam ser causados à reitoria por alunos em cargos de organizações estudantis.

Quando encontrei o professor no seu gabinete para pedir desculpas, compreendi que havia me comportado de modo estúpido e grosseiro, e disse sinceramente que o que fizera era inadequado e que estava arrependido. Mas isso não resolvia o problema mais sério: o que eu tinha dito sobre as suas aulas. Eu tinha feito um estrago na autoestima dele. Ele jamais me perdoaria por isso, a não ser que achasse que eu estava retirando o que dissera. Meus valores e meu autorrespeito me tornavam relutante a bajulações e mentiras, mesmo que isso me colocasse em risco. Eu precisava encontrar outro jeito de lidar com aquilo. Expliquei que tinha percebido que o método de ensino dele era único e que os alunos, embora nem sempre gostassem daquela metodologia, teriam dificuldade de encontrar outro professor do mesmo calibre. O que eu disse era verdade, mas permitia mais de uma interpretação. Ele escolheu a que eu desejava que ele escolhesse. Ele estava sorrindo quando saí da sala, minha carreira estava salva e eu estava prestes a me tornar uma pessoa mais bem-comportada e, de certo modo, mais madura.

Minhas notas baixaram nesse período — meu primeiro ano na faculdade —, e embora tenham dado um salto no último ano, eu também havia sido posto sob observação, por isso minha eleição para a Phi Beta Kappa foi uma surpresa. Foi pura sorte ter me saído tão bem. Nada disso teria acontecido caso eu tivesse devidamente me perguntado antes: *Se você fizer isso, o que quer que aconteça? E se você fizer isso, o que acha que vai acontecer?* Eu não ia gostar de nenhuma das respostas. Essas duas perguntas passaram a ser guias valiosos para mim mais tarde.

Os pais de Alexandra eram judeus de classe média alta, donos de uma bem-sucedida empresa de produção de plástico. Eles foram agradáveis e educados quando lhes fiz uma visita, mas tinham sonhos mais ambiciosos para a filha do que um estudante pobre sem denominação religiosa e sem nenhuma perspectiva de futuro. No nosso último ano, poucos meses antes de nos formarmos, eu continuava sendo novo demais, imaturo e incapaz de oferecer segurança ou estabilidade a uma garota, e, aos prantos, acabamos com nosso romance. Fiquei tão deprimido que faltei à cerimônia de formatura. Não tinha ninguém próximo com quem quisesse compartilhar aquele momento. Vivian, que era amiga de Alexandra, foi à festa de formatura dela. Eu não fui convidado. Meus amigos se formaram e foram cada um para um lado.

Como recompensa por ter me formado, dei a mim mesmo seis semanas de folga e, com um amigo, fui para Manhattan em meu velho sedã, que não consumia muita gasolina. Dormíamos dentro do carro na estrada mesmo e aluguei um apartamento para as quatro semanas que passamos em Nova York. A viagem saiu barata, nossos principais gastos foram com gasolina e alimentação.

Começando nossa travessia do país, chegamos a Las Vegas perto da meia-noite e tentamos descobrir onde poderíamos dormir dentro do carro sem ser incomodados pela polícia. Achamos um estacionamento amplo e aparentemente deserto, no qual paramos, perto dos banheiros. Precisando de um banho, tiramos a roupa, pegamos água de uma torneira e nos lavamos, iluminados pelos faróis do carro. Então ouvimos vozes — muitas vozes. O estacionamento estava lotado de sem-teto, em alguns casos famílias inteiras, e, como ficamos sabendo na manhã seguinte, a maioria tinha perdido tudo no jogo. Para sorte deles, as noites de verão estavam agradáveis. Antes de partir no dia seguinte, resolvemos nos aventurar passando o tempo à beira da piscina de um dos cassinos da região, onde conhecemos um grupo de três moças. Elas nos deram moedas de cinco centavos para brincarmos nos caça-níqueis, o que fiz com certo receio, já que, sem ter 21 anos completos, não tinha permissão legal para isso. Logo de cara ganhei um prêmio pequeno. Sinos tocaram, luzes piscaram e uns dólares em moedinhas de cinco centavos caíram na bandeja da máquina. Gastamos tudo em comida e bebida para nós cinco.

Essa foi a primeira vez que vi Las Vegas e a cidade me causou impressões contraditórias, mas intensas. O brilho e o glamour da região dos cassinos, com sua promessa de fortunas fáceis e imerecidas, contrastava com a multidão de sem-teto no estacionamento, vítimas do lado perverso desse sonho. Esse cenário ficou na minha memória: um playground cintilante onde otários eram induzidos a apostar em jogos nos quais, como eu sabia pela matemática, eles deviam coletivamente perder. Os ganhadores eram celebrados e viravam garotos-propaganda para atrair mais otários, enquanto um número maior, que apostava muito dinheiro ou com muita frequência, ficava pobre e às vezes chegava à ruína. Na época, não percebi que um dia viraria a mesa para alguns deles.

O amigo que estava viajando comigo era parte do grupo de levantadores de peso com os quais eu tinha passado a me exercitar um ano antes. A história começou numa tarde em que, andando no porão, perto da caldeira de calefação atrás da cooperativa, ouvi um chocar de ferros. Curioso, arrisquei-me a entrar e vi três sujeitos musculosos erguendo halteres. Quando comentei que aquilo parecia trabalho demais para um ganho incerto, eles apostaram um milk-shake comigo que, se eu malhasse com eles por uma hora, três dias por semana, durante um ano, iria duplicar minha força. Embora eu não fosse o fracote de cinquenta quilos dos famosos anúncios de Charles Atlas, aceitei o desafio. Ao fim do ano, pouco antes de viajar para Nova York, tinha mais do que duplicado o peso que conseguia levantar e paguei a aposta feliz. Esse foi o começo de um interesse por boa forma e saúde que duraria a vida toda.

Depois da viagem, voltei a trabalhar e estudar. Durante meu primeiro ano de graduação, 1953-4, me inscrevi para uma bolsa no curso de física da Universidade Columbia — e ganhei. A única coisa de que precisava era dinheiro suficiente para morar em Nova York. Não havia como obtê-lo, e tive de recusar a oferta e continuar na UCLA. Numa tarde de domingo do ano seguinte, enquanto redigia meu trabalho de conclusão de curso, eu estava tomando chá no refeitório da cooperativa durante um intervalo nos estudos, junto com algumas pessoas. Alguém que tinha ido a Las Vegas estava explicando como era impossível derrotar os cassinos. Esse era o consenso do grupo. Também era o ponto de vista do mundo em geral, sustentado pela dolorosa experiência de gerações de jogadores.

O sistema Martingale foi um dos muitos esquemas de apostas inventados por jogadores para tentar ganhar. Ele era muito usado na roleta em apostas que pagam o mesmo valor casado, como "vermelho" ou "preto". A roleta padrão americana[1] tem dezoito números vermelhos, dezoito pretos e dois verdes, num total de 38 possibilidades. Como a banca paga o mesmo valor apostado, a cada 38 rodadas você pode esperar ganhar com uma aposta no vermelho ou no preto em média dezoito vezes e perder vinte, num prejuízo líquido de duas rodadas. Em uma tentativa de contornar essa desvantagem, comece no método Martingale apostando um dólar, digamos, no vermelho. Após cada perda, aposte o dobro na próxima rodada, sempre no vermelho. Uma hora você ganha — o vermelho tem que sair uma hora ou outra —, e com isso cobre as perdas anteriores, além de um lucro de um dólar. Depois comece de novo apostando um dólar e repita o processo inteiro, ganhando mais um dólar de lucro a cada vez que o vermelho sair. O problema é que, após dobrar a aposta muitas vezes, você tem que apostar tão alto que pode não ter o dinheiro ou não ter permissão do cassino para tal.

Com um número infinito de sequências possíveis de resultados em um jogo de azar, era impossível saber por tentativa e erro se um sistema qualquer de fato funcionava. Analisar os esquemas matematicamente, um por vez, também era desanimador, já que sempre havia mais um para ser testado. Um dos triunfos da matemática foi provar com um único teorema que todos os sistemas desse tipo devem falhar.[2] Usando premissas bastante gerais, nenhum método que varie o tamanho das apostas pode superar a desvantagem que o jogador tem diante do cassino.

Lembrando minhas ideias do ensino médio sobre a possibilidade de prever fisicamente o comportamento da roleta, enquanto tomava meu chá eu disse para os outros que estavam na mesa que, apesar de toda a matemática dizer o contrário, era possível derrotar a roleta. Usando o que aprendi em seis anos extras de física, expliquei que a fricção reduzia de modo gradual a velocidade da bola em sua órbita circular até que a gravidade fosse forte o suficiente para levá-la para baixo numa espiral em direção ao centro. Argumentei que uma equação poderia prever a posição da bola nesse processo. Embora na descendente a bola passe pelo rotor, que gira em direção oposta a ela, uma segunda equação também poderia especificar a posição do rotor. O que limitava o poder de previsão das minhas equações eram as irregularidades aleatórias que não podem ser antecipadas, aquilo que matemáticos e físicos chamam de ruído. A sabedoria convencional dizia que o ruído bastava para arruinar a previsão. Eu achava que não e decidi descobrir se isso era verdade.

Por sorte, eu não sabia que um dos maiores matemáticos dos últimos cem anos, Henri Poincaré, tinha "provado" que era impossível prever fisicamente o resultado da roleta. As provas que ele apresentou eram sólidas, e só precisavam presumir que havia uma pequena aleatoriedade quanto ao ponto em que a bola iria parar.

A essa altura, eu tinha obtido todos os créditos para o meu doutorado em física e passado nos exames escritos. Sob orientação do professor Steven Moskowski, estava a meio caminho do último obstáculo, minha tese (um artigo de pesquisa original) sobre a estrutura em camadas do núcleo atômico. Só restava terminar o texto e passar por uma sabatina sobre a tese, mas eu precisava aprender mais de matemática para completar os cálculos complexos de mecânica quântica. Na época, não se exigia que alunos de física da UCLA estudassem muita matemática, e meu conhecimento sobre o assunto era fraco. A mecânica quântica em particular exige cálculos de matemática avançada, e descobri que precisava aprender tanta coisa para minha pesquisa que poderia muito bem acabar me doutorando também em matemática. Minha impressão era que podia terminar um trabalho de matemática com a mesma rapidez, ou até mais rápido, do que um de física, uma opção especialmente tentadora, já que era comum que os candidatos a doutorado em física na UCLA levassem mais de dez anos para obter o grau.

Ocupado com a graduação em física, eu tinha perdido o contato com Vivian, assim como com a maior parte dos meus amigos. Então Vivian me mandou um cartão de Natal com um bilhete que dizia: "Não desapareça". Liguei para ela, e no nosso primeiro encontro, poucas semanas depois, fomos a um pequeno cinema de arte em Hollywood ver *O rio sagrado*, de Jean Renoir. Apesar das críticas elogiosas, o filme pareceu horroroso e arrastado. Quando saímos, ambos achamos que o encontro podia acabar sendo um desastre. Mas ao conversar durante uma refeição leve depois do cinema, redescobrimos a velha amizade e algo novo. A essa altura, nós dois tínhamos experiência suficiente de sair com outras pessoas para notar o quanto combinávamos um com o outro. Como em um dos livros de Jane Austen que ela adorava, enfim percebemos que queríamos estar juntos. Para minha sorte, apesar da pressão da família para que ela se casasse, Vivian seguia solteira por ter decidido esperar a pessoa certa, ou não se casar com ninguém.

Tínhamos muito em comum. Éramos dois leitores ávidos e gostávamos de teatro, cinema e música. Como queríamos muito ter filhos, também chegamos a um acordo sobre como criá-los. O plano era dar a eles toda a educação formal que quisessem, ensiná-los a pensar por conta própria, em vez de apenas aceitar a sabedoria repassada por especialistas e autoridades, e incentivá-los a seguir sua vocação na vida. Nós dois éramos algo introvertidos, embora eu fosse um pouco mais, e desejávamos ter uma vida acadêmica que propiciasse o convívio com pessoas inteligentes e cultas, ensinando, pesquisando e viajando. Não teríamos muito dinheiro, mas o suficiente. O que achávamos importante era o modo como passaríamos o tempo e as pessoas, a família, os amigos e colegas com quem estaríamos.

Embora tivéssemos muita coisa em comum, também tínhamos diferenças que nos enriqueciam. Vivian gostava mais de literatura, gente, psicologia, arte e teatro do que de matemática e ciência. Mas também tinha um raciocínio direto e lógico típico de cientistas, que aplicava às pessoas e à sociedade. Eu oferecia um ponto de vista racional e científico sobre o mundo natural, e ela me ajudava a expandir as ideias que eu tinha sobre o mundo humano. Eu a ajudava a entender coisas e ela me ajudava a entender pessoas.

Os pais de Vivian, Al e Adele Sinetar, se conheceram nos anos 1920 em Nova York. Como imigrantes judeus que começaram a vida nos Estados Unidos sem dinheiro e com pouca educação formal, eles deram duro no novo país, gerindo negócios bem-sucedidos e alcançando o conforto da classe média. Também contribuíram por décadas para o sucesso de muitos parentes que vieram para os Estados Unidos, entre os quais cerca de dez irmãos de cada um deles, além dos pais e dos eventuais filhos. Vivian foi a primeira dos muitos primos a se formar na universidade, e agora estava de novo rompendo uma nova fronteira: seria a primeira a se casar fora da comunidade judaica. Felizmente, tanto o pai como a mãe gostavam de mim.

Al e Adele foram receptivos e me aceitaram, mas deve ter sido um jantar na casa deles que fechou o negócio. Adele era uma cozinheira lendária que servia porções generosas de *borscht* com nata, frango *paprikash*, repolho recheado, *latkes* de batata com mais nata, e assim por diante. Depois de morar por anos em uma casa de estudantes, em que a melhor entrada que você podia esperar era uma carne de cavalo cheia de nervos e com gosto estranhamente adocicado, e onde a sobremesa era pêssego em lata, eu vivia faminto. Como sempre fazia com todo mundo a cada refeição, Adele insistiu que eu repetisse todos os pratos. Hesitando entre a educação e as tentações do paraíso culinário, aceitei várias vezes. Depois, quando achei que o jantar havia acabado, Adele serviu uma travessa grande cheia de crepes de um tipo que eu jamais tinha visto, chamados *blintzes* de queijo. Comi os dois que ela ofereceu e esperei. Como era de imaginar, ela ofereceu mais dois. E mais dois. E mais dois. Por fim parei de comer depois de... vinte, o que basicamente acabou com o estoque da família.

Consegui meu título de mestre em física em junho daquele ano e pouco depois pedi Vivian em casamento. Ela aceitou e seus pais estavam dispostos a aceitar um genro que seria pobre para sempre com um salário de professor universitário. No entanto, seria preciso fazer uma cerimônia judaica ou a família ficaria escandalizada. Concordamos, mas ainda havia um problema: que rabino nos casaria? Enfim encontramos a pessoa certa para a tarefa: um jovem rabino reformado chamado William Kramer. Cinco anos antes ele tinha sido capelão do Senado americano. Mais tarde, em 1960, celebraria o casamento do artista negro Sammy Davis Jr. com a atriz sueca May Britt — um evento politicamente tão polarizado que o próprio John Kennedy chegou a pedir (sem sucesso) que eles esperassem passar as eleições para se casarem. A união enfureceu os conservadores americanos.

Davis tinha perdido um olho em um acidente de carro anos antes. Ele também se convertera ao judaísmo. Enquanto jogavam golfe um dia, Jack Benny disse para Sammy: "Qual é o seu handicap?". A célebre resposta de Davis foi: "Meu handicap?* Sou um negro judeu caolho".

Uma geração mais tarde, quando o rabino Kramer celebrou o casamento das minhas filhas, ele disse na primeira das duas cerimônias: "Gosto dessa história de repetir as coisas, mas por favor não esperem mais 34 anos".

Tudo corria bem na recepção do nosso casamento até que um dos meus convidados, um professor do ensino médio de que eu gostava, disse várias vezes em voz alta: "Eu sempre soube que ele ia se casar com uma *landsman*!".** (Nessa acepção, *landsman* é uma expressão iídiche para se referir a outro judeu, em especial alguém da mesma região.) Felizmente os parentes mais velhos fingiram estar com problemas de audição e tudo voltou a ficar bem.

Por sorte, os parentes da minha esposa não viram o patrimônio com que entrei no casamento. Minhas roupas gastas cabiam em uma única mala de fecho quebrado. Após serem lavadas regularmente juntas, todas tinham uma certa cor cinzenta da água suja da pia de louça com leves matizes de roxo, bege e amarelo. Alguns anos antes eu e o sujeito que dividia o quarto comigo compramos juntos por quarenta dólares uma jaqueta Harris Tweed, que compartilhávamos. Ele me deu sua metade como presente de casamento. O que eu possuía eram caixas e caixas de livros, além de prateleiras improvisadas, feitas de tábuas separadas por blocos de concreto, algo bem comum para os estudantes da época.

Depois de nosso casamento, em janeiro de 1956, comecei a frequentar disciplinas de matemática. Vivian me apoiou numa aposta arriscada, de pular as disciplinas básicas e passar direto para as aulas de pós-graduação, num tudo ou nada, preenchendo as lacunas do melhor jeito possível. Quando chegou o verão, embora Vivian trabalhasse para ajudar a sustentar a casa, precisávamos desesperadamen-

---

* Em inglês, "handicap" é usado tanto no sentido que conhecemos em português, como o nível de jogo de um golfista, como no sentido geral de algo que deixa uma pessoa em desvantagem. Daí o trocadilho. (N. T.)

** "Landsman" em geral significa camponês ou conterrâneo. (N. T.)

te de uma renda extra, que eu podia conseguir com três meses de trabalho em tempo integral. Um estudante de engenharia que era meu amigo da cooperativa, Tom Scott, disse que a National Cash Register (NCR) estava contratando. Preenchi as fichas, passei na entrevista e me ofereceram um emprego de 95 dólares por semana! (Multiplique por oito para obter o equivalente em 2016.) Meu trabalho era ensinar álgebra moderna básica para os empregados, usando um livro didático de minha escolha. O livro que escolhi, *Álgebra moderna básica*, de Birkhoff e MacLane, era uma lenda no ensino da matemática. Eu aprendia um tópico num dia e dava a aula no dia seguinte.

Vivian e eu fomos convidados para uma festa na casa de uma das amigas de Tom Scott da NCR. Fomos apresentados ao namorado da anfitriã, Richard Feynman, que estava sentado em um canto, tocando bongô. Professor do Caltech, aos 38 anos ele já era visto como um dos físicos mais brilhantes do mundo. Mais tarde Feynman ganhou um prêmio Nobel e acabou por chamar a atenção dos americanos ao explicar em público o trágico desastre da *Challenger* que matou sete astronautas usando um copo d'água e um anel de borracha.[3]

Tinham me contado uma história sobre Feynman e a roleta em Las Vegas: ao ver um sujeito fazendo apostas de cinco dólares no vermelho ou no preto, Feynman lhe disse que quem apostava contra o cassino estava fadado a perder e que ele, Feynman, ficaria feliz em fazer o papel do cassino. Os dois foram de roleta em roleta e o jogador apostava contra Feynman dizendo em voz alta "vermelho" ou "preto" antes de a roda começar a girar, pagando a Feynman quando perdia e recebendo o dinheiro quando ganhava. Mesmo em desvantagem, o que aconteceu foi que o apostador teve sorte o bastante para receber oitenta dólares antes de Feynman desistir. Embora estivesse fazendo o papel do cassino e uma hora fosse acabar recuperando o dinheiro, ele não estava disposto a arriscar um prejuízo maior. Feynman era como um cassino que só tem oitenta dólares de fundos e por isso pode ser levado à bancarrota caso um jogador tenha uma maré de sorte. Presumindo que essa história seja verdadeira, mesmo um dos maiores físicos do mundo pode não ter percebido que precisava de uma quantidade de dinheiro muito maior para cobrir o risco que estava tomando. Entender o equilíbrio entre risco e retorno e saber lidar com ele de maneira correta é um desafio fundamental enfrentado por todo jogador e todo investidor, mas que em geral é mal compreendido.

Caso alguém pudesse saber se era possível prever o comportamento da roleta, essa pessoa era Richard Feynman. Perguntei a ele: "Existe algum jeito de derrotar a roleta?". Quando ele disse que não, fiquei aliviado e estimulado. Isso sugeria que ninguém até então havia resolvido algo que eu acreditava ser possível. Com esse incentivo, comecei uma série de experimentos.

Certa noite, pouco depois do casamento, os pais de Vivian chegaram para o jantar e eu não estava lá para recebê-los. Depois de uma breve busca, eles me acharam no quarto com uma calha esquisita em forma de V. Uma ponta estava erguida e eu soltava bolinhas de gude de um ponto assinalado na parte mais alta e as deixava correr até o chão, marcando o ponto em que cada uma parava. Expliquei que aquilo era um experimento para prever o comportamento da roleta. O que aquela engenhoca tinha a ver com a roleta? Imagine que a trajetória circular da roleta fosse "esticada" para ficar reta, depois girada para virar em uma "calha". Agora erga uma ponta e solte a bolinha de gude (a bola da roleta) de uma altura conhecida. Quanto a bolinha desliza corresponde a uma "força", nesse caso a força da gravidade, não de uma mão. A bolinha correndo pelo chão perde velocidade gradualmente em função da fricção, assim como a trajetória da bola da roleta fica mais lenta em sua órbita circular. O que eu queria saber era o grau de precisão possível para determinar onde a bola ia parar. Considerei animadores os resultados desse teste rústico, mas meus sogros, nem tanto. Eles esperavam que a filha casasse com "nosso genro médico" ou "nosso genro advogado". *O que temos aqui?*, eles se perguntaram.

Mais ou menos um ano depois, um estudante mais velho e mais rico,[4] que eu orientava, sabendo do meu interesse, me deu uma réplica de uma roleta com metade do tamanho da original. Com a ajuda de Vivian, filmei a bola girando e usei um cronômetro que marcava centésimos de segundo para saber o momento preciso de cada quadro.[5] As previsões não eram boas o suficiente, mas a roleta e as bolas tinham vários defeitos; se esses defeitos — como eu esperava — não estivessem presentes nas roletas dos cassinos, eu poderia vencer. A paciência de Vivian com meus experimentos sobre cassinos foi impressionante, mesmo vendo que isso subtraía um tempo que eu podia dedicar à tese ou a conseguir um emprego em tempo integral. Mas para mim aquilo era um jogo científico, exatamente como na infância. Era relaxante, assim como livros e filmes o são para outras pessoas. Sem dúvida eu não era motivado pela esperança de ganhar muito dinheiro. O que me estimulava era a chance de fazer algo considerado impossível, quase uma travessura — só pela diversão de resolver o enigma.

Enquanto meus experimentos com a roleta continuavam em breves períodos de tempo livre, eu me concentrava em minha tese de doutorado em matemática. Para meu orientador, tive a sorte de escolher Angus Taylor, ao mesmo tempo um matemático de renome e um professor talentoso. O livro de cálculo de que ele era coautor, conhecido no mundo da matemática como Sherwood e Taylor, era muito usado desde sua primeira edição, em 1942. Eu o conheci como estudante quando fiz sua disciplina de cálculo avançado e depois como parecerista (avaliador de trabalhos) da nossa turma. Escocês de olhos brilhantes e com um modo direto e sincero de tratar as pessoas, suas aulas eram modelos de clareza, equilibrando teoria, exemplos e problemas.

Tinha chegado o momento de eu me candidatar a uma vaga de professor assistente no Departamento de Matemática, e pedi três cartas de recomendação a meus professores. Quando peguei meu histórico na secretaria do departamento dias depois para conferir um detalhe, as cartas foram incluídas por engano. Duas estavam cheias de elogios extravagantes, mas a de Taylor era comedida. Ele mencionava que eu tinha demorado um pouco para fazer as coisas de um modo que lhe agradasse por completo e acrescentou que eu tinha um raciocínio muito rápido, mas nem sempre muito preciso. Como comentei com Vivian, fiquei preocupado, achando que não ia conseguir a vaga.

Na entrevista com o chefe de departamento para saber como eu tinha me saído, ele disse que duas cartas de recomendação eram excelentes, assim como minhas qualificações, mas que foi a terceira carta, a do prof. Taylor, que não deixou dúvidas sobre minha possível capacitação para a vaga. Fiquei com o estômago embrulhado. Ele prosseguiu dizendo que poucas vezes — na verdade talvez nunca — o professor Taylor tinha escrito uma carta tão positiva. Lembrei-me do meu pai, uma boa pessoa, mas que também não era de muitos elogios, e que perguntava, quando eu tirava 99 em uma prova: "Por que você não tirou cem?". Trabalhando a pleno vapor sob orientação de Taylor, terminei a tese antes do esperado, mas tarde demais, na primavera de 1958, para conseguir entrar em um pós-doutorado em outra universidade.

O Departamento de Matemática me manteve como instrutor por um ano enquanto eu procurava emprego. Foi assim que, em parte para estudar roletas reais de cassinos, Vivian e eu passamos o recesso de Natal da UCLA daquele ano em Las Vegas. Lá, vi várias roletas e descobri que, pelo menos até onde podia perceber sem tocar nelas, os equipamentos tinham boa manutenção, eram mais ou menos nivelados e não exibiam imperfeições muito evidentes. Essas roletas de cassino me convenceram mais do que nunca de que era possível prever seu resultado. Eu só precisava de uma roleta de tamanho real e de bons equipamentos de laboratório.

CAPÍTULO 4

Las Vegas

Vivian e eu decidimos passar o feriado prolongado de Natal em Las Vegas porque a cidade, para atrair apostadores, tinha se transformado em um destino turístico barato. Aos 26 anos, com um doutorado em matemática, eu ganhava mal demais na UCLA para jogar dinheiro fora. Também achava na época, e ainda acredito hoje, mais de cinquenta anos depois, como administrador financeiro, que o jeito mais fácil de ficar rico é jogar e fazer investimentos apenas quando se tem uma vantagem. Como eu sabia que ninguém jamais tinha encontrado uma maneira de derrotar os cassinos, jogar em Vegas não estava na minha lista de prioridades.

Vendo Las Vegas em 1958, eu não imaginava a série de hotéis em arranha-céus cintilantes, a confusão de gente se acotovelando, as avenidas de várias pistas engarrafadas a qualquer hora do dia em que a cidade se transformou hoje. Cassinos lendários como Sands, Dunes e Riviera sumiram, a Máfia e os desfalques de caixa foram substituídos por empresas de capital aberto multibilionárias. Na época, a longa avenida em linha reta não tinha tanta gente e apenas uma dúzia, mais ou menos, de hotéis-cassinos espalhados dos dois lados com centenas de metros de areia e mato seco entre eles.

Pouco antes de viajarmos, um colega, o professor Robert Sorgenfrey, me falou de uma nova estratégia[1] para jogar blackjack que afirmava colocar o apostador na menor situação de desvantagem já vista em relação a qualquer jogo de cassino. A segunda menor desvantagem era a do jogo de bacará, com uma vantagem para a casa de apenas 1,06%, e depois o jogo de dados, com um custo de aposta de apenas 1,41%. O novo número de 0,62% de vantagem para a casa no blackjack se aproximava tanto da igualdade que fiz planos de arriscar uns dólares por mera diversão. Inventada por quatro matemáticos enquanto estavam no Exército, a estratégia cobria centenas de possíveis decisões com que um jogador poderia se deparar. Condensei as partes principais da estratégia em um cartão que cabia na palma da mão. Minha única experiência em um cassino tinha sido a aventura de colocar umas poucas moedas em um caça-níqueis.

Depois de deixarmos as coisas no hotel, fomos a um cassino. Desviando de gente que bebia, fumava e das máquinas caça-níqueis, encontrei duas fileiras de mesas de blackjack, separadas por um corredor de acesso restrito cheio de fichas, baralhos extras e garçonetes servindo coquetéis que prometiam o nirvana alcoólico aos alvos, ou otários, todos monitorados de perto pelo supervisor. Era começo da tarde e as poucas mesas abertas estavam ocupadas. Quando consegui um lugar, despejei toda a minha bolada — uma pilha de dez moedas de um dólar — na mesa de feltro verde. Não esperava ganhar, já que a probabilidade era ligeiramente favorável ao cassino, mas como eu queria construir um equipamento que previsse com sucesso o resultado da roleta e nunca tinha apostado em jogos de azar antes, era hora de ganhar alguma experiência em cassinos. Eu não sabia virtualmente nada sobre esses estabelecimentos, sobre sua história ou sobre como eles funcionavam. Era mais ou menos como alguém que tivesse dado uma olhada em um livro de receitas, mas que jamais entrara em uma cozinha.

O jogo que eu estava prestes a jogar, blackjack, ou vinte e um, era basicamente o mesmo que o jogo espanhol de vinte e um, já mencionado em 1601 em um conto de Cervantes. Em meados do século XVIII, como parte da mania por jogos da época, os franceses o chamavam de *vingt-et-un*. Mais tarde, quando o jogo chegou aos estabelecimentos de jogos americanos, no século xx, às vezes havia bônus para combinações especiais de cartas, entre elas o pagamento de dez vezes o valor da aposta, caso as duas primeiras cartas fossem o ás de espadas e um dos dois valetes [Jacks] negros, um "blackjack". Embora o bônus logo tenha deixado de existir, o nome do jogo pegou, e hoje qualquer soma de duas cartas que dê 21 — ou seja, qualquer ás somado a qualquer carta de valor dez — é chamada de blackjack.

A partida começa quando os jogadores colocam o valor de sua aposta em um lugar demarcado à sua frente e o crupiê dá duas cartas para os jogadores e duas para si. A primeira carta do crupiê fica exposta, e a segunda fica virada para a mesa, debaixo da primeira. Depois, começando com o jogador à sua esquerda, o crupiê pergunta como cada participante quer jogar.

O jogador pode pedir cartas contanto que a soma não extrapole 21. Quem passa do limite "estoura" e imediatamente perde. Os ases contam tanto como 1 quanto como 11, dependendo da escolha do apostador. As cartas 10, valete, dama e rei valem todas 10, e são chamadas de cartas de valor 10, ou simplesmente Dez. As outras cartas, 2, 3, e assim por diante até a 9, somam seu valor de face. O crupiê normalmente deve pedir cartas até chegar a 17 ou mais, quando deve parar. O jogador pode decidir parar a qualquer momento. A vantagem do crupiê é que o jogador deve arriscar estourar primeiro, perdendo de imediato, mesmo que o crupiê depois também ultrapasse 21, embora na verdade eles tenham empatado. Por sair perdedor quando os dois estouram, um apostador que siga a estratégia do crupiê a cada mão tem uma desvantagem de mais ou menos 6%.

Por outro lado, o crupiê precisa seguir regras fixas e o apostador, não, o que dá a este chances maiores do que as do crupiê, e essa flexibilidade de escolher um modo diferente de jogar com suas cartas pode ter um impacto impressionante. Entre essas escolhas, antes de pedir mais uma carta ou parar, um jogador com duas cartas de mesmo valor, como um par de 9 (9, 9), pode dividi-las em duas novas mãos, acrescentando outra aposta de igual valor à que tinha feito no começo. A partir daí ele joga com duas mãos ao mesmo tempo, começando com a direita. Nem todo par deve ser dividido. Dividir um par de 8, por exemplo, em geral acaba sendo bom, mas duas cartas de valor 10, não. Outra opção dada ao jogador é escolher virar apenas uma de suas cartas, dobrar a aposta e receber exatamente uma carta a mais. Isso se chama *doubling down*. Ao contrário do crupiê, o apostador também tem liberdade para pedir mais cartas ou parar em qualquer soma menor ou igual a 21.

Quando me sentei, os jogadores da minha mesa vinham sofrendo perdas grandes. Fiquei com receio de consultar o minúsculo cartão de estratégia na palma da mão. Poderiam me expulsar? Ou me proibir de usar o cartão? O problema, na verdade, era o medo do ridículo. Quando interrompi o jogo para consultar meu cartão de estratégia, o crupiê, num tom paternal, me deu sugestões "úteis" sobre como jogar com aquela mão e insinuou para as pessoas em volta que estava lidando com alguém que tinha acabado de chegar da roça. Achando graça das minhas apostas pouco ortodoxas, as pessoas que estavam olhando o jogo ficavam se perguntando quem decidiria dividir um par de 8, o que dobrava a quantia de dinheiro posta em risco, quando a primeira carta do crupiê era o poderoso ás. Que espécie de tolo parava de pedir cartas com ridículos 12, quando o crupiê tem como primeira carta um fraco 4? Com certeza minhas dez moedas de prata logo estariam todas com o crupiê. Ou não?

Jogando com vagar para pensar, consegui manter do mesmo tamanho minha pilha de fichas. E aí algo estranho aconteceu. Saí com um ás e um 2, e como os ases podem valer tanto 1 quanto 11, meu total era de 3 ou 13. A seguir, tirei um 2, e depois um 3. Agora eu tinha as cartas ás, 2, 2, 3, que somavam 8 ou 18. O crupiê tinha um 9, e podia ou não ter uma carta Dez oculta, somando 19, mas 18 era uma mão muito boa. Com certeza só um tolo pediria mais uma carta, arriscando-se a destruir uma mão boa como essa. A estratégia dizia para pedir outra carta. Fiz isso. Quando tirei um 6, muita gente em volta pareceu achar divertido e ouvi vários *tsc-tsc*. Agora eu tinha que contar o ás na minha mão como 1, somando 14! "Bem feito", disse alguém ali perto. Minha sexta carta foi um ás, que elevou minha soma a 15. "Você merecia ter estourado", murmurou um espectador.

Tirei minha sétima carta. Era um 6! Agora eu tinha ás, 2, 2, 3, 6, ás, 6, com sete cartas somando 21. Isso é bem raro.

Depois de um instante de choque, muita gente em volta disse que eu tinha direito a um bônus de 25 dólares. O crupiê disse que não — esse bônus só era pago em alguns estabelecimentos de Reno, em Nevada. Sem sequer saber que algum cassino tinha uma regra como essa, achei que seria divertido dar a impressão de que na verdade eu tinha sacrificado meu 18 por ter previsto o 21 com sete cartas. E vai saber; talvez eles até me pagassem. Claro que não pagaram. Mas a atitude irônica e paternal de algumas pessoas ao redor mudou para atenção, respeito e até espanto.[2]

Quinze minutos depois, eu tinha perdido 8,50 dos meus dez dólares e abandonei o jogo. Mas agora, para desgosto de Vivian, estava viciado no blackjack — embora não no sentido mais comum. A atmosfera de ignorância e superstição em torno da mesa de blackjack naquele dia me convenceu de que nem mesmo os bons jogadores compreendiam a matemática por trás do jogo. Voltei para casa com a intenção de encontrar uma maneira de vencer.

Se eu conhecesse melhor a história dos jogos de azar e os séculos de esforços dedicados à análise matemática deles, talvez não tivesse decidido enfrentar o blackjack. Qualquer um que observe a cintilante região dos cassinos em Las Vegas e a explosão de apostas que levou loterias e cassinos à maioria dos estados americanos percebe de cara que há muita gente perdendo uma montanha de dinheiro — dezenas de bilhões por ano. Além disso, no caso da maior parte dos jogos de azar disponíveis em cassinos, matemáticos já provaram não haver nenhum sistema de apostas variável capaz de acabar com a vantagem da banca. Gerações de apostadores vêm procurando o impossível. Os jogadores ficam confusos com a inevitabilidade da perda a longo prazo porque cada um deles joga por um período comparativamente curto, o que permite que alguns deles saiam como felizes ganhadores.

Isso vale para qualquer jogo em que se possa computar a vantagem e em que o valor pago ao ganhador não dependa dos resultados das apostas anteriores ou de quanto dinheiro os demais jogadores apostaram. Cara ou coroa, dados, keno, roleta e roda da fortuna são alguns exemplos, a não ser que você conte, no caso dos dois últimos, por exemplo, com a ajuda de algum tipo de previsão. A corrida de cavalos e o mercado de ações são diferentes, porque não há como computar as probabilidades e porque o valor das outras apostas afeta o valor a ser pago.

A sabedoria convencional apoia a crença de que os cassinos devem ganhar a longo prazo, porque, caso fosse possível derrotar a banca, ou eles mudariam as regras do blackjack ou deixariam de oferecer o jogo. Nada disso aconteceu. Mas, confiante nos meus experimentos que diziam que poderia prever o resultado da roleta, eu não estava disposto a aceitar essas certezas sobre o blackjack. Decidi verificar por mim mesmo se era possível ganhar sistematicamente da banca.

CAPÍTULO 5

Dominando o blackjack

Não foi o dinheiro que me atraiu para o blackjack. Embora sem dúvida uns dólares a mais fossem úteis para nós, Vivian e eu esperávamos ter a vida normal de baixo orçamento de quem trabalha na universidade. O que me intrigava era a possibilidade de que meramente sentando em uma sala e pensando eu podia descobrir como vencer. Também estava curioso para explorar o mundo dos jogos de azar, sobre o qual não sabia nada.

De volta de Las Vegas, fui à seção da biblioteca da UCLA onde ficavam os artigos de pesquisa sobre matemática e estatística. Tirei da prateleira o volume que continha o artigo sobre a estratégia que havia usado no cassino e comecei a ler ali mesmo, em pé. Sendo matemático, tinha ouvido dizer que era impossível encontrar um sistema vencedor; eu não sabia o porquê. O que eu sabia era que a teoria da probabilidade surgiu mais de quatrocentos anos antes, com um livro sobre jogos de azar. Tentativas de encontrar um sistema vencedor ao longo dos séculos seguintes estimularam o desenvolvimento da teoria e acabaram levando a provas de que encontrar sistemas vencedores no caso de jogos de cassino era, na maior parte das circunstâncias, impossível. Agora eu tiraria vantagem do meu hábito de conferir tudo por conta própria.

Enquanto meus olhos devoravam equações, de repente vi como podia derrotar a banca e também como podia provar isso. Comecei pelo fato de que a estratégia que usei no cassino presumia que a probabilidade de uma carta sair era igual à probabilidade de qualquer outra. Isso reduzia a vantagem do cassino a 0,62%, a melhor probabilidade oferecida por qualquer jogo do gênero. Mas percebi que a probabilidade, à medida que o jogo prosseguia, dependia de quais cartas ainda restavam no baralho e que a vantagem mudava conforme o andamento do jogo, às vezes favorecendo o cassino e às vezes, o jogador. O apostador que conseguisse acompanhar as cartas poderia variar suas apostas de acordo com isso. Com ajuda de uma imagem mental baseada em ideias de um curso de matemática avançada,[1] passei a acreditar que em muitos casos o jogador tinha uma vantagem substancial. Além do mais, e isso também era novo, percebi que o apostador podia condensar e usar essas informações na vida real, na mesa de jogo.

Decidi começar encontrando a melhor estratégia a ser usada quando soubesse quais cartas já tinham saído. Depois eu podia apostar mais quando a vantagem estivesse a meu favor e menos quando ocorresse o contrário. O cassino iria vencer mais vezes nas apostas menores, mas eu venceria a maior parte das apostas grandes. E se apostasse o suficiente quando estivesse com a vantagem, eu deveria acabar lucrando e mantendo esse lucro.

Saí da biblioteca da UCLA e fui para casa cogitar os próximos passos. Quase imediatamente, escrevi para Roger Baldwin, um dos quatro autores do artigo sobre o blackjack, com um pedido de detalhes sobre os cálculos, dizendo-lhe que queria ampliar a análise do jogo. Generoso, ele me enviou os cálculos algumas semanas depois, em duas caixas grandes de manuais de laboratório cheias de páginas de contas feitas pelos autores em calculadoras de mesa enquanto serviam o Exército. Na primavera de 1959, nos intervalos entre minhas obrigações de professor e o trabalho de pesquisa no Departamento de Matemática da UCLA, entendi tudo em detalhes, e minha empolgação cresceu à medida que eu me esforçava para acelerar a enorme quantidade de cálculos que havia entre mim e um sistema vencedor.

A estratégia de Baldwin era o melhor modo de jogar quando não se sabia nada sobre quais cartas ainda não haviam sido jogadas. A análise dele e seus colegas usava um único baralho porque naquele tempo essa era a única versão que se jogava em Nevada. O grupo de Baldwin também demonstrou que os conselhos dos experts em jogos de azar da época eram ruins e aumentavam a vantagem dos cassinos desnecessariamente em mais dois pontos percentuais.

Qualquer estratégia para uma mesa de blackjack deve dizer ao jogador como agir em cada caso que pode surgir a partir das dez possibilidades de valor da carta do crupiê comparada a cada um dos 55 pares de cartas diferentes que podem ser dados ao jogador. Para encontrar o melhor modo de jogar em cada uma dessas 550 situações diferentes, você precisa calcular todas as maneiras possíveis de distribuição das cartas seguintes e o valor a ser pago que resultará disso. Pode haver milhares, até milhões, de variações possíveis para uma mesma mão. Multiplique isso pelas 550 situações, e os cálculos pensando apenas no baralho inteiro se tornam enormes. Se você recebe um par, a tabela de estratégias deve dizer se o melhor é dividir em duas mãos ou não. A decisão seguinte é se você deve ou não partir para o *doubling down*, ou seja, se você deve dobrar a aposta e só pegar mais uma carta além das duas que já tem. A última decisão é se você deve pedir mais cartas ou parar. Depois de descobrir uma estratégia vencedora, meu plano era condensar essa miríade de decisões em minúsculos cartões ilustrados, exatamente como tinha feito com a estratégia de Baldwin. Isso me permitiria visualizar padrões, tornando muito mais fácil lembrar o que fazer em cada um dos 550 casos possíveis.

Os cálculos do grupo de Baldwin para o baralho completo eram aproximados porque obter os resultados exatos com calculadoras de mesa seria impossível durante o tempo de vida de um humano. O trabalho com que me deparei em 1959 era muito mais extenso, já que eu precisava deduzir uma estratégia para cada um dos milhões de baralhos parcialmente utilizados.[2] Para ter uma noção do que eu estava enfrentando, imagine, como era padrão na época, que o crupiê comece "queimando" uma carta. Isso significa que ele tira uma carta do topo do monte e a põe virada para cima debaixo do baralho, como lembrete de que ela não será usada, o que deixa 51 cartas ainda em jogo. Há dez casos a serem analisados, correspondentes a dez valores da carta retirada: ás, 2... 9, 10. E o que fazer, como muitas vezes acontece, se você vir a carta queimada e quiser usar essa informação no seu jogo? Podíamos aplicar a análise de Baldwin para cada um desses dez casos e fazer uma tabela de estratégias para cada uma das 550 situações. Podíamos então ter onze tabelas de estratégia, uma para o baralho completo e uma para cada uma das dez possibilidades depois de uma carta ser retirada.

A seguir, imagine que seja possível identificar duas cartas que estão fora do jogo e que, portanto, restem cinquenta cartas a serem jogadas. Quantos baralhos de cinquenta cartas diferentes são possíveis? Como existem 45 modos de tirar duas cartas de valores diferentes [(A,2), (A,3)... (A, 10); (2,3), (2,4)... (2,10); e assim por diante] e dez modos de retirar cartas de mesmo valor [(A,A), (2,2)... (10,10)], o total dá 55. Isso leva a mais 55 cálculos, e a mais 55 tabelas de estratégia, cada uma das quais exigiria doze anos-homem de trabalho numa calculadora de mesa como as usadas pelo grupo de Baldwin. Podíamos prosseguir desse modo para desenvolver estratégias para cada baralho parcial. Para um baralho de 52 cartas há cerca de 33 milhões de montes parcialmente usados, o que nos levaria a uma biblioteca gigantesca de 33 milhões de tabelas de estratégias.[3]

Confrontado por 400 milhões de anos-homem de cálculos, o que resultaria num vagão de trem cheio de tabelas de estratégia, o suficiente para encher um fichário giratório Rolodex de nove quilômetros de extensão, tentei simplificar o problema. Previ que as estratégias e a vantagem do jogador no caso de baralhos parcialmente usados dependiam mais da fração — ou o equivalente a isso: da porcentagem — de cada tipo de carta remanescente do que de sua quantidade.

Isso acabou se revelando verdadeiro e significava, por exemplo, que o efeito de doze cartas Dez, quando, digamos, restam quarenta cartas a serem jogadas, é mais ou menos o mesmo de nove cartas Dez quando há trinta cartas, e seis cartas Dez quando restam vinte cartas, já que todos esses três baralhos têm a mesma fração, 3/10, ou 30%, de cartas Dez. Ao contar cartas, é basicamente a fração remanescente que importa, não a quantidade.

Iniciei observando como a estratégia do jogador e a vantagem mudavam quando eu variava a porcentagem de cada carta. Meu plano era retirar os quatro ases, fazer os cálculos e ver o que acontecia, depois repetir isso removendo apenas duas cartas 2, depois os quatro 3 e assim por diante.

Comecei a trabalhar nisso durante o semestre de primavera de 1959. Na época eu dava aulas na UCLA, um ano depois de concluir meu doutorado em matemática, em junho de 1958. Isso aconteceu porque obtive o título antes do esperado por mim e meu orientador, Angus Taylor. Por isso eu não tinha me inscrito para nenhuma vaga de pós-doutorado, achando que só estaria disponível um ano mais tarde. O prof. Taylor conseguiu uma vaga temporária para mim na UCLA e me ajudou a procurar possíveis oportunidades para o ano seguinte. As ofertas de que mais gostei foram o cargo de instrutor no programa C. L. E. Moore no Instituto de Tecnologia de Massachusetts (MIT) e um emprego na General Electric Corporation em Schenectady, Nova York. Na GE eu usaria meus conhecimentos de física para calcular órbitas de projetos espaciais. Isso pareceu interessante por algum tempo, mas achei que não teria a liberdade que esperava encontrar na academia para seguir meus interesses aonde quer que eles me levassem. Esperando esse tipo de vida como professor em uma universidade, escolhi o MIT como primeiro passo.

Mudamos para o MIT em junho de 1959. Para ir até lá, comprei um Pontiac sedã preto usado por oitocentos dólares em um leilão da polícia e viajei pelo país rebocando um trailer U-Haul de duas rodas que transportava tudo que tínhamos em casa. Nosso primeiro filho nasceria dali a dois meses, por isso Vivian ficou com os pais dela em Los Angeles, enquanto eu segui para Cambridge, Massachusetts, para organizar o apartamento e fazer pesquisas matemáticas associadas a uma bolsa que havia recebido. Como pelo contrato da bolsa era obrigado a trabalhar no MIT até meados de agosto e o bebê deveria nascer dias depois disso, eu estava bastante nervoso pensando se conseguiria voltar a tempo. Vivian e eu conversávamos quase todo dia pelo telefone. Felizmente, os resultados do pré-natal eram sempre excelentes.

Dois matemáticos japoneses que estavam na UCLA como visitantes precisavam de uma carona para Nova York. Dei carona a eles de bom grado, e em troca eles se revezavam comigo na direção. Mas, em uma autoestrada vazia em algum ponto de Ohio, acordei de um sono pesado à uma da manhã com os freios gritando e o carro tremendo. Paramos a poucos metros de uma grande vaca malhada que vagava pela estrada. Como só tínhamos freios no carro e o trailer com a carga que estávamos rebocando dobrava nossa massa, isso também multiplicava por dois a distância de frenagem. Eu tinha explicado isso cuidadosamente a eles antes de sairmos, mas, pelo visto, sem sucesso. Lutando contra o cansaço, dirigi o resto do caminho.

Quando cheguei a Cambridge, eu tinha muito em que pensar. Nunca estivera na região de Boston e não conhecia ninguém lá. A maior parte dos funcionários e dos professores estava viajando de férias, mas o departamento conseguiu para nós acomodações alugadas maravilhosas, o primeiro andar de uma antiga casa de três andares em Cambridge. Tendo aceitado o imóvel sem vê-lo, tive uma agradável surpresa ao ver que se tratava de um lugar amplo e que a dona era uma amável senhora irlandesa, uma viúva que morava ali com dois dos cinco filhos.

De dia eu fazia pesquisa acadêmica em matemática, mas após o jantar andava em meio aos prédios quase vazios para ir à sala de cálculos. Lá, usava as calculadoras Monroe toda noite, das oito até pouco antes do amanhecer. Aquelas máquinas eram monstros eletromecânicos do tamanho de uma máquina de escrever bem grande. Elas faziam somas, subtrações, multiplicações e divisões e eram equivalentes aos mais simples e mais baratos equipamentos digitais de mão de hoje em dia. Como não havia ar-condicionado, eu trabalhava sem camisa, com os dedos voando pelo teclado barulhento, a calculadora roncando e ressoando nas úmidas noites de verão de Cambridge.

Uma noite, perto de três da manhã, saí e vi que meu carro tinha sumido da vaga onde costumava deixá-lo. Quando voltei para o prédio para chamar a polícia, um estudante de pós-graduação simpático, notívago como eu, disse que os próprios policiais podiam ser o problema. Liguei para a delegacia e descobri que meu carro tinha sido guinchado. Quando falei que o carro estava estacionado corretamente, o policial de plantão disse que, como o veículo era visto toda noite no mesmo lugar, eles imaginaram que tinha sido abandonado. Fui às pressas para o centro para uma audiência judicial noturna e o juiz a quem apresentei meu recurso gritou e me ameaçou com uma multa de cem dólares, caso eu dissesse uma palavra a mais. O estudante simpático, que tinha me levado até lá, me explicou que a polícia tinha um acordo com a empresa responsável por manter os carros em custódia e que o custo do reboque e guarda do meu carro subiria rapidinho se eu insistisse muito. Na manhã seguinte, resgatei meu carro do pátio por mais ou menos cem dólares. Isso era o salário de uma semana. Bem-vindo a Boston. Por sorte, minha nova cidade também era bela, rica em ciência, educação, cultura e artes.

As semanas passavam e os cálculos se acumulavam. No entanto, apesar de ter criado atalhos e maneiras de ser mais eficiente, e de trabalhar com muita rapidez, eu avançava devagar. Meus cálculos manuais iam levar centenas, talvez milhares de anos. A essa altura, descobri que o MIT tinha um computador IBM 704 e que, sendo professor, eu podia usá-lo. Com base num livro do centro de informática, aprendi a programar a máquina em sua linguagem, FORTRAN.

Em agosto de 1959, viajei para Los Angeles quatro dias antes do nascimento de nossa primeira filha. Sabendo que teríamos uma menina, sofremos semanas para escolher um nome, achando muitos de que gostávamos, mas nenhum que considerássemos uma primeira escolha. Pedimos ajuda para o irmão de Vivian, Ray, formado em comunicação pela UCLA e com um dom especial para a língua inglesa, que faria uma notável carreira jurídica. Ele inventou o nome Raun, que em inglês rimava com imagens inspiradoras, como "*dawn*" [aurora] e "*fawn*" [fauno]. Nenhum de nós jamais tinha ouvido o nome, mas adoramos a ideia e a busca se encerrou.

Voltei para o MIT um mês depois, com Vivian e nosso bebê, dando início a minhas obrigações de ensino e pesquisa. O MIT na época, como hoje, tinha um dos melhores departamentos de matemática do mundo, e as expectativas em relação aos novos professores eram altas. Eu ministrava duas disciplinas por semestre, o que significava seis horas por semana em sala de aula, preparação de aulas que podiam tomar outras doze ou quinze horas semanais, horas adicionais no gabinete para reuniões e sessões de orientação com os alunos, além da correção de deveres de casa e provas. Também se esperava que fizéssemos pesquisa original, seguida da publicação em periódicos científicos. Os artigos enviados eram revisados por especialistas anônimos, chamados de pareceristas, como pré-requisito para que fossem aceitos. Era comum o artigo ser rejeitado. Todos os que queriam ter êxito na hierarquia acadêmica conheciam o mantra "Publique ou morra". Apesar de tudo isso, também dei continuidade a meu trabalho no programa de "subconjuntos arbitrários" para blackjack no computador IBM 704, testando e corrigindo o código do computador, um módulo (ou "sub-rotina") por vez.

O 704 era um dos primeiros computadores eletrônicos do tipo mainframe, parte de uma série de modelos cada vez mais poderosos desenvolvidos pela IBM. Na época, os usuários davam instruções à máquina por meio de cartões perfurados que tinham mais ou menos o tamanho de uma nota de um dólar. Cada cartão tinha oitenta colunas com dez marcas retangulares verticais por coluna. Eu colocava os cartões, um por vez, em um perfurador e digitava como faria em uma máquina de escrever; sempre que eu apertava uma tecla a máquina fazia furos em uma linha vertical e passava para a próxima coluna. O padrão dos furos representava a letra, o número ou o símbolo daquela tecla.

Eu deixava pilhas de cartões perfurados amarrados com um elástico na caixa de entrada do centro de informática, onde eles eram coletados e lidos como instruções que deviam ser seguidas pelo IBM 704. Levei vários dias para receber os resultados, porque o MIT compartilhava o computador com trinta universidades da Nova Inglaterra (como Amherst, Boston College e Brandeis).

O trabalho fluiu mais rápido à medida que dominei a nova linguagem. Eu tinha dividido o problema de escrever o programa de computador em seções, ou sub-rotinas, que testava, corrigia e voltava a testar uma a uma. Passaram-se semanas, depois meses, enquanto eu revia as várias partes do programa. Por fim, no início de 1960, reuni as partes e enviei o programa completo ao centro de informática. Os primeiros resultados indicavam que a vantagem do cassino, quando você jogava perfeitamente sem acompanhar as cartas que já tinham sido jogadas, era de 0,21%.[4] O jogo era virtualmente equilibrado para qualquer pessoa. A contagem de cartas não precisaria acrescentar muita coisa para dar uma vantagem ao jogador! No entanto, como nem mesmo o IBM 704 era capaz de fazer todos os cálculos necessários no tempo disponível, usei aproximações para algumas partes deles. Eu sabia que os resultados usando esses atalhos seriam ligeiramente pessimistas. Isso significava que o jogo real era ainda melhor para o jogador do que indicavam meus resultados computacionais.

À medida que os computadores ficaram mais potentes, minhas aproximações foram removidas passo a passo. Vinte anos depois, por volta de 1980, os computadores afinal tinham se tornado potentes o bastante para mostrar que o número final para um baralho usando as regras do blackjack,[5] como eu escreveria no meu livro *Beat the Dealer*, era de 0,13% a favor do jogador. Os jogadores que usavam minha estratégia tinham conseguido, durante todo esse tempo, uma pequena vantagem sobre o cassino, mesmo sem contar cartas. Mas a verdadeira força do meu método era que eu podia analisar o jogo não apenas pelo baralho completo, mas para qualquer grupo de cartas. Eu conseguia explorar o impacto do jogo à medida que as cartas eram usadas.

Agora eu estava orientando o computador a se aventurar no desconhecido: analisar o jogo quando todos os quatro ases já estivessem fora do baralho. Comparando os resultados com os que já tinha para o baralho completo, pude ver os efeitos que os ases tinham no jogo. Cheio de expectativa, peguei o grosso maço de cartões perfurados alguns dias mais tarde na caixa de saída. (Ocorreu-me que eu

estava usando maços de cartões para analisar um jogo de cartas.)*
O IBM 704 tinha feito o trabalho de mil homens-hora em apenas dez
minutos. Olhei os resultados com grande empolgação, já que muito provavelmente revelariam que eu estava certo ou acabariam com
minhas esperanças. O resultado foi uma desvantagem do jogador
de 2,72% quando os quatro ases estavam fora do jogo — 2,51 pontos percentuais pior do que a vantagem geral de 0,21% do cassino.
Embora fosse uma grande variação a favor do cassino, na verdade a
notícia era excelente.

Os resultados provaram de maneira conclusiva aquilo em que
acreditei naquele momento eureca na biblioteca da UCLA, quando
achei que podia derrotar a banca, ou seja, que à medida que as cartas eram usadas havia grandes variações na margem de vantagem,
tanto para um lado quanto para o outro, entre o cassino e os jogadores. A matemática também me mostrou que, se a remoção de um
grupo específico de cartas do baralho causava uma mudança das
probabilidades em uma direção, acrescentar um número igual das
mesmas cartas mudava as probabilidades no sentido contrário mais
ou menos na mesma proporção. Isso significava que o jogador deveria ter uma vantagem maior se o baralho estivesse cheio de ases e
que a vantagem diminuía com menos ases. Por exemplo, quando a
proporção de ases é duas vezes a inicial — o que acontece quando
todos os ases permanecem entre as últimas 26 cartas (metade do
baralho)[6] — o jogador deve ganhar cerca de 2,51 pontos percentuais
em relação a sua desvantagem inicial de 0,21%, tendo uma vantagem
total de mais ou menos 2,30%.

A cada dois ou três dias eu ia ao centro de informática e pegava
outro cálculo completo, cada um dos quais teria exigido mil horas-
-homem se fosse feito manualmente. Agora eu sabia o impacto de
remover todas as quatro cartas de um mesmo tipo do baralho.[7] Tirar
os quatro ases era pior para o jogador, e remover quatro cartas Dez
era a segunda pior possibilidade, acrescentando 1,94 ponto percen-

---

* Em inglês, usa-se a mesma palavra (*cards*) para "cartões" perfurados e "cartas" de
baralho. (N. T.)

tual à vantagem da banca. Mas tirar as cartas "menores", que são 2, 3, 4, 5 e 6, ajudava muitíssimo o jogador. Remover quatro 5 era o melhor, mudando a vantagem do cassino de 0,21% para uma enorme vantagem favorável ao jogador de 3,29%.

Agora eu tinha condições de planejar uma grande variedade de estratégias vencedoras com base na contagem das cartas. Minha análise usando o IBM 704 do MIT forneceu os resultados básicos que me deram o Sistema de Contagem de Cincos, grande parte do Sistema de Contagem de Dez, e as ideias para o que chamei de estratégia definitiva. Esta última atribuía um valor em pontos para cada carta, proporcional a seu efeito no jogo, com cada ás valendo −9, cada dois contando +5, e assim por diante, até chegar às cartas Dez, que valiam −7. Embora qualquer pessoa tivesse grande dificuldade para contar cartas mentalmente desse jeito, muitos sistemas mais simples de contagem funcionavam bastante bem. Um dos melhores meios-termos entre facilidade de uso e lucratividade era contar as cartas de menor valor (2, 3, 4, 5, 6) como +1 à medida que elas aparecem no jogo, cartas intermediárias (7, 8, 9) como 0 e cartas de valor alto (10, valete, dama, rei, ás) como −1. Com o resultado de meus cálculos de computador, qualquer um podia bolar os detalhes de quase todos os sistemas de contagem de cartas de blackjack usados hoje.

Em termos intuitivos, esses resultados faziam sentido. Por exemplo, quando o crupiê tem um total de 16 ele é obrigado a pegar outra carta. Ele perde se tirar uma carta alta que faz o total ultrapassar 21 e sobrevive se tirar uma carta pequena. Um 5 dá a ele 21, o melhor resultado possível. Por isso ele sai ganhando quando o baralho está cheio de cartas baixas e com poucas cartas altas. Por outro lado, quando o baralho tem uma porcentagem maior de ases e cartas de valor 10, há mais possibilidades de somar 21 com duas cartas. Tanto o jogador como a banca podem ganhar com um "blackjack" em cerca de 4,5% das vezes, mas o jogador recebe 1,5 vez o valor de sua aposta quando isso acontece, enquanto a banca recebe apenas o valor da aposta, o que dá um ganho líquido para o jogador.

Contar as cartas 5 oferece um sistema vencedor bastante simples. Imagine que o jogador faça apostas baixas sempre que restem cartas 5 e aposte alto quando as cartas 5 já foram usadas. A probabilidade de todos os 5 terem sido usados aumenta à medida que há menos cartas remanescentes. Quando restam 26 cartas, isso ocorrerá em cerca de 5% das vezes, e, se tiverem sobrado apenas treze cartas, ocorrerá em 30% dos casos. Como o jogador nessa situação tem uma vantagem de 3,29% em suas apostas, se ele apostar muito mais alto nessas mãos do que nas outras acabará tendo lucro a longo prazo.

Para jogar em um cassino de verdade, elaborei uma estratégia vencedora muito mais poderosa baseada na flutuação da porcentagem das cartas de valor Dez no baralho, embora meus cálculos tenham demonstrado que o impacto de uma carta Dez era menor do que o das cartas 5, já que há quatro vezes o número de cartas com esse valor. As flutuações mais amplas na proporção de cartas Dez que resultam disso dão ao jogador oportunidades mais frequentes e proveitosas.

Durante nossa viagem de carro em família de Boston para a Califórnia no verão de 1960, convenci Vivian, que estava relutante, a fazer uma parada rápida em Las Vegas para testar a estratégia das cartas Dez. Sentamos para jogar blackjack em um dos cassinos da Fremont Street. Eu tinha duzentos dólares para jogar (o que equivale a mais ou menos 1,6 mil dólares em 2016)[8] e um cartão do tamanho da palma da mão com a minha nova estratégia. Esperava não usar o cartão para não chamar a atenção. Esse cartão era diferente de todos os outros anteriores. Ele não só me dizia como jogar em cada mão, comparando com a mão do crupiê, como também mostrava quanto eu devia apostar e como as decisões mudavam à medida que a porcentagem de cartas Dez variava. Especificamente, o baralho completo tinha 36 cartas Não Dez e dezesseis cartas Dez, por isso eu começava contando "36, 16", o que resulta numa proporção entre Não Dez e Dez de $36 \div 16 = 2,25$.

Vivian e eu sentamos juntos, ela apostando 25 centavos por mão para me fazer companhia. À medida que o jogo avançava e eu contava as cartas Não Dez e Dez que já tinham saído, eu reduzia o número das cartas restantes. Sempre que precisava fazer uma aposta ou tomar uma decisão sobre como jogar minha mão, usava o total daquele momento para recalcular a proporção. Proporções abaixo de 2,25 significavam que o baralho tinha uma proporção alta de cartas Dez, e quando a proporção chegava a 2,0 o jogador tinha uma vantagem de mais ou menos 1%. Para proporções de 2,0 ou menores, o que significava vantagens de 1% ou maiores, eu apostava entre dois e dez dólares, dependendo do tamanho da minha vantagem. Caso contrário, apostava um dólar.

Vivian ficou nervosa me vendo perder aos poucos 32 dólares. A essa altura, meu crupiê disse, num tom hostil: "É melhor você pegar mais dinheiro, porque vai precisar". Percebendo que alguma coisa ia mal, Vivan disse: "Vamos embora". Apesar de ter perdido, fiquei satisfeito porque vi que conseguia jogar o Sistema de Cartas de Valor Dez numa velocidade de cassino sem consultar o cartão de estratégia. A perda de 32 dólares ficava dentro do escopo de possíveis resultados previstos pela minha teoria, portanto não me fez duvidar dos meus resultados. Sem ter nada mais para aprender naquele dia, fui embora, mais uma vez tendo perdido dinheiro, mas, esperava, tendo ganhado conhecimento.

Naquele outono, amigos matemáticos no MIT ficaram espantados quando falei da minha descoberta. Alguns achavam que eu devia publicar um artigo o quanto antes para deixar claro que a pesquisa era minha, antes que alguém tivesse a mesma ideia ou roubasse meu trabalho e reivindicasse sua autoria. Não foi preciso insistir, já que eu havia sido vítima de uma trapaça antes. Quando eu estava na UCLA, meu orientador de doutorado, Angus Taylor, sugeriu que eu enviasse parte do meu trabalho[9] para um conhecido matemático da Califórnia pedindo comentários dele. Não recebi resposta. Mas onze meses depois, no encontro da Sociedade Americana de Matemática no sul da Califórnia, Taylor e eu ouvimos o figurão falar. O tema era a minha descoberta, contada em detalhes e apresentada como trabalho original dele, que apareceria impressa com sua assinatura em um renomado periódico científico. Nós dois ficamos aturdidos. Taylor, que mais tarde se tornaria vice-presidente acadêmico do sistema da Universidade da Califórnia como um todo, era um matemático ético e experiente que eu via como um guia, mas ele não soube o que fazer. E por isso nenhum de nós fez nada.

Também é comum no meio científico que a hora de uma descoberta tenha chegado — caso em que ela é feita de maneira independente por dois ou mais pesquisadores quase ao mesmo tempo. Entre os exemplos famosos estão o cálculo, descoberto por Newton e Leibniz, e a teoria da evolução, por Darwin e Wallace. Cinco anos antes de eu fazer meu estudo sobre o blackjack, o trabalho teria sido muito mais difícil. Cinco anos depois, com computadores cada vez mais potentes e mais acessíveis, era evidente que o mesmo trabalho se tornaria muito mais fácil.

Outro motivo para publicar rápido era o conhecido fenômeno de que um problema se torna muito mais fácil de resolver quando você sabe que existe uma solução. Assim, o mero fato de a notícia estar correndo de boca em boca significava que outras pessoas iam repetir o meu trabalho, e logo. Esse argumento era parte de um conto de ficção científica que li na época da faculdade. Um professor da Universidade de Cambridge tem à sua disposição uma turma de estudantes de pós-graduação de física que é de longe a mais brilhante de todos os tempos. Ele divide os vinte alunos em quatro equipes de cinco e lhes pede que resolvam os problemas mais difíceis possíveis. Como sabem que o professor tem a resposta, eles insistem até conseguirem responder a todas as questões. Por fim, para confundi-los, ele diz, mentindo, que os russos descobriram um meio de neutralizar a gravidade e que a tarefa deles é mostrar como isso foi possível. Uma semana depois, dois dos quatro grupos apresentam soluções.

Para evitar que isso acontecesse com meu trabalho sobre o blackjack, escolhi o periódico *Proceedings of the National Academy of Sciences*, por ser, dentre os que eu conhecia, o que publicava artigos com mais rapidez, levando às vezes apenas dois ou três meses, e também por ter bastante prestígio. Isso exigia que um membro da Academia Nacional de Ciências aprovasse e remetesse meu artigo, e por isso procurei o único matemático do MIT que era membro da academia, Claude Shannon. Claude era famoso por ter criado a teoria da informação, crucial para a computação e a comunicação modernas, entre muitas outras coisas.

A secretária do departamento conseguiu um encontro rápido com um relutante Shannon ao meio-dia.[10] No entanto, ela me alertou que Shannon estaria no gabinete por apenas alguns minutos, que eu não devia esperar mais do que isso e que ele não desperdiçava tempo com assuntos ou pessoas que não achava interessantes. Um pouco amedrontado, mas com um bom pressentimento, encontrei no gabinete de Shannon um sujeito magro e atento de estatura e compleição medianas, com traços bem definidos. Contei rápido a história do blackjack e mostrei o artigo que queria publicar.

Shannon me interrogou detalhadamente, tanto para entender o modo como analisei o jogo quanto para encontrar possíveis falhas. Meus poucos minutos se transformaram em uma hora e meia de conversa animada, incluindo um almoço na lanchonete do MIT. Ele encerrou dizendo que, pelo visto, eu tinha dado o grande passo teórico sobre o tema e que a partir dali só restava descobrir detalhes e fazer elaborações. Ele me pediu para mudar o título, "Uma estratégia vencedora para o blackjack", para "Uma estratégia favorável para o vinte e um", por este parecer mais sereno e aceitável no mundo acadêmico.[11] O espaço da revista era escasso e havia um limite para o número de páginas que cada membro podia enviar para publicação a cada ano, de modo que, embora contrariado, acabei aceitando as sugestões de edição feitas por Shannon. Combinamos que eu enviaria a versão revisada para que ele a remetesse à academia.

Ao voltarmos para o gabinete, ele perguntou: "Você está trabalhando com mais alguma coisa relacionada a jogos de azar?". Hesitei por um instante e acabei decidindo falar do meu outro grande segredo, explicando por que era possível prever os números da roleta, e contando que tinha planos de construir um pequeno computador, que esconderia debaixo da roupa, para fazer as previsões. Enquanto eu falava sobre o que já tinha feito, nós dois íamos tendo várias ideias. Várias horas depois, quando o céu de Cambridge estava escurecendo, por fim nos separamos, empolgados com nossos planos de trabalhar juntos para derrotar a banca.

Enquanto isso, eu planejava apresentar meu sistema de blackjack no encontro anual da Sociedade Americana de Matemática em

Washington, DC. Enviei o resumo de minha palestra intitulada "A fórmula da fortuna: O jogo de blackjack" para inclusão no livreto que trazia o programa do evento (*The Notices*),[12] no qual minha fala seria anunciada em meio a uma imensa quantidade de resumos de apresentações tipicamente técnicas e obscuras.

Quando o comitê de seleção recebeu meu resumo, a decisão por rejeitá-lo foi quase unânime. Quem me contou isso mais tarde foi John Selfridge, um teórico dos números que conheci na UCLA e que integrava o comitê. Durante um tempo, ele deteve o recorde mundial de cientista que tinha encontrado o maior número primo conhecido. (Um número primo é um número positivo inteiro maior que um e divisível apenas por si mesmo e por um. Os primeiros são 2, 3, 5, 7, 11, 13...) Felizmente, Selfridge os convenceu de que eu era um matemático sério e que, se eu disse que tinha feito aquilo, era provável que fosse verdade.

Por que o comitê rejeitaria a minha palestra? Com frequência matemáticos profissionais ouvem gente alegando ter resolvido algum problema famoso, alegações que quase sempre partem de algum tipo excêntrico, sem formação matemática e que não sabe o que já foi feito, ou então que contêm provas com erros matemáticos simples. A suposta solução muitas vezes é relacionada a um problema que há muito se comprovou ser impossível de resolver, como encontrar um método para trissecar (dividir em três ângulos iguais) qualquer ângulo dado usando apenas compasso e régua. Por outro lado, alunos de geometria plana aprendem um método simples para bissecção de ângulos usando esse método. Uma pequena mudança no problema, passando a exigir a divisão do ângulo em três partes iguais, e não em duas, transforma uma tarefa fácil em outra impossível.

Na época, a situação era a mesma para sistemas de apostas em jogos de azar, já que matemáticos haviam provado que era impossível encontrar um sistema vencedor para a maior parte dos jogos de azar mais comuns. E, era óbvio, se fosse possível derrotar os cassinos, ou eles mudariam as regras ou fechariam as portas. Não é de espantar que o comitê tendesse a rejeitar meu resumo. Por ironia, o motivo para que eles fizessem isso — o fato de matemáticos aparentemente terem provado que sistemas vencedores em jogos de azar eram impossíveis — era minha motivação mais poderosa para demonstrar que isso podia ser feito.

Dois dias antes de viajar para o evento, fui surpreendido por um telefonema de Dick Stewart, do *Boston Globe*,[13] perguntando sobre minha palestra. Enquanto isso, o jornal enviou um fotógrafo. Expliquei as ideias básicas do meu sistema pelo telefone. Na manhã seguinte, minha foto e o artigo de Stewart estavam na primeira página. Em questão de horas, agências de notícias estavam divulgando a reportagem e mais fotos para dezenas de jornais de todo o país.[14] Quando saí para o aeroporto, Vivian estava exausta anotando uma enxurrada de recados, e não demorou para nossa filhinha, Raun, começar a chorar toda vez que o telefone tocava.

CAPÍTULO 6

O dia do cordeiro

Meu voo chegou a Washington, DC, cruzando o cinzento céu de inverno em meio aos primeiros flocos do que viria a ser uma tempestade de neve gigante. A cidade ainda estava lotada de gente após a recente posse do novo presidente americano, John F. Kennedy.

O encontro da Sociedade Americana de Matemática ocorreu no antigo Willard Hotel. Em vez da plateia de quarenta estudiosos que imaginei, encontrei uma sala animada com centenas de pessoas, muitas em pé. Em meio aos matemáticos havia gente com óculos de sol, anéis gigantescos e espalhafatosos no dedo mínimo e fumando charuto, além de repórteres com câmeras e blocos de anotações. Como é padrão em encontros acadêmicos, eu tinha preparado uma palestra comedida, e comecei explicando como ganhar contando cartas de valor 5. Prossegui dizendo que contar cartas Dez era muito melhor, depois falei brevemente sobre a imensa variedade de outros sistemas de contagem revelados por minha metodologia. A apresentação sóbria e técnica não desencorajou a plateia. Terminei e pus na mesa à minha frente a quantia tremendamente insuficiente de cinquenta cópias da palestra. O bando pulou nelas como carnívoros competindo por carne fresca.

Atendendo a pedidos, os organizadores do evento marcaram uma entrevista coletiva comigo para depois da palestra, e em seguida entrei ao vivo em uma grande cadeia de televisão e fui entrevistado por vários programas de rádio. Os cientistas e as pessoas de perfil técnico em geral entenderam a estratégia vencedora que descrevi e acreditaram nela, mas os cassinos e parte da imprensa reagiram de modo diferente. Em um editorial cínico, *The Washington Post* disse que um matemático alegava conhecer um sistema para se vencer em jogos de azar, o que fez o jornal lembrar deste anúncio: envie um dólar e ganhe um herbicida infalível. O sujeito recebe de volta um bilhetinho com a frase: "Agarre a raiz e puxe o mais forte que puder". O porta-voz de um cassino disse em tom irônico que tinham sido enviados táxis ao aeroporto para receber jogadores com sistemas do gênero. (Há mais de cinquenta anos espero esses táxis.) Outro disse que eu havia mandado um questionário detalhado perguntando quais eram exatamente as regras de blackjack usadas naquele estabelecimento. Acrescentou que eu era ignorante a ponto de não conhecer as regras do jogo. Ao dar início a meus cálculos anos antes, de fato eu enviara um questionário nesses moldes a 26 cassinos de Nevada. O objetivo era saber até que ponto as regras variavam de um estabelecimento para outro, em especial para ver se havia lugares com regras mais favoráveis do que o usual. Treze dos 26 cassinos tiveram a gentileza de responder a um acadêmico ignorante.

Um jovem repórter do *Post* chamado Tom Wolfe fez uma entrevista comigo depois da palestra. O jornal publicou a matéria dele, intitulada "É possível derrotar o cassino jogando blackjack, insiste matemático".[1] Ele se mostrou mais curioso do que cético, receptivo mas cauteloso. Mais tarde Wolfe se tornaria um dos mais famosos escritores dos Estados Unidos.

A essa altura, os aeroportos de Washington estavam cobertos por meio metro de neve, por isso fui para Boston de trem. Na longa viagem de volta, fiquei pensando em como minha teoria matemática sobre um jogo poderia mudar minha vida. No nível abstrato, a vida é uma mistura de acaso e escolha. Você pode pensar no acaso como as cartas que recebe na vida. A escolha é como você joga. Decidi investigar o blackjack. Como resultado, o acaso me ofereceu uma nova gama de oportunidades inesperadas.

Desde meu primeiro encontro com Claude Shannon em setembro, trabalhávamos cerca de vinte horas por semana no projeto da roleta. Enquanto isso, eu dava aulas, fazia pesquisa em matemática pura, cumpria com minhas obrigações no departamento, botava no papel minha pesquisa sobre o blackjack e me adaptava à rotina de pai. Depois de uma sessão de trabalho na casa dos Shannon, Claude me perguntou durante o jantar se eu achava que alguma coisa na minha vida podia superar aquilo. Eu tinha uma convicção que esperava ser também a dele: a de que reconhecimento, aplausos e fama são bem-vindos e dão sabor à existência, mas não são fins a serem perseguidos. Minha impressão na época, e também hoje, era de que o que importa é aquilo que você faz e como faz, a qualidade do tempo que passa fazendo aquilo e as pessoas com quem compartilha o que faz.

Enquanto isso, a Associated Press mandou a matéria de Tom Wolfe para vários jornais, levando o Departamento de Matemática do MIT a receber milhares de cartas e telefonemas. As secretárias ficaram ocupadas por semanas, testando a paciência de todo mundo. Decidi que era prudente não responder parte da correspondência. Por exemplo, um sujeito me mandou um complicado documento de 25 páginas "provando" ser a reencarnação de Ponce de León. Não respondi, mas recebi outra longa carta citando "conexões" entre ele, eu e Ponce de León que demonstravam meu papel crucial nessa história. Segundo ele, era minha obrigação me envolver naquilo!

Outro sujeito se ofereceu para ser meu guarda-costas, afirmando que esse tipo de serviço seria necessário caso eu tentasse derrotar os cassinos. Como não respondi, ele mandou uma carta hostil em que falava sobre suas habilidades militares e sua perícia com armas, garantindo ser capaz de "acertar um tiro entre os olhos a 25 metros de distância" com uma arma automática calibre .45, e dizendo que trabalharia de graça pelo simples privilégio de poder estar perto de mim. Depois disso recebi uma última carta, alertando que quando eu descobrisse, para minha infelicidade, que precisava dos serviços desse homem, ele não estaria lá. Ele se mostrou magoado por eu "ser exatamente como os outros" a quem oferecera seus serviços.

A maioria das cartas pedia cópias do meu artigo e instruções detalhadas de "como fazer". Providenciei e remeti centenas de cópias da palestra e do artigo, no espírito acadêmico da liberdade de informação, como cortesia do Departamento de Matemática do MIT, até que, sobrecarregado, desisti.

Antes da palestra, eu não tinha previsto o clamor e o tipo de exposição que se seguiriam. Esperava que só acadêmicos dessem atenção ao meu trabalho, que ficassem muito surpresos com os resultados e que talvez acabassem concordando comigo. Mas isso não aconteceu no ritmo lento e tranquilo da pesquisa universitária, e me vi sitiado por desconhecidos que queriam brigar comigo. Era o tipo de "fama" de que eu não precisava.

As ofertas para patrocinar um teste do meu sistema num cassino variavam de alguns milhares a 100 mil dólares. Eu tinha de decidir se iria ou não pôr minha teoria acadêmica à prova para ver se ela funcionava nas mesas de jogo. Resolvi por fim ir a Nevada, em parte para silenciar aquela ironia irritante que sempre fazem com gente do mundo acadêmico: "Bom, se você é tão inteligente, por que não ficou rico?". Eu devia a meus leitores, por orgulho pessoal e por questão de honra, provas de que a teoria de fato funcionava, apesar da zombaria dos cassinos, que diziam que eu estava falando uma completa bobagem. A gota d'água foi o porta-voz do cassino na televisão que, ao comentar meu sistema, disse: "Quando um cordeirinho vai para o matadouro, pode ser que ele mate o açougueiro. Mas a gente sempre aposta no açougueiro".

A oferta mais promissora veio de dois multimilionários de Nova York, que chamei de sr. X e sr. Y quando escrevi sobre eles mais tarde. Depois de vários telefonemas do sr. X e de muita hesitação da minha parte sobre o perigo de pôr em risco dinheiro fornecido por estranhos em um lugar sobre o qual eu sabia tão pouco, concordei por fim em me encontrar com ele.

A tarde de fevereiro estava gelada fora de nosso apartamento em Cambridge, emoldurada por árvores desfolhadas contra o céu cinza-metálico. Casas de madeira de vários andares ladeavam a rua, com cinzas de carvão nas frestas das fachadas e nos degraus e uma crosta de fuligem sobre a neve. Às quatro da tarde a luz estava caindo e nossa visita estava atrasada. Então um Cadillac azul-da-meia-noite estacionou com duas louras bonitas dentro, uma das quais podia ser vista pela janela do banco do passageiro; a outra que estava ao volante desceu do carro. Pensei: *Quem são essas pessoas? Onde está o sr. X?* Enquanto a loura do lado do passageiro segurava a porta do carro aberta para ele, surgiu um sujeito baixinho de cabelo curto, com um longo sobretudo preto de caxemira. Eles tocaram nossa campainha e percebemos que devia ser o sr. X. Ele se apresentou como Emmanuel "Manny" Kimmel, na época com uns 65 anos, e disse ser um empresário rico de Maplewood, em Nova Jersey, que conhecia o mundo dos jogos de azar. Disse que as duas beldades de casaco de visom eram suas sobrinhas. Entendi isso no sentido literal, embora pudesse perceber pela expressão de Vivian que ela discordava.

Kimmel jogou algumas horas de blackjack comigo, no papel de crupiê, e fez perguntas sobre minha pesquisa. No outro lado da sala, Vivian, com nossa filha de um ano e meio, conversava com as "sobrinhas". A certa altura, a sobrinha mais nova começou a dar informações pessoais sem que ninguém tivesse perguntado, e a outra sussurrou de canto de boca: "Sossega".

Depois de nossa conversa, Manny estava pronto para planejar uma viagem a Nevada. Concordamos em ir assim que eu pudesse, o que devia acontecer na semana de recesso de primavera do MIT, em abril. Na saída, Manny tirou do bolso um emaranhado de colares de pérolas e ofereceu um para Vivian.[2] As pérolas ficaram na família e ainda hoje, mais de cinquenta anos depois, estão com Raun.

Vivian ficou apreensiva com o teste no cassino, mas não deixou de me apoiar. Por outro lado, embora os detalhes matemáticos lhe fossem incompreensíveis, assim como para quase todo mundo, ela sabia que em geral eu não dizia algo sem ter como provar, sobretudo em matéria de matemática e ciência. Embora até ali se tratasse apenas de cálculos e raciocínio, ela acreditava que eu iria vencer em um combate justo. Mas isso aconteceria no mundo real, não num mundo de símbolos e equações. Iriam os cassinos jogar limpo ou de algum modo trapacear ou me deixar fora de combate, usando drogas ou apelando para a violência? E as tais supostas sobrinhas que ela logo desmascarou? E se eu estivesse entrando num mundo cheio de dinheiro e mulheres fáceis, e quem sabe de quais outros perigos? E meus patrocinadores? Tinham competência para me proteger contra quaisquer truques dos cassinos? Podiam suportar as perdas temporárias que sem dúvida ocorreriam em algum ponto no início do processo?

Do meu ponto de vista, após o país inteiro me ouvir afirmar que aquilo era possível, recuar seria dar legitimidade a quem dissera que eu era um idiota completo. Eu tinha certeza de que estava com a razão. De jeito nenhum iria deixar minha família, meus amigos e meus colegas pensarem o contrário. Embora aquele Golias estivesse invicto, eu sabia de algo que ninguém mais sabia: ele era míope, desajeitado, lento e burro, e nós íamos combater nos meus termos, não nos dele. O ponto crucial foi que Vivian, apesar suas reservas e de preferir que eu não me arriscasse, acreditava que eu era capaz de vencer.

Como preparação para nossa incursão, eu viajava de Boston para Nova York toda quarta-feira, quando não precisava dar aulas. Ia para a cobertura de Manny em Manhattan; ele dava as cartas e eu jogava com o sistema de contagem de cartas de valor 10. Embora eu pudesse usar vários métodos de contagem, Kimmel ficou obcecado pela contagem das cartas de valor 10 e não queria saber de nenhuma outra. Isso acabou sendo bom para mim, já que eu tinha trabalhado nas tabelas de estratégia para essa contagem, mas não havia feito o mesmo para os demais sistemas. O sistema de contagem de cartas de valor 10 eleva as apostas quando o baralho remanescente tem muitos ases e cartas Dez. Depois de algumas horas, o mordomo de Manny servia o almoço e continuávamos jogando. Ao fim de cada sessão, Kimmel me dava cem ou 150 dólares para cobrir as despesas e, curiosamente, um salame. Os salames davam um aroma inconfundível à cabine durante o voo de volta.

Amigo de Kimmel e copatrocinador de nossa aventura, o sr. Y comparecia a algumas sessões. Uma das sobrinhas às vezes também observava. O sr. Y era Eddie Hand, um rico empresário do interior do estado de Nova York. Na casa dos quarenta anos, tinha cabelos escuros e estatura mediana, e falava usando uma curiosa mistura de reclamações grosseiras e humor. À medida que as semanas se passavam, as fichas se empilhavam do meu lado da mesa e Manny ficava cada vez mais empolgado. Depois de meia dúzia de sessões, estávamos prontos para nossa aventura em Nevada.

Havia duas abordagens principais que podíamos usar ao sentar para jogar nos cassinos. Uma, que chamarei de ousada, envolvia apostar o limite da mesa sempre que a vantagem para o jogador ultrapassasse uma proporção baixa, digamos, 1%. Em geral isso garante os maiores ganhos, mas as flutuações no patrimônio podem ser violentas e é preciso ter muito dinheiro para superar possíveis perdas grandes. Kimmel e Hand disseram que iam investir 100 mil dólares, e até mais se fosse necessário. (Isso equivale a 800 mil dólares em valores de 2016, como indica a tabela de conversão no apêndice A.)

Eu não era favorável a essa estratégia, já que havia muita coisa no mundo dos jogos de azar que eu não conhecia. Poderiam me trapacear ou me enganar? E como eu reagiria se estivesse perdendo 50 mil dólares, tendo de prosseguir apostando a cada minuto uma soma maior do que meu salário mensal? Kimmel e Hand se manteriam firmes caso perdêssemos uma soma dessas? Caso eles desistissem nesse ponto, isso significaria que na verdade só tínhamos 50 mil dólares de fundo, mas não sabíamos disso com antecedência e por isso devíamos ter feito apostas mais conservadoras desde o início. Além disso, meu objetivo principal era testar o sistema, e não ganhar um monte de dinheiro para os patrocinadores. Para atingir esse objetivo com mais garantias, preferi uma vitória quase certa e moderada em vez de assumir um risco maior em nome de um lucro maior. Meu plano era jogar de modo conservador, apostando duas vezes minha aposta mais baixa quando minha vantagem fosse de 1%, quatro vezes o valor quando tivesse vantagem de 2%, e enfim multiplicando por dez as apostas menores quando o jogo estivesse 5% ou mais a meu favor. Variando as apostas entre cinquenta e quinhentos dólares, que na época era o valor mais alto em geral aceito pelos cassinos, achei que 10 mil dólares seriam um capital inicial razoável.

Manny concordou, embora estivesse relutante. Durante o recesso de primavera do MIT, em uma tarde fria de abril, nos encontramos no aeroporto em Nova York. Conversamos por uma hora, depois entramos no avião. À meia-noite, quando chegamos perto de Reno, uma espalhafatosa faixa iluminada surgiu à nossa frente em meio a uma escuridão que, fora isso, era tenebrosa. Enquanto voávamos para aterrissar tive meu primeiro vislumbre de uma cidade que lembrava uma aranha de neon vermelho-sangue espraiada sobre o solo. Fiquei me perguntando, receoso, o que aconteceria comigo na semana seguinte. Vivian estava mais assustada do que eu com meu voo rumo ao desconhecido e quis que eu lhe telefonasse todo dia. Para mim era um alívio me saber ligado a ela e, por meio dela, a meu mundo conhecido. Naquele tempo, ligações à distância eram caras. Para economizar, eu ligava a cobrar caso tudo estivesse bem, pedindo para falar com "Edward _. Thorp", usando como inicial do nome do meio um código que inventamos para informar quantos mil dólares estávamos ganhando ou, se a inicial viesse antes de "Edward", quantos mil dólares estávamos perdendo. A ideia era simples: a inicial *A* significava menos de mil dólares, *B* significava entre mil e 2 mil, *C* entre 2 mil e 3 mil e assim por diante, até chegar a *Z*, que ia de 25 mil a 26 mil dólares. Depois de ouvir o nome da pessoa para quem estavam ligando, Vivian educadamente dizia à telefonista que o sr. Thorp "não estava no momento".

Depois de algumas horas de sono nos encontramos para tomar café da manhã no hotel. Sonolento e cansado, para me fortalecer comi ovos Benedict e tomei suco de laranja, junto com uma quantidade imensa de café preto, e nós três partimos para as mesas de jogo. No primeiro cassino, fora da cidade, comecei aos poucos, apostando de um a dez dólares, planejando aumentar as apostas à medida que me sentisse confortável com o nível de risco. No final do processo eu chegaria a apostas entre cinquenta e quinhentos dólares. Antes da viagem, insisti em ter um limite de apenas 10 mil dólares, mas sabia que Manny queria apostas dez vezes maiores — apostas de quinhentos dólares sempre que tivéssemos vantagem de 1% —, tendo um limite de 100 mil dólares. Insisti em um aquecimento, apostando entre um e dez dólares. Tive de explicar a Manny com todo o cuidado que eu precisava chegar às apostas maiores no meu ritmo, mas ele não aguentou me ver jogar e esperar chegar a esse ponto. Seu rosto, com uma expressão cada vez mais agitada, passou do pálido habitual a um vermelho brilhante, num contraste impressionante com a cabeça coberta por cabelos brancos. Soube mais tarde que em geral ele ganhava ou perdia dezenas de milhares de dólares em cassinos nos Estados Unidos e em Cuba antes de os comunistas tomarem o poder.

Ganhei alguns dólares em mais ou menos uma hora de jogo, mas o estabelecimento fechou por três horas em razão da Sexta-Feira Santa. Ao voltar para o centro de Reno, escolhemos um cassino com regras bastante favoráveis. Eles usavam até a última carta do baralho e permitiam que os jogadores dobrassem as apostas com qualquer mão, e que dividissem qualquer par. Se a primeira carta do crupiê, sempre virada para cima, fosse um ás, alguns cassinos, incluindo esse, permitiam que o jogador "fizesse um seguro" contra a segunda carta do crupiê, caso ela fosse uma carta de valor 10 (o que dava a ele um total de 21 com apenas duas cartas), fazendo uma aposta extra que equivalia à metade da aposta inicial. Se o crupiê somasse 21 com a segunda carta, a aposta-seguro pagava 2:1.

Depois de um jantar farto e de um tempo de descanso, segui jogando de quinze a vinte minutos por vez, fazendo uma pausa depois por alguns minutos. Quando sentava de novo, escolhia como sempre a mesa com menos jogadores. Jogando devagar, parava para pensar e olhava todas as cartas já jogadas. A gerência achou que eu estava usando um dos vários métodos falaciosos para ganhar. Esses sistemas seguiam padrões de apostas que, dizia-se, de algum modo levavam o jogador a superar a vantagem da banca. Há infinitos métodos do gênero. Nenhum funciona. Esses jogadores, comuns nos cassinos, são bem-vindos desde que estejam perdendo. O que quer que eu estivesse fazendo, jogando com apostas entre um e dez dólares, fui perdendo dinheiro de modo gradual até ficar com uma dívida de cem dólares. Isso tudo levou oito horas, período em que Manny variou de humor entre frenético, enojado, empolgado e chegando por fim perto de desistir da ideia de que eu era sua arma secreta.

Agora eram três da manhã e nas horas anteriores a maioria dos jogadores tinha ido embora. Consegui ficar com uma mesa só para mim. Minha crupiê era hostil, e eu estava cansado e irritadiço. Depois de uma conversa meio ácida, ela passou a dar as cartas na maior velocidade possível. Irritado e achando que tinha acumulado experiência suficiente para aumentar as apostas, mudei para o patamar seguinte, entre dois e vinte dólares. Por coincidência, o baralho ficou favorável e ganhei várias mãos em sequência. Recuperei minhas perdas e terminei com um pequeno lucro. Estava exausto e parei para ir dormir. Eram cinco da manhã, mas a hora pouco importava. Cassinos não têm relógios e em geral não têm janelas, para que os apostadores não percebam a transição do dia para a noite e depois de volta para o dia. Talvez a melhor dica que você tenha para saber em que trecho desse lúgubre ciclo diurno você se encontra nesse mundo surreal e isolado do resto do planeta seja o fluxo das pessoas, que cresce e decresce como as marés.

Ainda cansado, acordei perto do meio-dia e liguei a cobrar para Vivian. Usando nosso código, pedi para falar com Edward A. Thorp, o que significava "Está tudo bem e estamos com um lucro inferior a mil dólares". Fiquei animado com o tom de alívio na voz da minha mulher quando ela disse à telefonista que o sr. Thorp não estava.

Depois do café da manhã, Manny e eu voltamos ao cassino fora da cidade. Em minutos, agora com apostas que variavam de dez a cem dólares, ganhei entre duzentos e trezentos dólares. Então, meu empolgado patrocinador decidiu que também queria jogar, ficando a meu encargo a contagem de cartas para nós dois. Em duas horas, acumulamos 650 dólares e a casa começou a "reembaralhar" — ou seja, embaralhar as cartas de novo depois de poucas rodadas. Como as situações favoráveis são mais comuns perto do fim do baralho, a taxa de lucro cai bastante quando as cartas são reembaralhadas muito cedo. Decidimos ir para outro lugar.

Meu jogo estava se tornando veloz e fluente, seguindo a velocidade de qualquer crupiê. Eu também estava me sentindo mais confortável para aumentar as apostas. Elevando o patamar para apostas entre 25 e 250 dólares no cassino seguinte, em uma hora aumentei de novo o nível, e agora estava apostando entre cinquenta e quinhentos dólares. Tinha calculado que esse seria o patamar mais alto a ser usado com nosso limite de 10 mil dólares. Esse plano, de apostar apenas num nível que me deixasse emocionalmente tranquilo e só avançar quando eu me sentisse preparado, me permitiu usar meu sistema com calma, disciplina e precisão. Essa lição das mesas de blackjack seria inestimável para minha vida de investidor, à medida que o que estava em jogo era cada vez maior.

Eddie Hand chegou na noite de sábado, a tempo de nós três visitarmos o famoso Harold's Club, no centro de Reno.

Tendo começado com uma pequena casa de bingo na década de 1930, o dono do lugar, Harold Smith, transformou o estabelecimento num dos mais famosos cassinos dos Estados Unidos. Além dos 2,3 mil anúncios em estradas americanas e de publicidade em outros países feita por militares que tinham sido bem tratados, Smith fez inovações, sendo o primeiro a ter mulheres como crupiês, a funcionar 24 horas por dia e a ter serviços dirigidos ao apostador comum.[3] A estratégia era muitíssimo lucrativa e o local também passou a ser procurado por apostadores que jogavam alto. Vinte anos antes, quando minha família viajou de Chicago para a Califórnia, eu tinha ficado intrigado, aos dez anos de idade, com os anúncios à beira da estrada que diziam: VÁ AO HAROLD'S CLUB OU PERCA TUDO. E, agora, ali estava eu.

Manny, Eddie e eu entramos no térreo do estabelecimento, alegre e espaçoso em comparação com os cassinos típicos. Passando por fileiras de caça-níqueis, sentei para me aquecer jogando entre 25 e 250 dólares, com Manny e Eddie observando, atentos. Meus patrocinadores perguntaram se podíamos jogar com nosso próprio limite de quinhentos dólares para nos livrarmos do incômodo de jogadores que sentavam para fazer apostas pequenas. O supervisor nos convidou para a área privada no andar superior, onde se faziam apostas mais altas. Lá eu teria meu próprio crupiê e uma das três mesas só para mim. Eu não podia querer condições melhores de jogo. Mas depois de uns quinze minutos, quando eu só tinha ganhado cerca de quinhentos dólares, o proprietário do cassino, Harold Smith, trazendo a tiracolo o filho, Harold Smith Jr., passou por uma porta lateral e parou atrás de nosso crupiê. Analisando a situação hoje, acho que eles sabiam quem Manny e Eddie eram e, levando em conta seu perfil de apostas altas, estavam preocupados com a possibilidade de os dois terem algum esquema que pudesse sair caro para o cassino. Depois de cumprimentos educados e comentários elegantes, eles deixaram claro: as cartas seriam reembaralhadas com a frequência necessária para me impedir de fazer o que quer que eu estivesse fazendo.

Os proprietários orientaram o crupiê a embaralhar quando restassem de doze a quinze cartas. Continuei ganhando. Eles embaralharam quando restava metade das cartas. Por fim, reembaralharam depois de apenas duas mãos. Consegui ganhar mais oitenta dólares e fomos embora.

Nossa próxima parada aceitava no máximo apostas de trezentos dólares, mas as regras eram excelentes. Os jogadores podiam fazer seguros, dividir qualquer par e dobrar a aposta com qualquer mão. Mesmo assim, as cartas não ajudaram e perdi de maneira constante, e depois de quatro horas estava com um prejuízo de 1,7 mil dólares e desanimado. Claro, eu sabia que, assim como a banca pode perder a curto prazo mesmo tendo uma vantagem no jogo, um contador de cartas pode ter prejuízos por horas ou, às vezes, até por dias. Persistindo, esperei o baralho ficar favorável só mais uma vez.

Isso aconteceu poucos minutos depois, quando o baralho de repente me deu uma vantagem de 5%. Fiz a aposta máxima de trezentos dólares, o que exigiu todas as fichas que eu ainda tinha. Pensando se devia parar ou comprar mais fichas caso perdesse, peguei minha mão e vi um par de 8. Eu devia dividi-los. Por quê? Porque 16 é uma mão terrível. Se você pedir uma carta, é provável que estoure; se parar, é provável que o crupiê ganhe com 17 ou mais. Mas ao dividir você começa cada nova mão com um 8 — uma primeira carta meia-boca. Tirei três notas de cem dólares da carteira e coloquei sobre o segundo 8. Como par de um dos 8, recebi um 3. O certo era dobrar a aposta, por isso pus mais trezentos dólares nessa mão e recebi outra carta. Novecentos dólares, a maior aposta que eu já havia feito, estavam sobre a mesa.

O crupiê, que exibia um 6, tinha um Dez virado e logo estourou, o que me fez ganhar com ambas as mãos e ter um lucro de novecentos dólares, diminuindo meu prejuízo para oitocentos. O baralho continuou favorável, pedindo apostas grandes, e o baralho seguinte logo também ficou bom. Em poucos minutos recuperei minhas perdas e lucrei 255 dólares. Decidimos encerrar a noite.

Pela segunda vez, o Sistema de Contagem de Cartas Dez gerou perdas mais ou menos pesadas alternadas com períodos de "sorte" tremendamente brilhantes. Mais tarde, descobri que essa era uma característica[4] de uma série aleatória de apostas favoráveis. E veria isso acontecer de novo várias vezes na vida real, tanto em jogos de azar quanto no mundo dos investimentos.[5]

Na tarde seguinte, fomos os três de novo ao cassino fora da cidade. Antes de sentar, liguei para Vivian. Quando voltei, meus amigos disseram que o cassino nos proibira de jogar, mas que ficaria feliz em pagar uma refeição. Perguntei qual era o problema. O gerente explicou, de modo amistoso e cortês, que ao me ver jogar na véspera eles ficaram intrigados com a constância das vitórias, que parecia grande para o tamanho das apostas. Eles chegaram à conclusão de que eu estava usando algum sistema para ganhar.

Mais tarde, li que os cassinos de Nevada podiam barrar jogadores sem motivo — ainda que isso pareça inacreditável —, por serem considerados clubes particulares, que não eram abertos ao público em geral, o que lhes dava o direito de excluir quem bem entendessem. A cor da pele chegou a ser um critério usado por alguns estabelecimentos.

Na tarde seguinte, fomos para Stateline, Nevada, no extremo sul do lago Tahoe. A cidade estava lotada até a fronteira com a Califórnia. Esta, depois da divisa, parecia normal, com seus motéis, cafés e áreas residenciais. Mas em Nevada, onde os jogos de azar eram legalizados, cassinos e hotéis apinhavam-se o mais perto possível do limite com a Califórnia, para aumentar as chances de atrair os turistas que entravam no estado.

Em meio ao brilho e ao congestionamento, chegamos perto de seis da tarde a um cassino enorme e fartamente iluminado. Estava abarrotado. Foi difícil conseguir lugar nas mesas de blackjack.

Pus 2 mil dólares em fichas sobre a mesa e Manny, que não aguentava mais ficar só observando, insistiu em jogar ao meu lado, enquanto eu dizia o que ele devia fazer e tentava controlar o tamanho de suas apostas. O que foi uma má ideia, porque ele não conhecia a estratégia e, jogando do jeito como estava acostumado, perdia a vantagem. Eu não conseguia corrigi-lo sem deixar transparecer o que estávamos fazendo. Enquanto isso, além de jogar com minhas cartas e tentar orientá-lo de maneira discreta, eu contava cartas e decidia quanto cada um de nós devia apostar. Se em condições normais Manny já era irritadiço e não ouvia conselhos, ali ele quase não prestava atenção ao que eu dizia, jogava mal e apostava alto demais para nosso limite de 10 mil dólares. Pouco tempo depois, eu tinha ganhado 1,3 mil dólares. Apostando como um louco, Manny ganhou 2 mil. Então o supervisor, salivando, nos convidou para jantar e assistir ao show. Recusamos o show, mas comemos filé mignon e tomamos champanhe. Poucas horas depois, o Destino nos apresentaria a conta. O valor? Onze mil dólares perdidos.

Depois do jantar fomos andando até o arranha-céu que abrigava um dos maiores cassinos, o Harvey's Wagon Wheel. O lugar começara como uma cabana de madeira construída em 1944 por um atacadista de carnes de Sacramento, Harvey Grossman, e sua esposa, Llewellyn, perto da divisa de Nevada com a Califórnia. Agora ali estava a primeira torre da orla sul, com um cassino que ficava em um hotel de doze andares, com 197 quartos. Comprei 2 mil dólares em fichas no caixa e fui para uma mesa vazia. Logo passei a sofrer com os apostadores de um dólar que iam e vinham, diminuíam a velocidade do jogo e escondiam suas cartas, o que tornava a contagem mais difícil.

Apostando entre cinquenta e quinhentos dólares, eu claramente reduzia minha aposta mínima para um dólar sempre que outro jogador chegava. Depois de alguns minutos o supervisor entendeu a mensagem e perguntou se eu gostaria de uma mesa privada. Eu disse que aquilo me deixaria extasiado. Ele explicou que a casa não gostava do efeito que mesas privadas tinham sobre os demais clientes, mas com um ligeiro sorriso acrescentou que poderia providenciar um jogo em que a aposta mínima era de 25 dólares e queria saber se isso me satisfaria. Sim, me satisfaria, e bastou ele colocar o aviso do limite para afastar todos os outros jogadores e eu ter a mesa só para mim. Uma pequena plateia se juntou ao redor da mesa. Todos estavam em silêncio, talvez esperando o iminente abate desse cordeiro de carteira cheia.

Depois que ganhei algumas centenas de dólares, Manny voltou a sentar para jogar. Ele tinha concordado em parar de fazê-lo. De novo, continuava sem me ouvir; fiz o que pude. Mantive a contagem e outra vez decidi o jogo por nós dois. Eu tentava ser sutil e ele não prestava muita atenção, mas sabia seguir meus movimentos quando eu aumentava e reduzia as apostas. Como isso é mais importante do que jogar as cartas com exatidão, ele continuava tendo uma vantagem. Em trinta minutos acabamos com o dinheiro da mesa — o equivalente no blackjack a quebrar a banca. Já sem sorrir, o supervisor estava assustado.

Os funcionários começaram a entrar em pânico. Nossa crupiê implorou ao namorado, que tinha um cargo mais alto e fora atraído pela agitação: "Me ajude. Por favor, me ajude". O supervisor estava tentando explicar nossa vitória a um grupo de nervosos subordinados. Enquanto a bandeja de dinheiro era reabastecida, a plateia aumentou e começou a torcer pelo seu Davi contra o cassino Golias.

Jogamos por mais duas horas e voltamos a quebrar a banca. As pilhas enormes de fichas à nossa frente representavam mais de 17 mil dólares em lucros. Ganhei 6 mil e Manny, de novo fazendo apostas loucas e altas, aumentou sua bolada em 11 mil. Eu estava ficando cansado em razão dos efeitos colaterais do nosso farto jantar, do esforço inacreditável para cuidar tanto da mão de Manny quanto da minha e da fadiga dos dias anteriores. Era cada vez mais difícil contar direito e meu parceiro também estava exausto. Insistindo que devíamos parar, fui para o caixa. Cheios de fichas, meus bolsos estavam inchados como alforjes. Minha pequena fortuna não passou despercebida. Enquanto caminhava, fiquei chocado ao perceber três ou quatro mulheres lindas cruzando meu caminho e me dirigindo sorrisos simpáticos.

Troquei as fichas por dinheiro e, ao voltar, vi horrorizado que Manny, achando estar com sorte e se recusando a parar, tinha colocado de novo na mesa milhares de dólares. Para mim o blackjack era um jogo matemático, não uma questão de sorte. Sorte ou azar eram coisas aleatórias, imprevisíveis e passageiras. A longo prazo, não importavam. Manny não pensava assim. Quando tentei tirá-lo dali ele gritou, irritado: "Não... vou... sair... daqui!". Nos 45 minutos necessários para arrancá-lo da cadeira, ele perdeu os 11 mil dólares que tinha ganhado. Mesmo assim, ao voltarmos para o hotel naquela noite com o que ganhei, estávamos com um lucro de 13 mil na viagem. Meus telefonemas diários para Vivian tinham mostrado que estávamos ganhando mais a cada dia. Agora pude fazer o melhor telefonema de todos: dramaticamente perguntei por Edward M. Thorp (lucro entre 12 mil e 13 mil dólares). Com um tom de voz aliviado e animado, ela disse à telefonista que eu não estava.

No último dia, voltamos ao cassino em que eu tinha treinado pela primeira vez. Pus mil dólares em fichas sobre a mesa e comecei a ganhar. A notícia se espalhou e em minutos o proprietário do estabelecimento estava ali. Em pânico, ele orientou a crupiê e o supervisor. Caso eu mudasse o tamanho das minhas apostas, a crupiê devia embaralhar todas as cartas antes da mão seguinte. Sempre que eu variava o número de mãos com que jogava (agora conseguia jogar com até oito mãos simultâneas, e com uma velocidade maior do que a da maioria dos crupiês), as cartas eram embaralhadas. O crupiê contra quem eu tinha jogado na minha breve sessão de treino estava de pé ao fundo, comentando várias e várias vezes, num tom de reverência, como meu jogo tinha melhorado. Quando por acaso cocei o nariz, a crupiê embaralhou as cartas! Sem acreditar, perguntei se ia fazer isso sempre que eu me coçasse. Ela disse que sim. Fiz um teste me coçando mais algumas vezes. Ela estava mesmo falando sério. Perguntei se qualquer gesto incomum, mesmo que minúsculo, faria com que ela embaralhasse as cartas. De novo respondeu que sim.

Agora eu estava jogando de igual para igual com a banca,[6] já que embaralhar todas as cartas e começar cada mão com o baralho completo destruía minha vantagem. Pedi fichas maiores — cinquenta ou cem dólares —, já que eu só tinha de vinte. O gerente foi à mesa e disse que o cassino não ia nos vender fichas maiores. Ele também enviou um baralho novo em folha para a mesa. Com cuidado, a crupiê espalhou as cartas de um lado, depois do outro. Perguntei por que ela examinara o verso das cartas. Embora verificar as cartas seja uma prática comum, é raro que os cassinos examinem o verso, mas dessa vez ela levou uns dois minutos fazendo isso. Apesar de eu usar óculos, a crupiê explicou que estavam achando que minha visão era excepcionalmente aguçada, e que eu era capaz de distinguir defeitos minúsculos no verso das cartas, o que me fazia saber quais cartas iriam sair a seguir. Eu ri, mas o assustado proprietário trouxe quatro novos baralhos em cinco minutos.

Trocar os baralhos não mudou nada para mim, e eles acabaram desistindo de fazê-lo. Aos sussurros, formularam uma nova teoria. Perguntei-lhes qual era o meu segredo agora, na opinião deles. A crupiê afirmou que eu conseguia contar as cartas jogadas, e que por isso sabia exatamente quais ainda não tinham aparecido. Estudantes de mnemotécnica (a ciência do treinamento da memória) sabem que é possível aprender a memorizar na ordem certa as cartas de um baralho à medida que elas saem. No entanto, conheço o método envolvido nisso bem o suficiente para saber que não é possível usar essa informação memorizada na velocidade exigida pelo blackjack. Assim, desafiei a crupiê, dizendo ousadamente que não havia ninguém no mundo que pudesse ver 38 cartas sendo retiradas de um baralho com rapidez e depois dizer quantas de cada tipo ainda restavam.

Ela disse que o supervisor, ao lado dela, conseguia. Ofereci cinco dólares por uma demonstração. Os dois baixaram os olhos timidamente e não responderam. Aumentei a oferta para cinquenta dólares. Os dois continuaram em silêncio e envergonhados. Eddie Hand, que estava observando a cena o tempo todo, aumentou a oferta para quinhentos dólares. Não houve resposta. Fomos embora indignados.

O recesso de primavera no MIT estava acabando, de modo que o final de nossa viagem se aproximava. Em trinta horas-homem de jogo em média para larga escala, nossos 10 mil dólares viraram 21 mil. Em nenhum momento precisamos usar mais do que 1,3 mil dólares de nosso capital original (além das despesas). Nosso experimento foi um sucesso e meu sistema funcionou na prática exatamente como previsto pela teoria. Eu estava satisfeito. Caso houvesse novas excursões para jogar blackjack, elas teriam de se adaptar à minha rotina acadêmica e à minha vida doméstica. Eu não tinha planos de fazer outra viagem com Manny e Eddie, e apenas deixei a possibilidade em aberto.

No avião de volta para Boston, lembrei-me do porta-voz do cassino que, ao saber da minha alegação de que era possível derrotar o cassino, tinha zombado de mim: "Quando um cordeirinho vai para o matadouro, pode ser que ele mate o açougueiro. Mas a gente sempre aposta no açougueiro".

O dia do cordeiro havia chegado.

Cerca de trinta anos depois, a escritora e jornalista Connie Bruck me contou sobre o passado de Manny Kimmel quando telefonou para me entrevistar para seu livro *Master of the Game* [Mestre do jogo]. O livro conta em detalhes a história de como Steve Ross "assumiu a funerária do sogro e uma firma de estacionamentos e as transformou no maior conglomerado de mídia e entretenimento do mundo, a Time Warner". A empresa de estacionamentos era a Kinney Service Corporation, fundada em 1945 por um sócio oculto, Emmanuel Kimmel. Consta que Kimmel fez sua fortuna nos anos 1920 e 1930 vendendo bebidas durante a Lei Seca e com loterias ilegais, junto com Abner "Longie" Zwillman (retratado no livro *Gangster #2*, de Mark Stuart), o chefe da Máfia de Nova Jersey e tido como o segundo mais poderoso mafioso dos Estados Unidos em 1935. Ao saber disso hoje, fico feliz por ter decidido jogar com um limite de 10 mil dólares numa estratégia de vitória quase certa porém moderada, e não com limite de 100 mil e correndo o risco de ter perdas significativas.[7] Isso também me faz pensar em quanto eu era ingênuo e na grande sabedoria de minha esposa, Vivian, para assuntos desse tipo.

Eddie Hand, amigo de Manny, também serviu como fonte para o livro de Connie Bruck. Na época de nossa viagem, a empresa dele "transportava todos os carros e caminhonetes da Chrysler". Com sede em Buffalo, em Nova York, ele tinha se tornado um sujeito durão por causa do conflito com o sindicato dos caminhoneiros. Poucos anos depois ele vendeu sua empresa para a Ryder Industries. Nos meus tempos de mercado de ações, fiquei sabendo que ele recebeu ativos da Ryder que, no dia em que verifiquei os preços, valiam 47 milhões de dólares. Certa vez, quando ele, Kimmel e eu estávamos voando de Reno para Las Vegas, Eddie Hand de repente ficou nostálgico ao ler a coluna "Milestones", da *Time*. A coluna falava dos futuros casamentos de duas mulheres com quem ele havia se envolvido romanticamente. Uma era uma chilena herdeira de uma indústria de cobre e a outra era a tenista Gertrude Moran, a "Gorgeous Gussy", que escandalizou Wimbledon ao jogar com calcinha de renda.

Segundo Bruck, Manny Kimmel morreu na Flórida em 1982 aos 86 anos, deixando uma jovem viúva de nome Ivi, a mais velha das duas sobrinhas que, junto com a irmã mais nova e Manny, nos visitaram há tanto tempo naquela tarde terrível do inverno de Boston.[8] Manny me contou que quando a conheceu ela trabalhava em uma joalheria. Eles se casaram depois que a esposa dele morreu. Em 2005, o History Channel mostrou Vivian e eu em um programa de uma hora sobre minha história com o blackjack. Ivi, que também aparece no programa, ainda guardava uma cópia da carta que escrevi para Manny em 1964 sobre parte das descobertas que fizera sobre o bacará. Da última vez que falei com ele, Eddie Hand levava uma vida próspera no rico enclave de Montecito, no sul da Califórnia. Mais tarde ele se mudou para o sul da França.

Mas o blackjack ainda tinha mais a me ensinar, sobre investimentos e sobre como o mundo funciona.

CAPÍTULO 7

Contagem de cartas para todos

De volta ao MIT, eu chamava a atenção na lanchonete quando, uma vez por semana, descontava mais uma nota de cem dólares do dinheiro que ganhei no cassino. Levando em conta a depreciação da nossa moeda desde 1961, o impacto era quase o mesmo que faria hoje alguém pagar a conta com notas de mil dólares.

Meu período de dois anos no MIT acabaria em 30 de junho, apenas dali a três meses. O chefe do departamento, W. T. "Ted" Martin, me incentivou a ficar mais um ano e disse que o professor Shannon me tinha em altíssima conta. Isso podia levar a um cargo permanente, ainda que talvez não naquele momento. Era difícil decidir se eu devia tentar esse caminho. O MIT se tornara um dos maiores centros de matemática do mundo,[1] após uma transformação causada por projetos governamentais durante a Segunda Guerra Mundial, passando de uma escola técnica para uma usina de ciência. Andando pelos corredores, eu podia conversar com gente como o professor prodígio Norbert Wiener (cibernética) e Isadore Singer, futuro vencedor do prêmio Abel. O programa C. L. E. Moore, do qual eu fazia parte, levou para lá novos doutores como John Nash, que mais tarde recebeu o Nobel de Economia, e Paul Cohen, futuro ganhador da medalha Fields. Embora não haja um Nobel para a matemática, a medalha Fields e o prêmio Abel têm esse status. Cohen saiu poucos dias antes de eu chegar; seu nome ainda estava sendo raspado da porta de seu gabinete.

Por fim, decidi não ficar.[2] Do ponto de vista da carreira, achei que eu era páreo para os mais avançados, mas minha impressão era de que eu precisava de conhecimento matemático mais aprofundado. Eu também não havia colaborado em nenhuma pesquisa com membros veteranos do departamento nem com colegas da minha área de especialização, e trabalhar com outras pessoas é a chave para avançar em um departamento acadêmico. Em vez disso, eu passara boa parte do tempo trabalhando com o blackjack e na construção de um computador, com o professor Shannon, para prever o resultado da roleta. No entanto, meu trabalho com Shannon não era acadêmico. Não lidava exatamente com matemática e não havia um grupo de pessoas que estudasse esse campo, nem sequer havia um nome para o que estávamos fazendo. Isso não iria me ajudar na minha carreira acadêmica. Por ironia, trinta anos mais tarde o MIT tinha se tornado líder mundial no desenvolvimento do que viria a ganhar o nome de "computadores vestíveis", e a cronologia disponibilizada pelo Media Lab da universidade na internet dá crédito a Shannon e a mim por termos construído o primeiro desses dispositivos.[3]

A Universidade Estadual do Novo México (New Mexico State University, NMSU) estava convidando professores jovens e brilhantes para integrar seu corpo docente e subvencionando cada vez mais bons estudantes de pós-graduação. A instituição tinha acabado de receber um financiamento de 5 milhões de dólares dos Centros de Excelência em Pesquisa da Fundação Nacional de Ciência no âmbito da corrida armamentista, uma quantia equivalente a mais de 40 milhões hoje, e a contrapartida era criar um programa de doutorado nos quatro anos seguintes. Eles se propunham a aumentar meu salário de 6,6 mil dólares que tanto o MIT quanto a Universidade de Washington ofereciam para 9 mil por ano e a me promover a professor assistente com estabilidade. Eu também teria uma carga horária em sala de aula de seis horas semanais que seriam preenchidas com disciplinas de graduação à minha escolha. Isso dava a oportunidade que eu desejava de expandir meu conhecimento matemático, aprendendo por meio do ensino, fazendo minhas próprias pesquisas, orientando teses e colaborando com meus alunos.

O cargo no Novo México parecia o melhor movimento que eu podia fazer para minha carreira, embora meus colegas vissem nele uma aposta equivocada numa instituição que parecia inerte. E, o mais importante, mudar para o Novo México significaria levar Vivian e a pequena Raun para um clima muito melhor e para mais perto das nossas famílias.

Enquanto pensava em qual decisão tomar, topei escrever um livro sobre o blackjack. A ideia surgiu depois de eu mencionar meu bem-sucedido teste em cassinos para alguns amigos. A rádio-corredor do MIT fez o resto. Yale Altman, representando a editora acadêmica Blaisdell (na época uma subsidiária da Random House), me convidou para propor um livro. Dei a ele os títulos de dez capítulos de um esboço que já vinha escrevendo e ele aceitou, entusiasmado.

Meu título provisório era *A fórmula da fortuna: Uma estratégia vencedora para o blackjack*. A Random House acabou pegando o projeto da Blaisdell, apesar dos protestos de seu presidente. Eles queriam fazer uma distribuição direta do livro como uma obra de negócios e propuseram o novo título, *Beat the Dealer*. O livro seria lançado em novembro de 1962, o que me dava tempo para explorar minhas estratégias nos cassinos de Nevada antes da publicação, já que depois disso eu imaginava que não teria vida fácil caso aparecesse por lá para jogar blackjack.

Nos meses seguintes escrevi o livro. Vivian e eu fizemos as malas e passamos o verão de 1961 em Los Angeles. Foi um período de puro frenesi, escrevendo, fazendo pesquisa matemática, indo para Nevada em outra excursão de blackjack, preparando a mudança para a NMSU, trabalhando vinte horas por semana com Claude Shannon no projeto da roleta e me preparando para o nascimento de nossa segunda filha, Karen. Olhando para trás, não sei como Vivian e eu demos conta de tudo.

Em agosto, viajei de Los Angeles para Las Vegas para jogar blackjack a convite de "Junior". Eu estava escrevendo meu livro e queria aprender mais sobre as táticas que os cassinos poderiam usar para impedir que meus leitores ganhassem. Junior (também conhecido como Sonny) era um estudante de direito em Harvard que entrou em contato comigo enquanto eu estava no MIT. Ele começou a jogar blackjack em cassinos no seu aniversário de 21 anos, usando um método que chamava de "fim de jogo", um sistema descoberto e explorado por alguns dos primeiros jogadores.[4] A ideia básica era jogar com baralhos únicos usados até o fim. Embora os jogadores daquele tempo, com suas estratégias imperfeitas, em geral acabassem levando a pior, às vezes o baralho perto do fim ficava cheio de ases e cartas Dez. Jogadores perspicazes faziam então apostas muitíssimo favoráveis. Era preciso ter muito dinheiro para suportar as enormes flutuações de capital. Os cassinos podiam ganhar grandes somas, mas também podiam perder muito, e por isso não gostavam desses jogadores. Junior, por exemplo, em várias ocasiões foi barrado, enganado ou enfrentou crupiês que reembaralhavam as cartas o tempo todo, e por isso procurou um maquiador de Hollywood que lhe deu a aparência de um homem chinês. Com o cabelo tingido de preto e a divisão entre a testa e os fios feita cuidadosamente a navalha, ele se sentou em uma mesa de blackjack em Las Vegas. Usando um enchimento grosso por baixo da roupa à moda de Chinatown, parecia outra pessoa. Então o supervisor apontou para ele, riu e disse: "Veja só o Junior, vestido que nem chinês".

Vivian me ajudou a treinar para a viagem dando cartas em alta velocidade, soprando fumaça de cigarro na minha cara e me fazendo participar de conversas complexas. Enquanto isso, eu contava cartas, calculava a vantagem percentual e o tamanho da aposta, e depois jogava minha mão com estratégias que variavam de acordo com a vantagem. A chave era dar um passo de cada vez, acrescentando uma nova dificuldade só depois de me sentir à vontade e relaxado com o que já estava fazendo. O que parecia assustador acabou ficando fácil.

Junior patrocinou meu jogo com modestos 2,5 mil dólares, o equivalente a 20 mil hoje. Ele me seguiu por Vegas com um olho em possíveis trapaças e outro no seu dinheiro. Enquanto eu jogava no Sands, um supervisor que o conhecia disse a seus amigos que o garoto estava na cidade. A gerência percebeu que sempre que Junior estava em algum lugar eu estava jogando por perto. Então meus crupiês passaram a reembaralhar as cartas mais vezes e apelaram para a trapaça. Havia tantos truques sujos que fiquei com medo de jogar sozinho mais tarde sem um expert para observar e me alertar. Depois de um ganho modesto, voltei para Los Angeles. No mês seguinte, setembro de 1961, Vivian, Raun e eu nos mudamos para Las Cruces, no Novo México, e comecei a trabalhar na NMSU.

Junior me mostrou que a trapaça era um problema sério, capaz de me fazer perder dinheiro em vez de ganhar, mas não me ensinou como aquilo funcionava, nem a detectar o problema. Eu estava escrevendo um livro que podia mandar milhares de apostadores para as mesas de jogo achando que era possível ganhar. Caso crupiês desonestos tirassem todo o dinheiro deles, seria um massacre. Eu precisava entender a trapaça e explicá-la a meus leitores para que eles tivessem chance de detectar a fraude e impedir que ela ocorresse. Isso me levou outra vez a Nevada.

A oportunidade surgiu porque eu estava me correspondendo com Russell T. Barnhart, mágico e estudioso de jogos de azar, que entrou em contato comigo depois da minha palestra em Washington, DC, em janeiro de 1961. Nós nos conhecemos quando eu ainda estava no MIT e fui ao apartamento dele, perto da Universidade Columbia, para conversar sobre jogos e mágica. Como cortesia, Russell convidou para o encontro Persi Diaconis, um prodígio de dezessete anos. Persi me deixou perplexo durante mais ou menos uma hora com truques de cartas, e depois por sugestão de Russell falamos sobre o futuro do rapaz. Qual era minha opinião sobre uma carreira acadêmica como professor de matemática versus uma carreira como mágico profissional? Que conselho eu daria?

Falei das glórias da vida intelectual, de poder pensar sobre problemas interessantes quanto você quisesse, pelo tempo que quisesse, de interagir com colegas e alunos intelectualmente desafiadores, de aprender sobre qualquer tema que escolhesse, de ter muito tempo livre, poder viajar no verão e fazer pesquisa. Não sei se nossa conversa influenciou Diaconis, mas ele se tornou professor de matemática em tempo integral em Harvard e recebeu uma bolsa para "gênios" da Fundação MacArthur. Estudou a teoria do embaralhamento de cartas, e a imprensa popular divulgou amplamente sua conclusão de que embaralhar sete vezes completas[5] era o suficiente para tornar aleatória a ordem das cartas em qualquer baralho.

Depois da viagem com Junior, quando contei a Russell sobre meu problema com a desonestidade dos cassinos, ele se propôs a me acompanhar, junto com seu amigo Mickey MacDougall, em uma excursão para jogar blackjack. Mickey era perfeito, já que era ao mesmo tempo mágico e um renomado detetive dos jogos de cartas. Seu livro *Danger in the Cards* [Perigo nas cartas] descreve as aventuras que ele viveu detectando fraudes em jogos.[6] Também trabalhou como consultor especial para a Comissão de Controle de Jogos de Nevada por muitos anos. Seu trabalho levou a comissão a advertir vários cassinos pequenos por trapaça. Russell resolveu o problema financeiro conseguindo 10 mil dólares com patrocinadores anônimos, e os lucros — depois de pagas as despesas — deveriam ser divididos.

Nós nos encontramos em Las Vegas em janeiro de 1962, no recesso acadêmico de fim de ano na NMSU. Russell era um solteiro irascível de 35 anos e Mickey, um sessentão extrovertido e engraçado.

Quando escolhemos um cassino e encontrei um lugar que me pareceu agradável nas mesas de blackjack, nosso plano era que eu apostasse baixo até receber um sinal de Mickey. A seguir, eu aumentaria as apostas e jogaria por uma hora, parando antes caso recebesse um alerta de Mickey ou Russell. Parar depois de uma hora me permitia uma pausa para ir a outro cassino. Mudar de cassino após cada sessão e também as horas em que voltávamos reduzia o tempo de observação de nosso jogo por parte de qualquer funcionário. Além disso, para evitar que fôssemos notados, eu parava de jogar sempre que os ganhos eram grandes, e também após um prejuízo moderado para limitar o impacto nos casos em que não tivéssemos detectado uma trapaça. Em termos matemáticos, as interrupções não importavam, porque meu tempo de jogo não era nada mais do que uma série de mãos, e dividir isso em sessões jogadas em horas e cassinos diferentes não afetava minha vantagem, nem a quantia que eu esperava ganhar a longo prazo. Esse princípio se aplica tanto a jogos quanto a investimentos.

Quando Mickey e Russell davam o sinal de que eu estava sendo trapaceado, eu saía para ter uma aula com os dois sobre como estavam me enganando. Mickey demonstrava o ardil, primeiro com vagar, depois na velocidade do cassino. Quando eu conseguia ver ou, o que era mais normal, inferir a partir daquilo que os jogadores de pôquer chamam de "tiques", voltávamos ao mesmo crupiê e retomávamos o jogo, apenas por um breve período e apostando baixo, para que eu aprendesse a identificar melhor as trapaças que ocorriam na mesa de jogo.

Vi isso ser feito com grande habilidade naquele que tinha se tornado meu estabelecimento favorito da região dos cassinos de Vegas. Tivemos várias sessões lucrativas nessa viagem, num total de quinze sessões com ganhos e nenhuma com perdas. Quando comecei a sessão de número dezesseis, o supervisor se aproximou e perguntou como estávamos indo. Mickey respondeu: "Para cima e para baixo, como um elevador". Vinte minutos depois, um homem entrou correndo pela porta da frente do hotel-cassino e substituiu nosso crupiê. Desconfiado, diminuí minhas apostas ao mínimo, perdi algumas mãos e recebi um sinal de Mickey para ir embora. Quando voltamos para nossos quartos, Mickey me mostrou a olhadela virtualmente indetectável usada pelo novo crupiê e o modo como ele dava a segunda carta.

A técnica, bastante comum, consiste em dar uma olhada na próxima carta, a chamada primeira carta. Depois, caso ela seja boa para o apostador, o crupiê dá a carta imediatamente abaixo, a segunda do maço, talvez pior. Por outro lado, se o crupiê estiver dando as cartas para si mesmo, ele pega a carta de cima se for boa para ele, ou fica com a segunda. O crupiê que consegue fazer isso tem grandes chances de ganhar do apostador. Um trapaceiro experiente ou um mágico fazem isso tão bem que, mesmo se alguém avisar com antecedência e você olhar com atenção, não percebe nada. E é quase impossível provar que aconteceu. Trapacear era tão comum na Las Vegas da época que passei o tempo aprendendo os vários meios de fraudar o jogo tanto quanto passei aprendendo a jogar. Em todo lugar, chegava um ponto em que éramos vítimas de fraude, impediam-nos de jogar ou o crupiê passava a reembaralhar as cartas após cada mão.

Nos últimos dois dias, fomos para a área de Tahoe-Reno, onde visitamos o contato que Mickey tinha na Comissão de Controle de Jogos de Nevada. Quando ele pediu que falássemos de nossa história, passamos duas horas desfiando nossa ladainha de crupiês que davam a carta errada, baralhos viciados, cartas que faltavam, cartas marcadas e muito mais.

Falamos de dezenas de cassinos e descrevemos os crupiês e seus métodos. É claro que o grau de certeza de nossas acusações variava de "sem dúvida alguma" a "provas circunstanciais bastante sugestivas". Embora a comissão de controle de jogos nos convidasse várias vezes a dar palpites ou especular, deixamos claro quais afirmações eram factuais e quais eram meras inferências. Fiquei com a sensação desconfortável de que nos estimulavam a falar de modo descuidado e a fazer afirmações exageradas. Na época, pensei que isso podia ser uma impaciência natural com meu hábito acadêmico de ser cuidadoso e preciso, ou que o funcionário da comissão estava tentando obter provas que tirassem a legitimidade do que na verdade era uma acusação contra a própria comissão.

Depois de ouvir nosso extenso relato sobre a fraude sistêmica nos cassinos, o contato de Mickey na comissão afirmou que queria conversar sobre a possibilidade de continuarmos prestando consultoria, e que enquanto isso eu devia aproveitar a oportunidade para jogar blackjack. Por algum motivo, Russell não foi comigo. Quando hesitei em jogar sem ter ao meu lado meus detectores de fraudes, o contato de Mickey designou um dos agentes da comissão de controle de jogos para me proteger. Mickey achou que era uma boa ideia; antes disso, ele me dissera que os crupiês conheciam todo mundo que a comissão mandava para os cassinos, de modo que não havia chance de fraudes onde eles apareciam.

Comecei no Riverside Hotel, no centro de Reno (anos depois, o anexo onde ficava o cassino foi demolido, o que me deixou muito feliz), fazendo apostas cautelosas entre cinco e cinquenta dólares. O lugar não estava lotado e sentei sozinho em uma mesa vazia. Meu "protetor", que fingia não me conhecer, entrou um minuto depois e também sentou para jogar. Nossa crupiê, uma jovem de blusa decotada e pele cheia de sardas, ganhou as primeiras mãos contra nós dois. Na mão seguinte, saí com uma mão ruim (10, 6) e a crupiê tinha um 9 ou 10. Pedi mais uma carta e, para minha surpresa, a carta que eu ia receber saiu do baralho e ficou balançando, presa pela borda entre a carta de cima e o restante do baralho. A crupiê congelou e ficou vermelha das bochechas até o decote. O supervisor, que assistiu a tudo da extremidade esquerda da mesa, literalmente me perguntou se eu queria a carta de cima ou a segunda! Dava para ver que a segunda carta era uma figura (valete, rei ou dama) e que iria me fazer estourar, como eles queriam. Para que o agente da comissão de controle me ouvisse, mesmo que fosse surdo e cego, eu disse em alto e bom som: "A segunda me faz estourar, então vou querer a de cima". Era um 8 e estourei mesmo assim. Troquei as fichas por dinheiro e fui embora.

Quando meu protetor saiu atrás de mim, perguntei: "Você já tinha visto uma segunda carta igual àquela?". Ele disse: "Segunda carta? Que segunda carta?". O agente estava sentado a um metro da crupiê. Ele fingiu não ver nada. Percebendo que ele estava ali para me dedurar para os cassinos, usei o pretexto de ir ao banheiro para me livrar dele e fui jogar em outro cassino. Estava me saindo bem e uma pequena plateia se juntou ao redor da mesa, mas a certa altura meu crupiê, e só o meu, foi substituído. Olhando em volta, vi meu acompanhante agora indesejado em meio à plateia. Brinquei de esconde-esconde com ele por mais duas horas e meia.

Na manhã seguinte, era hora de ir para casa. Nós três quase não conseguimos sair de Reno. Uma nevasca pesada fechou o aeroporto local, mas um avião ia partir de uma base aérea próxima que continuava aberta. Pegamos o avião, e mais tarde soubemos que o próximo voo só decolou onze dias depois. Fiquei sabendo tempos depois que nossos patrocinadores foram William F. Rickenbacker,[7] um dos dois filhos adotivos do famoso ás da aviação Eddie (que, por ser o primeiro homem a dirigir a mais de uma milha por minuto, foi a primeira pessoa a ser chamada de "Fast Eddie"), e outros funcionários da *National Review*.

Essa viagem me mostrou que mesmo jogando bem, e com experts para me alertar sobre truques sujos, eu já não conseguia ganhar abertamente uma quantia significativa. Em visitas futuras, precisaria mudar de aparência, ser discreto e evitar chamar a atenção. Mickey MacDougall disse à comissão de controle de jogos que viu mais trapaças nos cassinos de Nevada nos meus oito dias de jogos do que nos cinco anos anteriores trabalhando para a comissão.[8] Depois de seu relatório acusador, ele nunca mais foi chamado a prestar consultoria. Russell Barnhart ficou fascinado pelos jogos de azar e escreveu vários livros sobre o tema.

Eu estava começando a perceber que Las Vegas tinha um lado oculto assustador. Dizem que ele evoluiu ao longo dos anos. Em 1947, gente ligada à Máfia, que segundo se diz estava descontente com a administração do cassino Flamingo, matou o gângster Bugsy Siegel no sul da Califórnia. Em 1960, o cassino El Rancho Vegas foi destruído num incêndio misterioso duas semanas após um conhecido mafioso ser expulso de lá. Quando joguei no início dos anos 1960, dezenas de milhões de dólares eram retirados das salas de contagem sem que ninguém tivesse de fato contado o dinheiro. O lucro oculto evitava impostos e financiava operações da Máfia no país inteiro.

Pouco depois de eu jogar, à medida que começaram a surgir contadores de cartas, vários foram presos sob outros pretextos, tiveram seu dinheiro tirado deles à força e alguns foram espancados em salas fechadas. Uma gangue de funcionários em um dos cassinos roubava bêbados nas horas vagas. Os anos 1970 não foram tão ruins quanto os 1960, mas, como relata o livro de não ficção *Casino*, de Nicholas Pileggi — que mais tarde deu origem a um filme de mesmo nome —, ainda assim foram bem ruins.

Desde então, Nevada passou por uma dramática transformação, deixando de ser a Disneylândia da Máfia sonhada por Bugsy Siegel para se tornar um destino de entretenimento comum gerido por empresas. Las Vegas hoje lembra os velhos tempos com um museu da Máfia aberto ao público. O consenso atual entre os experts profissionais de blackjack parece ser que as fraudes se tornaram mais raras em áreas estabelecidas há mais tempo como Nevada e Atlantic City, mas que é preciso ter cuidado em cassinos menores, com menos regulações e mais remotos, tanto nos Estados Unidos quanto em outros países.

Meu livro *Beat the Dealer* foi publicado em novembro de 1962. O livro teve resenhas favoráveis e vendeu bem, e continuou tendo boa saída, que aumentava a cada vez que se fazia um pouco de publicidade.[9] Os leitores ficavam empolgados e entusiasmados. Eu achava que ele podia mesmo decolar caso houvesse um modo de divulgá-lo mais intensamente.

Ralph Crouch, chefe do Departamento de Matemática da NMSU, conhecia o editor de ciência da *Life* e sugeriu que a revista fizesse uma reportagem sobre o assunto. Um sistema matemático para ganhar no blackjack era de interesse tanto para cientistas quanto para o público em geral, e a sugestão foi acolhida com entusiasmo. Mas como se tratava de uma matéria fria, que não perdia interesse com o tempo, não foi programada. Enquanto isso, David Scherman, da *Sports Illustrated*, publicação associada ao grupo Time Life, obteve permissão para fazer uma reportagem que sairia antes da matéria da *Life*.

À medida que o tempo passava, jogadores de blackjack se deparavam com um número cada vez maior de reações dos cassinos em Nevada. A gerência passou a nos observar pelo "olho do céu", um sistema de espelhos unidirecional instalado acima das mesas. Nossos rostos eram comparados a fotos de um livro que mostrava jogadores indesejáveis. Contadores de cartas honestos eram tratados como trapaceiros e outros tipos criminosos. Quando um cassino via alguém que considerava indesejável, alertava os demais.

Uma das reações dos cassinos foi reembaralhar as cartas quando metade delas já tivesse saído, ou até menos. Isso não só limita as chances de quem conta cartas como também sai caro para o cassino, já que diminui a velocidade do jogo, o que torna a exploração dos jogadores comuns mais lenta e reduz os lucros da casa. Se você comparar um cassino a um abatedouro que trabalha com processamento de apostadores, o tempo gasto com reembaralhamento significa um uso menos eficiente da capacidade da fábrica.

Trapacear, por outro lado, não só torna os ganhos mais rápidos como faz a casa ter lucros que, de outro modo, não teria. Vi isso acontecer certa vez quando entrei no salão de um hotel-cassino abarrotado de Las Vegas mais ou menos às dez da noite. Louis Prima, músico famoso da época, e sua nova esposa, a cantora Gia Maione, faziam o show, e as mesas de blackjack perto do palco estavam apinhadas de gente, com uma multidão de apostadores esperando para jogar. Eu tinha ido jogar blackjack e ao passar pelas mesas, tentando encontrar um lugar livre, percebi que os jogadores de todas elas perdiam a uma velocidade impressionante. Todos os crupiês usavam óculos com lentes do mesmo tom amarelo-alaranjado, que permitiam ver marcas de identificação no verso das cartas. Caso a primeira carta fosse boa para o jogador, o crupiê dava a carta seguinte, a "segunda carta". Uma vez que os jogadores eram depenados com rapidez, e seus lugares à mesa eram reocupados assim que ficavam vagos, os lucros iam às alturas. Como resultado, muita gente que ficaria desestimulada a esperar e levaria seu dinheiro para outro lugar acabou deixando a carteira ali mesmo.

Era comum que uma pessoa suspeita de contar cartas fosse simplesmente impedida de jogar blackjack. Ao que tudo indicava, isso era legal de acordo com as leis de Nevada. Por ironia, muita gente que não contava cartas acabou sendo barrada, assim como supostos contadores de cartas incompetentes. Para contornar esse problema, tentei usar disfarces, como lentes de contato, óculos de sol, barba e mudanças drásticas no guarda-roupa e no comportamento à mesa. Isso me permitiu jogar por mais tempo. Uma vez, quando voltei de viagem ainda disfarçado, minhas filhas não me reconheceram. Assustadas com o desconhecido de barba, elas começaram a chorar. Embora só tivessem cinco e três anos na época, Raun e Karen ainda se lembram disso. O bebê Jeff, que só tinha um ano, foi o único que não se abalou.

Testei um desses disfarces em Reno, onde fiz um acordo por meio de amigos em comum para que um casal ficasse de olho em mim nos cassinos, podendo em troca se divertir me vendo jogar. Nunca tínhamos nos encontrado e eles não sabiam qual era minha aparência. Quando me apresentei no jantar, eles viram um sujeito barbado com camisa havaiana estampada e espalhafatosa, óculos de sol gigantes e calça jeans. Mais tarde, fomos a um dos grandes hotéis-cassinos e me sentei a uma das mesas com limite alto de apostas no segundo andar, mais calmo do que o térreo. Escolhi o melhor lugar para quem conta cartas, conhecido como terceira base, que é o lugar mais à esquerda do ponto de vista dos jogadores.

Sentado ali, eu era o último a jogar, e por isso me beneficiava de ter visto mais cartas quando chegava minha vez. Mostrando um maço de notas, comprei uma pilha de fichas. Ao ver o dinheiro, minha crupiê, uma jovem atraente, me achou interessante. Enquanto conversávamos e o cassino oferecia bebidas, que aceitei não para que eu relaxasse, e sim para que o pessoal da casa relaxasse, ela me disse que seu turno acabava às duas da manhã e que talvez pudéssemos fazer "alguma coisa" mais tarde. Enquanto isso, o supervisor começou a reparar nos meus ganhos constantes. Ele concluiu que eu estava contando cartas e logo um desfile de gerentes veio me observar. Lá pela uma da manhã, eles decidiram dar um basta e me disseram, para espanto e decepção da crupiê, que eu não era mais bem-vindo nas mesas de blackjack. Claro que eles alertaram os outros cassinos. Usando o mesmo disfarce, fui impedido de jogar no dia seguinte em vários lugares.

Naquela tarde, fiz o teste definitivo do disfarce. Antes de encontrar meus acompanhantes para o jantar, raspei a barba, substituí os óculos de sol, que tinham lentes de grau, por lentes de contato e penteei o cabelo de um jeito diferente. Um blazer e uma gravata — traje de coquetel — completaram a transformação. Ao abrir a porta quando bati, os dois, sem mostrar nenhum indício de que haviam me reconhecido, disseram: "Pois não?". O espanto deles foi o meu prazer.

Depois do jantar, fui ao mesmo cassino e ocupei o mesmo lugar da noite anterior. A mesma crupiê me viu pôr na mesa umas poucas fichas que tirei do bolso. Ela não viu maços de dinheiro e eu estava com a aliança de casamento — um jogador nada suspeito. Para evitar que minha voz me entregasse, fiquei calado. Quando a garçonete ofereceu uma bebida, eu disse num sussurro rouco, quase inaudível: "Leite". Ganhei de novo e tudo correu bem — por um tempo.

Então o supervisor se aproximou para observar, seguido pelo mesmo desfile de gerentes da noite anterior. Mas eles não estavam de olho em mim, e sim num jogador que estava trapaceando e que, por azar, sentou ao meu lado. Depois de apostar e receber as primeiras duas cartas, se achasse que suas chances eram boas ele aumentava a aposta, caso contrário tirava da mesa parte do que tinha apostado. Por cerca de uma hora eles o advertiram, mas, como ele não parava de trapacear nem ia embora, foi retirado do cassino. Com minha pilha de fichas crescendo de maneira contínua, joguei sem ser incomodado. No dia seguinte, não tive problemas em jogar nos estabelecimentos que haviam barrado minha versão barbada na véspera.

Estava ficando claro que para ganhar da banca no blackjack não bastava contar cartas e manter a calma enquanto a pilha de fichas crescia ou diminuía. A mesa de feltro verde era um palco e eu era um ator. Um contador de cartas que queira ter permissão para seguir jogando precisa fazer uma encenação convincente e se apresentar com uma persona que não pareça ameaçadora. Os modos de fazer isso são tão variados quanto as maneiras de representar um personagem no teatro. Você pode ser um caubói bêbado do Texas ou a senhorinha animada de Taiwan que mal pode esperar para fazer a próxima aposta. Pode ser um bobalhão conformista ou um contabilista nervoso de Indianápolis que já perdeu muito nos outros cassinos. Ou a Senhorita Espetacular, que chama toda a atenção para si, não para suas apostas e jogadas.

A matéria de Dave Scherman, "Bye! Bye! Blackjack",[10] saiu na edição de janeiro de 1964 da *Sports Illustrated* e o livro *Beat the Dealer* esgotou em toda parte. Dois meses depois a *Life* publicou uma reportagem de nove páginas[11] e o livro entrou na lista de mais vendidos do *New York Times*.

A publicidade trouxe consequências previsíveis e imprevisíveis. Para mim, era um prazer ver o silêncio orgulhoso do meu pai por eu ter satisfeito parte das suas expectativas em relação a mim. Além disso, sua irmã, que sumira da vida dele em 1904 junto com a mãe quando os pais se divorciaram, me procurou. A reportagem da *Life* a levou a contatá-lo por meu intermédio e ele marcou de fazer uma visita ao Iowa, onde ela, os cinco filhos e muitos netos moravam. Separados um do outro quando ele tinha seis anos e ela quatro, meu pai tinha sonhado a vida inteira que de algum modo os dois voltariam a se encontrar. Mas ele não chegou a vê-la. Morreu de infarto pouco antes da viagem.[12]

Depois de ler as reportagens, milhares de contadores de cartas e aspirantes foram a Vegas. A Associação de Hotéis e Resorts de Nevada me chamou para uma reunião secreta de emergência. Vinte e nove anos depois, foi assim que Vic Vickrey, executivo de cassinos havia muito tempo, descreveu o encontro.

"Como eu vou saber como ele faz isso? Acho que ele não tem uma daquelas mentes matemáticas nem memória fotográfica, nem nada do tipo."

Quem disse isso foi Cecil Simmons, chefe do cassino do Desert Inn, falando ao telefone com Carl Cohen, gerente do cassino do Sands. Estávamos em meados dos anos 1960 e eles estavam falando sobre um livro que teria profundo impacto nos cassinos de Las Vegas e no modo como eles lidariam com o jogo conhecido como vinte e um ou blackjack.

"Só sei", rugiu Simmons, "que ele escreveu um livro que ensina todo mundo a ganhar sempre no blackjack. Só estou te dizendo, esse intelectual FDP arruinou com a gente [...] estamos saindo do negócio de blackjack." [...]

O livro de Thorp era o principal tema de qualquer conversa entre chefes de cassinos nos anos 1960 [...].

[...] Eles marcaram uma reunião para encontrar uma solução [...].

A gente se reuniu no Desert Inn. Ainda não sei por que os caras da Costa Leste achavam que a gente tinha que fazer tudo em segredo [...]. Eu disse que essa reunião não era exatamente como o encontro que eles haviam tido em Apalachin, no interior do estado de Nova York, invadido pelo FBI uns anos antes.

[...] Todos eles podiam passar por atores saindo de uma filmagem de um daqueles filmes antigos com George Raft. Começaram a falar pelo canto da boca ao mesmo tempo, cada um dizendo em voz alta sua solução para o problema.

A solução de Hard-Knuckle Harry era bem simples: "Quebrar umas pernas...".

"Não, Hard-Knuckle, não", quase gritou nosso presidente. "Agora todo mundo aqui segue a lei e precisamos pensar como empresários que seguem a lei."

[...] Eles acabaram decidindo que era preciso fazer algumas mudanças [...] para enfrentar aqueles contadores de cartas.[13]

Em 1º de abril de 1964 — Dia da Mentira —, a associação anunciou o resultado: pela primeira vez na história, as regras do blackjack mudariam. Seriam impostas restrições para desmembrar pares e dobrar apostas e todas as cartas seriam reembaralhadas depois de algumas mãos.

Como parte de uma ação orquestrada de relações públicas, um editorial do *Las Vegas Sun* de 3 de abril de 1964 garantia que "qualquer um que já esteve em Nevada por muito tempo sabe que os cassinos são receptivos a jogadores que usam sistemas de apostas". "É óbvio que Edward O. Thorp não conhece bem o mundo dos jogos de azar. Nunca houve alguém que inventasse um sistema capaz de superar a vantagem que a banca tem em todo jogo de azar." E para arrematar: "'O sr. Thorp pode ter doutorado em matemática, mas no que diz respeito a jogos de azar ele ainda está no ensino médio', foi o que disse Edward O. Olsen, presidente da comissão de controle de jogos". Num tom nem um pouco hostil, Gene Evans, do Harrah's Club, explicou que "nosso estabelecimento acredita que o jogador terá chances maiores se as cartas forem sempre reembaralhadas, porque todos os ases e as cartas mais altas podem sair a cada mão".

Eu disse aos repórteres que as mudanças trariam grandes prejuízos para os cassinos e que pessoas com habilidade para contar cartas continuariam ganhando. Segundo o relato de Vic Vickrey, "nossos jogadores habituais de vinte e um que não estavam tentando contar cartas ficaram tão indignados que a queda no número de gente jogando foi alarmante. Depois de muitas semanas, a única opção foi voltar às regras originais mais favoráveis ao jogador". Os administradores dos cassinos entenderam o que seus defensores vinham negando. A gozação de semanas antes deu lugar a manchetes como "Cassinos de Vegas pedem penico e querem mudar regras — os jogadores são espertos demais"[14] e "Como o Mágico do Ás ganhou da banca em Las Vegas".

A partir de uma ideia matemática que saiu da minha cabeça, bolei um sistema para derrotar a banca. Fui ridicularizado pelo monstro dos cassinos, que prometeu enviar táxis para buscar tolos como eu. Achando que eles jogavam de modo honesto e que eu estava levando minha arma secreta, um cérebro, a um evento esportivo, eu me vi barrado, fui vítima de trapaças e traído por um representante da comissão de controle de jogos, e como regra geral me tornei persona non grata nas mesas de jogos. Eu me senti feliz e vingado quando o grande monstro entrou em pânico. Era uma sensação boa saber que, simplesmente sentado em um quarto e usando pura matemática, eu podia mudar o mundo à minha volta.

Em vez de me render, com *Beat the Dealer* dei origem a um exército. E isso deu prosseguimento à grande guerra do blackjack entre cassinos e jogadores que segue sangrenta, mais de cinquenta anos depois da invenção da contagem de cartas.

CAPÍTULO 8

Jogadores contra cassinos

Depois da publicação do meu livro, legiões de jogadores de blackjack foram às mesas de Nevada. Qualquer um podia levar os cartões de estratégias do livro que cabiam na palma da mão e encontrar um jogo com regras boas o suficiente para poder jogar em condições de igualdade com o cassino, mesmo sem contar cartas. Também havia os contadores de cartas e os aspirantes a contadores de cartas. Muitos eram bons e alguns ganhariam a vida jogando blackjack, mas para a maioria o esforço e a persistência necessários para treinar a contagem de cartas, o autodomínio e a disciplina exigidos, sem falar no temperamento, eram obstáculos para o sucesso.

Mesmo assim, o fato de que era possível ganhar no blackjack levou a uma explosão no número de gente jogando. Como resultado, nas décadas seguintes o blackjack superou o jogo de dados como principal jogo de mesa. No entanto, os cassinos enfrentavam um dilema: podiam deixar uma minoria capaz de contar cartas ganhar deles e ter lucros muitíssimo maiores com a imensa maioria que não conseguia ou não queria contar, ou podiam tentar sufocar os contadores com medidas restritivas, ainda que isso refreasse o maior interesse pelo jogo.

Quando os cassinos tentaram mudar as regras e perderam mais do que ganharam em termos de lucros, sua reação foi voltar às velhas regras. A seguir, eles criaram caixas de cartas que permitiam o uso de quatro, seis ou até oito baralhos. Em tese, isso tornaria a contagem mais difícil. Mas para quem usava o Sistema Alto-Baixo não era muito mais difícil. Isso porque o jogo mais adequado para cada mão era basicamente o mesmo quando havia vários baralhos e porque o Sistema Alto-Baixo[1] já era adaptado para ser usado de acordo com o número de cartas que não tinham saído, independentemente de o crupiê empregar um ou vários baralhos. Os bons jogadores, que com a prática se tornavam melhores, continuavam a ganhar.

A galeria de fotos de jogadores indesejáveis mais usada foi criada para os cassinos pela Griffin Investigations, Inc., uma agência de detetives particulares fundada em 1967 por Beverly e Robert Griffin. O acervo habitual de criminosos, trapaceiros e perturbadores da ordem foi ampliado com rapidez com o acréscimo de um número cada vez maior de contadores de cartas. Eles eram barrados assim que eram vistos, e sua descrição era compartilhada com os outros cassinos. No entanto, com frequência os crupiês e os supervisores não conseguiam saber quem estava e quem não estava contando. Quem não estava contando, mas sem querer levantava alguma suspeita, era proibido de jogar, ainda que ficasse sem entender nada. Os jogadores sofriam com ardis e eram espancados em salas a portas fechadas. A agência Griffin acabou sendo processada por dois contadores de cartas de alto nível, um dos quais era James Grosjean, membro do Hall da Fama do Blackjack, e faliu em 2005.

Contadores de cartas criaram redes informais e desenvolveram técnicas novas e melhores. O livro *Beat the Dealer* apresentava a ideia de uma equipe. Imagine vários jogadores, digamos, cinco, cada um com um limite de 10 mil dólares, que joguem separadamente, ganhando a uma taxa média de 1% ou cem dólares por hora. Juntos, esses mesmos cinco jogadores ganharão uma média de quinhentos dólares por hora. Se em vez disso colocarem seu dinheiro em um fundo de 50 mil dólares, cada um pode fazer apostas seguras com um valor equivalente a cinco vezes o que jogaria sozinho. Por conseguinte, esperam multiplicar por cinco seus ganhos, ou seja, 1% de 50 mil dólares ou quinhentos dólares por hora, em vez de cem. Mas a coisa fica ainda melhor. Os outros quatro jogadores também estão jogando, em geral em mesas ou cassinos diferentes, cada um agindo como se tivesse um limite de 50 mil dólares, e por isso o grupo ganha 2,5 mil dólares por hora quando todos jogam, enquanto jogando cada um por si eles ganhariam apenas quinhentos por hora.[2]

O próximo passo era óbvio. Empreendedores entraram para o ramo do blackjack, recrutando e treinando jogadores, patrocinando as apostas e dividindo os lucros entre os jogadores e o financiador. Entre os times notáveis estão o de Tommy Hyland e o hoje famoso grupo do MIT, retratado no livro *Quebrando a banca*, que inspirou o filme de mesmo nome, de 2008. Al Francesco foi pioneiro na criação de equipes de blackjack e a ideia foi bem divulgada por um dos jogadores que ele recrutou, Ken Uston (1935-87). Os livros de Uston, *Million Dollar Blackjack* [Blackjack de 1 milhão de dólares] e *The Big Player* [O grande apostador], inspiraram a formação de outras equipes e também intensificaram os esforços dos cassinos para impedir que isso acontecesse. Ken Uston foi um dos personagens mais pitorescos da história do blackjack. Com ascendência em parte asiática, com um avô japonês, ele se chamava Kenneth Senzo Usui. Iniciando a carreira no ramo de ações, tornou-se o mais jovem vice-presidente sênior da Bolsa de Valores do Pacífico.[3] Seduzido pelo blackjack, abandonou o mundo das ações para jogar profissionalmente.

Quem conta cartas deseja apostar o menor valor possível quando o cassino está em vantagem, e depois fazer uma aposta grande quando as cartas estão a seu favor. Em termos ideais, um jogador com limite de dinheiro alto o suficiente para fazer apostas de mil dólares com um baralho favorável apostaria o mínimo, digamos, cinco dólares, com uma situação desfavorável. Essa variação enorme de apostas de 200:1 é uma sirene que atrai de imediato a atenção dos funcionários do cassino. Mas apostar mil dólares em situações boas com uma variação menor, de, digamos, 4:1, exige apostas de 250 dólares quando o baralho está desfavorável. Isso reduz os ganhos totais.

A solução era usar o que se chamava de Grande Apostador. Equipes punham integrantes em várias mesas de blackjack para ver como estava o baralho, apostando o mínimo. Quando o baralho se tornava favorável, eles faziam um sinal para o Grande Apostador, que parecia vagar à toa de mesa em mesa, fazendo apostas consideráveis de maneira errática. Como ele não estava na mesa antes de apostar, não existia a possibilidade de estar contando as cartas. Tudo isso era disfarçado por uma encenação. O Grande Apostador podia parecer ser um bêbado extravagante endinheirado, muitas vezes acompanhado por uma bela mulher.

Enquanto isso, a comunidade de blackjack[4] explorava e desenvolvia os vários métodos de contagem possíveis. Esses métodos eram derivações diretas de meus cálculos demonstrando o efeito causado pela remoção de várias cartas do baralho. Um sistema de contagem atribui pontos para cada carta que devem refletir o impacto de sua remoção. Quanto mais esses pontos representarem de maneira precisa o efeito real da remoção, mais preciso será aquele método de contagem para estimar a vantagem do jogador em cada momento.

Para ilustrar essa ideia básica, apresentei aquilo que batizei de estratégia definitiva, que atribuía um valor em números inteiros para cada carta proporcional ao impacto que ela tem sobre a vantagem do jogador. Os números da tabela 1 são da edição de 1962 de *Beat the Dealer*. A segunda linha[5] mostra a mudança na vantagem do jogador quando a carta é removida. A terceira linha, obtida por meio da multiplicação desse número por 13 e arredondando para o número inteiro mais próximo,[6] fornece a contagem de pontos para a estratégia definitiva, uma boa aproximação para a contagem perfeita de pontos. Em função da diversidade de pontos atribuídos, eu esperava que o sistema fosse usado por computadores, não por pessoas. Meu único objetivo era ilustrar o princípio básico para construir sistema de contagens de pontos — quanto mais a atribuição de pontos se aproximasse do efeito das cartas correspondentes, mais poderoso o sistema. Por outro lado, quanto maior a variedade de pontos, mais difícil era usar o método.[7]

CARTA	2	3	4	5	6	7	8	9	10	ás
MUDANÇA NA VANTAGEM	0,36	0,48	0,59	0,82	0,47	0,34	0,03	−0,23	−0,54	−0,68
PONTOS	5	6	8	11	6	4	0	−3	−7	−9

Tabela 1: Efeito da remoção de uma carta do baralho e a estratégia definitiva (contagem de pontos).

Talvez o melhor meio-termo entre eficiência e simplicidade seja o Sistema Alto-Baixo, ou Contagem de Pontos Completa, que aparece na edição revisada de 1966 de *Beat the Dealer*. Ainda hoje usada por profissionais de alto nível, essa é a contagem de pontos mais simples possível, porque as cartas recebem apenas três valores: –1, 0 e +1. Começa-se a contar de 0. Cada vez que uma carta "pequena" (2, 3, 4, 5, 6) é usada, você soma 1. As cartas intermediárias (7, 8 e 9) somam 0 e não mudam a contagem. As cartas grandes — ases e cartas Dez — somam –1 e, portanto, reduzem o total em uma unidade.

Suponha que um jogador usando o Sistema Alto-Baixo veja as seguintes cartas na primeira mão: ás, 5, 6, 9, 2, 3. A contagem, que começou no 0, se torna – 1 + 1 + 1 + 0 + 1 + 1 = +3. Com essa contagem num jogo de um só baralho — e regras razoavelmente favoráveis —, o jogador tem uma vantagem na próxima mão. À medida que as cartas saem, a contagem sobe e desce. Quando o total for positivo o jogador tem vantagem, e quando for negativo quem está em vantagem é a banca. O impacto de qualquer carta em particular sobre a contagem é maior quando restam poucas cartas a serem jogadas. Bons jogadores simplesmente estimam isso vendo quantas cartas há no monte de descartes.[8]

Qual é o grau de dificuldade de contar cartas dessa maneira?[9] Um teste típico é embaralhar as cartas, remover de uma a três delas com a face voltada para baixo e depois contar o restante do baralho. O jogador diz em voz alta o resultado, então as cartas retiradas são viradas para ver se ele estava certo. Por exemplo, imagine que, depois de uma carta ser removida, a contagem para o resto do baralho dê 0. Como a conta total tem de ser igual a 0 (como você já pode ter percebido, a contagem completa de pontos tem 20 pontos negativos e 20 positivos em um baralho de 52 cartas), a carta remanescente deve ter valor 0, o que significa que só pode ser um 7, 8 ou 9. Isso pode levar a algumas surpresas.

Certa noite eu estava jogando em Porto Rico com o comediante Henry Morgan, personalidade de TV muito conhecida nos anos 1950 e 1960. Eu vinha perdendo fazia mais ou menos uma hora. Quando a caixa que tinha dois baralhos estava acabando, meu crupiê estava com uma carta Dez na mão. Como o cassino limitava as apostas a cinquenta dólares por mão, eu podia colocar mais dinheiro sobre a mesa e impedir a entrada de novos jogadores, caso usasse todos os sete lugares destinados a apostadores na mesa. Eu estava usando a variação de contagem de pontos em que as cartas 2, 3, 4, 5, 6 e 7 valem +1, o 8 vale 0 e as cartas 9, 10 e ás valem −1. As cartas haviam acabado e a contagem estava em 0. Assim, a única carta que não fora vista, que estava com o crupiê, tinha de ser um 0. Portanto, a segunda carta do crupiê era um 8, e ele ia fazer 18 pontos. As cartas foram reembaralhadas e pude terminar de jogar minhas sete mãos. Como eu tinha várias mãos com 17 pontos que só eu sabia serem perdedoras naquela rodada, pedi mais uma carta para cada uma. Essa escolha é um desastre, a não ser que você saiba qual é a segunda carta do crupiê e que ele está com uma contagem superior à sua. Sem sorte, estourei todas as mãos.

O crupiê olhou para mim com uma expressão irônica, dizendo com um sorriso: "Então você está contando as cartas, *mi amigo*. Aposto que sabe qual é a minha carta".[10] Os outros crupiês deram risada e eu disse: "Sim, você tem um 8 aí embaixo". O crupiê, rindo, chamou vários colegas e o supervisor. Explicou num tom de desprezo que o expert americano dissera que sua segunda carta era um 8. Houve uma confusão de observações não muito elogiosas em espanhol.

Eu estava cansado e ansioso por fazer uma pausa. Tinha errado algumas contagens na última hora. Havia uma chance de eu estar errado (talvez fosse melhor para mim se estivesse). Então o crupiê virou a segunda carta. Era um 8. A torrente de comentários furiosos em espanhol voltou.

Qual é o grau de dificuldade da contagem? Quanto mais eu praticava, menos tempo levava para contar um baralho inteiro, e descobri que, se conseguisse contar um baralho inteiro em vinte ou 25 segundos, seria capaz de acompanhar qualquer jogo, de modo que simplesmente verificava se estava dentro desse padrão antes de jogar. Um dos membros do Hall da Fama do Blackjack impressionou os profissionais contando dois baralhos inteiros em 33 segundos. Mas o desempenho mais impressionante que vi aconteceu na terceira Conferência Mundial para Proteção dos Jogos, no Paris Hotel, em Las Vegas. Um dos destaques da sessão de entretenimento da noite foi um concurso de contagem de cartas. A escolha da técnica usada era crucial para se obter marcas realmente baixas. O vencedor, entre dezenas de participantes ligados à indústria dos cassinos, fez o menor tempo que já vi, 8,8 segundos.

Os cassinos lançaram mão da tecnologia para impedir a contagem de cartas. Câmeras e observadores seguiam a ação por meio de espelhos unidirecionais instalados acima das mesas. Hoje, isso é automatizado e incorpora softwares de reconhecimento facial. Chips de identificação por radiofrequência acompanham as apostas do jogador, e máquinas são capazes de rastrear as cartas e de checar a mão dos jogadores, em busca de padrões característicos daqueles que contam cartas. Máquinas que podem reembaralhar as cartas continuamente provaram ser uma defesa perfeita que não torna o jogo mais lento, mas os cassinos pagam taxas aos fornecedores das máquinas.

Enquanto isso, contadores de cartas desenvolviam novas técnicas para ganhar. Um dos métodos se baseava no fato de que cada jogador recebe duas cartas e de que o crupiê em geral também recebe duas, uma que fica visível e outra que fica oculta sob a primeira. Se a carta visível do crupiê for um ás ou uma carta Dez (rei, dama, valete, 10), ele confere sua carta oculta para ver se fez 21 pontos, caso em que mostra suas duas cartas e todas as apostas são decididas de imediato. O blackjack de um crupiê ganha de qualquer mão, exceto do blackjack de um apostador. Ao fazer essa checagem da carta oculta, é comum o crupiê levantar o canto das duas cartas. Assim os ases e as cartas Dez ficam levemente marcadas. Se ele for descuidado ou se os baralhos não forem trocados com uma boa frequência, um jogador hábil pode perceber as marcas antes de as cartas serem dadas e saber onde estavam os ases e as cartas Dez, uma vantagem enorme.

Outra tentativa mais ou menos no mesmo sentido eram os chamados fantasmas, cúmplices posicionados estrategicamente para ver a segunda carta de um crupiê descuidado enquanto ele a conferia. Caso o crupiê não tenha um blackjack, a mão continua sendo jogada e um jogador cujo fantasma o avise sobre o valor da carta oculta tem uma vantagem imensa. Alguns cassinos conseguem evitar que os jogadores usem fantasmas e vejam marcas nas cartas fazendo com que o crupiê pegue a segunda carta só depois de os apostadores terminarem de jogar. Nesse caso, a segunda carta já é exibida com a face para cima.

Nos anos 1970, várias pessoas[11] desenvolveram computadores ocultos para jogar blackjack. A resposta da indústria dos cassinos foi levar o Legislativo de Nevada a aprovar uma lei em 1985 que tornava ilegais equipamentos que auxiliassem os apostadores a calcular probabilidades. Mas os jogadores engenhosos não se deram por vencidos. Quando as cartas são embaralhadas, seja com um baralho, seja com vários, pode acontecer de o crupiê não embaralhar o suficiente para tornar a sequência aleatória. Nesse caso, pode haver padrões de cartas a ser explorados.

Isso foi uma evolução natural das minhas ideias iniciais sobre embaralhamento não aleatório, em 1961 e 1962. Percebi que o tipo usado poderia ter efeitos significativos sobre as probabilidades de vários jogos. Imaginei um ataque em duas frentes: eu iria elaborar modelos matemáticos para reproduzir de maneira aproximada os efeitos do embaralhamento real e faria estudos empíricos de como ele era feito.

Desenvolvi uma abordagem inicial simples, um modo de localizar os ases quando se jogava blackjack com um único baralho. Para ver como isso funciona, embaralhe as cartas e as espalhe com a face voltada para cima. Para encontrar o ás de espadas, por exemplo, veja qual é a carta que vem logo antes dele. Imagine que seja um rei de copas. Você vai embaralhar e cortar o baralho e ver o que acontece com o par de cartas. Para ajudar nesse monitoramento, vire o ás de espadas e a carta que vem antes dele para que fiquem voltadas para cima, enquanto todas as outras estão viradas para baixo. Agora corte e embaralhe uma vez. Uma ou mais cartas podem aparecer entre o ás e a carta que estava logo à sua frente, que vamos imaginar ser o rei de copas, fazendo com que as duas se separem. Mas se você fosse jogar blackjack agora com esse baralho, assim que visse o rei de copas saberia que talvez o ás de espadas aparecesse logo a seguir. À medida que você vai cortando e embaralhando, haverá cada vez mais cartas entre as duas. Às vezes, como para cada embaralhamento é preciso cortar o baralho, a ordem se inverte e o ás de espadas aparecerá antes, caso em que não há como fazer previsões. Se as cartas não forem embaralhadas o suficiente, o jogador poderá dizer com frequência que o ás correspondente tem uma chance maior do que a média de aparecer logo. Se você aplicar isso aos quatro ases, terá uma grande vantagem.[12]

A localização dos ases levou à ideia de monitorar onde grupos de cartas ficavam após o embaralhamento. Os cassinos costumam usar técnicas padrão de embaralhamento, que podem ser analisadas. Os jogadores, em geral com o auxílio de computadores, aprenderam a acompanhar onde se encontravam pequenos grupos de cartas com muitos ases e cartas Dez. Podia-se obter uma vantagem substancial com isso. A camuflagem também era eficiente, já que jogadores que monitoravam o posicionamento de cartas com frequência se achavam em vantagem no início da primeira mão, apostando alto antes de ver qualquer carta. Em outras ocasiões, eles aumentavam suas apostas quando a contagem era ruim caso soubessem que as cartas seguintes tinham uma proporção alta de ases e cartas Dez.

Em 1997, Vivian e eu fomos a St. George, no Utah, onde corri na maratona anual. No caminho para lá e também na volta, passamos por Las Vegas. Meu amigo Peter Griffin (nenhuma relação com a agência Griffin ou seus fundadores), que ganhou fama com o livro *The Theory of Blackjack* [A teoria do blackjack], fez um acordo com Joe Wilcox, na época gerente do cassino do Treasure Island, para pagar nossa estada. Joe concordou, desde que eu não jogasse blackjack nos cassinos de Steve Wynn. Joe era um anfitrião agradável, e o quarto, a comida e os shows eram excelentes. Ele comentou que os cassinos estavam perdendo uma quantia significativa de dinheiro por causa dos jogadores que monitoravam baralhos e insinuou que ninguém parecia ter encontrado um método de embaralhamento que funcionasse como proteção eficaz. Depois de ver os crupiês do Treasure Island e de dois outros cassinos, e de entender o que havia de errado, usando um pouco de matemática encontrei um novo tipo de embaralhamento que impedia o monitoramento. Não contei para ninguém.

A luta entre jogadores e cassinos se dava não apenas nas mesas e nas salas a portas fechadas — eles lutavam também nos tribunais. Os cassinos de Nevada tinham permissão para barrar jogadores, mas os de Nova Jersey não. Em ambos os estados, os estabelecimentos podiam se proteger criando regras mais favoráveis para os jogos ou reembaralhando as cartas à vontade. A contagem de cartas era um tipo de trapaça? Os estatutos de Nevada[13] definiam trapaça como "alterar a seleção de critérios que determinam: (a) o resultado de um jogo; ou (b) a quantia ou frequência com que se pagam apostas em um jogo"; usar o cérebro para jogar bem, claramente, é permitido. Usar dados viciados seria considerado trapaça pela cláusula (a), e aumentar ou diminuir o número de fichas depois de ver as cartas no blackjack seria trapaça de acordo com a cláusula (b).

À medida que a guerra entre cassinos e contadores de cartas evoluiu, a própria Vegas se transformou. O período inicial dominado pela Máfia foi descrito no best-seller *The Green Felt Jungle* [A selva do pano verde], de 1964. O controle da Máfia acabou na transição para o período corporativo nos anos 1980, quando bilionários passaram a dominar o jogo, dando origem à fase atual de expansão dos cassinos pelo planeta. Os melhores jogadores continuam se saindo bem, mas as oportunidades são cada vez mais limitadas e os recém-chegados acham muito mais difícil obter êxito.[14]

Os jogadores profissionais compartilham suas histórias todo ano em um encontro privado em Nevada conhecido como Baile do Blackjack.[15] Organizado pelo contador de cartas profissional Max Rubin e patrocinado pelo Barona Casino, localizado a centenas de quilômetros no sul da Califórnia, o evento reúne muitos dos melhores jogadores do mundo no passado e no presente. Os membros do Hall da Fama do Blackjack são convidados honorários. Eles também têm suas fotos em uma galeria do Barona, onde podem se hospedar de graça, mas não podem jogar. O Barona lucra com o baile porque qualquer expert que compareça deve jurar jamais jogar blackjack lá — um dos investimentos mais lucrativos já feitos por um cassino.

Meus filhos, Raun, Karen e Jeff, foram ao baile comigo em 2013, onde conheceram lendas como James Grosjean, o matemático de Harvard que deu sequência ao desenvolvimento e ao uso de novos métodos de "vantagem no jogo". Falamos com os Holy Rollers, uma equipe de contagem de cartas formada por jovens cristãos cuja missão à Robin Hood é transferir dinheiro dos cassinos ("mal") para sua igreja ("bem") e para eles mesmos. Dos 102 convidados, quase metade ganhava mais de 1 milhão de dólares líquidos ao ano com jogos. Os demais eram parentes, cônjuges e amigos. Um dos campeões era Blair Hull, que acumulou uma fortuna transformando o dinheiro que ganhou com sua equipe de blackjack em centenas de milhões de dólares na Bolsa de Valores de Chicago. Bill Benter usou o que ganhou no blackjack para financiar e fundar um negócio bilionário de apostas em corridas de cavalos que opera no mundo inteiro. Um alegre taiwanês que trazia o nome B. J. Traveler na etiqueta colada à roupa se sentou a meu lado com uma sacola de compras cheia de livros que ele tinha escrito para os leitores chineses sobre suas aventuras. Ele havia jogado em 64 países ao longo de seis anos, com lucros líquidos de quase 7 milhões de dólares. O mais espantoso foi que ele sobreviveu um ano em Moscou fugindo de ladrões enquanto arrancava dinheiro dos cassinos.

No dia seguinte, almocei na região dos cassinos com John Chang, astro da equipe do MIT retratada no filme *Quebrando a banca*,[16] e com um expert que era seu amigo. Mais tarde, em um cassino ali perto, nós três pedimos para tirarem uma foto nossa em frente a uma mesa de blackjack. Não tivemos permissão. Então sentamos para jogar uma mão ou duas numa mesa com apostas mínimas de cem dólares e máximas de 10 mil com boas regras. Chang e o amigo sacaram rolos de notas de cem, tiraram 5 mil cada e entraram no jogo. "Nossos bolsos são nossos bancos", disseram. Nossa crupiê, uma amistosa senhora da Europa Oriental, que não fazia ideia de quem estava sentado à sua mesa, achou que algumas jogadas pouco ortodoxas de John foram erros de iniciante. Quando ela o aconselhou a jogar do modo que considerava correto, ele agradeceu educadamente pela ajuda e deu mostras de que pretendia melhorar. Vinte minutos depois, o cassino tinha empobrecido em alguns milhares de dólares e conseguimos que um funcionário batesse uma foto nossa na entrada.

Ainda é possível que um jogador comum derrote a banca? Minha resposta é: sim, com restrições. Muitos jogos de blackjack mudaram suas regras a ponto de uma vitória hoje ser difícil. Por exemplo, nunca jogue em uma mesa onde já não se paga mais a recompensa original de 3:2 quando o jogador faz um blackjack, ou seja, quando soma 21 com apenas duas cartas, e se passou a pagar quantias menores, como 6:5 ou 1:1. Hoje há boletins e serviços que avaliam os jogos[17] e informam quais ainda são bons.

Quando fui o palestrante principal da terceira Conferência Mundial para Proteção dos Jogos, em Las Vegas, em 2008, perguntaram-me se, ao escrever *Beat the Dealer*, eu previa a magnitude e a duração do impacto que o livro teria sobre a indústria dos jogos. Eu disse que em 1962 eu não sabia se o livro teria impacto por cinco ou cinquenta anos, mas agora sabemos que ele permanece tendo impacto até hoje.

CAPÍTULO 9

Um computador que prevê a roleta

Ao que tudo indica, a primeira forma moderna da roleta surgiu em Paris em 1796. Ela se tornou o jogo favorito dos ricos e dos nobres que queriam apostar alto, se encastelou em Monte Carlo no século XIX e foi cantada em verso e prosa. Com suas apostas altas, cenários esplendorosos e marés extremas de sorte, não tão comuns quanto as de extremo azar, o jogo se tornou alvo de apostadores que tentavam usar algum tipo de sistema para superar a vantagem dos cassinos. Esses sistemas eram complexos demais para que os jogadores fizessem análises precisas, mas pareciam plausíveis o suficiente para gerar esperança.

Um dos sistemas favoritos era o de Labouchère, conhecido como sistema de cancelamento. O método era usado para jogar em apostas que pagavam o mesmo valor investido pelo jogador. Na roleta, isso acontece, por exemplo, com apostas no vermelho ou no preto, que dão ao jogador dezoito chances de vitória a cada 38 rodadas. Para começar a usar o método de Labouchère, escreva uma sequência de números, como 3, 5 e 7. A soma desses números, 15, é a soma que você pretende ganhar. Sua primeira aposta é a soma do primeiro e do último números da sequência, 3 + 7, ou 10. Caso você ganhe, elimine o primeiro e o último número, deixando apenas o 5. Na sua próxima aposta, você colocará cinco fichas, e se ganhar terá atingido a sua meta. Se perder, acrescente 10 à sequência de modo que ela se torne 3, 5, 7, 10 e então aposte 3 + 10, ou 13. Em todo caso, cada vez que perder você acrescenta um número à sequência, e a cada vez que ganhar elimina dois números. Portanto, você precisa ganhar apenas um pouco mais de um terço das vezes para chegar à sua meta. O que pode dar errado? Apostadores, ao testar sistemas como o de Labouchère, ficavam perplexos ao ver que eles nunca pareciam funcionar.

No entanto, usando a teoria matemática das probabilidades, ficou comprovado que, caso todos os números da roleta tivessem a mesma possibilidade de sair, e eles saíssem em uma ordem aleatória, era impossível que qualquer sistema de aposta fosse bem-sucedido. Apesar disso, houve um breve período de esperança no final do século XIX, quando o grande estatístico Karl Pearson (1857-1936) descobriu que os números da roleta informados por um jornal francês revelavam padrões que podiam ser explorados.[1] O mistério foi resolvido quando se descobriu que, em vez de passar horas observando as roletas, as pessoas que registravam os números simplesmente inventavam uma sequência ao fim de cada dia. Os padrões estatísticos que Pearson detectou apenas refletiam o fracasso dos repórteres em inventar uma série de números perfeitamente aleatória.

Se os sistemas de apostas não funcionam, que tal se houvesse roletas com defeitos nas quais, a longo prazo, alguns números acabassem saindo mais do que outros? Em 1947, dois estudantes de pós-graduação da Universidade de Chicago, Albert Hibbs (1924--2003) e Roy Walford (1924-2004), descobriram uma roleta em Reno que parecia favorecer o número 9. Eles conseguiram transformar duzentos dólares em 12 mil. No ano seguinte, descobriram uma roleta no Palace Club, em Las Vegas, em que ganharam 30 mil dólares. Eles tiraram um ano sabático e saíram navegando pelo Caribe,[2] depois fizeram carreiras notáveis como cientistas. Dentre várias outras realizações, Hibbs se tornou diretor de ciências espaciais do Laboratório de Propulsão a Jato do Caltech, e Walford se tornou pesquisador da área de medicina na UCLA e demonstrou que a aplicação de dietas com restrição calórica em camundongos era capaz de dobrar sua expectativa máxima de vida. Hibbs escreveria mais tarde: "Eu queria conquistar o espaço, e meu colega de quarto, Roy Walford, decidiu que queria vencer a morte".[3]

Feynman devia saber da existência de roletas imperfeitas quando me disse não haver modo de derrotar a banca, porque Hibbs tinha sido orientando dele no doutorado em física do Caltech, um ano antes. Em todo caso, roletas imperfeitas em cassinos grandes eram provavelmente algo do passado,[4] já que agora as casas de apostas cuidavam melhor de seus equipamentos.

Esse era o ambiente quando Claude Shannon e eu, em setembro de 1960, começamos a trabalhar em um computador para derrotar a roleta. O fato crucial é que os cassinos permitiam que os jogadores apostassem por uns poucos segundos enquanto a bola estava rodando.

Como aquele era meu último ano de contrato com o MIT, precisávamos terminar a tarefa em nove meses. Passamos vinte horas por semana na casa de madeira de três andares de Shannon. Construída em 1858, a casa ficava em um dos lagos Mystic, a poucos quilômetros de Cambridge. O porão era o paraíso do inventor de engenhocas, e os itens de eletrônica, elétrica e mecânica que havia lá talvez valessem uns 100 mil dólares. Havia milhares de componentes mecânicos e elétricos — motores, transístores, comutadores, polias, engrenagens, condensadores, transformadores e muito, muito mais. Tendo passado boa parte da infância fazendo experimentos em eletrônica, física e química, eu estava feliz de trabalhar com o mestre das engenhocas.

Compramos uma roleta oficial de segunda mão de uma empresa em Reno por 1,5 mil dólares. Pegamos emprestados do laboratório do MIT um estroboscópio e um relógio grande com um ponteiro que dava uma volta por segundo, que fazia um papel semelhante ao do cronômetro que usei em meus primeiros experimentos filmados. O mostrador era dividido em centésimos de segundo e era possível interpolar divisões ainda menores. Montamos nossa oficina na sala de bilhar, onde uma mesa de madeira maciça antiga serviu de base para a montagem da roleta.

Nossa roleta era de um tipo bem comum, construída com capricho a partir de um design elegante e bonito que dava ao jogo um apelo ainda maior. Ela era composta de uma grande peça fixa, conhecida como estator, com uma pista regular na parte de cima, onde o crupiê dá início a cada rodada do jogo, lançando uma pequena bola branca. Ao girar, a bola vai perdendo velocidade até cair pela parte interna inclinada do estator, semelhante a um cone, e atravessar a parte circular central, chamada de rotor, com casas numeradas que o crupiê fez girar antes em direção oposta à da bola.

O movimento da bola é complicado por ter várias fases diferentes, o que desencoraja qualquer tentativa de análise. Seguimos o meu plano original, que era dividir o movimento da bola e do rotor em fases e analisar cada fase em separado.

Começamos prevendo quando e onde a bola iria sair da pista exterior. Fizemos isso medindo o tempo necessário para que a bola completasse uma volta inteira. Se o tempo fosse curto, ela estava se movendo rápido e iria mais ou menos longe. Se fosse maior, a bola estava viajando a uma velocidade menor e logo sairia da pista.

Para medir a velocidade da bola, pusemos um microcomutador na roleta que era acionado quando a bola passava por um ponto de referência do estator. Isso acionava o relógio. Quando a bola passava pelo mesmo ponto pela segunda vez, parávamos o relógio, o que nos permitia verificar o tempo que a volta havia levado.

No instante em que acionava e desligava o relógio, o comutador também disparava uma luz estroboscópica que piscava muito rápido, como numa discoteca. Reduzimos a iluminação da sala para que o estroboscópio fizesse a bola "parar" sempre que passava pelo comutador, o que nos permitia ver quanto ela estava à frente ou atrás do ponto de referência. Isso mostrava por quanto tempo tínhamos errado na hora de parar o relógio. A partir daí, corrigíamos os tempos do relógio para cada volta da bola, o que dava maior precisão aos dados. Isso também nos forneceu uma medida numérica dos nossos erros ao bater no relógio e uma referência visual. O resultado foi que aperfeiçoamos bastante nossa cronometragem. Com a prática, nossos erros passaram de mais ou menos 0,03 segundo para cerca de 0,01 segundo. Conseguimos manter esse nível de precisão quando escondemos o equipamento para jogar em cassinos, depois de treinar os dedões do pé para operar comutadores escondidos nos sapatos.

Descobrimos que éramos capazes de prever, com alto grau de precisão, quando e onde a bola se tornaria lenta o suficiente para deixar a pista. Até aí tudo bem. O próximo passo era determinar o tempo que a bola levaria e que distância percorreria enquanto corria pela parte cônica inclinada do estator até chegar ao rotor. A maior parte das roletas conta com defletores nessa região — em geral oito — em que muitas vezes a bola esbarra. Isso torna o comportamento da bola aleatório. O caminho pode ficar mais longo ou mais curto, dependendo de ela bater ou não em um desses defletores e de como essa colisão ocorre. Descobrimos que o grau de incerteza que isso gerava era pequeno demais para eliminar nossa vantagem. Os defletores também serviam como bons pontos de referência para cronometrar os movimentos da bola e do rotor.

Por fim, depois de a bola ter chegado ao rotor, ela passava por várias casas numeradas, o que gerava mais um momento de incerteza para nossas previsões.

O erro total da previsão era a soma de muitos efeitos, que incluíam as imperfeições de cronometragem, os saltos da bola por sobre os divisores das casas numeradas, a possibilidade de a bola ter sua trajetória desviada pelos objetos de metal enquanto descia pelo estator e possíveis inclinações da roleta. Presumindo que o erro total fosse mais ou menos normalmente distribuído (a curva de Gauss ou em forma de sino), precisávamos que o desvio padrão (uma medida de incerteza) para o erro de previsão em relação ao resultado real fosse de dezesseis casas numeradas (0,42 volta) ou menos, para ter alguma vantagem. Conseguimos uma estimativa mais aproximada, de dez casas numeradas, ou 0,26 volta. Isso nos dava o enorme lucro médio de 44% em relação à quantia apostada no número previsto. Caso estendêssemos a aposta para os dois números mais próximos de cada lado, apostando num total de cinco números, diminuíamos o risco e ainda tínhamos uma vantagem de 43%.

Usar a física para ganhar na roleta faz pensar no bizarro jogo da roleta-russa. Você não tem como ganhar, mas a física pode ajudá-lo a sobreviver. O nome parece ter origem em um conto de Georges Surdez, de 1937:

> "Já ouviu falar em roleta-russa?" [...] Quando o Exército russo estava na Romênia, mais ou menos em 1917, um oficial de repente pegou seu revólver, colocou uma única bala no tambor, girou o tambor, colocou-o de volta no lugar, encostou a arma na cabeça e apertou o gatilho [...].

O giro do cilindro do revólver faz lembrar o giro do rotor da roleta. Com apenas uma bala em um revólver de seis tiros, a chance de disparar o projétil seria de uma em seis. Mas no caso de uma arma lubrificada de modo adequado e bem cuidada que esteja na vertical com o cilindro paralelo ao solo, a gravidade e o peso da bala farão com que a bala tenha a tendência de ficar perto do ponto mais baixo, desde que se deixe o tambor parar sozinho. Se o tambor for travado nessa posição, o jogador (mulheres são inteligentes demais para jogar isso) terá melhorado suas probabilidades.[5] O efeito da gravidade sobre a posição final de um tambor que não tem peso distribuído por igual varia, dependendo da orientação da arma. Minha filha mais nova, promotora assistente por mais de duas décadas, diz que os cientistas forenses têm conhecimento disso.

Era uma alegria trabalhar com Shannon, com seu tesouro de informações intrigantes e ideias engenhosas. Quando falamos da necessidade de manter nosso projeto em sigilo, ele comentou que teóricos de redes de relacionamentos sociais que estudavam o modo como boatos e segredos se espalhavam diziam que, caso você escolha duas pessoas aleatórias, digamos, nos Estados Unidos, é comum que elas estejam ligadas por uma corrente de três ou menos conhecidos ou "três graus de separação". Um modo óbvio de testar isso quando você encontra um desconhecido é perguntar quais pessoas famosas ele conhece. É provável que uma das pessoas famosas que ele conheça tenha um conhecido em comum com uma pessoa famosa que você conhece. Nesse caso, os passos são (1) entre você e sua pessoa famosa, (2) entre sua pessoa famosa e a pessoa famosa do outro e (3) a outra pessoa famosa e o desconhecido que você encontrou. As duas pessoas famosas que fazem a conexão entre vocês somam "dois graus de separação".

Como sempre fiz a vida toda, testei essa afirmação, em geral com resultados impressionantes. Certa vez em um trem que ia de Manhattan para Princeton, em Nova Jersey, percebi que a gentil senhora bem-vestida, de aparência maternal, sentada a meu lado parecia agitada. Ela não falava inglês, francês nem espanhol, mas respondeu a meu alemão rudimentar, dizendo que seu problema era saber quando descer na Filadélfia. Depois que lhe expliquei, fiquei sabendo que ela era uma funcionária do governo húngaro vinda de Budapeste e que estava indo a uma reunião. Decidi fazer meu jogo dos "graus de separação".

"A senhora conhece alguém em Budapeste chamado Sinetar?", perguntei.

"Claro. É uma família famosa", respondeu ela. "Tem o Miklos, que é produtor de cinema, além de engenheiro e psicólogo."

"Bom", eu disse, "eles são parentes da minha mulher."

De mim para Vivian, para um Sinetar de Budapeste, para a passageira a meu lado. Dois graus de separação. Até hoje, nunca precisei de mais de três graus para me ligar a um desconhecido.

O conceito entrou na cultura popular como "seis graus de separação" depois da peça de John Guare, de 1990, que tem esse nome. A noção de graus de separação era bastante conhecida já em 1969 entre matemáticos como o "número Erdös", que os ligava por meio de outros matemáticos ao prolífico e peripatético matemático húngaro Paul Erdös, usando a relação "coautor de um artigo com". Caso você fosse coautor de um artigo com Erdös, o seu número Erdös era um. Se você não é número um, mas é coautor de um artigo com alguém que seja número um, você é um número dois, e assim por diante.

Os poucos graus que ligam pessoas desconhecidas explicam como os boatos se propagam com rapidez e para muitos lugares. Se você tiver uma boa ideia de investimento, pode ser bom mantê-la em sigilo. Em 1998, uma matéria do *New York Times* disse que matemáticos haviam descoberto como redes podiam "encurtar um mundo grande" usando o equivalente da ideia da pessoa famosa, e atribuiu o conceito de seis graus de separação a um sociólogo em 1967. No entanto, Claude Shannon sabia de tudo isso em 1960.

Ele adorava construir engenhocas criativas. Uma delas fazia uma moeda girar no ar por um número específico de vezes e cair — de acordo com a escolha dele —, mostrando cara ou coroa. Ele também estendeu um fio que ia da oficina (o "quarto dos brinquedos") até a cozinha. Quando Claude puxava o fio, um dedo ligado a ele que ficava na cozinha chamava, silenciosa e jocosamente, sua esposa, Betty.

Nos intervalos de nosso trabalho, Claude me ensinou a fazer malabarismo com três bolas, o que ele fazia sobre um monociclo. Ele também tinha um cabo de aço estendido entre dois tocos de árvores sobre o qual andava, e me incentivou a aprender a fazer o mesmo com a ajuda de uma vara de equilíbrio. Um dia percebi duas imensas peças de isopor que pareciam ter sido usadas para andar sobre a neve. Claude disse que eram sapatos aquáticos que permitiam que ele "andasse sobre as águas", nesse caso o lago Mystic, em frente à sua casa. Os vizinhos ficaram perplexos ao vê-lo andando ereto sobre a superfície do lago.

Nós nos dávamos tão bem assim porque, desde cedo, a ciência foi uma brincadeira para nós dois. Fuçar nas coisas e tentar construir algo era parte da diversão, assim como era divertido deixar nossa curiosidade correr solta.

Na roleta americana, há 38 casas numeradas em que a bola pode cair. Trinta e seis delas, numeradas de 1 a 36, são ou vermelhas ou pretas, dezoito de cada cor. As casas verdes, 0 e 00 (zero e duplo zero), ficam opostas uma à outra no rotor e desse modo dividem as 36 demais casas em dois grupos de dezoito. Uma aposta vencedora em um único número paga 35:1, o que significa que você recebe de volta o que apostou mais um lucro equivalente a 35 vezes esse valor. Se não houvesse as casas 0 e 00, esse valor tornaria o jogo equilibrado entre o cassino e os apostadores, já que em média, para cada aposta de um dólar, o apostador ganharia 35 uma vez a cada 36 rodadas e perderia um dólar 35 vezes a cada 36, zerando as perdas e os ganhos. No entanto, com o acréscimo do 0 e do 00, em média o apostador que não tenha como prever os resultados ganhará 35 dólares uma vez a cada 38 e perderá um dólar 37 vezes a cada 38, com prejuízo líquido de dois dólares a cada 38 apostas. A vantagem do cassino em relação a ele no caso de apostas feitas em um único número nesse caso é de dois dólares ÷ 38, ou 5,26%. A roleta europeia em geral é mais generosa, tendo apenas uma casa zero.

Para determinar o tamanho da aposta quando o jogo fosse favorável, Shannon sugeriu que eu desse uma olhada num artigo de John Kelly de 1956.[6] Adaptei o artigo, que se transformou num guia para apostar em blackjack, roleta e depois em outros jogos favoráveis, apostas esportivas e no mercado de ações.[7] No caso da roleta, a estratégia de Kelly mostrava que valia a pena trocar uma pequena parte do ganho esperado por uma grande redução no risco, apostando em vários números (vizinhos), em vez de arriscar tudo em um só.

O crupiê começa a jogar girando o rotor. Com nossa roleta-computador, cronometrávamos o tempo de uma volta do rotor, após o que nosso equipamento sabia onde ele estaria no futuro, até chegar o momento em que o crupiê dá outro impulso. Nosso computador então emite uma sequência repetida de oito notas musicais cada vez mais agudas — dó (central), ré, mi... dó (uma oitava acima) e assim por diante. Escolhemos medir o tempo da bola quando faltassem três ou quatro voltas para que ela caísse. Quanto mais perto do fim fazíamos a medição, mais precisas eram nossas previsões, e quando faltavam apenas três voltas ainda havia tempo para apostar. O comutador que dava início à cronometragem era acionado quando a bola passava pela primeira vez por um ponto de referência na roleta. Quando isso acontecia, a sequência de sons musicais passava por uma modificação e acelerava. Quando a cronometragem terminava, com a bola passando de novo pelo ponto de referência, depois de ter completado uma volta, as notas paravam. A última nota ouvida dizia qual era o grupo de números em que devíamos apostar. Caso a pessoa que estivesse fazendo a cronometragem errasse o número de voltas restantes para a bola cair, as notas não paravam e não apostávamos, exceto por motivos de camuflagem. Recebíamos a previsão exatamente na hora em que se encerravam as apostas. O tempo para processamento era zero!

Claude e eu estávamos fazendo esse trabalho quando fui para Nevada com Manny e Eddie para testar meu sistema de blackjack, o que me deu a oportunidade de conferir as roletas e confirmar que seu comportamento era igual ao da nossa roleta no laboratório. Vi que muitas eram inclinadas, o que podia melhorar a precisão das previsões, já que isso tendia a limitar as zonas da pista de onde a bola podia cair. Relatei a Claude que eram comuns inclinações de meia ficha e até de uma ficha inteira. No nosso laboratório, tínhamos feito experimentos colocando uma moeda com a metade da espessura de uma ficha de cassino (uma "inclinação de meia ficha") sob uma das três pernas da roleta e descobrimos que essa inclinação aumentava de maneira significativa nossa vantagem.

Meses de experimentos com um grau muitíssimo variado de projetos nos levaram a uma versão final do sistema. Dividimos o equipamento em partes, o que exigia o trabalho de duas pessoas. Um de nós vestia o computador, que tinha doze transistores e o tamanho de um maço de cigarros. A entrada dos dados ocorria por interruptores ocultos nos sapatos da pessoa que vestia o computador e que eram operados com os dedões dos pés. A previsão do computador era transmitida por rádio, com um equipamento barato e facilmente disponível, usado em geral para controlar aeromodelos à distância, que modificávamos um pouco. A outra pessoa, o apostador, vestia um receptor de rádio, que tocava as notas musicais informando em que grupo de números apostar. Os dois cúmplices agiam como se não se conhecessem.

A pessoa que fazia as apostas ouvia as notas musicais num minúsculo alto-falante colocado no canal auditivo, que ficava ligado por fios muito finos ao receptor de rádio, escondido sob a roupa. Para que não fossem percebidos, os cabos eram presos com cola transparente e pintados com as cores da pele e do cabelo. Os frágeis fios de cobre, do diâmetro de um fio de cabelo, se rompiam o tempo todo. Depois de uma hora ao telefone localizamos um fornecedor em Worcester, em Massachusetts, que tinha aquilo de que precisávamos.

Trabalhamos freneticamente em abril e maio de 1961 para terminar o computador porque no mês seguinte eu deixaria o MIT rumo a Los Angeles com Vivian e nossa filha de quase dois anos, Raun, e depois seguiria no outono para a NMSU. Como não tínhamos terminado o trabalho quando Vivian, Raun e eu partimos, duas semanas depois peguei o avião da madrugada de Los Angeles para Boston, chegando à casa dos Shannon lá pelas sete da manhã de um belo dia de verão. Fiquei hospedado ali por três semanas enquanto Claude e eu trabalhávamos furiosamente para concluir o projeto. Por fim, depois de muitos ajustes e testes, estávamos prontos. A versão vestível do computador se tornou operacional no fim de junho de 1961.

Ao voltar para Los Angeles, contei a Vivian que o computador da roleta estava pronto e que Claude e eu queríamos testá-lo. Vivian e eu encontramos Betty e Claude em Las Vegas em agosto. Depois de deixarmos as coisas em dois quartos contíguos do hotel, fomos atrás de roletas que parecessem apropriadas. Nossa máquina podia derrotar qualquer uma das máquinas que vimos, por isso escolhemos uma roleta num cassino cujo ambiente parecia agradável. Então era hora de jantar e fazer planos para o dia seguinte.

De manhã conectamos os cabos e vestimos os equipamentos. Claude vestiu o computador e o transmissor de rádio e usaria os dedões dos pés para operar os interruptores em seus sapatos. Vesti o receptor com os novos cabos de aço que subiam pelo pescoço e se conectavam ao alto-falante no meu canal auditivo direito. Quando levantei, pronto para ir para o cassino, Claude inclinou a cabeça e com um sorriso travesso perguntou: "O que se passa pela sua cabeça?".

Claude estava brincando, fazendo uma referência aos estranhos barulhos (na verdade, notas musicais) que ele mandaria do computador que estava vestindo para meu canal auditivo, assim que entrássemos em ação na roleta. Quando olho para o passado e me vejo plugado a todos aqueles aparelhos, congelo aquele momento e repasso, em minha cabeça, o significado mais profundo daquela pergunta.

Eu estava naquela época em um ponto da vida em que podia escolher entre dois futuros muito diferentes. Poderia andar pelo mundo como jogador profissional ganhando milhões de dólares por ano. Se variasse entre o blackjack e a roleta, poderia gastar parte dos ganhos apostando também em outros jogos que davam uma pequena vantagem ao cassino, como dados e bacará, que serviriam como uma camuflagem perfeita.

A outra escolha era seguir na vida acadêmica. O caminho que eu tomaria seria determinado pelo caráter, ou seja, *O que se passa pela minha cabeça?* Como disse o filósofo grego Heráclito, "caráter é destino". Descongelo o momento e nos vejo indo para as roletas.

Nós quatro chegamos ao cassino, Vivian e Betty Shannon conversam, enquanto Claude e eu fingimos não saber quem elas são e também que um não conhece o outro. Por não terem a experiência que tenho em cassinos, os outros estão nervosos, mas por sorte não demonstram. Claude fica perto da roleta e cronometra a bola e o rotor; para disfarçar, anota o número que sai em cada rodada, parecendo mais um jogador fadado a perder com um sistema. Enquanto isso, sento à extremidade da mesa, a certa distância tanto de Claude quanto da roleta.

Claude espera o crupiê girar o rotor pela segunda vez. Quando o zero verde do rotor passa por um ponto de referência no estator, que Claude determinou que seria um dos defletores, seu dedão do pé aciona um dos interruptores silenciosos de mercúrio escondidos no sapato. Contato. O equivalente silencioso de um clique! Quando o zero verde passa mais uma vez, clique. O tempo que se passou é o tempo de uma volta. Depois do segundo clique, uma escala de oito notas — dó, ré, mi e assim por diante — soa no meu ouvido, repetindo-se a cada volta do rotor. Agora o computador sabe não apenas a velocidade do rotor como também sua relação com a velocidade do estator. O rotor desacelera de maneira gradual, mesmo estando suspenso em rolamentos que têm atrito muito baixo. O computador também corrige isso. Claude precisará cronometrar mais uma vez o rotor depois de alguns minutos quando o crupiê girá-lo de novo para compensar a perda gradual de velocidade.

Eu me preparo para apostar. O crupiê lança a bola. Enquanto ela gira pela pista interna no topo do estator, Claude observa suas passagens pelo ponto de referência. Quando acha que a bola tem mais de três voltas restando, porém menos de quatro, ele clica com o dedão do outro pé. O ritmo da escala musical fica mais rápido. Por fim, quando a bola completa a próxima volta, o dedão de Claude aciona mais uma vez o interruptor. *Clique!* As notas musicais param. A última nota que ouço me diz em qual grupo de números devo apostar. Como estamos apenas fazendo um teste, aposto fichas de dez centavos. Não é necessário esperar muitas rodadas para que a magia do computador comece a aparecer, transformando uns poucos centavos em uma pilha de fichas ao acertar outra vez o resultado. Toda vez aposto em um grupo de cinco números adjacentes. Isso é comum na Europa, onde os franceses chamam esse tipo de grupo de *voisinage*, ou "vizinhança".

Dividimos os números da roleta em oito grupos desse tipo, com o 0 e o 00 aparecendo duas vezes, já que nossos grupos incluíam quarenta números e a roleta só tem 38. Chamamos esses grupos de cinco números de "oitantes". O jogador comum que aposta um dólar em cada número de um grupo como esse irá vencer cerca de cinco vezes em cada 38 rodadas ou pouco mais de um oitavo das vezes e perder todas as cinco apostas nas demais rodadas, com uma taxa geral de prejuízo de dois dólares a cada 38 apostados, uma desvantagem de 5,3%. No entanto, usando nosso computador, nossa aposta em cinco números ganhava em um quinto das vezes, o que nos dava uma vantagem de 44%.

Mas estávamos com problemas. Bem no meio da nossa maré de vitórias, uma senhora a meu lado me olhou horrorizada. Sabendo que precisava me afastar dali, mas sem saber o porquê, disparei para o banheiro e no espelho vi o alto-falante saindo do ouvido como se fosse um inseto alienígena. E, o que era mais grave, embora tivéssemos muitas vezes transformado pequenas pilhas de fichas de centavos em pilhas maiores, havia algo que nos impedia de passar para apostas maiores. Tinha a ver com os cabos do alto-falante. Apesar de serem de aço, eles eram tão finos que se rompiam com frequência, levando a longas interrupções enquanto voltávamos para o quarto e passávamos pelo tedioso processo de fazer os reparos e recolocar tudo no lugar.

Mas quando funcionava, o computador era um sucesso. Sabíamos que era possível resolver o problema do cabo usando fios maiores e deixando o cabelo crescer para cobrir a orelha e o cabo que descia pelo pescoço. Também pensamos em convencer nossas relutantes esposas a usar o equipamento, escondendo tudo debaixo de seus belos cabelos longos.

Enquanto eu apostava, ninguém que nos observasse tinha a mínima ideia de que Claude e eu estávamos fazendo algo incomum, nem percebia a ligação que havia entre nós quatro. Mesmo assim, compreendi que se os cassinos descobrissem, seria fácil nos impedir. O que eles precisavam fazer era apenas dizer "Apostas encerradas" antes de lançar a bola, em vez de fazer o anúncio, como era costume, depois de a bola ter praticamente encerrado suas voltas pela pista. Para evitar que notassem nosso jogo, precisaríamos de uma encenação que os distraísse. Eu já sabia quanto esforço isso exigia, com base na minha experiência com o blackjack. Nem eu nem Vivian, Claude e Betty queríamos fazer números teatrais ensaiados, ou usar disfarces e os truques necessários, e com toda a exposição causada pelo blackjack eu estava ficando muito em evidência para passar muito tempo despercebido. Também não era assim que nenhum de nós quatro queria passar a enorme quantidade de tempo que esse tipo de manobra exigiria. Por isso, de maneira um tanto ambivalente, deixamos o projeto de lado. Sempre achei que foi uma decisão acertada.

O Media Lab do MIT lista nosso equipamento como o primeiro modelo do que mais tarde seria chamado de computadores vestíveis,[8] ou seja, computadores que são colocados no corpo como parte de sua função. No final de 1961, construí um segundo computador vestível, uma adaptação que previa o resultado da roda da fortuna. Como no caso do computador da roleta, meu equipamento usava um interruptor operado com o dedão do pé e um alto-falante e um único transistor de unijunção; uma única pessoa podia operar tudo sozinha.[9] Com o tamanho de uma caixa de fósforos, o computador funcionava bem nos cassinos, mas o jogo era parado demais para ocultar as consequências espetaculares das minhas apostas finais. Em muitas das vezes que fiz uma aposta que pagava 40:1 enquanto a roda estava girando, o crupiê deu mais um impulso a ela.

Em 1966, anunciei publicamente nosso sistema de roleta,[10] pois a essa altura estava claro que não iríamos explorá-lo. Publiquei os detalhes mais tarde.[11] Quando um matemático da Universidade da Califórnia em Santa Cruz (UCSC) me telefonou, expliquei o método. A UCSC seria o lugar onde o grupo de físicos denominado Eudaemonic Pie usaria a tecnologia mais avançada da década seguinte para construir seu próprio computador para jogar roleta. Assim como nós, eles obtiveram uma vantagem de 44% e, como nós, ficaram frustrados com problemas de hardware.[12] Mais tarde, houve relatos de grupos usando computadores para jogar roleta que ganharam grandes somas.

Shannon e eu também conversamos sobre a possibilidade de construir um computador para jogar blackjack. Usando o programa que desenvolvi para analisar o blackjack, esse computador contaria as cartas e faria um jogo perfeito, ganhando duas vezes o que ganham os melhores contadores de cartas humanos. Foi um exemplo precoce, talvez o primeiro, de um computador que seria capaz de derrotar qualquer ser humano em um jogo. Mais tarde, computadores passaram a jogar damas com perfeição e venceram os melhores do mundo no xadrez, no *go* e no Jeopardy. Mais tarde, outras pessoas construíram e venderam computadores vestíveis para jogar blackjack. Na época, a legislação de Nevada, em especial os estatutos sobre trapaça, não proibiam seu uso. No entanto, à medida que computadores ocultos começaram a reduzir cada vez mais os lucros dos cassinos no blackjack e na roleta, os legisladores de Nevada aprovaram uma lei sobre esse tipo de equipamento em 30 de maio de 1985.[13] A lei bania o uso e a posse de qualquer equipamento que previsse resultados, estudasse a ocorrência de probabilidades, analisasse estratégia de jogo e de apostas ou que monitorasse as cartas jogadas. A sanção: multas e prisão. Essa lei ampla parece tornar ilegais até os minúsculos cartões que vêm com cada exemplar de *Beat the Dealer*. Em 2009, quando um empreendedor criou um popular aplicativo de iPhone para contar cartas e recomendar jogadas para blackjack, os cassinos lembraram aos usuários que era crime fazer isso nas mesas de jogo.

Claude e eu nos correspondemos com certa regularidade por alguns anos, de início sobre a roleta, até ficar cada vez mais claro que não queríamos levar aquilo adiante. A última carta que me lembro de ter escrito foi no fim de 1965 ou início de 1966, quando recordei as conversas que tivemos sobre o mercado de ações depois que vi em seu quadro-negro a figura exponencial 2^{11}, que dá 2048, valor que resultaria em um investimento inicial de um dólar dobrado onze vezes consecutivas — uma meta de investimento que ele vinha avaliando. Em minha carta eu dizia ter encontrado um método extraordinário para investir num pequeno nicho do mercado de ações, que eu acreditava que poderia render 30% ao ano. Com o tempo, seria possível ultrapassar o número representado pelo seu 2 elevado à undécima potência. Ele nunca disse o que achava dessa arrogância. E era de fato arrogância, já que a margem real de lucro ficaria próxima de 20%.

Nós nos encontramos pela última vez em 1968, em um evento de matemática em San Francisco. As últimas e tocantes palavras que me disse foram: "A gente devia se encontrar de novo antes de ir para debaixo da terra".

Depois da morte de Claude em 2001, Betty doou vários de seus artigos e invenções para o Museu do MIT, incluindo o computador usado para jogar roleta. Ele foi emprestado para o Heinz Nixdorf MuseumsForum, em Paderborn, na Alemanha, para uma exposição na primavera de 2008, onde 35 mil pessoas o viram nas primeiras oito semanas.

Quando Claude se dirigiu até a roleta de Las Vegas em agosto de 1961, estava usando algo que ninguém, excetuando nós quatro, jamais tinha visto. Era o primeiro computador vestível do mundo. Para mim, um computador vestível é simplesmente o que o nome indica: um computador usado por uma pessoa para cumprir a função que se espera dele. Embora nosso equipamento tenha tido um impacto pequeno sobre os desenvolvimentos posteriores, os computadores vestíveis, como o Apple Watch que eu tenho, estão hoje em toda parte.

Depois do blackjack e da roleta, eu me perguntei: seria possível derrotar outros jogos de cassino?

CAPÍTULO 10

Tendo vantagem em outros jogos de azar

Em setembro de 1961, um mês após testarmos nosso computador em Las Vegas, Vivian, Raun e eu nos mudamos para Las Cruces, onde comecei a trabalhar como professor no Departamento de Matemática da NMSU. Na época com 37 mil habitantes, localizada num deserto cerca de 1,2 mil metros acima do nível do mar, Las Cruces foi fundada perto de uma das principais fontes de água do estado, o rio Grande. As cidades ficavam a grande distância umas das outras na amplidão do deserto, e o centro populacional mais próximo era El Paso, no Texas, setenta quilômetros ao sul. Depois da Universidade do Novo México em Albuquerque, 330 quilômetros ao norte, a NMSU era o campus mais importante do sistema universitário estadual. Quando cheguei, o local estava sendo transformado de um grupo de faculdades agrícolas para uma universidade. Um pouco a leste do campus ficava a montanha "A", uma imensa colina com um enorme *A* branco em homenagem aos Aggies. Havia quem dissesse que quando o time texano de futebol americano aprendesse a primeira letra do alfabeto, a montanha passaria a se chamar *B*.

Nossos quatro anos no Novo México foram memoráveis. Nossa filha mais nova, Karen, nasceu lá, e nosso filho, Jeff, nasceu ali perto, em El Paso. A trinta quilômetros ficavam o Campo de Teste de

Mísseis e o Monumento Nacional de White Sands, onde nos aliviávamos do calor do verão, já que a "areia" branca de gipsita refletia para longe os raios do sol.

Dei sequência ao interesse de infância pela astronomia, observando os céus escuros do Novo México com um pequeno telescópio. O destaque astronômico foi um almoço com Clyde Tombaugh (1906--97), que também morava em Las Cruces e dava aulas na NMSU, e se tornou famoso no mundo todo nos anos 1930 quando, no Observatório Lowell em Flagstaff, no Arizona, descobriu o planeta Plutão (recentemente rebaixado a "planeta anão"). Meu aluno William E. "Bill" Walden, que trabalhava em Los Alamos, providenciou para que eu passasse uma tarde lá com Stanislaw Ulam (1909-84), um dos grandes matemáticos do século XX. Ulam, participante do Projeto Manhattan, que desenvolveu a bomba atômica, mais tarde deu ideias cruciais para a bomba de hidrogênio — o conceito Ulam-Teller para armas termonucleares.[1]

Enquanto dava aulas de graduação e fazia pesquisa matemática na NMSU, eu me perguntava se o que tinha aprendido me permitiria derrotar outros jogos de azar. Um dos jogos em que fiquei de olho quando ia a Nevada por causa do blackjack foi o bacará, que James Bond joga tanto no livro *Casino Royale*, de Ian Fleming, quanto na abertura dramática do filme homônimo. Há muito jogado na Europa com apostas altas e até ilimitadas, ele foi levado em uma versão ligeiramente modificada para alguns cassinos de Las Vegas. Devido a suas semelhanças com o blackjack, o bacará era um alvo natural para meus métodos. Por sorte, Bill Walden, um cientista da computação com interesse em matemática aplicada, ficou feliz em participar. Começamos nossa análise do bacará em 1962, com o objetivo de descobrir até que ponto podíamos aplicar nele meu método de contagem de cartas.

O bacará no estilo de Nevada era jogado com oito baralhos, num total de 416 cartas. Elas têm os mesmos valores que no blackjack, exceto pelo fato de que apenas o último dígito conta. Assim, os ases são 1, as cartas de 2 a 9 são usadas com seus valores nominais, e os 10, valetes, damas e reis contam como 0, não como 10. O jogo começa depois de as cartas serem embaralhadas e uma carta "de corte" branca ser inserida em meio às demais, que estão viradas com a face para cima, na parte de baixo do monte. As 416 cartas são então colocadas em uma caixa de madeira. A primeira carta é exposta, seu valor é anotado e indica o número de cartas que serão descartadas, ou "queimadas". Se a carta exposta for um 10, dez cartas serão queimadas.

Uma mesa de cassino tem doze lugares, ocupados por uma miscelânea de jogadores e funcionários da casa (que apostam dinheiro e podem fingir ser jogadores para atrair clientes). Há duas apostas principais: Banca e Jogador.

Depois de todos terem apostado, o crupiê dá duas cartas com a face voltada para baixo para um lugar na mesa marcado como Jogador e mais duas para outro marcado como Banca. Então vira as cartas. Como acontece com as cartas individuais, apenas o último dígito conta. Por exemplo, $9 + 9 = 18$ conta como se fosse 8. Se a primeira carta de uma mão for um 8 ou um 9, chamados de 8 natural e 9 natural, como pode ser o caso, todas as apostas são feitas sem que se dê mais nenhuma carta. Se nem o lugar do Jogador nem o da Banca recebem um natural, cada mão, começando com a do Jogador, pode receber mais uma carta do crupiê ou não, de acordo com uma série de regras.[2] A mão mais alta vence. Em caso de empate, os apostadores recebem seu dinheiro de volta.

Nossa análise do bacará seguiu a mesma abordagem que usei no blackjack em virtude das semelhanças entre os dois jogos. Para começar, calculamos, pela primeira vez na história, os valores corretos para a vantagem da casa na versão de bacará que se jogava em Nevada, tanto para a Banca quanto para o Jogador. Para a Banca, a vantagem era de 1,058% de todas as apostas; e de 1,169%, caso não se incluíssem os empates. Para o Jogador, era de 1,235%, ou de 1,365%, caso se omitissem os empates. Esses números presumem que o jogador não monitore as cartas já usadas. A vantagem do cassino é diferente no caso das duas apostas,[3] Banca e Jogador, porque as regras para decidir se será dada uma terceira carta são diferentes e porque as apostas vencedoras na Banca têm de pagar 5% ao cassino.

E se o jogador contar cartas?

Para descobrir, Bill Walden e eu provamos aquilo que chamamos de Teorema Fundamental da Contagem de Cartas,[4] que diz, de modo matematicamente preciso, que a vantagem da contagem de cartas se torna maior à medida que mais cartas são vistas. Isso significa que as melhores situações vêm perto do fim. Descobrimos que mesmo nesse caso elas são raras.

A razão para o bacará não apresentar oportunidades suficientes é o fato de o impacto da remoção de uma carta nesse jogo equivaler a mais ou menos um nono do que acontece no blackjack,[5] fazendo com que o efeito[6] sobre a vantagem da casa seja proporcionalmente menor. Além disso, a vantagem da casa a ser superada é maior, sendo superior a 1%.

No entanto, além das apostas principais na Banca e no Jogador, o bacará tem quatro apostas secundárias: 9 natural da Banca, 9 natural do Jogador, 8 natural da Banca e 8 natural do Jogador. O 9 natural da Banca ganha se as duas cartas da Banca somarem 9, caso em que a aposta paga 9:1, o que significa que uma aposta de um dólar gera nove de lucro em caso de vitória. As outras três apostas secundárias pagam a mesma coisa.

Para quem não conta cartas, essas apostas eram terríveis, com vantagem da casa de 5,1% no caso dos 9 naturais e de 5,47% no caso dos 8 naturais. Mas descobrimos que, embora um contador de cartas não fosse capaz de ganhar nas apostas da Banca e do Jogador, ele poderia vencer nas apostas secundárias! Como previ por raciocínio e provamos por computação, a vantagem nas apostas secundárias variava bastante à medida que as cartas eram usadas. Quando restava mais ou menos um terço do monte de cartas, boas oportunidades apareciam e as coisas melhoravam à medida que mais cartas eram usadas.

Inventamos um sistema prático de contagem, que usava o fato de que quando as cartas remanescentes tinham um grande excesso de 9, a aposta no 9 natural favorecia o Jogador. Um monte com muitas cartas 8 exercia o mesmo efeito para as apostas no 8 natural do Jogador.

Para testar o sistema em um cassino, chamei o chefe do Departamento de Matemática, Ralph Crouch. Praticamos contando com oito baralhos. Isso exigia que se mantivesse uma contagem do número de cartas ainda não vistas e do número de 8 e de 9 restantes. Contar era mais difícil do que no caso do blackjack porque os oito baralhos tinham 416 cartas, incluindo 32 cartas 9 e 32 cartas 8, e era preciso monitorar todos esses números.

Ralph era diferente de qualquer outro chefe de departamento de matemática que eu já conhecera. De estatura mediana, rosto corado, animado e conversador, ele era bastante extrovertido. Isso o diferenciava do típico matemático introvertido. Uma piada conhecida lança essa pergunta: "Como você sabe se um matemático é introvertido ou extrovertido?". A resposta é: "Se ele olhar para os próprios sapatos enquanto fala com você, é introvertido. Se olhar para os seus sapatos, é extrovertido". Sempre animado, Ralph organizava festas do departamento movidas a "Ponche Las Cruces", uma mistura produzida em uma imensa vasilha com pelo menos sete litros de rum Bacardi, suco de laranja congelado, suco de abacaxi e limonada. Vivian e eu fugíamos sempre que possível dessas festas e fazíamos breves e educadas aparições quando íamos. Anos mais tarde, quando minhas filhas ficaram sabendo da receita e das proporções — basicamente rum —, elas perguntaram como alguém ficava de pé depois de beber aquilo.

Muitas vezes me perguntam o que é necessário para ter êxito como contador de cartas. Descobri que a compreensão acadêmica não basta. É preciso pensar rápido, ser disciplinado para seguir o sistema e ter um temperamento adequado, o que inclui a capacidade de se concentrar e pensar nas cartas, nas pessoas e no entorno. Melhor ainda é fazer uma "encenação" ou encarnar um personagem que pareça o tipo de jogador com que os cassinos estão acostumados.

Achei que Ralph seria perfeito, junto com seu parceiro de golfe Kay Hafen, fiscal da universidade, para o time de bacará que eu pretendia montar. Kay era discreto, equilibrado e imperturbável. Nos treinos que fizemos, os dois aprenderam a contar bem. Nossas esposas também participavam, e Vivian, que não tinha ido a várias das excursões de blackjack, ficou aliviada por poder monitorar minha segurança pessoalmente. Quando não estávamos jogando, nós seis planejávamos nos divertir pela cidade.

Fomos de carro para Las Vegas durante o recesso acadêmico de primavera de 1963. Chegamos ao Dunes pouco antes de darem início ao jogo de bacará, às nove da noite, e agimos como se não nos conhecêssemos. Cordas de veludo separavam a área do bacará do restante do cassino. A imponente mesa alta tinha seis cadeiras em cada uma das extremidades em forma de ferradura. Várias funcionárias já estavam sentadas quando sentei. Apesar da exposição que ganhei com o blackjack, não fui reconhecido pelo cassino. Pelo menos não de imediato.

Quando o jogo começou, uma plateia foi se formando do lado de fora das cordas de veludo para ver um jogo que poderia ter apostas altas. Os limites eram de cinco a 2 mil dólares nas apostas principais e de cinco a cem nas secundárias, o equivalente a dez vezes o mesmo valor em 2016.

Então alguém disse, alto: "Aquele é o cara que escreveu o livro". Os olhos do supervisor do bacará se arregalaram e ele correu para um telefone ali perto. Uma das nossas esposas, que ouviu o telefonema de uma escadaria, viu o homem relaxar para em seguida aparentar segurança e depois até achar graça da situação. Ganhar no blackjack é uma coisa; no bacará, é outra. Nossa espiã ouviu: "Ha, ha. Deixe que ele jogue!". E nós de fato jogamos.

A primeira noite foi agradável. Com o maço de 416 cartas recém--embaralhado, todas as apostas favoreciam a casa, por isso comecei com a menor aposta permitida na Banca, de cinco dólares, ao mesmo tempo que contava os 8, 9 e o total de cartas remanescentes, esperando situações favoráveis. Estabeleci o tamanho das apostas grandes para ter uma taxa de lucro de cem dólares por hora, esperando que isso fosse baixo o suficiente para evitar que nos barrassem.

Foram necessários uns 45 minutos para jogar todas as 416 cartas. Depois de jogar duas caixas inteiras, descansei enquanto Ralph e Kay assumiram o jogo. Eles dividiam o trabalho, com Ralph monitorando as apostas nos 8 naturais e Kay contando e apostando nos 9 naturais. Isso tornava as coisas mais fáceis porque cada um só precisava fazer duas contagens, em vez de três. Depois de uma caixa completa eles descansaram e joguei mais duas sessões. Continuamos nesse padrão. Quando o jogo se encerrou no horário normal das três da manhã, tínhamos ganhado quinhentos ou seiscentos dólares, mais ou menos o que esperávamos.

Na noite seguinte, quando sentei para jogar, a atmosfera tinha mudado. Os funcionários do cassino estavam distantes e com cara de poucos amigos — e as funcionárias que sentaram para jogar fizeram uma coisa estranha. Na noite anterior o jogo havia começado com um ou dois jogadores, eu e meia dúzia de funcionárias espalhadas pelos doze lugares. Logo outros jogadores tinham sido atraídos pela mesa falsamente movimentada e começaram a jogar. Quando todos os assentos ficavam ocupados, uma das funcionárias saía, deixando só uma cadeira vazia para que o poder de atração sobre novos apostadores fosse o maior possível: *Só uma cadeira vazia — sente enquanto dá tempo.* Assim que um novo apostador era atraído, outra funcionária levantava. Essa dança, que deixava exatamente um lugar vazio, havia prosseguido a noite toda. Mas agora, na segunda noite, as funcionárias do meu lado direito e do meu lado esquerdo continuaram onde estavam, observando de perto. Na época eu tinha um problema nos brônquios que me fazia tossir com frequência, de modo estridente. Nossas esposas espiãs acharam divertido ver que as funcionárias designadas para permanecer ao meu lado ficaram preocupadas com a própria saúde, se revoltaram e tiveram de receber ordens para continuar em seus lugares.

À medida que continuávamos ganhando, outros apostadores estrelavam seus próprios dramas humanos. Vivian notou uma senhora asiática com cabelos tingidos de louro e longas unhas magenta. Com maquiagem pesada e muitas joias, ela apostava o limite de 2 mil dólares a cada mão e estava perdendo. Era dona de uma cadeia de supermercados e em poucas horas perdeu um dos estabelecimentos. O bacará é um dos jogos preferidos de quem aposta alto. Em 1995, ele dava aos cassinos metade do lucro do blackjack, mas com apenas um quinto de mesas.[7] Uma mesa de bacará era 25 vezes mais lucrativa do que uma mesa de blackjack.

O jogo se encerrou de novo perto de três da manhã na segunda noite. Depois de contabilizarmos nossos lucros, Ralph e Kay voltaram para o bar para beber algo. O supervisor do cassino e dois funcionários estavam lá com a caixa de cartas do bacará e os oito baralhos. Eles murmuravam e examinavam as cartas uma a uma, em busca de marcas, pregas e manchas ou qualquer outra pista que indicasse como estávamos ganhando.

A terceira noite começou com a óbvia hostilidade de todos os funcionários em relação a mim. Eles observavam meus movimentos de maneira descarada. Para enganá-los, eu com frequência tocava a orelha com o polegar, como se estivesse usando um tipo de substância invisível quase igual à vaselina usada para marcar cartas que podia ser vista com facilidade por quem usava óculos especiais. Minha esperança era de que eles passassem mais uma noite examinando cada carta, procurando algo que não estava ali. Nos dias anteriores eles haviam me oferecido bebida o tempo todo, mas eu tinha preferido tomar café com creme e açúcar. Essa noite estávamos em guerra e eles não me ofereceram nada. Ganhamos de novo.

Quando sentei para jogar na quarta noite, a atmosfera tinha mudado de maneira drástica outra vez. O supervisor e seus asseclas sorriam, relaxados. Parecia que estavam felizes por me ver. Depois me ofereceram "café com creme e açúcar, do jeito que você gosta". Eu estava ganhando no meio da primeira caixa de cartas e tomando meu café quando de repente não consegui mais raciocinar. Estava impossível manter a contagem. Fiquei chocado porque eu tinha conseguido manter a contagem mesmo com barulho, fumaça, conversas, a pressão de jogar em alta velocidade, a emoção de ganhar ou perder, e sob efeito de álcool. Algo inesperado estava acontecendo. Peguei minhas fichas e saí, sendo substituído na próxima caixa por Ralph e Kay.

As esposas viram que minhas pupilas estavam bastante dilatadas. Bellamia Hafen, que era enfermeira, disse ter visto isso muitas vezes em pessoas que davam entrada no hospital depois de usar drogas. Eu queria cair na cama e dormir, mas Vivian, Isobel Crouch e Bellamia me deram bastante café preto e me fizeram andar por horas até que o efeito começasse a passar. Ralph e Kay jogaram até o fim da quarta noite. Ganhamos de novo.

Depois de muita conversa entre nós, sentei para jogar no começo da quinta noite. Já sem sorrir, os funcionários de novo me ofereceram café com creme e açúcar. Eu disse: "Não, obrigado. Só um copo d'água". O resto do meu grupo resmungou baixinho. Depois de um tempo estranhamente longo, trouxeram a água e eu esperava que ela tivesse algo extra. Para descobrir, coloquei com todo o cuidado apenas uma gota na boca. Ugh! Parecia que tinham despejado uma caixa de soda cáustica no copo. Mas aquela única gota foi o bastante para me deixar fraco de novo. Imagino o que um gole teria causado.

Com o cérebro dormente e as pupilas dilatadas, saí da mesa e de novo tomei café e caminhei. Enquanto isso, Ralph e Kay foram convidados a sair e não voltar mais, e o mesmo valia para todos os amigos deles.

Havia mais um jogo de bacará com apostas secundárias, no Sands. Depois de um dia de repouso para me recuperar, fui até lá com nosso dinheiro e sentei à mesa. Mudei a meta de cem dólares por hora para mil, imaginando que o Dunes teria entrado em contato com o Sands e que logo eu seria barrado. Em duas horas e meia eu havia ganhado 2,5 mil dólares. Então Carl Cohen, sócio do Sands encarregado do cassino, me fez uma visita na mesa. Carl já havia punido Frank Sinatra por causar agitação no cassino. Quando Sinatra insistiu em frequentar a casa, Cohen decidiu que ele nunca mais poderia voltar, mesmo sendo sócio minoritário. Cohen agora estava me dizendo que eu não poderia mais jogar em seu cassino. Quando perguntei o porquê, ele disse: "Nenhum motivo. Só não queremos você jogando aqui". Ele estava acompanhado pelo maior guarda-costas que já vi. Não adiantava discutir. Fui embora.

Nas seis noites de jogo, testamos o sistema nas mesas. Validamos os cálculos matemáticos e demonstramos mais uma aplicação do sistema Kelly de apostas e de investimentos. Mas nossa viagem teria um pós-escrito alarmante.

Saímos os seis de Las Vegas na manhã seguinte para voltar a Las Cruces. Eu estava ao volante quando descíamos uma estrada na montanha no norte do Arizona. Estávamos a cem quilômetros por hora quando o pedal do acelerador de repente emperrou. A descida íngreme e o acelerador pressionado até o limite eram demais para os freios. O carro acelerou até chegar a 130 quilômetros por hora e era impossível fazer as curvas.

Sem muito tempo para pensar e pisando o máximo que podia nos freios, acionei também o freio de mão, diminuí a marcha para que o motor ajudasse a desacelerar o carro e desliguei a chave. Acabei conseguindo parar o carro em uma curva. Um bom samaritano que entendia de carros parou para nos ajudar. Ao abrir o capô para verificar por que o acelerador tinha emperrado, ele encontrou uma peça que havia se soltado de uma longa haste rosqueada, algo que ele jamais vira acontecer e que achou muito estranho. Ele fez o conserto e voltamos para a estrada, vivos, aliviados e mais calmos.

Tínhamos provado que o sistema funcionava nas mesas tanto quanto na teoria. Como resultado, os cassinos Dunes e Sands acabaram com as apostas secundárias.

Enquanto morei no Novo México, investi em ações o dinheiro dos direitos autorais do livro e dos jogos. Mas eu não conhecia o mercado e tive azar. Os resultados foram ruins. Eu queria me sair melhor. Para mim, os investimentos se apresentaram como um novo tipo de incerteza, mas a teoria das probabilidades poderia me ajudar a fazer boas escolhas.

As coisas fizeram sentido quando percebi que havia um cassino muito maior do que todos os de Nevada. Poderiam meus métodos para apostas em jogos de azar me oferecer uma vantagem na maior arena de apostas do planeta, Wall Street? Sempre curioso, decidi descobrir. Comecei a estudar por conta própria o mercado financeiro, iluminando o caminho com uma lâmpada incomum: o conhecimento que eu havia adquirido com os jogos de azar.

CAPÍTULO 11

Wall Street:
o maior cassino da Terra

Os jogos de azar são uma simplificação do investimento. As semelhanças surpreendentes que compartilham me sugeriram que, assim como alguns jogos de azar podem ser vencidos, talvez também seja possível fazer melhor do que as médias do mercado. Os dois podem ser analisados com o uso da matemática, da estatística e dos computadores. Ambos exigem gestão de recursos, a escolha de um equilíbrio adequado entre risco e retorno. Apostar demais, embora cada aposta individual seja a seu favor, pode ser desastroso.[1] Quando os vencedores do prêmio Nobel que geriam o gigantesco fundo de hedge Long-Term Capital Management cometeram esse erro, o colapso do empreendimento em 1998 quase desestabilizou o sistema financeiro dos Estados Unidos. Por outro lado, jogar em segurança e apostar pouco demais significa deixar dinheiro na mesa de aposta. A receita psicológica para ser bem-sucedido nos investimentos também tem similaridades com a dos jogos de azar. Grandes investidores em geral são bons também em jogos de azar.

Como aperitivo para o desafio intelectual e a diversão de explorar mercados, passei o verão de 1964 me informando sobre investimentos. Frequentei a grande livraria Martindale's, à época em Beverly Hills. Li os clássicos do mercado de ações, como *Security Analysis*, de

Graham e Dodd, a obra de Edwards e Magee sobre análise técnica e dezenas de outros livros e periódicos que abordavam dos fundamentos à técnica, da teoria à prática, do simples ao hermético. Muito do que li era lixo, mas, feito uma baleia filtrando os pequeninos e nutritivos *krills* de imensos volumes de água do mar, reuni uma base de conhecimento. De novo, da mesma forma como no caso dos jogos de cassino, fiquei surpreso e empolgado com o fato de as pessoas saberem tão pouco a respeito do assunto. E assim como no blackjack, meu primeiro investimento resultou em um prejuízo que contribuiu para meu aprendizado.

Alguns anos antes, quando não entendia nada de investimentos, eu tinha ficado sabendo de uma empresa cujas ações, pelo que se dizia, estavam sendo vendidas a preço de banana. Era a Electric Autolite, e seus produtos incluíam as baterias para automóveis da Ford Motor Company. A reportagem na página de finanças do meu jornal comentava que podíamos esperar um grande futuro: inovações tecnológicas, grandes contratos novos e um salto nas vendas. (As mesmas previsões para fabricantes de baterias ainda eram feitas quarenta anos depois.)

Quando por fim consegui juntar algum capital proveniente do blackjack e da venda do meu livro, decidi aumentá-lo com investimentos enquanto me concentrava na família e na carreira acadêmica. Comprei cem ações de quarenta dólares cada e observei seu preço declinar nos dois anos seguintes para vinte dólares a ação, perdendo metade de meu investimento de 4 mil dólares. Eu não tinha ideia de quando vender. Decidi esperar até que as ações voltassem ao meu preço original de compra para não ter prejuízo. É exatamente o que jogadores fazem quando estão perdendo e insistem em jogar até ficarem no zero a zero. Levou quatro anos, mas enfim saí com meus 4 mil dólares iniciais. Cinquenta anos depois, legiões de investidores no mercado de tecnologia compartilham da minha experiência, esperando quinze anos[2] para ficar no zero a zero depois de terem comprado ações quase pelo preço máximo em 10 de março de 2000.

Anos depois, discutindo minha compra de ações da Electric Autolite com Vivian enquanto voltávamos para casa de um almoço, perguntei: "Quais foram meus erros?".

Ela quase leu minha mente quando disse: "Primeiro, você comprou uma coisa da qual não entendia de verdade, então não foi muito melhor ou pior do que fazer uni-duni-tê na lista do mercado de ações. Se tivesse investido em um fundo mútuo de baixo custo,[3] teria a mesma expectativa de lucro, mas uma expectativa de risco menor". Eu achava que a reportagem sobre a Electric Autolite estava indicando que se tratava de um investimento excelente. Essa forma de pensar estava errada. Como eu viria a aprender, a maioria das reportagens, conselhos e recomendações de compra de ações não tem valor nenhum.

Então, Vivian apontou o segundo erro na minha forma de pensar: meu plano de saída, que foi esperar até que as ações voltassem ao valor de aquisição. O que fiz foi me concentrar em um preço que era de significado histórico único para mim, apenas para mim, ou seja, meu preço de compra. Teóricos de finanças comportamentais, que nas últimas décadas começaram a analisar os erros psicológicos na forma de pensar que vivem confundindo a maioria dos investidores, chamam isso de "ancoragem" (de si mesmo a um preço que tem um significado para você, mas não para o mercado). Como eu realmente não tenho poderes de previsão, qualquer estratégia de saída podia ser boa ou ruim. Como meu primeiro erro, esse equívoco estava na maneira como pensei no problema de quando vender, escolhendo um critério irrelevante — o preço pago — em vez de focar em fundamentos econômicos e descobrir se investimentos conservadores ou alternativos seriam mais adequados.

A ancoragem é uma aberração sutil e predominante na forma de analisar o investimento. Por exemplo, um antigo vizinho, o sr. Davis (vou chamá-lo assim), viu o valor de mercado de sua casa subir do preço de compra de mais ou menos 2 milhões de dólares em meados dos anos 1980 para cerca de 3,5 milhões quando os preços de casas de luxo chegaram a seu ápice em 1988-9. Logo depois, decidiu que queria vender e se ancorou ao preço de 3,5 milhões. Nos dez anos seguintes, quando o preço de mercado da casa voltou a cair para cerca de 2,2 milhões, ele continuou tentando vendê-la pelo seu preço-âncora, risível para o momento. Por fim, em 2000, com um mercado de ações em recuperação e um aumento de preços de casas caras causado pelas empresas pontocom, ele escapou com 3,25 milhões de dólares. No seu caso, como acontece com frequência, a ancoragem como erro na forma de pensamento, apesar do preço que ele acabou alcançando, deixou-o com bem menos dinheiro do que se tivesse agido de outra forma.

Às vezes, o sr. Davis e eu fazíamos cooper juntos e conversávamos sobre seus temas favoritos, dinheiro e investimentos. Seguindo minha recomendação, ele entrou em uma sociedade limitada [*limited partnership*] que alocava dinheiro ela própria em fundos de investimento igualmente estruturados como sociedades limitadas, os conhecidos hedge funds, que acreditava serem capazes de fazer investimentos excelentes. A taxa de retorno esperada do sr. Davis depois do pagamento do imposto de renda sobre lucro era de cerca de 10% ao ano, com consideravelmente mais estabilidade no valor do investimento do que podia ser visto no mercado de imóveis residenciais ou de ações.[4] Aconselhei-o a vender sua casa no mercado atual logo depois do pico de 1988-9. Talvez ele tivesse recebido 3,3 milhões de dólares e então, como era seu plano, se mudaria para uma casa de 1 milhão. Depois de custos e impostos, ele acabaria com 1,6 milhão adicionais para investir. Investindo esse valor no fundo de hedge no qual já havia entrado por recomendação minha, o dinheiro teria um crescimento de 10% ao ano por onze anos, que resultaria em 4,565 milhões de dólares. Acrescente isso à casa de 1 milhão, cujo preço de mercado teria declinado e depois se recuperado, e o sr. Davis teria 5,565 milhões de dólares em 2000, em vez dos 3,25 milhões com os quais terminou.

Vi meu próprio erro de ancoragem cometido várias vezes por compradores e vendedores de imóveis, bem como em situações cotidianas. Certa tarde, quando estava voltando para casa em meio a um trânsito pesado, um suv me fechou, dando-me a opção de ceder ou "manter meus direitos" e causar uma colisão. Como essas opções me são apresentadas todos os dias, não vi necessidade de aceitá-la por medo de perder. A suv estava no "meu" espaço (ancoragem: eu me prendi a uma localização móvel abstrata que tinha um significado histórico único para mim, e permiti que ela ditasse meu comportamento ao dirigir). Nesse momento, estávamos em uma fila de mais ou menos setenta carros na pista obviamente mais lenta de Newport Beach. Em geral, a estrada tem a largura de duas pistas, mas reformas a reduziram a uma, e a sequência complexa de mudanças de semáforo permitia apenas vinte carros passando a cada ciclo de dois minutos. E se, quando enfim chegássemos ao semáforo, o malvado SUV fosse o último a passar no amarelo? Como era de fato "meu" espaço, era justificado arriscar um acidente ao passar no sinal vermelho? Do contrário, o ladrão de tempo ganharia dois minutos às minhas custas. A tentação talvez pareça tão tola a quem me lê como para mim, se considerada friamente, mas vejo esse tipo de comportamento com regularidade.

Tendo descoberto a insensatez da ancoragem a partir da minha experiência de investimento, vi que ela pode ser igualmente insensata na estrada. Ser um investidor mais racional me transformou em um motorista mais racional!

Dois "experts" em investimentos em ações de seguradoras de Dallas me atraíram para minha próxima aventura no mercado. Eles afirmaram ter enriquecido investindo em empresas de seguros de vida. De acordo com seus números, o índice AAA da agência de classificação de risco A. M. Best do preço médio dessas empresas aumentara todos os anos nos últimos 24 anos, e eles tinham argumentos plausíveis de que esse aumento continuaria. Dito e feito: a incrível série de vitórias que haviam identificado terminou logo após a minha compra, e todos perdemos dinheiro.

Lição: não acredite que aquilo que os investidores chamam de momentum (ou "impulso"), uma longa série de altas e baixas de preços, continuará, a menos que seja possível ter uma justificativa sólida.

Pensar no momentum fez com que eu me perguntasse se preços do passado poderiam de alguma forma ser usados para prever preços futuros. Para testar essa hipótese, passei a utilizar a "análise técnica", a arte de usar padrões nos gráficos de preços de ações (ou commodities) para prever suas futuras mudanças. Quem me apresentou essa técnica foi Norman, um canadense que morava em Las Cruces quando eu dava aulas na NMSU. Depois de meses examinando seus dados e previsões, não consegui encontrar nada de valor. Como Vivian disse no início: "Isso será perda de tempo. Norman tem feito isso há anos, e podemos dizer que ele mal está conseguindo se sustentar. Basta olhar para os seus sapatos gastos e as roupas puídas. E também dá para dizer, pela qualidade das roupas antigas e fora de moda da mulher, que eles já estiveram em situação bem melhor".

Eu ainda precisava ter algumas aulas com Sr. Mercado[5] pelo curso introdutório de erros em investimentos. Sr. Mercado é um famoso personagem alegórico de Benjamin Graham que ilustra as variações excessivas do preço de mercado acima e abaixo dos valores reais subjacentes de uma empresa nos títulos cotados em bolsa. Há dias em que ele fica agitado e os preços aumentam. Em outros, fica cabisbaixo e as ações podem ser compradas bem abaixo do que Graham chamou de "valor intrínseco". No início da década de 1960, a demanda de prata excedia a oferta e acreditei que os preços aumentariam de maneira brusca. No fim das contas, esperava-se que o valor da prata extraída do derretimento de moedas normais excedesse o valor nominal o suficiente para pagar custos e dar lucro. Bill Rickenbacker, que apoiou minha viagem do blackjack com Mickey MacDougall e Russell Barnhart, havia comprado à época moedas de prata e as armazenou em um cofre enquanto esperava que acontecesse.

O aumento adicional do preço da prata se desaceleraria um pouco, à medida que uma nova oferta vinha do derretimento de moedas. Além disso, cerca de 142 milhões de quilos de prata poderiam ser extraídos do vasto pool de joias na Índia. Assim que a demanda absorvesse essas novas ofertas, os preços saltariam ainda mais. Quando o preço da prata de fato passou para 1,29 dólar por onça (28,3495 gramas), as moedas dos Estados Unidos que continham 90% de prata valiam mais como metal do que como instrumentos legais. As moedas começaram a ser tiradas de circulação e derretidas para extrair a prata. Depois que o governo americano proibiu esse procedimento, as moedas passaram a ser acumuladas, compradas e vendidas em sacos de sessenta libras (28 quilos) por meio de negociantes ilícitos.

Acreditando que essa análise econômica de oferta e demanda estava correta, abri uma conta bancária na Suíça para comprar prata, com a ajuda e incentivo de intermediários locais que receberam uma comissão para organizar tudo. Recomendaram fazê-lo com uma margem de garantia de 33 ⅓ %. Isso significa que, para cada dólar de prata que eu comprasse, teria que depositar apenas 33 ⅓ centavos na minha conta. Os promotores providenciaram para que meu simpático banco suíço me emprestasse o restante. Claro que, quando pedi o empréstimo para comprar três vezes mais prata do que eu poderia ter apenas com dinheiro, eles conseguiram comissões triplas, e o banco ficou feliz em receber juros sobre o empréstimo e me cobrar taxas mensais de custódia.

A prata subiu conforme previsto e os intermediários recomendaram usar os lucros junto com mais empréstimos bancários para comprar mais prata. Quando a commodity atingiu 2,40 dólares a onça, minha conta tinha muito mais metal do que quando comecei e obtive um grande lucro em todas as minhas compras. No entanto, quando reinvesti meus lucros na subida de preços, eu já devia 1,60 dólar desses 2,40 por onça devido ao meu empréstimo do banco. Era como comprar uma casa com um terço abaixo. Então o preço da prata caiu. Quando isso aconteceu, algumas pessoas venderam para capturar seus lucros. Isso jogou o preço ainda mais para baixo até que outros, que haviam pegado empréstimos maiores que o meu, tiveram seus empréstimos liquidados antecipadamente por seus credores quando suas contas ameaçaram ir por água abaixo, ou seja, quando supostamente não haveria dinheiro suficiente para quitar o empréstimo. Essas liquidações diminuíram ainda mais o preço, forçando mais as vendas pelos devedores remanescentes, fazendo com que o preço da prata caísse com rapidez para pouco abaixo de 1,60 dólar, apenas o suficiente para acabar comigo. Mais tarde, o preço retomou seu caminho ascendente. Com isso, aprendi que, embora estivesse certo na minha análise econômica, eu não havia avaliado de modo adequado o risco de um excesso de alavancagem. Depois disso e ao custo de alguns milhares de dólares, aprendi a transformar o gerenciamento de riscos adequado em um tema importante para minha vida por mais de cinquenta anos. Em 2008, quase todo o establishment financeiro mundial não havia entendido essa lição e acabou exagerando na alavancagem.

Também aprendi com meu investimento perdido em prata que, quando os interesses dos vendedores e intermediários diferem dos do cliente, é melhor que este se cuide sozinho. Esse é o problema bem conhecido do "principal-agente" em economia, no qual o interesse dos agentes ou gerentes não coincide com os dos cabeças da empresa ou proprietários. Acionistas de empresas que foram saqueadas por CEOS e conselhos de administração que advogam em causa própria têm uma dolorosa familiaridade com esse cenário.

Após essas lições do Sr. Mercado, fiquei tentado a acreditar que os acadêmicos estavam certos ao afirmar que qualquer vantagem nos mercados é limitada, pequena, temporária e rapidamente capturada pelos investidores mais inteligentes ou mais bem informados. Mais uma vez, fui convidado a aceitar a opinião de consenso sobre valor nominal, e mais uma vez decidi buscar a verdade por conta própria.

Em junho de 1965, comecei um segundo período de verão de autodidatismo em economia, finanças e mercados. O fino folheto sobre warrants de ações ordinárias que eu havia encomendado tinha acabado de chegar pelo correio. Instalei-me em uma cadeira dobrável, curioso para descobrir como esses títulos funcionavam. Foi uma revelação.

O folheto explicava que um warrant de compra de ações ordinárias é um título emitido por uma empresa que dá ao proprietário o direito de comprar ações a um preço específico, conhecido como preço de exercício, na data de expiração declarada ou antes dela. Por exemplo, em 1964, um warrant da Sperry Rand dava ao detentor o direito de comprar uma ação ordinária por 28 dólares até 15 de setembro de 1967. Nesse último dia, se a bolsa estivesse negociando acima desse valor, era possível usar um warrant mais 28 dólares para comprar uma ação. Isso significa que o warrant cobre o valor que exceda 28 dólares no preço de bolsa das ações. No entanto, se o preço das ações estiver abaixo de 28 dólares, é mais barato comprar direto da bolsa, pois nesse caso o warrant não vale a pena.

Um warrant, como um bilhete de loteria, sempre vale alguma coisa antes de expirar, mesmo que o preço das ações esteja muito baixo, se houver alguma chance de o preço das ações aumentar acima do preço de exercício — quando o warrant fica (assim como uma opção) "no dinheiro". Quanto mais tempo houver e quanto maior for o preço das ações, mais provável será que o warrant tenha valor. Os preços desses dois títulos seguiam um relacionamento simples, independentemente das complexidades do balanço patrimonial ou dos negócios da empresa subsidiária. À medida que pensava nisso, eu ia formando uma ideia aproximada das regras relativas ao preço da opção e ao preço das ações. Como os preços dos dois títulos tendem a se deslocar juntos, surgiu a importante ideia de "hedge", ou proteção, na qual eu poderia usar esse relacionamento para explorar qualquer divergência no preço do warrant e, ao mesmo tempo, reduzir o risco ao fazê-lo.

Para formar um hedge, pegue dois títulos cujos preços tendem a se deslocar juntos, como uma opção de compra e a ação a que essa opção dá o direito de compra, mas que tenham alguma divergência de preços. Compre o título com preço relativamente menor, e venda a descoberto o título com preço relativamente maior. Se as proporções na posição forem bem escolhidas, então, embora os preços flutuem, os ganhos e as perdas nos dois lados serão aproximadamente compensados ou protegidos. Se a divergência no preço relativa entre os dois títulos desaparecer como esperado, feche a posição em ambos e recolha o lucro.

Poucos dias depois, tive a ideia de fazer hedge de warrants versus ações ordinárias, fizemos as malas e nos mudamos da NMSU para o sul da Califórnia, onde me tornei membro do corpo docente fundador do Departamento de Matemática do novo campus em Irvine da Universidade da Califórnia (UCI). Durante nossos quatro anos em Las Cruces, eu havia aprofundado meu conhecimento de matemática, orientado teses de doutorado de alunos talentosos e publicado minha pesquisa como uma série de artigos profissionais em periódicos de matemática. Porém, queríamos viver no sul da Califórnia, onde nossos filhos veriam seus avós, nossos irmãos e suas famílias, e estaríamos perto de velhos amigos. Também me agradava o fato de que a UCI estava começando a dar importância à colaboração entre professores e alunos de diferentes áreas.

No meu primeiro dia no novo cargo de docente na UCI, em setembro de 1965, Julian Feldman, chefe da escola de informática e ciências da computação, me perguntou no que eu estava trabalhando. Quando lhe expus minhas ideias sobre uma teoria da avaliação de warrants e hedging, ele disse que outro membro do novo corpo docente, um economista chamado Sheen Kassouf (1928-2005), havia escrito sua tese de doutorado sobre o assunto.[6] Feldman nos apresentou e eu soube que Kassouf havia descoberto os mesmos conceitos em 1962 e já estava vendendo warrants com preço alto a descoberto e fazendo hedge, dobrando seus 100 mil dólares iniciais em apenas três anos.

Percebi que, se trabalhássemos juntos, poderíamos desenvolver a teoria e as técnicas de investimento com hedge mais rápido do que se trabalhássemos sozinhos. Nas reuniões semanais que propus, determinamos de maneira aproximada o preço justo de um warrant, encontrando alguns que tinham preço substancialmente excessivo. O jeito de lucrar era vendê-los a descoberto. Para vender um título a descoberto, toma-se emprestada a quantidade desejada através de seu corretor de alguém que o possui, vende-se no mercado e se recolhe o produto da venda. Mais tarde, é preciso recomprá-lo a qualquer preço que venha a cumprir a obrigação contratual de devolver o que foi emprestado. Se seu preço de recompra estiver abaixo do seu preço de venda anterior, há ganho. Se for maior, há prejuízo.

A venda a descoberto de warrants com preço excedente era, em média, rentável, mas arriscada. O mesmo acontecia com a compra de ações. Os dois riscos anulavam-se mutuamente em grande escala quando fazíamos o hedge dos warrants, comprando as ações ordinárias associadas. Em uma simulação histórica, nosso método otimizado perfazia 25% ao ano com baixo risco, mesmo durante o grande crash da bolsa de 1929 e suas consequências. À medida que trabalhávamos na teoria, Kassouf e eu investíamos por nossa conta em hedges de warrants, que também perfaziam 25% ao ano.

Explicamos nossos métodos de investimento e apresentamos resultados reais de nossos hedges em *Beat the Market* [Derrote o mercado],[7] finalizado no final de 1966 e publicado pela Random House em 1967. Ampliamos nossa abordagem para incluir uma área muito maior de títulos conversíveis. Assim como no blackjack, eu estava disposto a compartilhar nossas descobertas com o público por vários motivos. Entre eles estava a consciência de que, mais cedo ou mais tarde, outros fariam as mesmas descobertas, de que a pesquisa científica deveria ser um bem público e de que eu continuaria tendo mais ideias.

Por termos ideias um pouco diferentes sobre como montar nossos investimentos com hedge, Kassouf e eu encerramos nossa colaboração depois de terminarmos *Beat the Market*. Como economista, Sheen sentiu que compreendia as empresas bem o suficiente para se desviar de um hedge neutro. Um hedge neutro proporciona uma proteção equilibrada contra prejuízos se o mercado oscilar para cima ou para baixo. Sheen, no entanto, estava disposto a modificar as proporções a descoberto no hedge para favorecer um aumento no preço da ação subjacente ou uma queda, dependendo de sua análise. Considerando minhas más experiências na escolha de ações e minha falta de antecedentes na análise de empresas, eu queria fazer hedges que fossem tão protegidos quanto possível contra mudanças no preço das ações, não importasse a direção. Continuei trabalhando na teoria e investindo nela sozinho.

Fiz uma grande descoberta teórica em 1967. Usei a navalha de Occam — o princípio de que, considerando mais de uma explicação, deve-se começar escolhendo a mais simples — e a justificativa plausível para chegar a uma fórmula ótima de determinação do preço "correto" de um warrant. Armado com essas ideias, eu poderia dizer quando seus preços tinham divergência e, de modo aproximado, de quanto era ela. No mesmo ano, comecei a usar a fórmula para negociar e hedgear (proteger) warrants e opções em mercado de balcão e, um pouco mais tarde, obrigações conversíveis. Uma opção de compra de uma ação é similar a um warrant, a principal diferença é que os warrants em geral são emitidos pela própria empresa e as opções, não. Títulos conversíveis são como títulos ordinários, mas com a característica adicional de poderem ser trocados por um número fixo de ações da empresa emissora, se o detentor assim o desejar.

Ter essa fórmula aumentou ainda mais minha confiança e os retornos. Isso, junto com o fato de que as oportunidades de investimento disponíveis eram muito maiores do que eu poderia explorar com meu modesto capital, levou ao próximo passo. Comecei a gerir carteiras com hedge para amigos e conhecidos.

CAPÍTULO 12

Bridge com Buffett

Já que minha reputação como investidor se espalhou silenciosamente pela UCI, amigos e membros da comunidade universitária me pediram para gerir dinheiro para eles. Usando as técnicas de hedge de warrant apresentadas em *Beat the Market*, assumi várias contas com investimento mínimo de 25 mil dólares. Entre meus novos clientes estavam Ralph Waldo Gerard, reitor da escola de pós-graduação da UCI, e sua mulher, Frosty [Geada], que recebeu o apelido por causa de seus cabelos branquíssimos. Pesquisador da área médica e biólogo respeitável,[1] Ralph era membro da seleta Academia Nacional de Ciências. Cortês, curioso e muito bem informado, gostava de discutir grandes ideias comigo, como fazia com um de seus parentes, Benjamin Graham, grande teórico do mercado de ações e filósofo. *Security Analysis*, de Graham e Dodd, publicado pela primeira vez em 1934, era o livro de referência para análise fundamentalista de ações ordinárias,[2] revisado e atualizado várias vezes. Através de Graham, Gerard havia conhecido Warren Buffett e foi investidor inicial em um de seus fundos de investimento, o Buffett Partnership, Ltd.

Warren, que se tornaria o mais notável aluno de Graham e, sem dúvida, o investidor mais bem-sucedido de todos os tempos, iniciou sua primeira sociedade de investimento, a Buffett Associates, Ltd., em 1956, aos 25 anos, com 100,1 mil dólares. Rindo, ele me disse que os cem dólares foram sua contribuição.[3] Depois de fundar mais dez sociedades, ele fundiu todas na Buffett Partnership, no início de 1962. De 1956 a 1968, esses fundos que Buffett geriu rendiam a uma taxa de 29,5%, antes de ele tirar sua taxa de performance de um quarto sobre aquilo que excedesse 6%. Ele não teve anos de baixa, enquanto ações de grandes empresas e de pequenas empresas despencaram em quatro desses doze anos. Após a retirada das taxas de performance de Buffett, o investimento dos Gerard cresceu 24% ao ano, superando a experiência típica do investidor do mercado de ações, medida por ações de pequenas empresas, que somavam 19% ao ano, e ações de grandes empresas, que davam um retorno de 10%. Antes dos impostos, cada dólar para os sócios-investidores de Buffett aumentava para 16,29 dólares. Cada um dos dólares de Warren, crescendo sem a incidência da taxa de performance, transformava-se em 28,80.

Então, por que os Gerard estavam interessados em transferir seu dinheiro de Buffett, um cara de 38 anos que investia desde a infância e com quem estavam lucrando 24% ao ano, para Thorp, de 36 anos, que vinha investindo fazia pouco tempo e de quem poderiam esperar, com base no desempenho passado, um rendimento líquido de apenas 20% ao ano? Porque, após o pico de aumento nos preços das ações em 1967, quando os detentores de ações de grandes empresas ganharam, em média, 38% ao longo do período de dois anos e as ações de pequenas empresas cresceram loucos 150%,[4] Warren Buffett disse que estava difícil demais encontrar empresas subvalorizadas. Nos dois anos seguintes ele estaria liquidando a sociedade. Seus investidores poderiam fazer retiradas em dinheiro ou, junto com o próprio Warren, ter parte ou a totalidade de seu patrimônio como ações em duas companhias de propriedade da sociedade, uma das quais era uma pequena empresa têxtil chamada Berkshire Hathaway. O próprio Buffett já tinha 25 milhões de dólares dos 100 milhões da sociedade, como resultado de suas taxas recebidas e seu crescimento por meio do reinvestimento nela.

Os Gerard optaram por levar sua distribuição inteiramente em dinheiro, para a qual estavam procurando um novo lar. Ralph gostou da abordagem analítica apresentada em *Beat the Market* e em meus outros escritos e queria não apenas me analisar ele mesmo, mas, como percebi mais tarde, obter uma visão do grande investidor com quem ele tinha ido tão bem. Assim, no verão de 1968, os Gerard convidaram Vivian e eu para jantarmos na casa deles com Susie e Warren Buffett.

De sua casa na seção de Harbour View Hills de Newport Beach, os Gerard desfrutavam da paisagem do porto de Newport, do oceano Pacífico e dos evanescentes e espetaculares pores do sol atrás da ilha Catalina, a oeste. Depois de nos sentarmos para jantar, a esposa de Ralph, Frosty, pediu a cada pessoa da mesa que se apresentasse. Susie Buffett nos contou sobre suas ambições de ser cantora de casas noturnas e como Warren a estava incentivando. Também falou de suas atividades em organizações que ajudavam as pessoas, como Fair Housing e a Conferência Nacional de Cristãos e Judeus.

Warren falava muito rápido com um tom fanhoso de Nebraska, além de despejar uma torrente de piadas, anedotas e provérbios inteligentes. Adorava jogar bridge e tinha um gosto natural pelo lógico, pelo quantitativo e pelo matemático. À medida que a noite avançava, fiquei sabendo que ele se concentrava em encontrar e comprar empresas subvalorizadas. Durante um período de vários anos, esperava que cada um desses investimentos superasse de modo substancial o desempenho do mercado, conforme representado por um índice como o Dow Jones Industrial Average (DJIA) ou o Standard & Poor's 500 (S&P 500). Como seu mentor Ben Graham antes dele, Warren também investia em warrants e operações de hedge com títulos conversíveis e arbitragens entre ações de empresas em processo de fusão. Era nessa área que seu interesse e o meu se sobrepunham, e na qual Buffett, um desconhecido para mim, estava me examinando como um possível sucessor para gerir investimentos para os Gerard.

Enquanto conversávamos sobre juros compostos, Warren deu um de seus exemplos favoritos do poder notável deles: se os índios de Manhattan pudessem ter investido 24 dólares, o valor das quinquilharias que Peter Minuit[5] lhes deu em troca da ilha em 1626, a um retorno líquido de 8%, poderia comprar a terra de volta agora, junto com todas as melhorias.[6] Warren contou que lhe perguntaram como encontrou tantos milionários para sua sociedade. Rindo, ele me disse: "Eu expliquei a eles que eu havia aumentado meu próprio patrimônio".

Então, Warren me perguntou se eu conhecia um conjunto de três dados de numeração estranha. Ele ouvira falar deles havia pouco e, nos anos seguintes, se divertiria usando-os para surpreender uma sequência de pessoas inteligentes. Assim como nos dados padrão, cada face tinha um número entre um e seis, mas, ao contrário dos dados normais, alguns números podem ser os mesmos. Na verdade, nos dados citados por Warren, cada um não tem mais do que dois ou três números diferentes. Esses dados são usados para uma espécie de jogo de azar: uma pessoa escolhe o "melhor" dos três dados, então, dos dois restantes, outra pessoa escolhe o "segundo melhor". As duas pessoas lançam os dados e o número maior vence. Em média, eu posso vencer você, embora você tenha escolhido o dado melhor. A surpresa para quase todo mundo é que não há dado "melhor". Chamemos os dados de A, B e C. Se A vence B e B vence C, parece plausível que, uma vez que A era melhor que B e B era melhor que C, A deveria ser muito melhor que C. Em vez disso, C vence A.

Isso deixa as pessoas perplexas, porque elas esperam que as coisas sigam o que os matemáticos chamam de regra transitiva: se A é melhor que B e B é melhor que C, então A é melhor que C. Por exemplo, se a expressão *melhor que* for substituída por *mais longo que*, *mais pesado que*, *mais velho que*, *mais que* ou *maior que*, a regra será respeitada. No entanto, algumas associações não seguem essa regra. Por exemplo, é *um conhecido de* e *é visível para* não são intercambiáveis. E se substituímos *melhor que* por *vence em média*, esses dados não estarão seguindo a regra transitiva. Então, eles são chamados de dados não transitivos. O jogo de infância Pedra, Papel e Tesoura é um exemplo simples de uma regra não transitiva. A Pedra vence (quebra) a Tesoura, a Tesoura vence (corta) o Papel e o Papel vence (embrulha) a Pedra.

Outro exemplo não transitivo com grande impacto prático é o de preferências de voto. Com frequência, a maioria dos eleitores prefere o candidato A ao candidato B, o candidato B ao candidato C e o candidato C ao candidato A. Nessas eleições, em que a preferência de voto é não transitiva, quem é eleito? Depende da estrutura do processo eleitoral. O economista e matemático Kenneth Arrow recebeu o prêmio Nobel de economia por mostrar que não existe nenhum procedimento de votação que satisfaça uma lista completa de propriedades intuitivamente naturais desejáveis. Um artigo da revista *Discover*[7] sobre esse assunto afirmou que, com um procedimento de eleição mais "razoável", com base em comparações eleitorais de todos os principais candidatos democratas e republicanos, John McCain teria recebido a indicação republicana em 2000 e depois sido eleito presidente no lugar de George W. Bush.

De volta a Newport Beach, o dado estava sendo lançado. Passei no teste de Warren quando lhe disse que, se os dados forem numerados assim: A = (3, 3, 3, 3, 3, 3), B = (6, 5, 2, 2, 2, 2) e C = (4, 4, 4, 4, 1, 1), os cálculos mostram que, em média, A vence B em dois terços do tempo, B em cinco nonos do tempo e C em dois terços do tempo. Outros conjuntos de dados não transitivos também são possíveis. Diverti as pessoas marcando um conjunto de três dados dessa forma e deixando meu oponente escolher seu primeiro dado. Depois de tentar os três dados um após o outro e perder todas as vezes, as pessoas em geral ficam perplexas.[8]

Warren convidou os Gerard e a mim para encontrá-lo outra vez, agora para uma tarde de bridge em sua casa em Emerald Bay. Esse luxuoso condomínio fechado no extremo norte de Laguna Beach, Califórnia, tinha praia particular e vistas maravilhosas do oceano. Enquanto Warren e eu conversávamos, as semelhanças e diferenças em nossas abordagens para investir ficaram mais claras para mim. Ele avaliava as empresas com o objetivo de comprar ações, ou mesmo toda a companhia, de forma tão barata que tinha uma ampla "margem de segurança" para permitir o desconhecido e o imprevisto. Na sua opinião, tais oportunidades surgiam de tempos em tempos, quando os investidores ficavam pessimistas em excesso quanto a uma empresa individual ou a ações em geral: "Seja medroso quando os outros forem gananciosos e seja ganancioso quando os outros forem medrosos". Seu objetivo era superar o desempenho do mercado a longo prazo, e portanto avaliava a si mesmo sobretudo com base em seu desempenho no mercado.

Eu, ao contrário, não avaliava o valor de várias empresas. Em vez disso, comparava diferentes títulos da mesma empresa com o objetivo de encontrar uma relativa divergência no preço, a partir da qual eu poderia construir uma posição hedgeada, cobrir a relativamente desvalorizada, vender a descoberto a relativamente supervalorizada, a partir do que eu poderia extrair um retorno positivo, apesar dos altos e baixos do mercado de ações. Warren não se importava com variações substanciais nos preços de mercado ao longo de meses ou mesmo anos, porque acreditava que, a longo prazo, o mercado aumentaria fortemente e, ao superá-lo com regularidade durante suas flutuações, sua riqueza cresceria ao longo do tempo muito mais rápido que o total do mercado. Seu objetivo era acumular o máximo de dinheiro. Eu gostava de usar a matemática para resolver certos quebra-cabeças interessantes que encontrei primeiro no mundo dos jogos de azar e depois no mundo do investimento. Ao ganhar dinheiro, vi confirmadas as minhas teorias, porque funcionavam no mundo real. Warren começou a investir quando ainda era criança e passou a vida fazendo isso de maneira notável. Minhas descobertas encaixavam-se em minhas vivências como matemático e pareciam muito mais fáceis, deixando-me em grande parte livre para curtir minha família e prosseguir em minha carreira no mundo acadêmico.

A casa de Warren em Emerald Bay começou a aparecer no noticiário mais tarde durante a bem-sucedida campanha de Arnold "O exterminador do futuro" Schwarzenegger em 2003 para o governo da Califórnia. De início, Buffett foi apoiador e conselheiro econômico de Arnold. Uma questão da campanha era reduzir o déficit orçamentário do estado. O problema era causado em grande parte pela medida anti-impostos Proposition 13, adotada pelos eleitores da Califórnia em 1978. Essa medida limitou o imposto sobre imóveis para 1% da avaliação com um limite de 2% ao ano em qualquer reavaliação de aumento. Com os preços em alta no estado, o imposto sobre as casas que não foram negociadas caiu ao longo do tempo para uma pequena fração de 1% de seu valor atual, erodindo assim enormemente a base tributável e expandindo o déficit orçamentário. Uma casa era reavaliada ao preço de mercado atual apenas quando era revendida. Como resultado, os impostos sobre casas comparáveis variaram muito, dependendo do momento em que mudavam de mãos. Isso levou a grandes desigualdades nos impostos pagos por diferentes proprietários. Além disso, ao reduzir de maneira drástica a taxa de imposto efetiva global em residências, a Proposition 13 reduziu a despesa anual de propriedade, o que, por sua vez, alimentou o aumento excessivo do preço das casas.

As empresas até se davam melhor que os proprietários de casas, pois criavam companhias para manter propriedades. Em vez de vender uma propriedade particular, vendiam a empresa que a possuía. Ao manter o mesmo "dono", esse esquema poderia preservar para sempre a baixa valorização original das propriedades individuais de determinada empresa em vez de aumentar o imposto com base em um novo preço de venda maior e mais realista. A receita que o estado perdeu teria sido suficiente para eliminar todos os seus déficits orçamentários de 1978 até então e tornar desnecessários todos os cortes de financiamento para educação e execução da lei, desde que, é claro, os políticos, não tendo visto déficits como resultado, evitassem novas despesas desnecessárias e desperdícios.

Buffett, ciente dos danos econômicos para o estado, recomendou publicamente a Schwarzenegger uma mudança no imposto de propriedade, para torná-lo justo e equitativo. Ressaltou que, em virtude da Proposition 13, o imposto sobre a propriedade de sua casa de Emerald Bay, que ele havia comprado na década de 1960 e agora valia vários milhões de dólares, era muitíssimo menor que o de sua casa em Omaha, então avaliada em 700 mil dólares. O futuro governador, prevendo a perda de votos se seguisse tal conselho, disse: "Eu avisei a Warren que, se ele mencionar a Proposition 13 de novo, terá que fazer quinhentas abdominais". Warren discretamente parou de aconselhar Schwarzenegger.

Depois, pensando em Buffett, em seu jogo favorito, o bridge, e nos dados não transitivos, eu me perguntei se os sistemas de lances do bridge poderiam ser como esses dados. Talvez, independentemente do sistema de lance que você use, sempre haja outro sistema que o supere, de modo que não existe sistema melhor. Se assim for, os inventores de novos sistemas de lances "melhores" talvez estejam sempre correndo atrás do rabo apenas para que seus sistemas sejam derrotados por sistemas ainda mais novos, que, por sua vez, talvez percam para sistemas antigos previamente descartados.

É possível encontrar a resposta a essa pergunta? Talvez quando os computadores conseguirem jogar bridge e fazer lances em nível de especialista. Como? Permitindo que o computador jogue um grande número de mãos, colocando vários sistemas de lances uns contra os outros e acompanhando seu comportamento.

Suponhamos que não haja sistema de lances perfeito. Então, sua melhor estratégia seria pedir aos oponentes que divulgassem seu sistema de lances, como determina o jogo, e aí escolher o sistema que oferecesse a defesa mais letal. Quando os oponentes compreendem a situação e exigem que sua equipe escolha seu sistema de lances primeiro, isso leva a um impasse que pode ser resolvido por sorteio para ver quem escolhe primeiro ou por algum tipo de atribuição aleatória de sistemas de lances.

O bridge é o que os matemáticos chamam de jogo de informação imperfeita. O lance, que precede o jogo das cartas, fornece algumas informações sobre as quatro mãos escondidas mantidas pelos dois pares de oponentes. À medida que as cartas são jogadas, os jogadores usam o lance e as cartas que viram até o momento para fazer inferências sobre quem tem as cartas restantes não jogadas. O mercado de ações também é um jogo de informações imperfeitas e lembra o bridge, pois os dois têm logros. No mercado, assim como no bridge, você se dá melhor se conseguir mais informação a priori e fizer o melhor uso delas. Não é de espantar que Buffett, sem dúvida alguma o maior investidor da história, seja um viciado em bridge.

Impressionado pela mente de Warren e seus métodos, bem como por seu histórico como investidor, comentei com Vivian que acreditava que ele acabaria se tornando o homem mais rico dos Estados Unidos. Buffett era um avaliador extraordinariamente inteligente de empresas de baixo preço, de modo que conseguia amealhar dinheiro muito mais rápido que o investidor médio. Também conseguia se manter confiante sobretudo em seu próprio talento, mesmo que seu capital tivesse crescido até chegar a uma quantidade enorme. Além disso, Warren entendeu o poder dos juros compostos e, claramente, planejou aplicá-lo por um longo período.

Minha previsão tornou-se realidade por alguns meses, em 1993, momento no qual ele foi o homem mais rico do mundo, até ser ultrapassado por Bill Gates e, mais tarde, por alguns outros empresários pontocom. Buffett recuperou o primeiro lugar do mundo em 2007 apenas para trocar de lugar de novo com Gates, seu camarada de bridge, em 2008. Até então, o tempo gasto com Warren havia se tornado uma mercadoria de grande valor. Em um animado leilão no eBay, um investidor asiático ofereceu 2 milhões de dólares a serem doados para a caridade pelo privilégio de almoçar com ele.

Ralph Gerard me deu cópias das cartas de Buffett para seus sócios e o documento de constituição de seu fundo, composto por duas páginas frente e verso. Era claro que o plano ideal seria reunir meu investimento para mim e para os outros em uma única sociedade de participação limitada, tal como Warren acabara fazendo.

Na época, eu estava gerenciando um total de cerca de 400 mil dólares. Em 25% ao ano, as contas estavam arrecadando 100 mil dólares, e como minha taxa de performance era 20% dos lucros, eu estava ganhando em média 20 mil por ano, mais ou menos o mesmo que meu salário como professor. Com os ativos das contas agrupadas em uma única conta, eu conseguia gerenciar mais com menos esforço. Uma operação de hedge de warrant só precisava ser configurada e gerenciada uma vez, em lugar de ser replicada individualmente para cada conta gerenciada.

Enquanto eu decidia os próximos passos, recebi um telefonema de um jovem corretor de Nova York chamado Jay Regan, que tinha lido *Beat the Market* e me disse que queria entrar no ramo de investimentos usando uma sociedade de participação limitada para implementar minha abordagem de hedge com títulos conversíveis. Pensando que talvez ele pudesse lidar com os aspectos comerciais de gerenciar um hedge fund enquanto eu me concentrava em escolher os investimentos e em fazer mais pesquisas nos mercados, combinei de encontrá-lo um dia em meu escritório no Departamento de Matemática da UCI, em 1969.

Na época com 27 anos, dez a menos que eu, Regan tinha estatura mediana, cabelos finos e ruivos, sardas e habilidades sociais de um promoter. Pós-graduado em filosofia pela Faculdade Dartmouth, logo adotou os princípios em que baseei meus métodos de investimento.

Parecíamos formar uma equipe perfeita. Eu geraria a maioria das ideias, mas ele traria sugestões e possibilidades comerciais lá de "Wall Street". Eu faria a análise e computaria pedidos para que ele os executasse por meio de várias corretoras de valores. Ele lidaria com impostos, contabilidade e a maioria dos documentos jurídicos e regulatórios, coisas que eu desejava evitar para poder me concentrar em pesquisa e desenvolvimento.

Naquele dia, selamos uma parceria com um aperto de mãos e concordamos em criar e gerenciar juntos uma nova sociedade de investimento baseada nas ideias de *Beat the Market*. Newport Beach seria o *think tank* e gerador de negócios, e Nova York, a sede e mesa de negociação. Discutindo de quanto capital precisávamos para começar, estabelecemos 5 milhões de dólares como nosso objetivo. Se fizéssemos 20% de despesas líquidas e cobrássemos 20% delas como taxa baseada em desempenho a cada ano, compartilharíamos 4% de 5 milhões de dólares, ou 200 mil, mais do que minha remuneração como professor de matemática junto com o que eu estava ganhando com meu pool menor de contas gerenciadas.

Nossa operação foi um exemplo do que veio a ser conhecido como hedge fund. Um hedge fund nos Estados Unidos é simplesmente uma sociedade limitada gerida por um ou mais sócios-administradores (cada um dos quais arrisca a perda de seu patrimônio líquido inteiro caso as coisas deem muito errado) e um grupo de investidores, ou sócios-investidores, cuja perda é limitada ao valor com que eles se comprometem. Os investidores são em essência passivos, sem nenhum papel na gestão da sociedade ou de seus investimentos. Na época, esses fundos eram muito pouco regulados, desde que não existissem mais de 99 parceiros e eles não envolvessem o público em geral. Os hedge funds com sede no exterior, denominados offshore, também podem ser estruturados como corporações ou trustes.

Embora os hedge funds fossem poucos em número naquele tempo, não eram um conceito novo. Jerome Newman e o mentor de Buffett, Benjamin Graham, tinham começado um já em 1936.[9] Nas mãos de administradores qualificados cujos interesses estavam mais ou menos alinhados com os seus por meio do incentivo à participação nos lucros, os investidores esperavam retornos muito melhores. O nome "hedge fund" talvez tenha surgido quando o jornalista Alfred Winslow Jones, inspirado pelo que aprendera depois de pesquisar para um artigo que estava escrevendo sobre investimentos, fundou uma sociedade de parceria limitada em 1949. Além de comprar ações que acreditava serem baratas, ele tentava limitar o risco ou "proteger-se" [to hedge] do risco de também vender ações a descoberto que ele achava estarem acima do preço. O vendedor a descoberto lucra se o preço cair e tem prejuízo se o preço aumentar. A venda a descoberto permite que um investidor lucre com um mercado em queda; um fundo como o de Jones pode, potencialmente, ter retornos mais estáveis. Embora a ideia de Jones não tenha recebido ampla atenção no início, um artigo de 1966 da revista Fortune, de Carol Loomis, "The Jones Nobody Keeps Up With" [O Jones que ninguém acompanha], anunciou que o hedge fund dele havia ultrapassado todas as várias centenas de fundos mútuos nos últimos dez anos[10] e as possibilidades tornaram-se bastante óbvias.

Eu sabia que encontrar investidores não seria fácil. Assim como 1967-8 tinham sido dois anos loucos para os mercados e para os poucos hedge funds existentes,[11] 1969 foi um grande balde de água fria.

As ações de grandes empresas caíram em média 9% e as ações de pequenas empresas despencaram alarmantes 25%. A maioria dos hedge funds sofreu grave prejuízo e fechou.[12] Embora explicássemos que devíamos ser neutros ao mercado e fazer o hedge, protegendo assim o valor do principal, nossas ideias eram novas e as pessoas estavam assustadas. Por fim registramos catorze sócios-investidores, além de nós mesmos, cada um com investimento de 50 mil dólares ou mais. Meus investidores individuais estavam entre os nossos primeiros sócios; Regan encontrou mais dinheiro indo ao tribunal, obtendo listas de sócios-investidores a partir de documentos que tinham sido apresentados por outros hedge funds e fazendo ligações para vender a ideia. Fui a Nova York para conhecer os futuros investidores, explicar nossos métodos e acrescentar prestígio com meus livros e minha posição acadêmica. No final de outubro, havíamos obtido apenas 1,4 milhão de dólares em promessas de investimento, mas decidimos avançar de qualquer maneira. Simplesmente cresceríamos com os lucros, e depois eles atrairiam mais capital de investidores atuais e de novos. A Convertible Hedge Associates (mais tarde rebatizada como Princeton Newport Partners) abriu as portas nas duas costas norte-americanas em 3 de novembro de 1969, uma segunda-feira. Um artigo no *Wall Street Letter*[13] anunciou nossa inauguração, localizando a empresa no contexto da confusão generalizada do mercado e do encerramento de diversos hedge funds naquele ano.

DINHEIRO EM MOVIMENTO. Enquanto alguns hedge funds encerram as atividades na esteira dos desempenhos amargos deste ano, novas sociedades de investimento continuam a ser formadas. Uma das mais novas é a Convertible Hedge Associates, cujos sócios-administradores são Ed Thorp e Jay Regan. Thorp é aquele que desenvolveu um sistema computadorizado para quebrar as bancas de blackjack em Las Vegas antes de elas mudarem as regras contra ele, e escreveu o livro *Beat the Dealer*. Transformou seus talentos no computador em gestão de recursos e tem um livro chamado *Beat the Market*. Regan já trabalhou com Butcher & Sherrerd, Kidder, Peabody e White, Weld. Entre os seus sócios-investidores estão Dick Salomon, presidente da Lanvin-Charles of the Ritz;

Charlie Evans (ex-Evan-Picone) e Bob Evans (Paramount Pictures); e Don Kouri, presidente da Reynolds Foods, Ltd.

Fechamos nossos dois primeiros meses de operação com um lucro de 4%, ou 56 mil dólares. O índice S&P 500 caiu 5% nos mesmos dois meses. Minha parcela líquida de 5,6 mil dólares das taxas de administração e de performance superou minha renda universitária para o mesmo período.

Era claro que eu estava em uma encruzilhada. Poderia usar minhas habilidades matemáticas para desenvolver estratégias de hedging e talvez ficar rico; ou poderia concorrer por progresso e distinção no mundo acadêmico. Eu amava o ensino universitário e a pesquisa e decidi ficar com ambos o máximo que pudesse. Minhas melhores ideias financeiras quantitativas seriam guardadas para nossos investidores, não publicadas, e ao longo do tempo seriam redescobertas e creditadas a outras pessoas.

O relato que Buffett fez sobre mim para os Gerard deve ter sido favorável, já que eles se juntaram a nós e seu fundo de truste manteve um investimento na sociedade até depois da morte de Ralph e Frosty. O tempo que passei com ele teve dois efeitos importantes na minha vida: ajudou-me a continuar no caminho para meu próprio hedge fund e, mais tarde, me levou a fazer um investimento muito lucrativo na empresa que ele transformou, a Berkshire Hathaway.

CAPÍTULO 13

Formando um fundo

A Princeton Newport Partners (PNP) foi uma ideia revolucionária na época em que a montamos, em 1969. Nós nos especializamos em hedge de ativos financeiros conversíveis: warrants, opções, títulos conversíveis e ações preferenciais, e outros tipos de títulos derivativos à medida que foram introduzidos nos mercados. Fazer hedge de risco não era novo, mas nós o levamos a um extremo nunca antes tentado.[1] Para começar, projetamos cada uma de nossas coberturas, que combinavam ações e ativos financeiros conversíveis de uma única empresa para minimizar o risco de prejuízo se a ação caísse ou subisse. Inventamos técnicas de hedge para proteger ainda mais nossa carteira de mudanças em taxas de juros, mudanças no nível de mercado global e prejuízos catastróficos que vez ou outra pudessem ocorrer devido a enormes mudanças inesperadas em preços e volatilidade. Conseguimos isso com fórmulas matemáticas, modelos econômicos e computadores. Essa dependência quase total de métodos quantitativos foi única, tornando-nos pioneiros de uma nova geração de investidores que mais tarde seriam chamados de *quants* (analistas quantitativos) e transformariam radicalmente Wall Street.

Consegui perceber desde o início como nossa riqueza poderia crescer, mas quando disse a amigos e colegas o que estava fazendo,

Vivian foi quase a única pessoa que percebeu isso também, apesar do que eu já havia feito com os jogos de azar. Embora ela não fosse cientista ou matemática, tinha duas das melhores qualidades desses profissionais: fazia as perguntas certas e compreendia o essencial. Passou horas me ajudando a filmar o giro de bolas na roleta para que eu pudesse construir uma máquina que previsse qual número surgiria, assim como havia distribuído milhares de mãos de blackjack para eu praticar a contagem de cartas. E me ajudou a editar meus livros sobre jogos de azar e mercado de ações e a negociar contratos.

Meu plano inicial para a Princeton Newport Partners, que nos primeiros cinco anos chamamos de Convertible Hedge Associates, era encontrar pares de títulos estreitamente relacionados que tinham precificação divergente um em relação ao outro e usá-los para construir investimentos que reduzissem o risco. Para formar esses hedges, comprávamos ao mesmo tempo o ativo financeiro de preço relativamente baixo enquanto compensávamos o risco de mudanças adversas em seu preço vendendo a descoberto o ativo comparativamente supervalorizado. Como os preços desses dois títulos tendiam a se mover um após o outro, eu esperava que a combinação reduzisse o risco ao capturar retornos extras. Identifiquei essas situações usando os métodos matemáticos que desenvolvi para avaliar o preço adequado de um warrant, opção ou título conversível frente à ação ordinária da mesma empresa.

Apostar em um hedge que eu havia pesquisado era como apostar em uma mão de blackjack na qual eu tinha vantagem. Como no blackjack, eu conseguia estimar meu retorno esperado, calcular meu risco e escolher que parcela de meus recursos apostar. Em vez de um montante de 10 mil dólares, agora eu possuía 1,4 milhão, e em vez de uma aposta máxima de quinhentos dólares, o cassino de Wall Street não tinha limite. Começamos a apostar de 50 mil a 100 mil dólares por hedge.

Para procurar oportunidades, todos os dias no início da tarde, após o fechamento do mercado em Nova York, alunos da UCI que contratei iam aos escritórios de duas corretoras com as quais eu negociava. Eles coletavam os preços de fechamento de centenas de warrants, títulos conversíveis, ações preferenciais conversíveis e suas respectivas ações ordinárias. Uma ação preferencial costuma pagar um dividendo regular, enquanto uma ação ordinária pode ou não pagar um dividendo e, se pagar, em geral variará ao longo do tempo. O dividendo de ações preferenciais é pago primeiro — tem prioridade —, antes de quaisquer pagamentos devidos às ações ordinárias. No caso típico, em que o valor do dividendo é fixo, a ação preferencial é como uma obrigação, mas mais arriscada porque os pagamentos de dividendos e o crédito sobre os ativos após a liquidação só são pagos após os pagamentos de títulos correspondentes. Uma ação chamada de preferencial conversível é aquela que pode ser trocada por um número especificado de ações ordinárias. Então, uma ação preferencial conversível é como um título conversível, mas menos seguro, pois é pago apenas se houver dinheiro suficiente para fazê-lo depois que os titulares receberem sua participação. Naquela época, havia inúmeras possibilidades de investimento.

Dei início ao negócio trabalhando em casa, em 1969, e ela própria mostrou o quanto nossa situação já havia mudado. Oito anos antes, quando chegamos à NMSU, alugamos uma casa térrea de 83 metros quadrados com quatro pequenos quartos, que logo foram utilizados. Nossa segunda filha, Karen, nasceu após alguns meses, seguida pelo nosso filho, Jeff, no ano seguinte. Logo depois, ganhos com o jogo e royalties do livro me permitiram não só pagar por meu aprendizado no mercado de ações como também comprar nossa primeira casa. Alguns anos mais tarde, quando nos mudamos para a UCI, encontramos uma casa de dois andares maior e mais agradável em Newport Beach, onde as operações da Costa Oeste da Princeton Newport Partners começaram.

Vivian e eu contratamos um empreiteiro para acrescentar uma escada externa e uma grande sala de dois andares para acomodar a empresa. Na sala nova, os dados eram traçados em diagramas matemáticos que inventei. Esses diagramas revelavam situações favoráveis e me permitiam especificar com rapidez as negociações adequadas. Os preços de fechamento de cada dia de um título conversível e de sua ação eram representados como um ponto colorido codificado no diagrama desse título conversível específico. Os diagramas foram preparados com curvas desenhadas por computador a partir de minha fórmula e mostravam o "preço justo" do título conversível. A beleza disso era que eu conseguia ver de imediato, a partir da imagem, se teríamos uma oportunidade de negociação lucrativa. Se o ponto que representava os dados estivesse acima da curva, significava que o título conversível estava muito caro, levando a um possível hedge: vender o título conversível a descoberto, comprar a ação. Um ponto de dados próximo da curva ou sobre ela indicava que o preço era justo, o que significava liquidar uma posição existente, não introduzir uma nova. Abaixo da curva, o ponto significava comprar o título conversível, vender a ação a descoberto. A distância do ponto a partir da curva me mostrava quanto lucro estava disponível. Se achássemos que atendia a nosso objetivo, tentávamos pôr o título em negociação no dia seguinte. A inclinação da curva perto do ponto de dados no meu diagrama me dava a proporção de hedge, que é o número de ações ordinárias a serem utilizadas versus cada título conversível, ação preferencial, warrant ou opção.

Depois de sofrer por alguns meses com as distrações da agitação que era nossa casa, Vivian me fez alugar um escritório. Assim que me mudei para o segundo andar de um pequeno prédio comercial, comprei computadores e contratei mais gente. Desenvolvi tabelas impressas para negociação de cada hedge. Essas tabelas classificavam os preços da ação versus o título conversível necessário para alcançar nosso retorno-alvo. Além dos novos hedges que queríamos adicionar, as tabelas mostravam como ajustar as posições existentes que precisavam de uma mudança na relação de hedge (o chamado hedging dinâmico), porque o preço das ações havia se deslocado ou deveria ser fechado por termos atingido nosso objetivo.

Nossos computadores consumiam tanta energia que o escritório estava sempre abafado. Deixávamos as janelas abertas e driblávamos o calor com ventiladores, mesmo durante o período mais frio do inverno californiano. Nosso locador não repassava aos inquilinos as contas de luz, pagando-as, em vez disso, com as rendas de aluguel. Quando o calor chamou minha atenção, calculei que o custo da eletricidade que usávamos era mais alto que nosso aluguel. Estávamos recebendo para estar ali.

Todos os dias após o fechamento do mercado eu ligava para Jay Regan em Nova York com instruções de negociações para o dia seguinte. Ele me dava os resultados de nossas negociações feitas durante o dia, a partir das quais eu já havia atualizado meus registros de posições. No dia seguinte, ele executava as negociações que eu recomendava, reportava os resultados e o processo inteiro era repetido.

Para informar nossos cotistas-investidores e novos investidores em potencial, publicávamos a intervalos regulares versões atualizadas de nosso Memorando Particular de Colocação Privada, que explicava coisas como operações e objetivos da sociedade, a estrutura da taxa e os potenciais riscos. Incluíamos descrições esquemáticas simplificadas de alguns de nossos investimentos reais, sem fórmulas, diagramas e cálculos matemáticos.

Uma dessas negociações poderia ter sido tirada das páginas de *Beat the Market*. Em 1970, a American Telephone and Telegraph Company (AT&T) vendeu warrants para comprar 31 milhões de ações ordinárias ao preço de 12,50 dólares por ação. Os rendimentos para a empresa foram de cerca de 387,5 milhões, à época o máximo para um warrant. Embora não houvesse uma divergência de preços grande o bastante, o histórico do comportamento dos preços do warrant indicava que isso poderia acontecer antes que ele expirasse, em 1975. Quando expirou, apostamos uma parte significativa do patrimônio líquido da sociedade.

Tivemos a orientação, nessa negociação e em milhares de outras, de uma fórmula cujos primórdios datavam de 1900, na tese de doutorado do matemático francês Louis Bachelier. Bachelier usou a matemática para desenvolver uma teoria para avaliar preços de opções na Bolsa de Valores de Paris (a Bourse). Seu orientador de tese, o mundialmente famoso matemático Henri Poincaré, não valorizou a realização de Bachelier, e este passou o resto de sua vida como um obscuro professor de província. Enquanto isso, um funcionário de escritório de patentes na Suíça de 26 anos chamado Albert Einstein logo publicaria, em seu "ano miraculoso", 1905, uma série de artigos que transformariam a física.[2] Um deles deu origem à teoria da relatividade, que revolucionou a teoria da gravitação e levou à era nuclear. O segundo trabalho, sobre a natureza da partícula da luz, ajudou a lançar a teoria quântica. Mas há ainda outro artigo de Einstein que se conecta com a minha história.

Nesse artigo, Einstein explicou uma descoberta desconcertante feita em 1827 pelo botânico Robert Brown. Brown usou o microscópio para observar partículas de pólen suspensas em água. Quando iluminados, seus pequenos pontos de luz refletida mostravam um movimento aleatório irregular e incessante. Einstein percebeu que isso era causado pelo bombardeamento das partículas de pólen por moléculas do líquido circundante. Ele escreveu equações que previram com acerto as propriedades estatísticas do movimento aleatório das partículas. Até aquele momento, ninguém tinha visto uma molécula ou um átomo (moléculas são grupos de átomos de vários tipos ligados por forças elétricas), e sua existência havia sido contestada. Ali estava a prova final de que átomos e moléculas eram reais. Esse artigo se tornou um dos mais citados em toda a física.

Sem que Einstein soubesse, suas equações que descrevem o movimento browniano de partículas de pólen eram em essência as mesmas que as equações usadas por Bachelier em sua tese cinco anos antes para descrever um fenômeno muito diferente, o movimento incessante e irregular dos preços das ações. Bachelier empregou as equações para deduzir os preços "justos" das opções sobre as ações subjacentes. Ao contrário do trabalho de Einstein, o de Bachelier permaneceu desconhecido do grande público até o futuro prêmio Nobel (1970) Paul Samuelson encontrá-lo em uma biblioteca de Paris na década de 1950 e traduzi-lo para o inglês. O artigo de Bachelier apareceu em 1964 no livro *The Random Character of Stock Market Prices* [O caráter aleatório dos preços no mercado de ações], editado por Paul Cootner e publicado pela MIT Press. Parte da minha autoeducação inicial nesta área, essa compilação de artigos que utiliza análise científica para as finanças exerceu forte influência em mim e em muitos outros.

Segundo Bachelier, as mudanças nos preços das ações seguiam uma curva em forma de sino, conhecida como distribuição normal ou gaussiana. Isso não correspondia bem aos preços reais, em especial em períodos superiores a alguns dias. Na década de 1960, acadêmicos melhoraram o trabalho de Bachelier usando uma descrição mais precisa das mudanças nos preços das ações.[3] Mesmo assim, essas fórmulas mais recentes para preços justos de opções, que também se aplicavam a warrants, não eram úteis para negociação porque incluíam duas quantidades que não podiam ser estimadas de forma satisfatória a partir de dados. Uma delas era uma taxa de crescimento da ação entre "agora" e a data de vencimento do warrant. A outra era um fator de desconto aplicado à remuneração incerta do warrant no vencimento para obter seu valor atual.

Esse fator de desconto, ou markdown, representava o fato de que investidores tendem a valorizar um retorno incerto menos do que um retorno certo. Por exemplo, se você lança uma moeda justa — o que, por definição, tem chances iguais de dar cara ou coroa —, um investidor que recebe dois dólares quando dá cara e nada quando dá coroa tem um retorno médio, porém incerto, de um dólar. Esse valor é descoberto através da multiplicação de cada retorno pelo número de formas em que ocorre (um, nesse exemplo) e dividindo por dois o número de resultados possíveis. A maioria dos investidores preferiria ter a certeza de receber um dólar. Para dois investimentos com o mesmo retorno esperado, a preferência tende a recair no menos arriscado. Influenciado por ter nascido durante a Grande Depressão e pelas minhas primeiras experiências de investimento, fiz com que a redução do risco fosse uma característica central da minha abordagem de investimento.

De volta a 1967, eu tinha dado mais um passo ao descobrir quanto valia um warrant. Usando um raciocínio plausível e intuitivo, presumi que tanto a taxa de crescimento desconhecida quanto o fator de desconto na fórmula de avaliação de warrant existente poderiam ser substituídos pela taxa de juros livre de risco,[4] a saber, aquilo que foi pago por um título do Tesouro dos Estados Unidos na data de vencimento do warrant.[5] Isso convertia uma fórmula inutilizável com quantidades desconhecidas em uma simples e prática ferramenta de negociação. Comecei a usá-la[6] em minha conta e na de meus investidores em 1967. Seu desempenho foi espetacular. Em 1969, sem que eu soubesse, Fischer Black e Myron Scholes, motivados em parte por *Beat the Market*,[7] testaram com rigor uma fórmula idêntica,[8] publicando-a em 1972 e 1973. Foi isso que iniciou o desenvolvimento e o uso disseminado dos chamados instrumentos derivativos em todo o mundo financeiro. Por suas contribuições, Myron Scholes e Robert Merton receberam o Nobel de Economia em 1997. O comitê do Nobel reconheceu as contribuições de Fischer Black (1938-95), e é consenso que ele teria compartilhado o prêmio caso não tivesse morrido anos antes de câncer na garganta.

Alimentada em grande parte pela fórmula, a Princeton Newport Partners prosperou. Em nossos dois primeiros meses, novembro e dezembro de 1969, nossos investidores ganharam 3,2%, enquanto o s&p 500 perdeu 4,8%, uma vantagem de 8%. Em 1970, aumentamos para 13%, contra 3,7% para o s&p. Em 1971, a pontuação foi de 26,7% para 13,9%, o que foi quase 13% melhor para os nossos sócios-investidores. Em 1972, o s&p afinal melhorou, fazendo 18,5% em comparação com nossos 12%. Isso significa que fomos mal? Não. Mostrou que estávamos fazendo exatamente o que pretendíamos fazer, produzir retorno alto e constante em bons e maus momentos. Os hedges nos protegiam contra perdas, mas à custa de abrir mão de alguns dos ganhos em grandes mercados afluentes. A variação em nossos retornos de ano a ano foi resultado sobretudo da flutuação na quantidade e na qualidade dos investimentos de hedge, em vez dos altos e baixos do mercado. Nossa primeira provação grave veio com a grande queda do mercado de ações de 1973-4. A queda foi motivada em parte pelo embargo do petróleo árabe. Os preços recordes do petróleo resultantes, ajustados pela inflação, nunca foram superados até o grande aumento para 140 dólares por barril, alcançados em 2008.

Em 1973, o s&p caiu 15,2%, e nós subimos 6,5%, com nossos investidores superando o mercado em mais de 20%. Os investidores do mercado de ações sofreram ainda mais em 1974. O s&p despencou 27,1%, e nossos investidores obtiveram 9%, uma diferença de mais de 36% a nosso favor. Ao longo desse ciclo de dois anos, cada um dos cotistas-investidores da pnp testemunhou um aumento de mil dólares para 1,16 mil, enquanto os investidores do s&p 500 viram seus mil diminuírem para 618. Além disso, a pnp ganhou dinheiro todos os meses em seus primeiros seis anos, exceto por um mês no início de 1974, quando declinou menos de 1%. Do ápice em 11 de janeiro de 1973 até o mínimo em 3 de outubro de 1974, a queda no mercado de ações foi de 48,2%, o pior desde a Grande Depressão. Até Warren Buffett disse que era uma coisa boa para seus investidores que ele tivesse fechado quando fechou.[9]

Investidores existentes estavam acrescentando dinheiro e possíveis novos investidores ficaram sabendo sobre nós por meio do boca a boca. O patrimônio do fundo cresceu do 1,4 milhão de dólares inicial para 7,4 milhões, e a remuneração dos administradores aumentou de maneira proporcional. Como a lei que regulava os fundos de investimento nos limitava a 99 parceiros, a participação de cada investidor precisaria de uma média de mais de 1 milhão de dólares para que nosso pool alcançasse 100 milhões. Por isso, queríamos pessoas físicas com alto valor líquido e investidores institucionais que fizessem um investimento inicial na pnp que fosse substancial para nós, mais uma pequena parte de seus fundos globais. Também queríamos que os investidores de alto valor tendessem a ser mais versados, mais experientes e mais capazes de avaliar os riscos da sociedade, além de terem seus próprios consultores. Para aumentar a quantidade de capital novo que conseguiríamos a partir do número cada vez menor de vagas disponíveis para novos investidores, elevamos o mínimo para ingresso dos 50 mil dólares iniciais para 100 mil, então para 250 mil, 1 milhão e, no fim, 10 milhões. Só admitíamos novos investidores após um exame cuidadoso de seus antecedentes. Em geral, era algo fácil de fazer, pois muitas vezes eles tinham carreiras cujas informações disponíveis eram públicas ou nós os conhecíamos pessoalmente.

Modificamos nossa taxa de desempenho de 20% dos lucros, faturados anualmente, incluindo uma nova disposição de *"high-water mark"*. Isso significava que, se tivéssemos um ano de prejuízo, transportaríamos o prejuízo e o usaríamos para compensar lucros futuros antes de recebermos mais taxas. Isso ajudou a alinhar nossos interesses econômicos com os dos cotistas-investidores. Calhou de nunca termos um ano de prejuízo, ou mesmo um trimestre de prejuízo, e esse cálculo nunca foi utilizado.

Os escritórios da PNP em Manhattan e Newport Beach expandiram-se à medida que contratamos mais funcionários. Encontrei pessoas de talento na UCI, onde eu ainda era professor de matemática. Nesse momento, tive que aprender a escolher e gerenciar funcionários. Ao descobrir isso por mim mesmo, evoluí para o estilo mais tarde apelidado de *"management by walking around"*.* Em vez da agenda infinda de reuniões formais que eu abominava na universidade, eu conversava diretamente com cada funcionário e pedia que fizesse o mesmo com seus colegas.

Eu explicava nosso plano geral e direcionamento e indicava o que queria que cada um fizesse, revisando papéis e tarefas com base em seu feedback. Para que esse sistema funcionasse, eu precisava de pessoas que conseguissem acompanhar o processo sem serem levadas pela mão, pois o tempo de gestão era escasso. Como muito do que estávamos fazendo foi sendo inventado à medida que avançávamos, e nossa abordagem de investimento era nova, precisei ensinar aos funcionários um conjunto único de habilidades. Escolhi pessoas jovens e inteligentes que haviam acabado de sair da universidade, porque não tinham caminhos traçados em trabalhos anteriores. É melhor ensinar um jovem atleta recém-chegado ao esporte do que retreinar um que aprendeu de um jeito ruim.

Sobretudo por ser uma organização pequena, era importante que

---

* Modelo de gestão de empresas em que o alto escalão e a gerência percorrem os departamentos e o chão de fábrica e mantêm relações informais e mais próximas com os funcionários, com o intuito de gerar relações mais transparentes e comunicação direta entre os níveis hierárquicos. (N. T.)

todos trabalhassem bem em conjunto. Uma vez que me era impossível dizer, a partir de uma entrevista, como uma nova contratação se ajustaria em nossa cultura corporativa, eu disse a todos que eram temporários nos primeiros seis meses, assim como nós éramos temporários para eles. Em algum momento durante esse período, se houvesse acordo mútuo, eles se tornariam funcionários fixos.

Eu revisava nossas políticas à medida que ganhava experiência. Quando vi que minha secretária saía de licença médica sexta-feira sim, sexta-feira não, e discretamente perguntei por que a um dos seus amigos, soube que ela tinha horário regular marcado no cabeleireiro e também aproveitava para resolver assuntos pessoais pendentes. A mulher usava sua cota anual de licenças médicas pagas porque, se não usadas, elas seriam perdidas. Com esse sistema, as pessoas que usavam suas licenças médicas conseguiam mais dias sem trabalho pagos e eram mais recompensadas do que aquelas que não as usavam. Retirei esse caso do que os economistas chamam de incentivo perverso, dando a todos um único pool de dias sem trabalho que se acumulavam com base no número de horas trabalhadas e cobriam feriados, férias, dias de ausência e doenças. Os funcionários podiam usar esse tempo de qualquer maneira, sujeitos apenas à limitação de que o tempo livre não interferisse nas responsabilidades essenciais do trabalho.

A fim de atrair e manter uma equipe excepcional, eu pagava salários e bônus bem superiores aos do mercado. Foi na verdade uma economia de dinheiro, porque meus funcionários eram muito mais produtivos do que a média. A remuneração maior reduziu a rotatividade, o que economizava tempo e dinheiro que, de outra forma, seriam usados para ensinar minha metodologia de investimento única. Nos níveis mais altos, impedia que as pessoas fossem embora e entrassem no ramo por conta própria.

As oportunidades de investimento também estavam em expansão, sobretudo em abril de 1973, quando a nova Bolsa de Opções de Chicago (Chicago Board Options Exchange, CBOE), criada e administrada pela já estabelecida Bolsa de Valores de Chicago (Chicago Board of Trade), começou a negociar opções. Antes disso, as opções eram negociadas apenas em mercado de balcão (*over-the-counter*, OTC), o que significava que possíveis compradores ou vendedores tinham que usar corretores para pesquisar em seu nome para chegar à outra ponta da negociação. Isso era ineficiente e os corretores cobravam tarifas elevadas dos clientes.[10] A CBOE ofereceu uma ampla gama de opções com termos padronizados que eram compradas e vendidas em seu pregão, bem como ações negociadas na Bolsa de Valores de Nova York. Os custos para compradores e vendedores caíram de forma drástica e o volume de negócios disparou.

Para nos preparar, programei nosso computador Hewlett-Packard 9830A usando minha fórmula de 1967 para calcular valores justos teóricos para essas opções. O computador, uma bela máquina de muita qualidade e do tamanho de um dicionário grande, instruía uma impressora graças à qual a Hewlett-Packard era famosa, usando pontas cheias de tinta para representar os resultados como diagramas multicoloridos. Para cada opção, a precificação correta de acordo com a teoria era representada por uma curva. Cada ponto em uma dessas curvas representava um possível preço de ação e o preço justo correspondente para a opção. Quando imprimíamos os preços de mercado reais de ação e a opção como ponto codificado por cores, comparávamos sua localização com a curva. Se o ponto estivesse acima da curva teórica, a opção estava com preço alto demais, de modo que era uma candidata à venda a descoberto e, ao mesmo tempo, à compra de ação para proteção contra o risco. A distância do ponto em relação à curva mostrava o valor da divergência de preços. Do mesmo modo, um ponto abaixo da curva mostrava que a opção era de baixo preço e de quanto era essa baixa. Isso significava que era uma candidata para o tipo oposto de hedge: compra a descoberto da opção, venda a descoberto da ação. A inclinação de nossa curva teórica em qualquer ponto dava automaticamente a quantidade adequada de ações versus opções para estabelecer um hedge que minimizasse o risco.

A curva teórica do valor justo dos preços das opções versus todos os preços possíveis de ações era produzida pelo computador a partir da fórmula.[11] Esta, por sua vez, usava dados como a volatilidade da ação (uma medida das mudanças percentuais diárias recentes no preço das ações), taxas de juros do Tesouro dos Estados Unidos e quaisquer dividendos pagos pela ação durante a vida da opção.

Alguns meses antes da abertura da CBOE, eu estava pronto para negociar usando a fórmula de precificação de opções que, achava, ninguém mais conhecia. A Princeton Newport faria a limpa nos lucros. Então, recebi uma carta e uma cópia de publicação prévia de um artigo de alguém de quem nunca tinha ouvido falar: Fischer Black. Ele dizia que era um admirador do meu trabalho e que ele e Myron Scholes tinham levado uma ideia-chave de *Beat the Market*, conhecida como delta hedging, um passo adiante e derivado uma fórmula de opções. Examinei o artigo e vi que se tratava da mesma fórmula que eu estava usando. A boa notícia era que sua prova rigorosa garantia que a fórmula que eu havia descoberto de maneira intuitiva estava correta. A má notícia era que ela agora era conhecida pelo público. Todo mundo a usaria. Por sorte, isso levou um tempo. Quando a CBOE abriu para negócios, parecia que éramos os únicos a negociar com a fórmula. Já no pregão da bolsa, era como lutar com armas de fogo contra arcos e flechas.

Para explorar as aberrações de preços o mais rápido possível antes que outros pudessem fazê-lo e antes que elas desaparecessem, pedimos que a bolsa de opções permitisse a nossos operadores usar calculadoras programadas portáteis no pregão. Nosso pedido foi negado. Os recém-chegados não teriam vantagem sobre os negociantes já estabelecidos havia tempos. Então solicitamos a próxima melhor opção: permissão para nos comunicarmos por walkie--talkies com nossos operadores no pregão. O que foi negado. Isso me lembrou um pouco o que eu tinha encontrado em Las Vegas na contagem de cartas. Então fornecemos a nossos operadores do pregão tabelas de negociação impressas que cobriam o crescente número de opções listadas. Elas eram produzidas durante a noite em nossas impressoras de alta velocidade e enviadas por portador aos nossos escritórios em Princeton e Chicago. Serviam quase tão bem quanto as calculadoras portáteis teriam servido.

Como precisávamos das tabelas nos dois escritórios, bem como para os operadores espalhados no pregão da bolsa, fazíamos cinco cópias. Usando formulários contínuos intercalados com papel-carbono, nossas máquinas da Printronix Corporation funcionavam a noite toda, todas as noites. As instruções de hedge e dos preços-alvo, que abrangiam todas as situações que talvez surgissem nos dias seguintes, geravam várias centenas de páginas. Cada tabela era composta de um punhado de folhas de mais ou menos trinta por 45 centímetros com alguns centímetros de espessura. Grande parte disso foi descrito em um artigo de primeira página no *The Wall Street Journal*, em 1974.[12] Mais tarde, quando os traders estabelecidos sentiram que podiam competir, as calculadoras de mão programadas para avaliar opções foram permitidas e se tornaram uma ferramenta básica para o setor.

Enquanto eu estava totalmente envolvido com a universidade e a empresa, Vivian se encarregava da maior parte da tarefa de criar nossos três filhos pré-adolescentes. Ainda assim, ela encontrou tempo para ajudar a reeleger um congressista local decente. Quando abriu um escritório de campanha em Corona del Mar, cabos eleitorais tentaram detê-la, sem sucesso. Ela arrecadou dinheiro para a campanha, encontrou voluntários próprios e lançou uma grande campanha de telefonemas. Uma vez reeleito o congressista, dois cabos eleitorais levaram o crédito por toda a operação organizada por ela e galgaram a altas posições dentro do partido. Vivian, no entanto, estava nessa pelos resultados, não pelo aprimoramento pessoal ou por aplausos. Em 55 anos e meio de casamento, não me lembro de vê-la se vangloriar de nada. O mais perto que ela chegava disso era quando eu admirava seu jeito de combinar os tons de suas roupas ou de mobiliar nossa casa com olhos de decoradora. Ela olhava para mim e explicava com naturalidade: "Tenho um olho bom para cor".

Vivian também organizou e dirigiu sem alarde uma grande ação telefônica que ajudou a eleger o primeiro negro a um cargo na administração estadual da Califórnia. Também influenciava as pessoas no tête-à-tête. Uma senhora que conheceu reclamava "daqueles judeus". Vivian perdera vários parentes em campos de concentração nazistas da Segunda Guerra Mundial. Quando nos contou sobre o encontro com essa mulher, esperávamos ouvir como ela a aniquilara. Ao explicar por que não o fez, Vivian enfatizou que a mulher não teria aprendido nada e simplesmente se tornaria uma inimiga. Com toda a paciência, ela educou essa pessoa que, no fundo, era boa, e as duas ficaram amigas pelo resto da vida.

As ideias de Vivian me ajudaram a lidar com o elenco de personagens que eu estava encontrando no mundo do investimento, muitos dos quais pareciam não ter uma bússola moral. Fascinada por gente, era-lhe natural extrair fragmentos do que as pessoas lhe contavam sobre si e construir uma história de vida homogênea, que ela analisava e na qual buscava coerência. Como resultado, minha esposa era uma juíza quase infalível de caráter, motivos e comportamento futuro esperado. Eu sempre ficava maravilhado quando ela aplicava isso a profissionais e gente do setor que eu lhe apresentava.

Eu mal conseguia acreditar como ela fazia isso com facilidade, baseada em indícios tão escassos. Mas Vivian costumava ter razão e, se eu não a ouvisse, seria desgraça na certa.

Depois de conhecer um desses personagens, ela disse: "É ganancioso, falso e suspeito".

"Como você sabe disso?", perguntei.

Ela disse: "Você pode ver que é ganancioso pelo jeito como dirige. A falsidade surge quando ele sorri. Seus olhos não sorriem de verdade também; eles zombam de você. E a mulher dele tem uma expressão triste nos olhos que não ajuda. O rosto que ela vê em casa não é aquele que ele mostra ao mundo".

Anos depois, esse "amigo", Glen, como vou chamá-lo, estava administrando um hedge fund no qual éramos investidores. O fundo perdeu 2 milhões de dólares em um de seus investimentos, em parte por fraude. Quando os advogados afinal recuperaram 1 milhão dos prejuízos, Glen distribuiu o dinheiro entre seus atuais cotistas, a maioria dos quais não estava entre os sócios antigos que tomaram o prejuízo original. Como estaria derivando o benefício econômico futuro dos atuais cotistas, mas não dos antigos, ele ganharia com essa injustiça. Quando eu o confrontei, ele afirmou que não fora capaz de localizar os cerca de vinte ou mais cotistas antigos. Eu tinha uma lista e lhe disse que estava de posse de informações atualizadas de quase todos, menos de três, e que sabia como encontrá-los por meio de amigos em comum. Então ele disse que não pagaria e que, nos termos da constituição do fundo, cada cotista tinha que ir à arbitragem separadamente. Os valores eram em média de 50 mil dólares para cada um, os quais, ele sabia, não compensavam as custas advocatícias, o tempo de pessoal, os inconvenientes e o estresse de um processo. Glen recusou meu apelo para concordar com uma única arbitragem, que resolveria o assunto para o grupo todo. Astuto, sugeriu que, se tentássemos algumas arbitragens individuais e ele perdesse todas, talvez mudasse de ideia. Quando perguntei a seu sócio advogado como podia ratificar esse comportamento antiético, ele disse: "Não ensinam ética na faculdade de direito".

Quando a Princeton Newport Partners prosperou, conheci pessoas interessantes. Curiosamente, não foi nosso desempenho de investimento, e sim uma peculiaridade do código tributário, que me levou a uma reunião com Paul Newman. O código ficou obsoleto no tratamento das opções listadas, pois havia, até alguns anos depois, quando a lei foi alterada, transações que permitiam reduzir de maneira substancial impostos federais e estaduais. Para explorar essa peculiaridade, fui convidado a almoçar com Paul e seu advogado tributarista no set do filme *Inferno na torre*, na Twentieth Century Fox, em Los Angeles.

Os estúdios ficavam ao lado da Beverly Hills High School, a única escola de ensino médio do sul da Califórnia com um poço de petróleo no campus. Quando cheguei, Paul estava de calça jeans, camisa e casaco combinando, muito antes que isso fosse chique. Isso, hoje, me faz lembrar das Levi's limpas, mas desbotadas, que eu costumava usar na década de 1940 por falta de dinheiro, e como fiquei atônito cinquenta anos depois, quando pessoas elegantes pagavam por jeans esfarrapados de propósito e cheios de buracos em condições muito piores do que as minhas calças do ensino médio!

Fiquei impressionado com os notáveis olhos azuis de Newman, ainda mais intensos pessoalmente do que nos filmes. Reservado, tímido até, ao ser apresentado a alguém, ele me olhou, não disse nada no início e depois perguntou: "Quer uma cerveja?". "Claro", respondi, e ele relaxou, concluindo que eu era um cara normal. Durante o almoço, enquanto eu comia um sanduíche especial que ele havia me recomendado, Paul perguntou sobre o meu sistema de contagem de cartas no blackjack e quanto eu achava que poderia ganhar com ele em tempo integral. Se dominasse disfarces e jogasse sozinho em vez de dirigir uma equipe, eu estimava um ganho de 300 mil dólares por ano. "Por que você não faz isso?", perguntou ele. Eu disse que esperava fazer melhor administrando meu hedge fund.[13] Como estava recebendo 6 milhões de dólares tributáveis naquele ano, que era o motivo do nosso almoço, ele gostou da resposta. Aquela reunião acabou não dando em nada. Seu advogado acreditava que as ideias que eu apresentei para reduzir seus impostos eram sólidas, mas novas, e, portanto, provavelmente seriam contestadas. Ele aconselhou Paul, um democrata progressista de alta visibilidade, a não arriscar complicações com uma receita federal republicana.

Tivemos outras interações com Hollywood. Dois dos nossos primeiros cotistas-investidores foram Robert Evans e seu irmão, Charles. Bob era um ator e produtor mais ou menos desconhecido até 1966, quando o conglomerado Gulf and Western assumiu a Paramount e o nomeou chefe de produção. Durante os oito anos seguintes, Evans revitalizou a Paramount com sucessos como *Um estranho casal*, *O bebê de Rosemary*, *Love Story — Uma história de amor*, *Chinatown* e *O poderoso chefão*. No filme *Mera coincidência*, de 1997, Dustin Hoffman interpreta um personagem com base em detalhes sobre a aparência, hábitos e maneirismos de Evans.

Um dia, em 1971 ou 1972, fui à casa de Bob em Beverly Hills para tentar explicar os tipos de operações que fazíamos no fundo. Enquanto ele e Charles circulavam a piscina que ficava nos fundos da casa, protegidos com óculos de sol e chapéus, sentei-me à beira explicando as ideias básicas por trás do hedge conversível. Na época, Robert estava casado com a terceira (de um total de sete) esposa, a atriz Ali MacGraw. Eu esperava, é claro, que ela fizesse uma aparição para me fazer perguntas sobre as complexidades do mercado, mas ela estava viajando. Ali tinha sido indicada ao Oscar de melhor atriz em 1970 por seu papel no filme *Love Story* e, mesmo duas décadas depois, quando tinha 52 anos, a revista *People* a escolheu como uma das cinquenta pessoas mais bonitas do mundo.

O roteirista Charles A. Kaufman (1904-91), cujo roteiro para *Freud — Além da alma* foi indicado para o Oscar em 1963, se tornou cotista-investidor e indicava com regularidade os nossos serviços, o que indiretamente pode ter feito com que alguns outros potenciais sócios nos procurassem. Kaufman tinha um contador que ficava em Los Angeles e também fazia a contabilidade de alguns dos grandes cassinos de Las Vegas. Os Kaufman ofereceram um jantar para mim e para Vivian e para o contador e sua esposa. A finalidade do encontro era que eu respondesse a perguntas tanto sobre estratégias de operação do fundo da sociedade quanto sobre nossas práticas contábeis. Quando a conversa chegou ao blackjack e mencionei o que sabia sobre truques, desvios e o caixa dois dos cassinos, o contador fingiu descrença e perplexidade. Sua esposa, uma ex-*showgirl* bonita e sem papas na língua, não tolerava esse tipo de coisa e nos contou que não sabiam de nada daquilo. O contador talvez estivesse mais informado do que deixou transparecer, porque poucos dias depois desse jantar recebi perguntas sobre investimentos na sociedade de figuras de Las Vegas famosas na época e muito bem relacionadas, como "Moe" Dalitz (1899-1989) e Beldon Katleman (1914-88). Jay Regan logo concordou comigo que não tínhamos nenhuma vaga disponível.

Uma das histórias[14] que mais suscitaram a inquietação do contador teve início no verão de 1962, quando um agente especial do Tesouro entrou em contato comigo. O departamento estava investigando possíveis fraudes fiscais no setor de cassinos de Nevada, acreditando que certas operadoras vinham removendo grandes quantidades de dinheiro que não estavam sendo incluídas em suas declarações de imposto. Membro de uma equipe secreta, "John" se parecia com o ator Mike Connors, mais conhecido por estrelar duas séries de televisão naquela época, *Mannix* e *Na corda bamba*, bem como vários filmes. Nós nos encontrávamos para almoçar regularmente no Hamburger Hamlet, em Westwood Village, ao lado do campus da UCLA. John vinha como o personagem que ele interpretava para enganar os cassinos, usando chapéu Stetson de aba larga, roupas de vaqueiro e uma identificação que comprovava ser um texano rico chamado C. Cash Anderson (uma leve pitada de humor financeiro). Ele dirigia um Cadillac novo conversível, com a capota branca aberta.

Em Las Vegas, ele apostava alto no blackjack, um ato que o levava para as salas onde os cassinos contavam o dinheiro das caixas de coleta que eram seladas e levadas das mesas. Ele relatou ter visto dois livros contábeis, junto com calculadoras correspondentes, um mostrando os totais de dinheiro real e outro, o valor menor que era declarado ao governo. Em nome da equipe, John estava me consultando sobre como melhorar seu jogo no blackjack com altas apostas e, assim, reduzir o custo para o Tesouro, enquanto ele e seus colegas fingiam ser apostadores extravagantes sem experiência.

O fundo prosperava, Vivian e eu também. Quando começamos, em 1969, previ a rapidez com que minha riqueza e a de Regan cresceriam. Em um bloco de papel amarelo, com pressupostos plausíveis sobre a taxa de retorno da empresa, a taxa de crescimento do patrimônio líquido da nossa sociedade e os impostos, previ que em 1975 estaríamos milionários. Enviei uma cópia para Regan.

De fato, em 1975 estávamos mesmo milionários, e o dinheiro estava mudando a vida de nossas famílias. Vivian e eu fizemos grandes acréscimos e melhorias em nossa casa. Em 1964, em Las Cruces, eu tinha comprado de um de meus alunos um Volkswagen vermelho usado. Uma década depois, em 1975, estava dirigindo um Porsche 911S vermelho e novo. O guarda-roupa simples e barato de Vivian estava evoluindo para roupas de grife combinadas com bolsas e sapatos de moda. Nossas férias, que costumavam ser viagens de baixo orçamento para reuniões profissionais, estavam sendo substituídas por cruzeiros e estadas em hotéis de luxo no exterior.

Vivíamos nesse momento uma realidade mais abastada que a da maioria de nossos amigos da faculdade. A consequência indesejada foi que nos distanciamos um pouco de pessoas inteligentes, engraçadas e instruídas com quem tínhamos muita afinidade. Por outro lado, ainda não havíamos feito muitos amigos novos na rica comunidade empresarial de Orange County, pois a maioria de nossos parceiros de negócios estava espalhada pelos Estados Unidos. Como Vivian observou: "Não somos nem uma coisa nem outra".

A mudança nos meus interesses matemáticos também me distanciou em termos profissionais dos meus colegas de departamento na UCI. Como costuma acontecer nas universidades, a ênfase da pesquisa era na matemática pura. De forma bem geral, esse é o desenvolvimento da matemática abstrata ou a teoria pela teoria.

A área de concentração de minha tese de doutorado era a matemática pura e esse continuou sendo meu foco nos quinze anos seguintes. Mas com a análise de jogos de apostas também desenvolvi um forte interesse pela matemática aplicada, que usa teorias matemáticas para resolver problemas do mundo real. O mundo financeiro estava apresentando a mim e à Princeton Newport Partners uma série infinita de quebra-cabeças a ser resolvidos por diversão e pelo lucro. Eu estava me tornando um matemático aplicado de novo, e, em termos profissionais, num departamento de matemática pura eu não era nem uma coisa nem outra.

Ao mesmo tempo, o Departamento de Matemática estava prestes a ter sérios problemas. Os dois níveis de subvenção para pesquisa e fundos do estado da Califórnia para apoiar a universidade haviam diminuído. Isso levou a lutas ferozes entre várias facções no departamento pelo que restava. Para mediação na luta, um acadêmico de fora foi trazido, como presidente. Foi forçado a sair depois de três anos turbulentos. Por falta de alguém que pudesse ser aceitável para os grupos em conflito, e contrariando meu melhor juízo, fui persuadido pela administração a atuar como presidente temporário.

A tarefa foi pior do que imaginei. Descobri que um professor assistente havia parado de comparecer para dar suas aulas, dividindo seu tempo entre a namorada a 650 quilômetros ao norte, na área da baía de San Francisco, e os cassinos em Reno e Tahoe. Contador de cartas, ele próprio me ligou fazendo perguntas sobre o blackjack! Outro professor assistente estava gastando 2 mil dólares por mês em contas de telefone departamentais frente a um total de duzentos dólares para os outros vinte professores juntos. Quando o confrontei, ele afirmou que as ligações eram relacionadas a uma pesquisa de matemática. Uma revisão das contas mostrou que quase todas as cobranças se referiam a chamadas para dois números na cidade de Nova York. Liguei para ambos, constatando que um era da casa da mãe do professor e o outro, de uma loja de discos. Ele ficou furioso comigo e nem um pouco envergonhado quando exposto.

Nesse meio-tempo, um professor titular roubou o prontuário confidencial de um colega dos arquivos do departamento. Quando fiquei sabendo e o confrontei, ele se recusou a devolvê-lo. Descobriu-se que o prontuário continha uma carta muito desagradável que ele escrevera sobre seu inimigo. Ele temia ser expulso por mim caso eu, como presidente, soubesse o que havia feito. Quando pedi aos funcionários da administração que iniciassem ações disciplinares contra esses incorrigíveis, eles se recusaram a agir. Fiquei atônito e frustrado.

Um problema em grandes burocracias é que muitos dos membros decidem que em vez de manter os princípios é melhor não enfrentar as pessoas. Pedi a um bom amigo, a quem havia ajudado a conseguir uma reunião em nosso departamento, que se tornasse meu vice-presidente e me apoiasse. Embora fosse professor titular com mandato naquele momento, ele declinou, dizendo: "Eu preciso viver na mesma jaula que esses macacos". Compreendi seu ponto de vista. Por outro lado, eu não estava confinado naquela jaula. Tinha a PNP. Pensei: *Por que tentar consertar isso aqui se ninguém me dá respaldo?* Eu estava no Departamento de Matemática por escolha, não por necessidade. Era hora de seguir em frente.

De início, pedi transferência para a Escola de Pós-Graduação em Administração da UCI, onde gostava de ministrar cursos de matemática financeira. Mas descobri que as lutas entre facções e as punhaladas nas costas eram tão ruins como no Departamento de Matemática. Os dois lugares tinham inúmeras reuniões de comitês, discussões mesquinhas sobre benefícios, pessoas que não faziam sua parte e não podiam ser despedidas e a máxima "Publique ou morra". Decidi que era hora de deixar o meio acadêmico. Mesmo assim, não foi uma decisão fácil. Eu ouvira mais de uma pessoa dizer que o que mais queria na vida era ser professor titular na Universidade da Califórnia. Esse também tinha sido meu sonho. Ao longo dos anos, contratei alunos e ex-funcionários da UCI, mas apenas um membro do corpo docente, sem mandato, se mostrou disposto a correr o risco e vir trabalhar na minha empresa. Os outros achavam essa ideia assustadora. Claro, alguns se arrependeram mais tarde.

Reduzindo aos poucos minha carga horária de tempo integral, renunciei enfim à minha cátedra na UCI em 1982. Eu adorava ensinar e pesquisar e tive a sensação de perda ao abandonar uma posição que esperava desfrutar por toda a vida, mas acabou por ser melhor assim. Levei comigo o que gostava. Mantive meus amigos e continuei com minhas colaborações de pesquisa. Livre para fazer qualquer coisa que desejasse, meu sonho de infância tornado realidade, continuei a apresentar meu trabalho em reuniões, além de divulgá-lo em publicações sobre matemática, finanças e jogos de azar.

Intensifiquei meu foco em concorrer com a onda de matemáticos, físicos e economistas financeiros que estavam nesse momento rumando do meio acadêmico para Wall Street.

CAPÍTULO 14

Largando na frente na revolução quantitativa

Quando Black e Scholes publicaram sua fórmula, a mesma que eu já estava usando, eu sabia que, para manter a vantagem comercial da PNP, precisaria desenvolver minhas ferramentas para avaliar warrants, opções, títulos conversíveis e outros derivativos rápido o suficiente para ficar à frente de futuras legiões de doutores em marcha, ávidos por avanço acadêmico através da publicação de artigos. Embora eu tivesse que manter resultados importantes em segredo para benefício de nossos investidores, poderia divulgar ideias menos importantes que, na minha opinião, cedo ou tarde seriam descobertas por outros.

Antes do trabalho de Black e Scholes, eu tinha ido além da fórmula básica deles, generalizando-a para incluir casos em que o produto de vendas a descoberto era retido pelo corretor (em seu benefício, desde que ele usasse o dinheiro) até a venda a descoberto estar fechada. Assim que eles publicaram, apresentei esses casos em uma reunião do Instituto Internacional de Estatística em Viena, onde eu estava dando uma palestra.[1] Também estendi o modelo para incluir ações que pagavam dividendos, já que estava negociando opções de compra e warrants sobre muitas dessas ações. Então, a CBOE anunciou que começaria a negociar opções de venda em algum momento no ano seguinte, 1974. Essas opções, como as opções de compra que já estávamos negociando, eram chamadas de americanas, distintas das opções europeias, que podem ser exercidas apenas durante um curto período de liquidação, só antes do vencimento, enquanto as americanas podem ser exercidas a qualquer momento durante sua vida útil.

Se a ação subjacente não pagar dividendos, a fórmula Black-Scholes, que é para a opção de compra europeia, acaba por coincidir com a fórmula da opção de compra americana, que é o tipo que se comercializa na CBOE. Uma fórmula para a opção de venda europeia pode ser obtida usando-se a fórmula para a opção de compra europeia. Mas a matemática para as opções americanas de venda é diferente das opções de venda europeias, e, mesmo hoje, nenhuma fórmula geral foi encontrada. Percebi que eu poderia usar um computador e meu "método integral" não divulgado para avaliar as opções a fim obter resultados numéricos para qualquer grau de precisão desejado para esse "problema de opção de venda americano" ainda não solucionado. Em uma hora produtiva, no outono de 1973, delineei a solução, a partir da qual minha equipe programou um computador para produzir valores calculados precisos. Meu método integral também tinha outra vantagem sobre a abordagem Black-Scholes. Considerando que esta última era baseada em um modelo específico de preços das ações,[2] um modelo com precisão limitada, minha técnica poderia avaliar opções para um espectro amplo de supostas distribuições de preços de ações.

Em maio de 1974, jantei com Fischer Black em Chicago, e ele me convidou para dar uma palestra no encontro semestral do Centro de Pesquisa em Preços de Valores Mobiliários (Center for Research in Security Prices, CRSP), da Universidade de Chicago. À época na casa dos trinta anos, Fischer era alto e arrumadinho, com cabelo preto penteado para trás e óculos "sérios". Concentrando-se intensamente em qualquer assunto financeiro que estivesse sendo discutido, ele falou de forma articulada, lógica e concisa. Suas observações, compactas e ultralegíveis, refletiam isso. Ele se tornaria um dos personagens mais inovadores e influentes em finanças acadêmicas e aplicadas.[3] Como um método computacional de precificação de opções de vendas americanas tinha sido fácil para mim, levei-o comigo para mostrar a Fischer e aprender com ele como outros o tinham resolvido. Pus a resposta na mesa entre nós, mas antes que eu pudesse falar Fischer começou a me contar sobre sua abordagem do problema e as dificuldades que até então o haviam impedido de resolvê-lo. Antes disso, eu tinha explorado sua abordagem e acreditei que funcionaria, mas, como meu método integral era tão fácil, eu o usei. Se Fischer Black não soubesse a resposta, ninguém mais saberia. Por dever isso a meus investidores para preservar nossa vantagem competitiva, devolvi discretamente o trabalho à minha pasta. Dois outros métodos computacionais para encontrar preços de opções de venda americanas acabaram sendo publicados em revistas acadêmicas em 1977.[4]

A exemplo do que aconteceu com meu método para avaliar as opções de venda americanas, meus parceiros e eu continuamos a resolver problemas para avaliar os chamados derivativos antes da descoberta e publicação por acadêmicos. Desde 1967 até a PNP encerrar as atividades no final de 1988, isso nos deu uma vantagem significativa na negociação de uma série em expansão de novos instrumentos financeiros.

Alguns de nossos negócios eram fáceis de explicar aos investidores sem usar a teoria. Um deles envolvia warrants emitidos pela Mary Carter Paint Company. Fundada em 1958 como sucessora de uma companhia de 1908, começou como adquirente de outras empresas de pintura e evoluiu para uma incorporadora de resorts e cassinos nas Bahamas. Alterando seu nome para Resorts International, desfez-se do negócio de pinturas e do nome. Em 1972, a empresa tinha warrants que vendiam por 27 centavos quando as ações eram negociadas a oito dólares. Os warrants eram baratos porque não valiam a pena, a menos que as ações fossem negociadas acima de quarenta dólares por ação. Sem chance. Uma vez que nosso modelo apontou que os warrants valiam quatro dólares por ação, compramos tudo o que podíamos ao inacreditável preço de 27 centavos cada, o que resultou em 10,8 mil warrants a um custo total, após as comissões, de 3,2 mil dólares. Fizemos o hedge de nosso risco de perda ao vender a descoberto oitocentas ações ordinárias a oito dólares. Quando mais tarde as ações caíram para 1,50 dólar, recompramos nossas ações a descoberto com um lucro de mais ou menos 5 mil. Nosso ganho agora consistiu em warrants "gratuitos" mais cerca de 1,8 mil dólares em dinheiro. Os warrants estavam sendo negociados a quase zero mas abaixo do pequeno valor que o modelo apontou que valiam, de modo que decidi que devíamos deixá-los de lado e esquecê-los.

Seis anos agitados se passaram. Então, em 1978, começamos a receber ligações de pessoas que queriam comprar nossos warrants. A Resorts havia adquirido imóveis em Atlantic City, Nova Jersey, e depois fez um lobby bem-sucedido, junto com outros, para trazer cassinos para o estado, limitados a Atlantic City. Em 26 de maio de 1978, a companhia abriu o primeiro cassino dos Estados Unidos fora de Nevada. Tendo recebido aprovação antecipada, não teve concorrentes e conseguiu lucros acumulados surpreendentes até outros cassinos serem abertos, no final de 1979. Com as ações agora sendo negociadas a quinze dólares por ação — dez vezes o preço mais baixo anterior — e os warrants sendo negociados entre três e quatro dólares, o modelo apontou que valiam cerca de sete ou oito. Então, em vez de vender e amealhar um lucro de 30 mil a 40 mil dólares, comprei mais warrants e vendi ações, como proteção contra o risco de perda. Quando as ações ultrapassaram a marca de cem dólares, ainda estávamos comprando warrants e vendendo ações a descoberto. Por fim vendemos os warrants de 27 centavos e outros por mais de cem dólares cada. No fim das contas, fizemos mais de 1 milhão de dólares.[5] Ao mesmo tempo, as equipes de blackjack que usavam meus métodos estavam explorando o boom do cassino em Atlantic City com seu ambiente temporariamente amigável e regras razoáveis para esse jogo. A ironia é que, enquanto extraíam milhões de dólares das mesas de blackjack na Resorts e em outros lugares, eu lucrava com os títulos da Resorts.

Nos três anos e dez meses desde o início de 1973 até outubro de 1976, os cotistas-investidores da PNP ganharam 48,9%. Durante esse tempo, investidores comuns tiveram momentos tempestuosos no mercado de ações. O índice S&P caiu 38% nos primeiros dois anos e subiu 61% de 1975 a outubro de 1976, para terminar com um ganho líquido de apenas 1%. Enquanto isso, a Princeton Newport ganhou em todos os trimestres.

É regra geral que os bons anos de mercado têm de ser melhores que seus anos ruins para, no mínimo, terminar no empate.[6] Um exemplo extremo é que, usando apenas os valores de fim de mês,[7] o S&P 500 caiu 83,4% do seu pico no final de agosto de 1929 até o final em junho de 1932. Um dólar investido reduzia-se a 16,6 centavos. Para que esses 16,6 centavos se tornassem de novo um dólar, o índice precisava ficar 6,02 vezes maior, um aumento de 502%. A espera durou mais de dezoito anos, até o final de novembro de 1950. A taxa de crescimento por ano durante esse longo período de recuperação foi de 10,2%, perto da média histórica de longo prazo.

Durante a década de 1970, a amplitude e a sofisticação de nossos investimentos se expandiram. As empresas vieram com famílias de valores mobiliários, que incluíam títulos conversíveis e ações preferenciais, warrants e opções de compra e venda. Estes derivavam a maior parte de seu valor das ações subjacentes e foram chamados de derivativos. Eles proliferaram em número, tipo e quantidade nas décadas seguintes, pois os chamados engenheiros financeiros inventaram novos títulos para possivelmente diminuir o risco e sem dúvida aumentar os honorários. Usei minha metodologia para avaliar esses derivativos e os outros que vieram. Isso permitiu à Princeton Newport Partners negociar títulos conversíveis de forma mais precisa do que qualquer outra empresa. O hedge de derivativos foi uma fonte-chave de lucros para a PNP durante seus dezenove anos. Esse hedge também se tornou uma estratégia essencial para muitos hedge funds posteriores, como Citadel, Stark e Elliott, que cada um deles usou para gerenciar bilhões.

Os títulos conversíveis hoje podem ter termos e condições complexos, mas a ideia básica é simples. Considere o hipotético título

XYZ6s2020. Cada título foi originalmente vendido por cerca de mil dólares em 1º de julho de 2005 para ser resgatado pela empresa por exatamente mil, o "valor nominal", em 1º de julho de 2020. A obrigação promete pagar 6% do valor nominal em juros para cada ano de vida, em duas parcelas semestrais de 3%, ou trinta dólares, a serem pagas aos titulares registrados em 1º de janeiro e 1º de julho. Até agora, esses são os termos de uma obrigação ordinária típica. No entanto, o título conversível tem mais um recurso. À escolha do titular, ele pode ser convertido em vinte ações ordinárias da empresa XYZ a qualquer momento até o vencimento do título em 1º de julho de 2020. Portanto, esse título combina as características de uma obrigação ordinária e as de uma opção. O preço de mercado dele pode ser considerado como a soma de duas partes. A primeira é o valor de um título comparável sem o recurso de conversão, que flutuará com o nível das taxas de juros e a solidez financeira da empresa. Isso define um "piso" ao preço.

A segunda parte é o valor da opção do recurso de conversão. Em nosso exemplo, se a ação é de cinquenta dólares, o título pode ser trocado por vinte ações, no valor de mil dólares, o que o faz valer a pena de qualquer forma quando vencer, de modo que não há benefícios no recurso de conversão. No entanto, se a ação subisse a qualquer momento para 75 dólares, vinte ações valeriam 1,5 mil. O título, que pode ser trocada de imediato por essa quantidade de ações, deveria ser negociado no mercado, em seguida, por pelo menos esse valor.

Por que as empresas emitem essas obrigações? Porque o valor da opção adicional ou recurso de conversão, que dá ao comprador um bilhete de loteria quanto ao futuro da empresa, permite que a empresa reduza a taxa de juros que precisa pagar sobre os título para vendê-los.

Assim como usou métodos de avaliação de opções para construir modelos para precificação de títulos conversíveis, a PNP fez o mesmo com outros derivativos. Nossos hedges apresentavam, individualmente, baixo risco. Dos duzentos que rastreei no início da década de 1970, 80% tinham lucro, 10% terminaram mais ou menos iguais e 10% tinham prejuízo. O prejuízo foi muitíssimo menor em média do que o lucro.

Para produzir retornos ainda mais estáveis, fizemos hedge global de toda a nossa carteira de hedges, neutralizando o impacto em nossa carteira de deslocamentos nas taxas de juros (em todo o espectro de qualidade e vencimento).[8] Também compensamos o perigo para a carteira de grandes deslocamentos repentinos nos preços gerais do mercado de ações e no nível de volatilidade do mercado. A partir da década de 1980, algumas dessas técnicas começaram a ser usadas pelos modernos bancos de investimentos e hedge funds. Eles também adotaram uma noção que rejeitamos, chamada VAR ou "valor em risco" (Value at Risk), com o qual estimavam o dano a sua carteira com, por exemplo, os piores eventos entre os mais prováveis dos 95% dos resultados futuros, negligenciando os 5% extremos de "caudas", e então agiam para reduzir todos os riscos que fossem inaceitavelmente grandes. O defeito do VAR, sozinho, é que ele não registra na totalidade os piores 5% dos casos esperados. No entanto, esses eventos extremos são os que podem trazer a ruína. Também é verdade que mudanças extremas nos preços dos títulos podem ser muito maiores do que seria de esperar das estatísticas gaussianas ou normais comumente usadas. Quando o índice S&P 500 caiu 23% em 19 de outubro de 1987, um eminente professor universitário de finanças disse que, se o mercado tivesse negociado todos os dias pelos 13 bilhões de anos de vida do universo, a chance de isso acontecer, mesmo que uma única vez, era insignificante.

Outra ferramenta usada hoje é um "teste de estresse" de uma carteira, feito através da simulação do impacto de grandes calamidades do passado sobre ela. Em 2008, um fundo de hedge multibilionário, administrado por um analista quantitativo de renome, usava janelas de dez dias a partir do crash de 1987, da Primeira Guerra do Golfo, do furacão Katrina, da crise do Long-Term Capital Management em 1998, da queda do mercado induzida pela tecnologia em 2000-2, da Guerra do Iraque e assim por diante. Todos esses dados foram aplicados à carteira de 2008 do fundo e mostraram que esses eventos levariam a perdas de pelo menos 500 milhões em uma carteira de 13 bilhões de dólares, um risco de perda de não mais que 4%. Mas, na verdade, o fundo perdeu mais de 50% em sua baixa em 2009, ficando à beira da ruína antes de afinal recuperar seus prejuízos em 2012. O colapso do crédito de 2008 foi muito diferente dos piores casos passados que ele testou, e sua quase extinção reflete a inadequação de simplesmente reproduzir o passado.

Assumimos uma visão mais abrangente. Analisamos e incorporamos o risco de cauda e consideramos questões extremas como: "E se o mercado caísse 25% em um dia?". Mais de uma década depois, isso fez exatamente com que nossa carteira mal fosse afetada. Quando, com nossa gama e tamanhos variados de negócios, transferimos nossa conta para o Goldman Sachs como nosso intermediário principal, uma das perguntas que fiz foi: "O que acontecerá com nossa conta se o Goldman Sachs de Nova York for destruído por uma bomba nuclear terrorista contrabandeada pelo porto?". A resposta foi: "Temos registros duplicados armazenados no subterrâneo da Iron Mountain, no Colorado".

Há outro tipo de risco em Wall Street, do qual computadores e fórmulas não podem proteger ninguém. É o perigo de ser enganado ou fraudado. Ser enganado nas cartas em cassinos da década de 1960 foi uma preparação valiosa para a grande escala de desonestidade que eu encontraria no mundo dos investimentos. A imprensa financeira revela novos ardis todos os dias.

Em fins dos anos 1970, com a inflação se aproximando dos dois dígitos e um aumento nos preços das commodities, metais preciosos e opções para comprá-los ou vendê-los eram um negócio em expansão. Depois de receber uma oferta dessas de um vendedor da empresa que chamarei de XYZ Corporation, comparei os preços da companhia com os preços-modelo "corretos" que utilizávamos na PNP quando vendemos grandes quantidades dessas opções a um grande negociador.

Para minha surpresa, descobri que a XYZ Corporation estava me oferecendo opções por menos da metade do meu retorno esperado!

Depois de coletar as demonstrações financeiras do meu amigável vendedor e examiná-las, descobri que, quando a XYZ Corporation vendia uma opção, ela contava o produto como receita, mas não separava nenhuma reserva para pagar as opções se e quando elas fossem cobradas pelo comprador. Como as reservas corretas de cada opção que a empresa vendeu deveriam ter sido mais que o dobro do que estavam sendo pagas, uma contabilidade adequada indicaria que seu patrimônio líquido ficaria mais negativo a cada vez que ela vendesse outra opção.

Era claro que a companhia tinha que vender mais e mais opções, usando o crescente fluxo de caixa para pagar qualquer "investidor" inicial que talvez cobrasse. Um esquema Ponzi clássico, que sem dúvida acabaria mal. O que fazer?

Decidi fazer um pequeno experimento educativo. Depois de analisar as escassas informações disponíveis sobre as vendas, as opções em circulação e as taxas de resgate antecipado, estimei que a empresa sobreviveria por pelo menos mais oito meses. Acabou sobrevivendo dez. Comprando 4 mil dólares em opções de seis meses, dupliquei meu investimento em quatro meses e retirei meu dinheiro. Alguns meses depois, os escritórios foram fechados, os operadores se foram e outra investigação de fraude estava em andamento.

O próximo grande teste da abordagem de investimento da PNP veio logo depois. De 1979 a 1982, houve distorções extremas nos mercados. Os retornos dos títulos de curto prazo do Tesouro americano chegaram ao nível dos dois dígitos, caindo quase 15% em 1981. Os juros sobre hipotecas residenciais de taxa fixa chegaram a mais de 18% ao ano. A inflação não ficava muito atrás. Esses movimentos de preços sem precedentes nos trouxeram novas maneiras de lucrar. Uma delas estava nos mercados futuros de ouro.

Em certo momento, o ouro, para entrega em dois meses no futuro, era negociado a quatrocentos dólares a onça, e os futuros de ouro a catorze meses, a quinhentos dólares a onça. Nosso negócio era comprar ouro a quatrocentos e vendê-lo a quinhentos. Se, em dois meses, o ouro pelo qual pagamos quatrocentos nos fosse entregue, poderíamos armazená-lo por um custo nominal por um ano e vendê-lo por quinhentos, ganhando 25% em doze meses. Havia uma variedade de riscos para os quais fizemos hedge completo e vários *"kickers"* — cenários em que teríamos uma taxa de retorno maior (com muito mais frequência). Fizemos negócios semelhantes com prata e cobre, e eles funcionaram como esperado, com uma pequena exceção. Depois de recebermos nosso cobre, boa parte dele foi roubada do armazém que nosso corretor usou e houve um pequeno atraso até sermos reembolsados pelo seguro da empresa de armazéns.

À medida que a era das altas taxas de juros transcorria, as empresas de poupança e empréstimo começaram a perder enormes quantias de dinheiro. Eis o porquê. Poupança e empréstimos tomavam dinheiro a curto prazo de depositantes e emprestavam grande parte dele a longo prazo para hipotecas residenciais a taxas de juros fixas. Quando as taxas de curto prazo aumentaram, o custo do dinheiro para associações de poupança e empréstimo disparou, enquanto a receita dos empréstimos hipotecários existentes que elas tinham feito antes para proprietários com taxas fixas muito mais baixas não subiu. Esse desajuste nas taxas de juros entre suas tomadas de empréstimo de curto prazo e seus empréstimos de longo prazo levaria à ruína muitas associações de poupança e empréstimo na década de 1980 e a um custo de resgate de vários bilhões de dólares para os contribuintes.[9]

O possível colapso dessas associações poderia ter sido previsto e evitado por uma regulamentação adequada, mas não foi. As grandes crises financeiras que vieram depois compartilhavam essa mesma característica.

Enquanto isso, a Princeton Newport Partners passava a acolher novos tipos de investimentos.

CAPÍTULO 15

Subir...

Em 1º de novembro de 1979, dez anos depois de inaugurarmos a Princeton Newport Partners, o retorno anualizado do S&P 500, incluindo dividendos, foi de 4,6% e, para ações de pequenas empresas, de 8,5%, ambos com maior volatilidade do que na Princeton Newport. Crescemos 409% em uma década, anualizando 17,7% antes das taxas e 14,1% após as taxas. Nosso 1,4 milhão de dólares inicial cresceu para 28,6 milhões. Terminamos 1979 com um grande sonho para a década de 1980: expandir nossa experiência em novas áreas de investimento. Para mim, significava problemas mais interessantes para resolver em finanças quantitativas. Para o fundo, isso poderia levar a um aumento da quantidade de capital que poderíamos investir a altas taxas de retorno.

Chamei essa nossa primeira iniciativa de Projeto Indicadores. O objetivo era estudar as características financeiras das empresas, ou indicadores, para verificar se elas poderiam ser usadas para prever o retorno das ações. O protótipo era o Value Line, um serviço de investimento que havia lançado um programa em 1965, usando informações como anúncios de lucros diferentes dos esperados pelos analistas financeiros, índices preço/lucro e momentum para classificar as ações em grupos que iam de I (melhor) a V (pior). Dizem que uma ação tem momentum positivo se seu preço recentemente teve forte alta e um momentum negativo se teve forte baixa.

O chefe do nosso projeto de indicadores era o dr. Jerome Baesel, um economista jovem, talentoso e articulado que conheci quando dávamos aulas de finanças no que hoje é a Paul Merage School of Business, na UCI.[1] Steven Mizusawa também foi crucial para esse projeto e praticamente para todos os outros, na época e depois. Steve e eu nos conhecemos em 1972, quando ele e outro aluno da UCI pediram autorização para tocar um projeto especial de verão de matemática sob minha direção, explorando um aspecto da contagem de cartas no blackjack. Fizeram um excelente trabalho e quando, em 1973, precisei de uma pessoa com habilidades no computador, Steve estava disponível. Com formação em ciência da computação e física, ele foi responsável por nossas operações de informática e por grande parte da pesquisa associada. Ele se tornou sócio-administrador da Princeton Newport Partners e um amigo inestimável.

O projeto contava com duas imensas bases de dados de valores mobiliários e o poder da computação para processá-los, e esses dois recursos estavam disponíveis havia pouco tempo. Os preços históricos diários das ações, as datas e valores de quaisquer dividendos em dinheiro e outros dados eram comercializados pelo CRSP, da Universidade de Chicago. O banco de dados Compustat fornecia histórico de balanço patrimonial e informações de receita. Dos escores de indicadores que analisamos sistematicamente, vários tinham uma forte correlação com o desempenho passado. Entre eles estavam *earnings yield*[2] (lucro anual dividido pelo preço), *dividend yield* (retorno dos dividendos em relação ao preço da ação), valor patrimonial dividido por preço, momentum, operações a descoberto (número de ações de uma empresa atualmente vendido a descoberto), lucros não esperados (um anúncio de rendimentos significativos e inesperadamente diferentes do consenso dos analistas), compras e vendas por diretores da empresa, conselheiros e grandes acionistas e relação entre as vendas totais da empresa e o preço de mercado da empresa. Estudamos cada um desses itens em separado e depois descobrimos como combiná-los. Quando os padrões históricos persistiam à medida que os preços se desdobravam para o futuro, criamos um sistema de negociação denominado sistema de múltiplos indicadores para ativos diversificados (*multiple indicator diversified asset system*, Midas) e o usamos para gerir um hedge fund long/short, que ficava comprado (long) em ações "boas" e vendido a descoberto (short) em ações "ruins". O poder do Midas era que ele se aplicava a todo o mercado de ações multitrilionário, com a possibilidade de investimento de somas muito grandes.

Dois professores de finanças, Bruce Jacobs e Kenneth Levy, haviam pensado de forma independente na mesma linha, como fiquei sabendo quando apresentaram seu trabalho ao programa em finanças da UC-Berkeley, no outono de 1986. Nosso sistema funcionou bem até ser fechado por nós junto com a Princeton Newport Partners, no final de 1988. Jacobs e Levy passaram a administrar vários bilhões de dólares usando esse método.[3]

Em 1985, nossos escritórios em Newport Beach, na Califórnia, e Princeton, em Nova Jersey, tinham crescido para cerca de quarenta funcionários cada um. Eu gerenciava o escritório de Newport Beach, e Jay Regan, o de Princeton. Naquele momento, estávamos negociando em mercados do mundo todo. Londres ficava cinco horas à frente de Nova York no fuso horário, então nossos traders chegavam cedo, atualizavam nossas posições do outro lado do Atlântico e se aprontavam para Nova York, quando a bolsa abria[4] às 9h30 junto com vários mercados de opções dos Estados Unidos (CBOE, Amex, Costa do Pacífico, Filadélfia). Em Newport Beach, três horas atrás de Princeton, o expediente começava por volta das seis da manhã, enquanto colocávamos os últimos preços em nossos computadores para gerar novas recomendações de negociação para o escritório da Costa Leste. Além disso, os mercados asiáticos estavam abertos quando a maioria das pessoas nos Estados Unidos estava dormindo. Os warrants e títulos conversíveis em Tóquio eram especialmente importantes. Os contatos telefônicos entre Newport e Princeton começavam por volta das seis da manhã, intensificando-se na maior parte do dia e diminuindo de maneira gradual no fim da tarde.

Expandimos nossas atividades para novos tipos de negócios, em vários dos quais fomos pioneiros.[5] Um deles foi uma transação única e exclusiva proposta pelo Goldman Sachs no final de 1983, que surgiu do rompimento ordenado pelo governo do monopólio da American Telephone and Telegraph Company (AT&T). Esta estava sendo dividida em uma nova companhia também conhecida como AT&T mais as chamadas sete irmãs, que seriam novas empresas de telefonia regional. Nos termos do acordo, cada lote de dez ações da antiga AT&T seria trocado por dez ações da nova AT&T mais uma ação em cada uma das sete irmãs. O preço agregado dos novos valores mobiliários, a serem negociados "quando emitidos" (o que significa que era possível contratar "agora" para comprá-los ou vendê-los, mas não era preciso colocar dinheiro em caso de compra ou receber em caso de venda até que de fato fossem emitidos), era maior do que o preço da antiga AT&T com folga suficiente para fazer esse negócio valer a pena.

A Princeton Newport comprou 5 milhões de ações da antiga AT&T por cerca de 66 dólares a ação por 330 milhões. Pagamos a maior parte desse valor com financiamento a prazo, que foi um empréstimo especial de nosso intermediário apenas para esse acordo, a ser pago com base no produto quando a posição fosse encerrada. Enquanto isso, compensamos o risco de possuir ações da antiga AT&T ao vender ao mesmo tempo as ações a descoberto que receberíamos em troca de nossas ações dela. As ações chamadas de "quando emitidas" consistiam em 5 milhões de ações da nova AT&T e 500 mil ações de cada uma das novas sete irmãs. Fizemos a negociação através do Goldman Sachs, levando a metade de cada um dos dois blocos sucessivos de 5 milhões de ações a cerca de 330 milhões de dólares cada. Tenho como lembrança dessa negociação uma placa dourada na minha mesa, que chamam de *deal toy*, que comemora o bloco de 1º de dezembro de 1983, sendo então o maior valor em dólares de uma única negociação na história da Bolsa de Valores de Nova York. Em dois meses e meio, a PNP arrecadou 1,6 milhão de dólares da negociação da AT&T após todos os custos.

Enquanto isso, um exército de doutores, seguindo nosso caminho, expandiu bastante a teoria dos derivativos e implementou a revolução das finanças quantitativas em Wall Street. Eles ajudaram nisso investindo direto em hedge funds, bancos de investimento e outras instituições. Impulsionados em parte pelo *sell side* — a mão de obra de vendas que encontra e vende novos produtos —, esses analistas quantitativos inventaram novos títulos de derivativos que o pessoal de venda então comercializava. Esses produtos prejudicaram o sistema financeiro mundial em uma série de crises cada vez mais graves. A primeira delas surpreendeu quase todo mundo.

Em 16 de outubro de 1987, uma sexta-feira, o mercado, conforme medido pelo DJIA, caiu cerca de 4%. Como o movimento diário em média é de 1%, essa queda era grande, mas não alarmante. No entanto, o mercado tinha diminuído um pouco e estava ficando mais volátil.

Na manhã da segunda-feira seguinte, observamos que o mercado continuava a cair. No momento em que saí para meu almoço habitual com Vivian, a queda era de 7%, mais da metade dos outros dois recordes de 13% e 12% nos dias 28 e 29 de outubro de 1929, que juntos marcaram o início da Grande Depressão. Enquanto o mercado despencava, alguém do meu escritório me ligou no restaurante, dizendo, num tom sobressaltado, que o Índice Dow Jones havia caído quatrocentos pontos, ou 18%, já indicando o pior dia de todos, em meio ao pânico generalizado. Vivian perguntou se eu precisava interromper nosso almoço e correr de volta para o escritório. A PNP e nós pessoalmente poderíamos estar sofrendo perdas gigantescas. Eu disse a ela que não havia nada que eu pudesse fazer nos mercados naquele dia. Nossos investimentos estavam a salvo protegidos por hedge — como eu acreditava que estavam —, ou não. "O que você vai fazer?", perguntou ela. Eu lhe disse que primeiro relaxaríamos e terminaríamos nosso almoço. Então, depois de uma passada no escritório, fui para casa pensar.

Quando retornei à minha mesa, o mercado havia fechado com uma queda de 508 pontos, ou 23%, de longe o pior dia da história. Um quarto do valor do mercado de ações dos Estados Unidos havia "desaparecido". A nação havia perdido 5% de seu patrimônio líquido em um dia, e o choque sacudiu mercados em todo o mundo. O medo reinava. Para a maioria dos teóricos acadêmicos, foi a coisa mais próxima do impossível que já acontecera. Era como se o Sol piscasse de repente ou a Terra parasse de girar. Eles descreviam os preços das ações usando uma distribuição de probabilidades com o esotérico nome de log-normal. Ela servia bem ao se ajustar às mudanças de preço históricas que variavam de pequenas a grandes, mas subestimava muitíssimo a probabilidade de mudanças muito grandes. Modelos financeiros como a fórmula Black-Scholes para preços de opções foram construídos usando o log-normal. Consciente dessa limitação no modelo de preços das ações dos teóricos acadêmicos, como parte do Projeto Indicadores encontramos um ajuste muito melhor aos dados históricos dos preços das ações,[6] em especial para as grandes e relativamente raras mudanças de preço. Então, embora estivesse surpreso com a queda gigantesca, eu não estava nem de perto tão chocado quanto a maioria.

Embora não tenha havido um grande evento externo que explicasse esse colapso de um dia, quando refleti sobre a situação toda naquela noite me perguntei: *Por que isso aconteceu? O desastre vai continuar amanhã? Haverá oportunidades de lucro criadas pelo caos?* Eu acreditava que a causa era um novo produto financeiro chamado seguro de portfólio. Se tivesse prestado mais atenção antes na vasta expansão de seu uso, eu poderia ter previsto o desastre. Essa técnica de investimento foi amplamente criada e comercializada pela Leland, O'Brien and Rubinstein, firma de análise financeira qualitativa. Suponha que um fundo de pensão com ampla carteira de ações queira se proteger de uma forte queda no mercado. Ele estabelece um programa, através de seu próprio gestor ou de um especialista em seguro de portfólio, para mudar de ações para títulos do Tesouro americano à medida que o mercado cai. Isso é feito em etapas: para cada queda de, digamos, um par de percentil, parte da carteira de ações é vendida e o produto é usado para comprar títulos do Tesouro. Se o mercado subir mais tarde, o processo é revertido até que, mais uma vez, a carteira esteja toda investida em ações.

No momento do crash, 60 bilhões de dólares ou mais em ações estavam segurados por essa técnica e implementados em grande parte por computadores. Quando o mercado caiu 4% na sexta-feira, os programas de seguros apresentaram pedidos a serem executados na abertura de segunda-feira, para vender ações e comprar títulos do Tesouro. Quando as negociações começaram na segunda-feira, essas vendas jogaram ainda mais para baixo os preços das ações, provocando mais vendas de programas de seguros de portfólio. À medida que os preços continuavam a cair, os investidores entraram em pânico e adicionaram suas vendas ao cataclismo. Esse ciclo vicioso continuou ao longo do dia, aumentando até um clímax devastador. O seguro de portfólio foi projetado para proteger os investidores de grandes quedas do mercado. A ironia é que a cura se tornou a causa.

Para entender o que fiz a seguir, são necessárias algumas informações adicionais. É meio caro para os programas de seguro de portfólio vender ações de maneira contínua à medida que o mercado cai e depois recomprá-las quando ele sobe, devido às comissões pagas aos corretores para executar a negociação e graças ao impacto[7] no preço de mercado de compra ou venda.

As instituições que utilizavam o seguro de portfólio, apesar de pagarem taxas mais baixas em comissões do que investidores menores, reduziram ainda mais os custos de negociação ao usar, em vez de ações subjacentes, contratos para comprar (ou vender) em uma data futura especificada a cesta de ações que formavam o índice S&P 500. Esses contratos futuros são negociados em bolsa, junto com aqueles para entrega futura de outros ativos, entre os quais títulos, moedas, metais, petróleo e gás e produtos agrícolas, como milho, trigo e carne de porco. Eles possuem montantes padronizados e datas de entrega, como um de cem onças troy de ouro a serem entregues durante um período especificado em setembro de 2017. A bolsa é uma intermediária entre o comprador e o vendedor, que devem depositar nela uma garantia de que honrará sua parte no contrato. Conhecidos como margem, esses valores em garantia são uma fração do valor total do contrato. Como o contrato de futuros será permutável por um ativo subjacente, os dois preços tendem a acompanhar um ao outro de perto. O palco estava pronto para o desastre.

Em outubro de 1987, os contratos de futuros no índice S&P 500 estavam sendo comercializados havia alguns anos e eram uma forma popular de ganhar exposição no mercado (ficar "comprado") ou se livrar dela ("ficar vendido") de forma rápida e barata. Em geral, os preços desses contratos futuros estavam muito próximos do preço do próprio índice S&P 500. Isso porque os desvios grandes o suficiente permitem que arbitradores captem lucro com um hedge quase sem risco ao comprar, ao mesmo tempo, as ações mais baratas do índice e os contratos futuros do índice, e vender o restante. Normalmente isso manteria o preço reduzido. Estávamos capturando lucros dessa forma desde o primeiro dia, em 1982, que esses futuros foram negociados na Bolsa Mercantil de Chicago.

Depois de muito refletir à noite, concluí que as vendas recorrentes gigantescas causadas pelos seguros de portfólio eram a causa provável do colapso dos preços de segunda-feira. Na manhã seguinte, os futuros do S&P estavam sendo negociados entre 185 e 190 dólares, e o preço correspondente para comprar o próprio S&P era de 220. Essa diferença de preço de 30 a 35 dólares era inédita até então, pois arbitradores, como nós, em geral mantinham os dois preços com um ponto ou dois de diferença. Mas as instituições venderam enormes quantidades de futuros, e o próprio índice não caiu tanto porque os arbitradores aterrorizados não exploraram o spread. De modo geral, quando os futuros estavam sendo negociados suficientemente abaixo do próprio índice, os arbitradores vendiam uma cesta de ações que acompanhava de perto o índice e compravam uma posição oposta nos futuros mais baratos do índice. Quando o preço dos futuros e o da cesta de ações subjacentes convergem, como fazem mais tarde quando os contratos de futuros se liquidam, o arbitrador encerra o hedge e captura o spread original como lucro. Mas na terça-feira, 20 de outubro de 1987, foi difícil ou impossível vender muitas ações a descoberto. Isso aconteceu por causa de uma regra [*uptick rule*] das bolsas americanas que limita as vendas a descoberto.

A regra fazia parte da Lei do Mercado de Capitais de 1934 (norma 10a-1). Ela especificava que, com certas exceções, as transações de venda a descoberto são permitidas apenas a um preço superior ao da última transação realizada. Essa regra foi criada para impedir que vendedores a descoberto baixassem de modo deliberado o preço de uma ação. Vendo um enorme potencial de lucro na captura do spread sem precedentes entre os futuros e o índice, eu quis vender ações a descoberto e comprar futuros do índice para capturar o excesso de spread. O índice estava vendendo a 15%, ou trinta pontos, em relação aos futuros. O lucro potencial em uma arbitragem era de 15% em alguns dias. Mas com os preços em queda, as altas eram escassas. O que fazer?

Descobri uma solução. Liguei para nosso principal trader, que, como sócio-administrador minoritário, tinha uma alta remuneração por sua parcela em nossos honorários, e lhe dei a seguinte ordem: compre 5 milhões de dólares em futuros de índice, seja qual for o preço atual do mercado (cerca de 190), e faça pedidos para vender a descoberto no mercado com o índice sendo negociado a cerca de 220, e não 5 milhões de dólares em ações variadas (que era o montante ideal para melhor fazer o hedge dos futuros), mas 10 milhões. Escolhi duas vezes mais ações do que queria, adivinhando que apenas metade seria de fato vendida a descoberto por causa da escassez das altas necessárias, dando-me assim o hedge adequado. Se substancialmente mais ou menos ações fossem vendidas a descoberto, o hedge não seria tão bom, mas o amortecimento de lucro de 15% nos proporcionou uma ampla gama de proteção contra perda.

Fiz uma explanação detalhada de minha análise nada convencional do motivo por que essa negociação era uma oportunidade inesperada. Mas aquele dia extrapolou tudo quanto nosso trader já tinha visto ou imaginado. Tomado pelo medo, ele parecia paralisado e se recusou a levar a negociação adiante. Eu lhe pedi que o fizesse pela PNP e imediatamente, ou, então, que o fizesse para a minha conta pessoal. Caso acatasse esta última orientação, acrescentei, mais tarde eu não deixaria de contar a todos os outros sócios que, não fosse por ele, o lucro levantado teria pertencido à sociedade toda e não apenas a mim.

Meu raciocínio foi o seguinte. Se por causa da regra limitadora (*uptick rule*) apenas cerca de metade das ações vendidas a descoberto caísse, estaríamos com o hedge correto e ganharíamos cerca de

750 mil dólares. Se nenhuma ação caísse (muitíssimo improvável), estaríamos comprando futuros com um enorme desconto; o próprio índice teria de descer mais de 13% antes de começarmos a perder. No outro extremo, sobretudo no pânico do mercado, quase não havia chance de todas as vendas a descoberto caírem. Mesmo que todas as ordens de venda a descoberto fossem concluídas, o mercado teria que subir mais de 14% para que pudéssemos perder dinheiro. Para nos proteger contra essa possibilidade, eu disse ao meu trader principal que, quando chegasse a cerca de metade das ordens de venda a descoberto, ele deveria cancelar o restante. Depois de enfim ter atendido à minha solicitação e completado a primeira rodada, pedi uma segunda rodada do mesmo tamanho. No final, conseguimos baixar cerca de metade de nossas vendas a descoberto para um hedge quase ideal. Tínhamos cerca de 9 milhões de dólares em futuros comprados e 10 milhões em ações vendidas a descoberto, chegando ao lucro de 1 milhão. Se meu negociante não tivesse desperdiçado boa parte do dia de mercado com sua relutância em agir, poderíamos ter feito várias rodadas e amealhar milhões adicionais.

Terminamos outubro "no zero" para o mês (ganho ou perda líquidos de mais ou menos zero), enquanto o índice S&P caiu 22%. Durante o período de cinco meses, de agosto a dezembro, o índice também caiu 22%, enquanto a Princeton Newport Partners ganhou 9%.[8]

Em sua primeira década de operação, 1969-79, a PNP passou de um pequeno fundo de 1,4 milhão de dólares para ser talvez a empresa mais matemática, analítica e baseada em computadores de Wall Street. Nos oito anos e dois meses seguintes, de 1º de novembro de 1979 até 1º de janeiro de 1988, nossa base de capital aumentou de 28,6 milhões de dólares para 273 milhões, momento no qual tínhamos posições de investimento no valor de 1 bilhão. O capital do fundo ganhou uma taxa anual de 22,8% antes de encargos, e os cotistas-investidores viram sua riqueza crescer 18,2%. O S&P 500 somou 11,5% e as ações de pequenas empresas anualizadas, 17,3%. Tivemos muito menos risco que qualquer uma delas, conforme confirmaram as estatísticas do setor.[9] Não tivemos anos ou trimestres de prejuízo.[10]

250

Acrescentamos produtos de investimento extraordinários que poderiam expandir nossa base de capital para bilhões.

Eles incluíam:

1   Modelos analíticos e sistemas de negociação computadorizados de warrants, títulos conversíveis e opções de última geração. Com isso, já havíamos nos tornado o maior player do mercado de warrants japonês.
2   Arbitragem estatística, a um só tempo modelo analítico informatizado e sistema de negociação de ações ordinárias que usava uma alimentação em tempo real do *ticker* (código de negociação de uma ação ou título em bolsa) em nosso centro de computadores de 2 milhões de dólares, onde gerávamos ordens eletrônicas automatizadas que enviávamos para o pregão. De um cubículo de 2,5 × 2,5 metros, negociávamos entre 1 milhão e 2 milhões de ações por dia, que representavam então 1% ou 2% do volume diário da Bolsa de Valores de Nova York.
3   Um grupo de especialistas em taxas de juros se juntou a nós, vindo do Salomon Brothers. Enquanto estiveram lá, fizeram 50 milhões de dólares para essa empresa em apenas dezoito meses.
4   Midas: esse sistema de previsão de ações orientado por indicadores devia ser nossa entrada no negócio mais amplo de gestão de recursos.
5   OSM Partners: um "fundo dos hedge funds", que investia em outros hedge funds.

Mas tudo isso estava destinado a acabar.

CAPÍTULO 16

... E cair

No meio do dia 17 de dezembro de 1987, uma quinta-feira, cerca de cinquenta homens e mulheres armados irromperam pelos elevadores do terceiro andar para fazer uma batida em nosso escritório em Princeton, Nova Jersey. Eram da receita federal norte-americana, do FBI e das autoridades postais. Nossos funcionários foram revistados antes de serem liberados para sair do prédio. Não receberam autorização para voltar. Os invasores apreenderam várias centenas de caixas de livros e registros, incluindo agendas telefônicas. Reviraram o conteúdo de lixeiras e subiram até nos recessos do teto. A ação continuou na manhã do dia seguinte.

Ela fazia parte de uma campanha de Rudolph Giuliani, promotor federal dos Estados Unidos para o Distrito Sul de Nova York, para processar supostos e reais criminosos de Wall Street. Como um promotor disse mais tarde a um advogado de defesa, o verdadeiro objetivo de Giuliani ao atacar pessoas de nosso escritório em Princeton era obter informações para promover seu caso contra Michael Milken, no Drexel Burnham, e Robert Freeman, no Goldman Sachs. Meu sócio, Jay Regan, conhecia bem os dois e falava com ambos com frequência. Freeman tinha sido colega de quarto de Regan na Dartmouth. Giuliani acreditava que Regan poderia ajudá-lo a acabar com eles. Regan se recusou a cooperar.

O governo usou indícios colhidos durante a batida e o depoimento de um ex-funcionário descontente para desenvolver seu caso. Por ironia, quando esse homem estava sendo cotado pelo escritório de Princeton para um cargo de negociante, o pessoal de lá o mandou para Newport Beach, para ter nossa opinião. Fomos enfáticos ao dizer que ele não era adequado. No entanto, era uma prática nossa que cada escritório tivesse a última palavra nas áreas do negócio para as quais fosse o principal responsável. O escritório de Princeton o contratou. As cinco pessoas de cargos mais altos ali foram indiciadas e julgadas por 64 acusações de manipulação de ações, *stock parking* (ocultação ilegal do proprietário de um grupo de ações), fraude fiscal, fraude postal e fraudes telegráficas. Os réus, além de Jay Regan, eram nosso trader principal, o trader-chefe de conversíveis, o diretor financeiro e seu assistente e um trader de títulos conversíveis do Drexel Burnham.

Nem eu nem nenhum dos quarenta e poucos outros sócios e funcionários do escritório de Newport Beach tínhamos qualquer conhecimento dos atos atribuídos ao escritório de Princeton. Nunca fomos implicados ou acusados de qualquer transgressão nessa ou em qualquer outra questão. Nossos dois escritórios, distantes um do outro mais de 3 mil quilômetros, tinham atividades, funções e culturas corporativas muito diferentes.

O elemento principal para o caso do governo foram algumas conversas na mesa de operações registradas em três fitas cassete velhas que haviam sido gravadas anos antes, depois extraviadas e esquecidas. Elas foram criadas originalmente porque era a prática comercial normal no escritório de Princeton, como em outros lugares em Wall Street, registrar em caráter temporário todas as conversas telefônicas na mesa. Um dos principais objetivos disso era resolver com rapidez controvérsias com as partes com relação às ordens de negociação e execuções. Com nosso volume de 18 bilhões de ações por ano, erros eram inevitáveis. Esse negócio, parte de um hedge de warrant japonês gigantesco executado por uma representante que chamarei de Enco, foi baseado no que nos contaram sobre os termos do warrant. Nossos traders disseram que a Enco nos garantiu repetidas vezes que as informações que nos deu estavam corretas. Na verdade, não estavam. Nossa prova estava naquelas fitas.

O erro resultante na quantidade de valores mobiliários utilizados para nossa posição de hedge nos custou 2 milhões de dólares. Em geral, o registro das fitas era contínuo, mantendo os últimos quatro dias de conversas e gravando as mais recentes por cima das anteriores. Mas, enquanto aguardavam uma resolução, nossos traders guardaram a fita relativa à negociação em disputa. Mais tarde, como a Enco se recusou a admitir o erro, nossos traders se prepararam para uma ação de arbitragem ou litígio, iniciando e gravando mais duas conversas, nas quais a Enco voltou a informar ao nosso pessoal que as informações originais que nos dera estavam corretas. Isso significava que mais duas fitas, que incluíam mais oito dias de conversas, foram separadas como provas. Em seguida, mostramos à administração da Enco como os fatos contradiziam o que seus funcionários nos tinham dito e pedimos uma indenização. Em geral, o corretor equivocado indeniza a outra parte. A Enco se recusou, afirmando que, se entrássemos com uma ação, não faria mais negócios conosco. Sabíamos que todas as grandes quatro corretoras japonesas, que controlavam o mercado de warrants e títulos conversíveis do país, seguiriam o exemplo. Como essa área era uma das que mais contribuíam para nosso lucro, aceitamos o prejuízo de 2 milhões de dólares. Embora as três fitas tivessem que ser reutilizadas, como era nosso hábito, ficaram esquecidas em uma mesa por alguns anos, até que o governo as confiscou na batida de 1987 como parte das centenas de caixas de arquivos e material.

O governo invocou a Lei de Repressão ao Crime Organizado (Racketeer Influenced and Corrupt Organizations Act, Rico), ferramenta destinada a processar mafiosos pela primeira vez sendo usada contra réus do setor de valores mobiliários. Era um caso histórico. Os réus registraram cauções em dinheiro no total de 20 milhões de dólares.

Para pressioná-los ainda mais, o promotor federal começou a entrar em contato com nossos cotistas-investidores e a fazer acordos para intimá-los a ir a Nova York e a testemunhar (para quê?) diante do grande júri. Como eles eram participantes passivos não envolvidos nas operações do fundo, essas intimações não tinham valor para o caso de Giuliani contra Regan e os outros, além de perturbá-los e enfraquecê-los, talvez o suficiente para que se retirassem do fundo.

Uma de nossas investidoras acabara de voltar com pacotes de mantimentos para sua casa, no norte da Califórnia. Conforme nos descreveu, era uma tarde ensolarada de agosto, com a fragrância de pinheiros no ar seco do deserto e a atmosfera inesquecível do lago Tahoe em pleno verão. Enquanto se preparava para transportar os pacotes, viu um sedã estacionado do outro lado da rua, amassado e enferrujado. Percebia-se que o veículo não era do bairro, e ela ficou preocupada quando dois homens desalinhados saíram dele e se aproximaram. Traziam uma intimação do promotor federal, ordenando que ela fosse para Nova York e testemunhasse diante do grande júri no caso Princeton Newport.

Alta e elegante, com conhecimentos artísticos, nossa investidora fazia parte da elite social da área da baía de San Francisco. Começou pedindo aos dois homens que a ajudassem a levar os mantimentos para dentro de casa. Enquanto conversavam, ela disse que realmente não sabia nada sobre o caso Princeton Newport, mas adoraria ajudar. E sempre ficava ansiosa por uma viagem a Nova York. Claro que eles a colocariam em seu hotel favorito e providenciariam ingressos para o teatro e reservas para restaurantes, certo? E ela precisaria de informações sobre as exposições atuais do Metropolitan, do Guggenheim e do Whitney, e será que poderiam conseguir o cronograma de programações do Carnegie Hall?

Os confusos oficiais de justiça saíram desconcertados e ela não ouviu mais falar do sr. Giuliani.

Nem todos os nossos investidores reagiram com essa autoconfiança, mas todos os nossos mais de noventa cotistas-investidores permaneceram firmes. Ninguém pediu para sair. O estratagema de Giuliani foi exposto como um blefe quando nenhum sócio-investidor foi chamado para testemunhar. Mesmo assim, achávamos que ele destruiria nosso negócio se Regan não o ajudasse a condenar Milken e Freeman.

Os cotistas-investidores alarmaram-se com a ameaça de que a Rico pudesse se expandir para os ativos da nossa sociedade e temeu que a investigação alcançasse algumas de nossas lideranças no escritório de Princeton. Fiquei perturbado por isso e pelo fato de que as informações sobre o caso não estavam sendo fornecidas voluntariamente pelo escritório de Princeton. Por exemplo, quando o governo fez uma transcrição das fitas da mesa de operações e a forneceu aos réus, pedi para vê-la. Fui enrolado por promessas durante semanas. Enquanto isso, os advogados da PNP — a sociedade —, que estavam separados da equipe de defesa, também obtiveram uma cópia. A meu pedido, eles me enviaram um conjunto dessas cópias. Um consultor de um dos réus, ao tomar conhecimento disso, ficou furioso e exigiu a demissão dos advogados da PNP. Consegui entender por que eu estava sendo deixado em banho-maria quando li a enorme pilha de documentos. Ali estavam, preto no branco, conversas que eram muitíssimo embaraçosas para os envolvidos.

Os honorários advocatícios para a defesa dos réus foram estimados entre 10 milhões e 20 milhões de dólares. Não era possível dizer por quanto tempo o caso se arrastaria ou como terminaria. Se os réus fossem declarados culpados, seriam responsáveis pelos honorários que lhes diziam respeito, ao passo que se fossem declarados inocentes a sociedade inteira pagaria. Para conseguir o término do caso, negociei um pagamento antecipado para os réus de 2,5 milhões de dólares para cobrir toda e qualquer responsabilidade que a sociedade tivesse em despesas judiciais. Além desse pagamento, a sociedade arcaria com suas próprias e consideráveis despesas judiciais.

O retorno para a PNP durante esse ano traumático foi de medíocres 4%, reduzidos não apenas pelos milhões em custas legais do caso, mas também porque a equipe em Princeton, concentrada em sua defesa, não conseguia dedicar seu tempo habitual aos negócios do fundo. Quando 1988 chegou ao fim, não vi um bom caminho para o futuro da PNP. Declarei que estava de saída. Os cotistas-investidores fizeram o mesmo e o fundo foi dissolvido.

Rudolph Giuliani renunciou ao cargo de promotor federal no início de 1989 para disputar mais tarde naquele ano, sem sucesso, a eleição para prefeito de Nova York, impulsionado pela fama e notoriedade dos vários anos que passou perseguindo primeiro a Máfia e depois os figurões de Wall Street. Concorreu de novo ao cargo de prefeito quatro anos depois, sendo eleito dessa vez, e cumpriu dois mandatos.

Os réus foram condenados em agosto de 1989 em múltiplas acusações e sentenciados a prisão de três meses e multas. As condenações, baseadas na Rico, foram cruciais para minar a resistência de Milken e Freeman. Ambos fecharam acordos de transação penal, uma espécie de delação premiada. Mas talvez tenham agido cedo demais. Dois meses após as condenações da PNP, que incluíam a acusação de crime organizado segundo a Rico, o Departamento de Justiça, pela segunda vez, tomou "medidas para controlar táticas em processos de extorsão que provocaram controvérsia durante casos de corrupção em Wall Street apresentados pelo ex-promotor federal de Manhattan, Rudolph Giuliani". Os réus da PNP entraram com recurso, e o Segundo Tribunal Federal rejeitou as condenações por crime organizado e fraude fiscal. O tribunal confirmou as acusações de formação de quadrilha para os seis acusados e fraude de valores mobiliários para dois. Em janeiro de 1992, tendo conseguido seu objetivo real, que era condenar Milken e Freeman, os promotores desistiram das acusações restantes contra quatro dos cinco réus da PNP e de uma acusação relacionada contra o negociante do Drexel. O negociante principal da Princeton e o réu do Drexel ainda estavam enfrentando multas e prisões de três meses por outros crimes. Em setembro de 1992, um juiz federal revogou essas sentenças também.

Superficialmente, o caso PNP parece ser apenas um processo público federal de contraventores de valores mobiliários. Para entender por que ele de fato aconteceu, é necessário voltar à década de 1970, quando era comum as empresas de primeira linha conseguirem atender às suas necessidades de financiamento a partir de Wall Street e da comunidade bancária, enquanto empresas menos estabelecidas tinham que se esfalfar. Aproveitando a oportunidade de financiá-las, um jovem inovador do setor financeiro chamado Michael Milken construiu uma máquina de captação de capital para essas empresas dentro de uma companhia antiga e conservadora de

Wall Street, a Drexel Burnham Lambert. O grupo da Milken subscrevia emissões de títulos de baixa classificação e de alto rendimento — os chamados junk bonds ou "títulos podres" —, alguns dos quais eram conversíveis ou vinham com warrants para compra de ações. O rendimento maior era a compensação extra dos investidores que precisavam compensar o risco percebido inerente a esses títulos. Preenchendo uma necessidade crescente e uma demanda faminta na comunidade empresarial, o grupo de Milken tornou-se o maior mecanismo de financiamento da história de Wall Street.

Essa inovação indignou o establishment da América corporativa, que de início ficou paralisado como um cervo diante de faróis, enquanto uma horda de empresários, financiada com dinheiro aparentemente ilimitado gerado pela Drexel, começou uma onda de aquisições de controle acionário nada amigável. Muitas empresas antigas estavam vulneráveis porque os diretores e conselheiros haviam feito um trabalho ruim ao investir o patrimônio líquido. Com retornos medíocres sobre o capital, as ações ficaram baratas. Um grupo de aquisição poderia reestruturar, aumentar a taxa de retorno e deixar uma companhia dessas muitíssimo mais valiosa. Como o potencial da empresa era muito grande, os possíveis novos proprietários poderiam pagar mais do que o preço atual do mercado.

Os diretores e conselheiros das grandes corporações norte-americanas ficaram felizes com a forma como as coisas aconteceram. Desfrutavam de suas cabanas de caça e seus jatinhos particulares, faziam doações de caridade para autoengrandecimento e objetivos pessoais e concediam a si mesmos salários generosos, planos de aposentadoria, bônus em dinheiro, ações e opções de ações e proteção quando da aquisição da empresa [*golden parachute*]. Todos esses elementos foram projetados por eles e para eles e pagos com dólares corporativos, as despesas rotineiramente ratificadas por uma base acionária dispersa e fragmentada. Os economistas chamam esse conflito de interesses entre a administração, ou agentes, e os acionistas, que são os verdadeiros proprietários, de "problema do principal-agente". Esse problema persiste até hoje, como na gigantesca concessão contínua de opções de compra de ações por parte da própria administração; já se estima que até o ano 2000 ela havia aumentado para 14% do valor total da América corporativa. Em 2008, a incompetência gananciosa ajudou a trazer uma das maiores crises financeiras da história, levando a um resgate federal imenso financiado pelos contribuintes para salvar da ruína a economia dos Estados Unidos.

Os recém-chegados, financiados pela Drexel, estavam derrubando os gerentes mais vulneráveis na lama. Alguma providência precisava ser tomada. O governo deveria ser compassivo — o antigo establishment corporativo detinha a maior parte do dinheiro e, em termos políticos, era o grupo mais poderoso e influente do país. Sua subdivisão de Wall Street talvez sofresse alguns danos, mas esperava-se que a queda da Drexel liberasse, como liberou, uma imensa isca comercial para ser adquirida por todos os outros.

Os antigos financiadores do establishment tiveram sorte, pois os promotores encontrariam inúmeras violações de leis de valores mobiliários dentro do grupo Milken e entre seus muitos aliados, associados e clientes.[1] No entanto, é difícil julgar o quanto foram relativamente ruins em comparação com as incessantes violações que sempre foram, e continuam sendo, endêmicas nos negócios e nas finanças, pois apenas alguns dos muitos infratores são pegos, e quando são processados é por apenas uma parcela mínima de seus crimes. Essa situação contrasta com o caso Drexel, no qual o governo se concentrou em revelar o máximo de violações possível. É como o caso do homem que foi intimado três vezes em um único ano por dirigir bêbado. Seu vizinho também bebia e dirigia, mas nunca foi pego. Quem é o maior criminoso? Agora, suponha que eu diga que o homem flagrado dirigiu bêbado apenas três vezes e foi parado em todas elas, enquanto o vizinho fez o mesmo cem vezes e nunca foi pego. Como isso pôde acontecer? E se eu disser que os dois homens são ferrenhos rivais nos negócios e que o chefe da polícia de trânsito recebe grandes contribuições de campanha do homem que não recebeu intimações de trânsito? Agora, quem é o maior criminoso?

A situação era um sonho que se realizava para a mão firme do governo, Rudolph Giuliani. Politicamente ambicioso, Giuliani sabia como um ex-promotor federal, Thomas E. Dewey, havia processado contrabandistas da década de 1930 e se aproveitado disso para chegar ao governo do estado de Nova York e quase à presidência do país em 1948. Processar pessoas por violações de valores mobiliários e informações privilegiadas era a escada perfeita.

Quanto a PNP valeria 25 anos depois, em 2015? Como eu poderia ter noção desse valor? Surpreendentemente, um hedge fund para operar com posições neutras (não direcionais) no mercado foi montado no modelo da Princeton Newport, o Citadel Investment Group. Foi inaugurado em Chicago em 1990, pelo antigo gerente de hedge fund Frank Meyer, quando descobriu o jovem prodígio dos investimentos quantitativos Ken Griffin,[2] que na época negociava opções e títulos conversíveis de seu quarto de dormitório em Harvard. Num encontro com Frank e Ken, descrevi o funcionamento e os centros de lucro da PNP, bem como entreguei caixas de documentos que explicavam em detalhes os termos e condições de warrants e obrigações conversíveis mais antigos em circulação. Eram valiosos, porque não estavam mais disponíveis.

O Citadel cresceu de um começo humilde em 1990 (quando me tornei seu primeiro cotista-investidor),[3] com alguns milhões de dólares e um empregado, Griffin, até se tornar uma série de empresas que gerenciam 20 bilhões de dólares em capital e com mais de mil funcionários, 25 anos depois, anualizando a cerca de 20% líquido para sócios-investidores. O patrimônio líquido de Ken em 2015 foi estimado em 5,6 bilhões de dólares.[4]

Quando a Princeton Newport Partners fechou as portas, refleti sobre a máxima de que o que importa na vida é como você gasta seu tempo. Quando J. Paul Getty era o homem mais rico do mundo e, claramente, muito insatisfeito, ele disse que a época mais feliz de sua vida fora quando tinha dezesseis anos e pegava onda na praia de Malibu, Califórnia.[5] Em 2000, a *Los Angeles Times Magazine* falava sobre o novo multibilionário Henry T. Nicholas III, da Broadcom Corporation,[6] nos seguintes termos:

Uma e meia da manhã. Ele acabou de completar quarenta anos — em sua mesa, em um escritório pouco iluminado. Não vê a mulher e os filhos, "minha razão de viver", há vários dias. "A última vez que conversamos, [Stacey] me disse que sentia falta dos velhos tempos, quando eu estava na TRW e morávamos em um apartamento. Ela me disse que queria voltar para aquela vida." Mas não podem voltar, porque ele não pode parar.

(Mais tarde eles se divorciaram.)

De início, pensei que poderia continuar sozinho com uma sociedade no estilo da PNP. Mas se fizesse isso, além das partes divertidas eu seria responsável por coisas de que não gostava. Mudei de ideia e aos poucos encerrei as atividades de nosso escritório da PNP em Newport Beach, encontrando bons empregos no setor de valores mobiliários para algumas de nossas pessoas-chave em lugares como o hedge fund gigante D. E. Shaw,[7] a empresa de engenharia financeira Barra e o grupo de investimentos que administrava planos de pensão de multibilionários e de participação nos lucros em Weyerhaeuser. Então, chamei Fischer Black, que agora estava no Goldman Sachs, depois de saber que ele queria montar um sistema analítico informatizado para negociação de warrants e, em especial, títulos conversíveis.[8] Nosso sistema comprovado de última geração estava à venda, então ele pegou um avião para nos encontrar e passou dois dias com Steve e comigo aprendendo como ele funcionava. Tomou notas detalhadas, mas por fim disse que ficaria muito caro converter o código para executar em seus computadores.

CAPÍTULO 17

Período de ajuste

Joseph Heller e Kurt Vonnegut estavam em uma festa dada por um bilionário quando Vonnegut perguntou a Heller como se sentiu ao saber que seu anfitrião podia ter feito mais dinheiro em um dia do que *Ardil-22* desde que fora escrito. Heller, autor do livro, disse que tinha algo que o homem rico nunca poderia ter. Quando Vonnegut, perplexo, perguntou o que era, Heller respondeu: "O conhecimento de que tenho o suficiente".[1]

Quando a Princeton Newport Partners fechou, Vivian e eu tínhamos dinheiro suficiente para o resto de nossas vidas. Embora o final da PNP tenha sido traumático para todos nós e a riqueza futura destruída tenha chegado à casa dos bilhões, isso nos liberou para fazer aquilo de que mais gostamos: passar mais tempo um com o outro e com a família e os amigos que amamos, viajar e perseguir nossos interesses. Levando a sério a letra da canção "Enjoy Yourself (It's Later than You Think)" [Divirta-se (É mais tarde do que você pensa)], Vivian e eu curtiríamos a única coisa para a qual nunca teríamos o suficiente: tempo juntos. Sucesso, em Wall Street, era obter o máximo de dinheiro. Sucesso, para nós, era ter uma vida melhor.

Foi por acaso que, durante esse período, descobri a maior de todas as fraudes financeiras. Na tarde de quinta-feira, 11 de dezembro de 2008, recebi a notícia que esperava havia mais de dezessete anos. Meu filho, Jeff, ligando de Nova York, me contou que Bernie Madoff havia confessado ter fraudado investidores de 50 bilhões de dólares no maior esquema Ponzi (pirâmide financeira) da história. "Foi o que você previu... em 1991!", disse ele.

Em uma agradável manhã de segunda-feira, na primavera de 1991, cheguei ao escritório de Nova York de uma conhecida empresa de consultoria internacional. O comitê de investimentos havia me contratado como consultor independente para analisar seus investimentos em hedge funds. Passei alguns dias examinando históricos de desempenho, estruturas de negócios e a experiência de gerentes, além de fazer visitas ao local. Um gerente ficou tão paranoico quando o entrevistei em seu escritório que não me disse que tipo de computadores de mesa eles usavam. Quando fui ao banheiro, ele me escoltou por medo de que eu pudesse conseguir alguma migalha valiosa de informação no caminho.

Aprovei a carteira, com uma exceção: a história da Bernard Madoff Investment não fechava. Meu cliente estava recebendo lucros mensais regulares que variavam de 1% a mais de 2% havia dois anos. Além disso, eles conheciam outros investidores da Madoff que estavam ganhando todos os meses fazia mais de uma década.

Madoff afirmou que usava uma estratégia de preço *split-strike*: ele comprava uma ação, vendia uma opção de compra a um preço mais alto e usava o produto para pagar uma opção de venda a um preço mais baixo.

Expliquei que, de acordo com a teoria financeira, o impacto de longo prazo nos retornos da carteira de muitas opções adequadamente precificadas com lucro líquido zero também deveria ser zero. Então esperamos, ao longo do tempo, que o retorno da carteira do cliente fosse o mesmo que o retorno sobre o patrimônio. Os retornos que Madoff relatava eram grandes demais para serem críveis. Além disso, em meses nos quais as ações estivessem em baixa a estratégia deveria produzir prejuízo, mas Madoff não relatou prejuízos. Depois de verificar as declarações de contas do cliente, descobri que meses de prejuízo em virtude da estratégia eram magicamente convertidos em meses de lucro por vendas a descoberto de futuros do índice s&p. Da mesma forma, meses que deveriam ter produzido ganhos muito grandes foram "suavizados".

Suspeitando de fraude, pedi ao meu cliente que programasse para mim uma visita ao escritório de Madoff, no 17º andar do famoso Lipstick Building, na Terceira Avenida, em Manhattan. Bernie estava na Europa naquela semana, e, como sabemos agora, talvez para arrecadar mais dinheiro. Seu irmão, Peter, chefe de *compliance* e de operações de informática, disse que minha entrada no prédio não seria permitida.

Perguntei ao meu cliente quem fazia a contabilidade e as auditorias anuais para o fundo de Madoff. Disseram-me que era feita por uma empresa individual administrada por alguém que era amigo e vizinho de Bernie desde a década de 1960. Agora, com alerta alto acionado para fraude, perguntei quando o cliente recebia confirmações de negociações. A resposta foi que elas chegavam pelo correio em lotes a cada uma ou duas semanas, bem depois das datas em que, em tese, tinham ocorrido. Por sugestão minha, o cliente contratou minha empresa para realizar uma análise detalhada de suas transações individuais para provar ou refutar minha suspeita de que eram falsas. Depois de analisar cerca de 160 negociações de opções individuais, descobrimos que, para metade delas, nenhum comércio ocorreu na bolsa, onde Madoff dissera que teriam ocorrido. Da metade restante que havia sido negociada, a quantidade relatada por Madoff apenas para as duas contas do meu cliente excedia todo o volume relatado para todo mundo. Disposto a verificar a minoria dos negócios remanescentes — aqueles que não entraram em conflito com os preços e os volumes relatados pelas bolsas —, pedi a um funcionário do Bear Stearns que descobrisse, em caráter confidencial, quem eram todos os compradores e vendedores das opções.[2] Não conseguimos ligar nenhum deles à empresa de Madoff.

Contei ao meu cliente que os negócios eram falsos e que a operação de investimento de Madoff era uma fraude. Meu cliente estava enfrentando um dilema. Se eu estivesse certo e ele fechasse suas contas com Madoff, protegeria seu dinheiro, salvaria sua reputação e evitaria uma confusão jurídica.[3] Argumentou que, se eu estivesse errado, ele sacrificaria seu melhor investimento.[4] Respondi que eu não poderia estar errado: havia provado a partir de registros públicos que os negócios nunca tinham sido feitos. Ele estava recebendo imitações de canhotos de negociação. Insisti que ignorar isso poderia pôr seu emprego em risco, e isso bastou. Ele fechou suas contas com Madoff e recuperou seu dinheiro. Nos dezoito anos seguintes, viu outros investidores de Madoff aparentemente ficarem ricos. Eu me pergunto com que frequência ele se arrependeu de ter me contratado.

Na minha tentativa, via "networking", de descobrir quanto dinheiro fora investido com Madoff, ouvi com frequência que todos os seus investidores foram instruídos a não divulgar o relacionamento deles, e mesmo entre si, sob a ameaça de serem excluídos. Mesmo assim, perguntei aqui e ali, localizei meio bilhão de dólares e concluí que o esquema deveria ser muito maior. O histórico de um investidor mostrou ganhos mensais que remontavam a 1979, anualizando 20%, e me disseram que o recorde era semelhante ao do final dos anos 1960. O esquema já estava operando havia mais de vinte anos!

Tendo mostrado que Madoff estava remetendo negociações inventadas às contas do meu cliente e que, ao que tudo indica, estava fazendo isso com vários outros investidores com quem conversei, eu tinha a confirmação que provava fraude. Avisei as pessoas na minha rede de contatos profissionais, prevendo um esquema Ponzi sempre em expansão que um dia acabaria de forma desastrosa. O esquema Ponzi falsifica lucros aos investidores. Ele usa o dinheiro que os investidores aplicam, mas, no fim das contas, precisa de mais, que consegue recrutando novos investidores. Esses novos investidores também precisam receber, levando os operadores do esquema a recrutarem ainda mais. Quanto mais tempo ele passasse despercebido, mais cresceria e pior seria quando entrasse em colapso.

Nesse momento, Madoff era uma figura importante no setor de valores mobiliários, atuando como presidente da Nasdaq, administrando uma das maiores empresas de negociação de ações de "balcão" (negociadas fora das bolsas) no país, consultada pelo governo e rotineiramente verificada pela Comissão de Títulos e Câmbio (Securities and Exchange Comission, SEC).

O establishment teria acreditado nas acusações de irregularidades? A história de Harry Markopolos traz a resposta. Desafiado por seu chefe em 1999 a explicar por que Madoff, com uma estratégia tida como semelhante, conseguia produzir retornos muito melhores e mais estáveis, Markopolos concluiu que era impossível, com base em um raciocínio financeiro quantitativo tal como eu tinha feito antes de começar minha investigação que provou a fraude. Embora ele não tivesse confirmado que os negócios individuais eram falsos, mesmo sem essa prova irrefutável seus argumentos eram persuasivos ao extremo. Durante os dez anos seguintes, Markopolos tentou fazer com que a SEC investigasse o caso, mas a comissão o repeliu várias vezes, inocentou Madoff após investigações superficiais e anulou um pedido do escritório de Boston, enviado por Markopolos, para que investigasse a Madoff Investment como um possível esquema Ponzi.

Em um notável documento de 477 páginas, *Investigation of Failure of the SEC to Uncover Bernard Madoff's Ponzi Scheme — Public Version* [Investigação sobre o fracasso da SEC em descobrir o esquema Ponzi de Bernard Madoff — Versão pública], de 31 de agosto de 2009, Relatório nº OIG-509, a SEC investiga e documenta suas repetidas falhas, começando em 1992 e prosseguindo até a confissão de Madoff, em 2008, em apurar pistas óbvias, queixas contundentes e violações claras das leis de valores mobiliários. No entanto, a comissão continuou a destruir documentos[5] até pelo menos julho de 2010, referentes não apenas a Madoff, mas a grandes instituições financeiras, como o Goldman Sachs e o Bank of America, além da SAC Capital Advisors, durante uma investigação contínua desta última. Acusada de negociação com informações privilegiadas, a SAC Capital acordou uma multa recorde de 1,8 bilhão de dólares no final de 2013 e se fechou para investidores externos.

Dez anos depois que descobri a fraude de Madoff, em uma conferência de investimento em hedge funds patrocinada pela *Barron's*, publicação semanal do *The Wall Street Journal* que apresenta dados financeiros e reportagens aprofundadas, a matéria de capa[6] tratou do gerente de investimento que não estava lá, o gerente com o melhor histórico de todos: Bernie Madoff. Melhor ainda para os investidores, ele não cobrava as taxas típicas de hedge funds de 1% sobre o patrimônio por ano, mais 20% sobre quaisquer novos ganhos líquidos (taxa de performance). Em tese, ele fazia dinheiro cobrando taxas pequenas sobre o enorme volume de negociações cobrado por meio de sua corretora, a partir das ordens que colocava em nome de seus clientes de investimento.

Mesmo com as dúvidas bem divulgadas e expressas na reportagem da *Barron's* e as suspeitas de fraude agora proclamadas por muitos, os reguladores dormiram tranquilos, assim como os milhares de investidores e agentes fiduciários pagos por eles para protegê-los. Como acabou a fraude? Quando ficou claro que não haveria dinheiro suficiente para continuar pagando os investidores, como terminam todos os esquemas Ponzi, Bernie Madoff (que se pronuncia como a expressão inglesa *made off* [fugir], exatamente o que ele fez com o dinheiro dos investidores) entregou-se em 11 de dezembro de 2008. Talvez para proteger seus associados, ele inventou a improvável história de que era o único responsável pela maquinação do esquema. Esse homem, que praticamente não entendia nada de computação, afirmou ter dirigido sozinho toda a operação computadorizada abrigada no 17º andar daquele edifício, junto com cerca de vinte ou mais funcionários que geravam, supostamente sem saber, uma torrente diária de bilhões de dólares em negociações falsas para milhares de contas.

Em 11 de agosto de 2009, exatos oito meses depois, Frank DiPascali Jr., o homem que supervisionava o cotidiano das operações de Madoff, foi acusado pela SEC no Juízo Distrital dos Estados Unidos, Distrito do Sul de Nova York. Nesse momento, a comissão sabia que a Bernard Madoff Investment Securities (BMIS) "gerenciava contas de investidores desde os anos 1960 [...]". No entanto, a queixa da SEC relatava que a estratégia de *split-strike price* datava de 1992, embora eu tivesse analisado registros de clientes indicando que ela estava em vigor havia anos. Ao ser declarado culpado, Madoff disse ao juiz que começou a roubar dinheiro no início da década de 1990.[7] Mas seu império criminoso já era grande e havia começado pelo menos vinte anos antes. Madoff alegou que seu irmão, Peter, e seus filhos, Mark e Andrew, todos diretores da empresa, e sua detalhista e prática esposa, Ruth, eram inocentes de qualquer cumplicidade na enorme fraude que já durava quarenta anos. Além de supostamente executar a falcatrua sozinho, Madoff vivia de férias em suas várias residências, viajando para o exterior para levantar cada vez mais dinheiro, arrastando fundos imensos em escala internacional entre bancos e pagando grandes honorários aos agentes e corretores que lhe trouxessem investimentos, enquanto o complexo esquema de alguma forma corria à perfeição durante suas muitas ausências.

Bernie Madoff, em sua declaração ao juiz, disse, contrariando os fatos, que achava que seu esquema fraudulento havia começado em 1991, embora eu tivesse descoberto que ele já funcionava havia décadas. A queixa da SEC contra Frank DiPascali, presumivelmente usando informações deste, de que a informatização do golpe e a estratégia *split-strike price* começaram em 1992, também foi contrariada pelos relatórios dos clientes que analisei entre 1989 e 1991. Peter Madoff, DiPascali e vários outros funcionários mais tarde se declararam culpados e foram condenados a pagar multas e presos.

Madoff declarou que a fraude alcançou 50 bilhões de dólares, embora, com base na quantidade de investimentos falsos que os investidores supunham ter em suas contas, se acredite que no final havia em suas contas 65 bilhões estimados a posteriori.[8] Para distribuir o dinheiro remanescente de forma equitativa, o administrador de falências precisa determinar quanto dinheiro cada vítima investiu, o que foi pago e a quem. Vários "operadores", que coletaram, cada um, bilhões de dólares de investidores para os quais afirmavam ter feito uma verificação completa da legitimidade da estratégia de Madoff, eliminaram centenas de milhões em taxas. Alimentados por essa enxurrada de dinheiro, eles galgaram degraus entre os super-ricos política e socialmente relacionados. Uma pessoa teria retirado 5 bilhões de dólares a mais do que colocou![9] O fato de Madoff estar deixando outros cobrarem grandes somas em taxas administrativas, ao mesmo tempo que se contentava com muito menos nas comissões de negociação, deveria ter sido suficiente para alertar investidores, consultores e reguladores.

O governo lançou uma lista de mais de 13 mil titulares de contas Madoff do passado e do presente, que vão desde centenas de aposentados não muito ricos da Flórida até celebridades, bilionários e organizações sem fins lucrativos, como instituições beneficentes e universidades. Se essas legiões de investidores foram enganadas com facilidade, muitas vezes por décadas, o que essa fraude (e outras) diz sobre a teoria acadêmica de que os mercados são "eficientes", com suas alegações de que investidores incorporam de forma rápida e racional todas as informações que estão publicamente disponíveis em suas escolhas?

Entre os milhares de investidores listados, havia um consultor financeiro bem conhecido que esteve presente nas reuniões de 1991, nas quais expus a fraude de Madoff. Naquela época eu conhecia Ned, como vou chamá-lo, havia muitos anos, então garanti que ele entendesse cada detalhe. Embora tenhamos perdido contato em meados da década de 1990, em 2008 fiquei espantado ao descobrir que ele e sua família estavam na lista do governo dos investidores de Madoff. Além disso, um conhecido nosso me disse que Ned, que havia feito centenas de milhões em consultoria de clientes, ainda estava mandando os investidores para Madoff na mesma semana em que este fez sua confissão.

Tendo conhecido Ned no passado, recorri à memória para tentar entender por que ele acreditava em Madoff. Na minha opinião, Ned não era criminoso. Acho que, na verdade, ele sofria da chamada dissonância cognitiva. Ela ocorre quando a pessoa quer acreditar tanto em uma coisa que simplesmente rejeita qualquer informação em contrário. Viciados em nicotina com frequência negam que o tabagismo põe sua saúde em risco. Membros de partidos políticos reagem com brandura a mentiras, crimes e outras imoralidades deles próprios, mas querem ver sangue quando a prática é de políticos de outro partido.

Também descobri que no passado, quando eu expressava a Ned minha opinião sobre algo, não importava o quanto eu fosse cuidadoso ou racional, ela não tinha muito impacto nele. Outros tiveram a mesma experiência. Para tomar uma decisão, Ned apenas perguntava a opinião de todos que conhecia e depois seguia a visão da maioria. Assim que percebi esse padrão, parei de perder meu tempo compartilhando minhas ideias com ele.

O método de pesquisa de Ned funciona bastante bem em certas situações, como adivinhar o número de feijões em um barril ou o peso de uma abóbora. A média de todas as suposições da multidão em geral é muito melhor do que a maioria das suposições individuais.[10] Esse fenômeno tem sido chamado de sabedoria das multidões. Mas como a maioria das simplificações, esta tem outro lado, como no caso Madoff. Aqui havia apenas duas respostas: trambiqueiro ou gênio dos investimentos. A multidão votou pelo gênio dos investimentos e cometeu um erro. Chamo o outro lado da sabedoria das multidões de loucura dos alienados.

Em 1991, eu havia reduzido minha equipe para quatro pessoas. Steve Mizusawa estava fazendo hedge de warrants japoneses com alguma ajuda minha.[11] Eu também estava gerenciando uma carteira de hedge funds para mim com a ajuda de Judy McCoy. Ela estava encarregada dos relatórios fiscais e financeiros, ajudou Steve e apoiou nosso gerente de escritório.

Aproveitando a vida e ambivalente sobre o retorno ao burburinho mundo dos investimentos, tentei encontrar uma maneira eficiente em termos de tempo para fazer render nosso conhecimento de arbitragem estatística. Após discussões com Steve, cuja participação seria crucial na implementação de tal empreendimento, saí em busca de um sócio a quem pudéssemos licenciar nosso software em troca de royalties.

Entrei em contato com Bruce Kovner, um bem-sucedido trader de commodities, que conheci na época da Princeton Newport. Kovner começou com a Commodities Corporation na década de 1970, depois passou a gerir seu próprio hedge fund de commodities, acabando por fazer bilhões para si e seus investidores.

Junto com Jerry Baesel, professor de finanças da UCI que se juntou a mim na PNP, passei uma tarde de 1980 com Bruce em seu apartamento de Manhattan, quando tivemos uma conversa sobre como ele pensava e como conseguiu sua abertura nos mercados. Kovner era e é um generalista que enxerga conexões antes que outros o façam.

Por volta dessa época, ele percebeu que havia uma oferta tão excessiva de grandes petroleiros que os mais antigos estavam à venda por pouco mais do que o valor de sucata. Kovner montou uma sociedade para comprar um desses navios. Eu era um dos sócios-investidores. Ali estava uma opção interessante. Estávamos bem protegidos contra prejuízos, pois sempre poderíamos vender o petroleiro como sucata, recuperando a maior parte de nosso investimento; mas tivemos uma vantagem substancial: historicamente, a demanda por petroleiros havia variado bastante, assim como seu preço. Poucos anos depois, nosso monstro recauchutado de 475 mil toneladas, o *Empress Des Mers*, estava explorando com lucro as vias marítimas do mundo recheadas de petróleo. Eu gostava de pensar na minha parte de propriedade como uma seção de seis metros apenas na dianteira da ponte. Mais tarde, a sociedade negociou a compra daquele que até então era o maior navio jamais construído, o *Seawise Giant*, de 650 mil toneladas. Para infelicidade dos vendedores, enquanto nosso negócio ainda estava em depósito, seu navio se aventurou com imprudência perto da ilha Kharg, no golfo Pérsico, onde foi bombardeado por um avião iraquiano, incendiou-se e afundou. O *Empress Des Mers* operou com lucro, adentrando o século XXI, quando a saga afinal terminou. Tendo gerado um retorno do investimento de 30% anualizado, foi vendido como sucata em 2004, gerando quase 23 milhões de dólares, muito mais do que o preço de compra de 6 milhões.

Kovner me encaminhou para um hedge fund em que ele era um grande investidor, e propus ao gerente do fundo que fornecêssemos o software para um sistema operacional de arbitragem estatística completa e o licenciássemos por 15% do seu rendimento bruto a partir do uso do produto. Nós treinaríamos seus funcionários e forneceríamos consultoria contínua. Nossa taxa de licença diminuiria ao longo do tempo para se ajustar às melhorias que pudessem ser acrescentadas e pela obsolescência do sistema original. No entanto, toda vez que entrávamos em um acordo, o sócio-administrador insistia em fazer mais uma mudança a seu favor. Depois de termos concordado com alguns desses termos, ficou evidente que eram infinitos. Encerrei as negociações.

Nós que lidamos com vendedores de carros usados ou tapetes, ou compramos e vendemos imóveis, estamos quase todos familiarizados com um processo de negociação que talvez seja mais bem descrito como regateio. Para ilustrar, suponha que uma casa que você deseja tem um preço de 300 mil dólares. Você oferece 250 mil. O vendedor faz uma contraproposta de 290 mil. Você volta com 265 mil, e assim por diante. Por fim, você concorda em comprar por 275 mil. Esse tipo de dança pode envolver adulação, enganação e trapaças. Não seria mais simples e satisfatório que o vendedor declarasse seu preço e o comprador o aceitasse ou recusasse? Afinal, é assim que se faz na maioria das lojas nos Estados Unidos. Como você pode comprar se os preços que compara não são fixos?

No entanto, no ramo dos negócios, regatear é comum, como aconteceu com o gerente do fundo que regateou comigo. O que está acontecendo aqui? Em nosso exemplo da casa, suponha que o preço mais baixo do vendedor seja 260 mil dólares e que o preço mais alto que o comprador está de fato disposto a pagar seja 290 mil. (O vendedor talvez descubra, por exemplo, que o comprador realmente pagará 290 mil ao informar que tem outra oferta em 289 mil, momento em que o primeiro comprador oferece 290 mil.) Assim, qualquer preço entre 260 mil e 290 mil dólares é aceitável para as duas partes, mesmo que nenhuma delas saiba disso no momento. Assim, 30 mil dólares estão "disponíveis". O objetivo de regatear é capturar para si o máximo possível desses 30 mil.

No entanto, se, em vez disso, o comprador estiver disposto a só pagar 270 mil dólares e o preço (secreto) mais baixo do vendedor for de 280 mil, não há sobreposição, nenhum preço que os dois aceitarão, e não haverá acordo.

O lugar onde minha família e eu vivemos por mais de duas décadas foi determinado por um regateador desse tipo. Tínhamos decidido construir uma nova casa e encontrado um terreno com uma vista espetacular sobre uma colina em Newport Beach. No mercado imobiliário desaquecido de 1979, ele estava à venda por 435 mil dólares. Começamos com 365 mil; depois de uma série de propostas e contrapropostas, acabamos voltando com 400 mil, o que foi rebatido com 410 mil. Oferecemos 405 mil, nosso limite absoluto. Rejeitados. Desistimos. Poucos dias depois, o vendedor cedeu e se ofereceu para chegar ao nosso preço de 405 mil. Mas não aceitamos. Por que não?

Em nosso limite absoluto, estávamos quase indiferentes quanto a fechar ou não o negócio. Nesse meio-tempo, o vendedor agora havia perdido nossa consideração e preferimos não prosseguir na transação com ele. Como resultado, o negócio se tornou menos atraente e nosso preço mais alto caiu abaixo de 405 mil dólares. Enquanto isso, consideramos alternativas. Logo compramos um lote melhor, construímos a casa e passamos 22 anos felizes lá. O lote do regateador permaneceu sem ser vendido por mais uma década.

Por coincidência, quando vendemos essa casa, tivemos outro exemplo de pechincha perdida. Depois de ficar um ano no mercado, de repente recebemos duas ofertas no mesmo fim de semana. Pedimos 5,495 milhões de dólares, esperando obter cerca de 5 milhões. Uma oferta foi de 4,6 milhões, e o potencial comprador usou seu agressivo parceiro comercial para abrir as negociações. O estilo sem rodeios do parceiro e a busca incessante de defeitos na casa eram pensados para reduzir o preço. Ele desagradou a nós e ao nosso corretor. A outra oferta foi de 5 milhões, de uma família afável que amou nossa casa do jeito que estava. Aceitamos, após o que o outro interessado implorou que reconsiderássemos nossa decisão, indicando que chegaria ou mesmo excederia o outro preço e não incluiria o sr. Sem Rodeios no negócio. Azar o deles. Uma lição: não vale a pena levar a outra parte até o limite absoluto. Um pequeno ganho extra em geral não vale o risco substancial de que o negócio venha por água abaixo.

Saber quando regatear é valioso para os negociantes. Na época da Princeton Newport, nosso trader principal sempre se gabava de como, ao recusar transações com regularidade por um tempinho, economizava grandes quantias de dinheiro para nós. A ideia é a seguinte. Suponha que queremos comprar 10 mil ações da Microsoft, atualmente negociando a, por exemplo, 71 lances por 50 mil ações, e $71\frac{1}{4}$ solicitado por 10 mil ações. Podemos pagar $71\frac{1}{4}$ agora e comprar nossas 10 mil ações. Ou, como nosso trader faria, podemos nos oferecer para comprar nossas 10 mil ações a $71\frac{1}{8}$ e ver se temos alguns compradores. Se funcionar, e funciona a maior parte do tempo, economizaremos um oitavo de dólar × 10 mil, ou 1,25 mil dólares.

Parece bom. Existe algum risco? Sim. Ao tentar economizar um oitavo de dólar por ação, podemos perder um grande vencedor se a ação sempre for negociada a $71\frac{1}{4}$ ou por um preço maior, seja lá por quanto tempo estejamos tentando comprar. Essas ações que perdemos, que fugiram para a alta, teriam nos dado lucros inesperados. Simplificando, talvez seja possível arrancar um oitavo de dólar vinte vezes, mas perder dez uma vez. Você gosta dessa aritmética? Eu, não.

Perguntei ao nosso trader como ele poderia dizer se seu regateio repetido por um oitavo de ponto compensava seu prejuízo com oportunidades perdidas. Ele não conseguiu apresentar motivos para o que estava fazendo. Fiz a mesma pergunta a outros negociantes aqui e ali e não encontrei alguém que pudesse mostrar de maneira clara que ganhou mais do que perdeu ao fazê-lo.

Mercados são cruciais para a economia moderna e a negociação é uma atividade fundamental. Os teóricos financeiros modernos, portanto, analisaram intensamente como funcionam os mercados, tanto pelo exame de dados quanto pelo desenvolvimento de teorias para explicar o que observam. Eles notam que os negócios são iniciados, às vezes por um comprador e outras vezes por um vendedor, por uma variedade de razões. Alguns participantes não têm nenhuma vantagem — nenhuma informação vantajosa especial —, o que provavelmente abrange a maioria das pessoas que pensam ter uma vantagem. Exemplos desses chamados *noise traders** podem

---

* Negociantes que agem mais por impulso que por decisões fundamentadas em informações. (N. T.)

incluir um fundo de índice que vende uma empresa porque ela foi retirada do índice ou compra uma ação que foi adicionada ao seu índice, ou um espólio que está sendo liquidado para o pagamento de impostos, ou um fundo mútuo que compra ou vende em reação a depósitos e resgates de dinheiro. É claro que, na medida em que as informações úteis são usadas nesses negócios, tais exemplos apresentam imperfeições.

O outro tipo de negócio é iniciado por negociantes que têm uma vantagem. Exemplos podem ser os negócios ilegais fechados com base em informações privilegiadas que ficaram famosos com as acusações feitas a Ivan Boesky e outros na década de 1980, apesar de tais atividades continuarem até hoje; ou os negócios lícitos feitos por aqueles que são os primeiros a agir conforme informações públicas, como um anúncio de rendimentos, uma aquisição ou uma mudança de taxa de juros.

Tudo isso importa mesmo? O que representa um oitavo de dólar por ação? Para o nosso programa de arbitragem estatística, que estava negociando 1,5 bilhão de ações por ano, chegaria a quase 200 milhões de dólares anualmente. Como no comentário atribuído ao senador Everett Dirksen sobre as despesas do Congresso, 1 bilhão de dólares aqui, 1 bilhão de dólares ali, e em breve estaremos falando de dinheiro de verdade.

Regateadores e negociantes me fazem lembrar da distinção de psicologia comportamental entre dois extremos em um contínuo de tipos: conformistas [*satisficers*] e maximizadores [*maximizers*]. Quando um maximizador vai às compras, procura um faz-tudo, compra gasolina ou planeja uma viagem, ele persegue o melhor negócio possível (o máximo). Tempo e esforço não são muito importantes. Perder o melhor negócio leva a arrependimento e estresse. Por outro lado, o conformista, assim denominado porque está satisfeito com um resultado próximo do melhor, considera os custos de busca e de tomada de decisão, bem como o risco de perder uma oportunidade quase ideal e talvez nunca achar algo tão bom de novo.

Trata-se de uma reminiscência do que, em matemática, é chamado de problema da secretária ou do casamento.[12] Suponha que você entrevistará uma série de pessoas, das quais escolherá uma. Além disso, deve avaliá-las uma por vez e, tendo rejeitado alguém, não pode reconsiderar sua decisão. A estratégia ideal é esperar até que você tenha entrevistado cerca de 37% dos pretendentes, então escolher o próximo que vier a entrevistar que seja melhor do que qualquer um entre esses primeiros 37% que você preferiu. Se ninguém for melhor, você não terá opção a não ser a última pessoa da lista.

Essa ideia me transportou aos meus dias de pós-graduação na UCLA, pouco depois de eu ter mudado do programa de doutorado em física para o de matemática. Meu orientador, Angus Taylor, decidiu que eu, como outros candidatos de doutorado, deveria dar uma palestra sobre matemática para os alunos. Com meu histórico matemático escasso em comparação com o dos meus colegas, penei para achar um tópico que tivesse interesse para as pessoas com conhecimento matemático mas que também atraísse rostos de outros departamentos. No último minuto, saquei um título: "O que toda garota deveria saber", e me recusei a adiantar qualquer coisa sobre a palestra. A sala lotou de maneira nunca antes vista. O melhor de tudo foi que, além da audiência habitual em sua maioria masculina, compareceram muitas moças bonitas. Pelas perguntas e suas expressões depois da palestra, vi que meu público não ficou decepcionado. Eu tinha falado sobre a solução para o chamado problema do casamento e descomplicara a matemática por trás dele.

CAPÍTULO 18

Fraudes e perigos

Ao mudar meu foco de derrotar jogos de azar para analisar o mercado de ações, pensei que estava saindo de um mundo onde a trapaça nas cartas era problemática e entrando em uma arena onde a regulação e a norma da lei traziam aos investidores um campo para um jogo justo. Em vez disso, aprendi que as maiores apostas atraíam os maiores ladrões. O esquema Ponzi de Bernie Madoff foi apenas o maior dos muitos esquemas expostos em 2008 e 2009, pois um mercado em queda brusca freou a oferta de dinheiro novo devido às fraudes. Estas variaram em tamanho, de uma fraude bancária de 8 bilhões de dólares a trambiques envolvendo centenas de milhões de dólares cada um (incluindo vários hedge funds) e golpes multimilionários com imóveis, hipotecas e esquemas previdenciários. As fraudes provavelmente seguem uma simples lei matemática, descrevendo como seu número aumenta à medida que seu tamanho econômico diminui.

O crescimento da internet e da conectividade eletrônica criou novas oportunidades de fraude. Em 25 de agosto de 2000, uma sexta-feira, minha sobrinha Dana, que estava interessada em ações, me ligou após o fechamento do mercado.

"Você sabe alguma coisa sobre ações de uma tal de Emulex?", perguntou.

"Não, por quê?"

"Bem, eu tenho algumas, e logo depois de abrir hoje elas caíram de 113 [dólares por ação] para 45 e então suspenderam a negociação!"

"Qual é a novidade aí?", perguntei.

"Não sei."

"Bem, aconselho a não fazer nada. Eu diria que há uma boa chance de ser outra fraude na internet e que a empresa está tão firme quanto ontem."

Logo soubemos o que acontecera. Um estudante universitário de 23 anos tinha enviado um relatório ao serviço de notícias eletrônicas Internet Wire, para o qual ele trabalhara, como se fosse um comunicado de imprensa oficial da Emulex (EMLX). O release alegava que o presidente da empresa estava renunciando, que bons rendimentos positivos nos últimos dois anos estavam sendo corrigidos para mostrar grandes prejuízos e que a SEC estava prestes a investigar. Essas informações falsas se espalharam rápido e as ações caíram 56%, quando a Nasdaq interrompeu a negociação. O fraudador já havia perdido 100 mil dólares vendendo Emulex a descoberto e conseguiu recuperar esse lucro mais 250 mil antes de ser apreendido na semana seguinte. No processo, no pior momento, ele bateu a capitalização de mercado da EMLX de 4,1 bilhões para 1,6 bilhão de dólares, uma perda de 2,5 bilhões. Embora as ações tenham recuperado a maior parte de sua perda no final do dia, ainda caíram mais 7,31 dólares e fecharam a 105,75, uma queda de 6,6%, ou 270 milhões de dólares em valor de mercado. O dano foi muito maior para aqueles que venderam durante a queda. Onze dias após o logro ter sido revelado e o fraudador ter sido pego, as ações fecharam em 100,13, menos de 11,4%, nunca tendo se recuperado por completo nesse ínterim.

De acordo com a hipótese dos mercados eficientes (a HME), o mercado define os preços de modo a refletir com precisão todas as informações disponíveis. Como o colapso de 60% em quinze minutos em reação a informações falsas representa a incorporação racional de informações dentro do preço? Também pedi aos fiéis da HME que explicassem por que as ações não conseguiram se recuperar nos onze dias após a fraude ter sido revelada. As notícias para a EMLX eram boas. Então...?

Os adeptos da visão dos mercados eficientes aos poucos aceitaram desvios menores da teoria. Talvez reconhecessem a reação do mercado à fraude da EMLX como um desses desvios, mas, como a imprensa apontou, a internet está repleta de tais tentativas, sobretudo em salas de bate-papo, e a EMLX foi apenas uma em uma série de tentativas espetaculares de larga escala para enganar o público e gerar lucro.[1]

Pouco depois, em 21 de setembro de 2000, lia-se em uma manchete do *New York Times*: "Adolescente frauda mercado de ações como passatempo extracurricular". O aluno de quinze anos de uma escola de ensino médio de Nova Jersey arrecadou 273 mil dólares em onze negociações. Primeiro, ele comprava um bloco de ações em uma empresa com negociação reduzida e, em seguida, inundava salas de bate-papo na internet com mensagens de que, digamos, uma ação de dois dólares seria negociada a vinte "muito em breve". O texto aqui foi tão valioso quanto a mensagem de um biscoito da sorte. Os investidores racionais e sabichões da dra. HME prontamente fizeram o preço subir, momento em que o jovem sr. Lebed vendeu. Ele havia aberto suas contas de corretagem em nome do pai. Lebed liquidou o assunto com a SEC reembolsando os 273 mil dólares em lucros mais 12 mil de juros. Não fica claro pelas reportagens se alguma parte desse dinheiro foi usada para indenizar os investidores enganados, cuja identidade ou nível de prejuízo talvez seja, em qualquer caso, impossível de determinar. O comentário do pai? "Todo mundo negocia ações na internet, mas tinham logo que descontar num garoto."

No início dos anos 1980, uma década antes de me deparar com Madoff, eu soube de um notável gerente de investimentos. Esse negociante de câmbio havia acumulado retornos de 1%, 2%, 3% e até 4% ao mês. Parecia nunca ter prejuízo. Pedi a George Shows, um sócio em meu escritório de Newport Beach, para fazer uma visita a J. David Dominelli em La Jolla. George voltou com o incrível histórico e literatura "publicitária", mas não encontrou nenhuma prova de atividade comercial real. Nossos pedidos de demonstrações financeiras auditadas, comprovantes de ativos e provas de negociações foram suavemente rejeitados. Suspeitei de um esquema Ponzi e não investimos. Dois anos depois, em 1984, a fraude de Dominelli estourou, eliminando 200 milhões de dólares e enganando mil investidores, entre eles muitas pessoas da elite social, política e financeira da área de San Diego.

Nesse mesmo ano, topei com uma empresa inovadora com um novo produto informatizado de alta tecnologia destinado à comunidade financeira. Estavam buscando mais capital para finalizar a pesquisa e o desenvolvimento e comercializar seu produto. A história era convincente, o plano de negócios fazia sentido e meu especialista em informática, Steve Mizusawa, deu sinal verde para os planos da companhia. Eu e vários amigos investimos ao lado dos diretores, pagando a eles o que era então a taxa de performance típica de hedge funds: 20% dos lucros. As demonstrações financeiras do primeiro ano não apresentaram receita, apenas despesas substanciais de pesquisa e desenvolvimento. No entanto, os diretores declararam lucro e pagaram a si mesmos a taxa sobre 20% dele! Mas não houve lucro, apenas despesas. Como os diretores justificaram o desembolso de nosso dinheiro? Alegaram que o dinheiro gasto em pesquisa e desenvolvimento produziu um valor maior que o valor gasto, e trataram esse suposto excedente como se fosse dinheiro no banco! Por fim conseguimos fazer com que eles devolvessem nosso dinheiro.

Com tantos equívocos de gestão, a empresa dissipou sua vantagem tecnológica óbvia, e o concorrente, Michael Bloomberg, os ultrapassou com um produto similar que se tornou onipresente, gerando bilhões com ele. Alguns anos mais tarde, dois dos diretores abriram um hedge fund e, conhecendo seu caráter, dei o alerta para não investirem neles. Em 2008, ambos foram acusados de se apropriar indevidamente de várias centenas de milhões de dólares do capital de seus investidores em outro esquema Ponzi.

As fraudes, trapaças e farsas — que surgem em torrentes quase todos os dias na imprensa financeira — continuaram inabaláveis nos mais de cinquenta anos de minha carreira na área de investimentos.

Mas fraudes, golpes, loucuras e irracionalidades financeiras em larga escala têm estado conosco desde o início dos mercados, no século XVII, muito antes do advento da internet.[2] No entanto, as repetidas revelações não são processadas pelo verdadeiro fiel da HME. O ex-professor da UCI Robert Haugen, eloquente crítico acadêmico da HME e autor de diversos livros contrários a ela, conseguiu uma reação extrema. Durante uma conferência na UCLA, "The Market Debate: A Break of Tradition" [O debate do mercado: Rompendo a tradição], depois de apresentar um trabalho sobre a ineficiência do mercado, Haugen relatou que Eugene Fama, pai da HME e futuro copremiado com o Nobel de economia de 2013, "apontou para mim na plateia e me chamou de criminoso. Então disse que acreditava que DEUS sabia que o mercado de ações era eficiente. Acrescentou que quanto mais perto se chegasse das finanças comportamentais, mais quente ficaria o fogo do inferno sob os pés".[3]

Nos últimos anos, os chamados traders de alta frequência (HFTs, de high frequency traders) usaram computadores para extrair dinheiro do mercado, interpondo-se entre compradores e vendedores, ganhando em média um pequeno lucro em cada transação. Esses programas predatórios dependem de uma rapidez extrema para chegar à frente de todos os outros, com tempo medido em microssegundos. Supervisionados pelas leis da natureza, os sinais elétricos para as bolsas não viajam mais rápido que a luz; há um limite de velocidade de cerca de trezentos metros por microssegundo. A localização é importante, e as empresas pagaram caro para abrigar seus computadores tão próximos fisicamente quanto possível das bolsas. Relatórios recentes[4] dizem que a maioria das negociações envolve esses programas, gerando 21 bilhões de dólares por ano de lucros anuais, o que representava 0,1% do valor de mercado de todas as ações dos Estados Unidos. Uma grande firma de investimentos comentou com meu filho, Jeff, que eles têm "caras com alguns milhões em recursos que revelaram que negociam centenas de milhões por dia". Eu me pergunto se os frequentemente "quebrados" preços de negociação na Berkshire Hathaway, como o de 89 375,37 dólares reportados para as ações A,[5] vêm de um desses programas de negociação.

Embora muitos detalhes desses esquemas sejam complexos ou ainda não sejam de conhecimento do público, um dos mecanismos é.[6] Algumas bolsas, como a Nasdaq, permitem que traders de alta frequência examinem as ordens dos clientes primeiro que todos os outros por trinta milissegundos antes de o pedido ir para a bolsa. Por exemplo, ao ver uma ordem de compra, eles podem comprar primeiro, empurrando o preço das ações para cima, e depois revender ao cliente com lucro. Ao ver a ordem de venda de alguém, o trader pode ser o primeiro a vender, fazendo com que a ação caia, e depois comprá-la de volta a um preço mais baixo. Em que medida isso difere do crime de *"front-running"*, descrito na Wikipédia como "a prática ilegal de um corretor de bolsa executando ordens de um valor mobiliário por conta própria, enquanto aproveita a vantagem de conhecimento anterior das ordens pendentes de seus clientes"?

Alguns porta-vozes do setor de valores mobiliários argumentam que coletar essa riqueza de investidores de alguma forma torna os mercados mais eficientes e que "os mercados precisam de liquidez". O economista vencedor do prêmio Nobel Paul Krugman é um veemente opositor dessa ideia, e para ele o trading de alta frequência não passa de uma maneira de tirar riqueza de investidores comuns, não tem um propósito útil e desperdiça a riqueza nacional, porque os recursos consumidos não criam nenhum bem social.[7]

Uma vez que quanto mais o restante de nós compra e vende, mais nós, como grupo, perdemos para os computadores, aqui está mais uma razão para investir a longo prazo (*buy-and-hold*), em vez de operar especulativamente — a menos que você tenha uma vantagem grande o suficiente. Embora não seja provável em termos políticos, um pequeno imposto federal, com uma média de alguns centavos por ação em cada compra, poderia eliminar esses negociantes e seus lucros, possivelmente economizando mais para os investidores do que o imposto extra e acrescentando dinheiro ao Tesouro dos Estados Unidos. Se isso reduzir pela metade uma taxa de negociação de cerca de 30 trilhões de dólares por ano para ações, um imposto de 0,1% (três centavos por ação em uma ação de trinta dólares) ainda aumentaria cerca de 15 bilhões.[8]

Relatórios financeiros de rotina também enganam os investidores. "Ações caem por preocupação com rendimentos", brada uma manchete do caderno "Business Day" do *New York Times*.[9] Continua o artigo: "Os preços das ações caíram, pois os investidores continuaram preocupados com os resultados do terceiro trimestre". Queda? Vamos analisar. "O Dow Jones Industrial Average (DJIA) diminuiu 2,96 pontos, para 10 628,36." Isso é 0,03%, em comparação com uma mudança diária típica de cerca de 1%. Com base no comportamento histórico das mudanças no DJIA, uma variação percentual maior do que essa acontece durante mais de 97% do tempo. É provável que o Dow fique muito próximo da constância menos de oito dias por ano, dificilmente uma prova de preocupação dos investidores.

O DJIA é calculado pela soma dos preços das trinta ações que atualmente formam a média, multiplicada em seguida por um número que é reajustado o tempo todo para incorporar os efeitos de dividendos e desmembramento dessas ações. O atual multiplicador ficava um pouco acima de cinco, o que significa que, se apenas uma das trinta ações tivesse fechado com um ponto adicional e um quarto mais alto, o número final do DJIA seria superior a seis pontos, para um aumento de mais de três pontos, ou 0,03%. As ações de DJIA teriam saltado, não caído. O índice de bolsa S&P 500 caiu meros 0,04%, uma ausência de mudança quase tão pequena quanto a do Dow. O único movimento real foi no índice composto Nasdaq, que caiu 32,8 pontos, ou 0,9%. Mesmo esse índice volátil estava tendo mudanças diárias maiores durante dois terços do tempo.

O que acontece aqui? A reportagem comentou que as ações com rendimentos que não atenderam às expectativas haviam sido punidas no dia anterior. Mas o impacto nos índices foi pequeno demais para sequer ter importância. O repórter cometeu dois erros. Primeiro, pensou que o ruído estatístico tinha algum significado. Segundo, perdeu a outra metade da história, aquela sobre as ações que deviam ter subido e por que deviam, pois precisavam ter compensado o efeito daquelas que caíram.

Oferecer explicações para mudanças de preços insignificantes é um evento recorrente em relatórios financeiros. Os repórteres muitas vezes não sabem se uma flutuação, do ponto de vista estatístico, é comum ou rara. Então, de novo, as pessoas tendem a cometer o erro de ver padrões ou explicações quando não existem, como vimos pelo histórico dos sistemas de jogos de azar, a infinidade de métodos de trading baseados em padrões sem valor e grande parte dos investimentos baseados em notícias e reportagens.

CAPÍTULO 19

Comprando na baixa, vendendo na alta

É primavera de 2000 e faz mais um dia quente e ensolarado em Newport Beach. De minha casa, a 180 metros de altura na colina, posso ver quase cinquenta quilômetros ao longo do oceano Pacífico até a ilha Catalina de Wrigley,* com seus quarenta quilômetros, estendida no horizonte como um enorme navio. À esquerda, a quase cem quilômetros de distância, o topo da ilha de San Clemente, igualmente grande, é apenas visível acima do horizonte. O oceano começa a quatro quilômetros de onde estou, separado por uma faixa branca de ondas de largas praias arenosas. Um filete matutino de barcos entra no mar a partir do porto de Newport, um dos maiores ancoradouros de navios pequenos do mundo, com mais de 8 mil embarcações a vela e a motor e algumas das casas de luxo mais caras do mundo. Sempre que saio de férias me pergunto se cometi um erro.

Quando termino o café da manhã, o sol está se erguendo acima das colinas atrás de mim, iluminando as torres financeiras a oeste, no enorme complexo de negócios e varejo Fashion Island. No mo-

---

* William Wrigley Jr. foi um empresário que fez grandes melhorias na ilha de Santa Catalina ao adquirir participações na Santa Catalina Island Company, transformando-a em destino turístico. (N. T.)

mento em que os arranha-céus estão banhados de sol, dirijo quase cinco quilômetros até meu escritório em um deles. A operação de arbitragem estatística que Steve e eu reiniciamos em 1992 já tem oito anos de funcionamento bem-sucedido.

Nossos computadores negociaram mais de 1 milhão de ações na primeira hora e estamos 400 mil dólares à frente. Atualmente administrando 340 milhões de dólares, adquirimos 540 milhões de dólares em ações cobertos e vendemos um montante igual a descoberto. Nossas simulações de computador e experiência mostram que essa carteira está próxima de ser neutra ao mercado, o que significa que as flutuações no valor dela têm pouca correlação com a variação geral dos preços no mercado. Nosso nível de neutralidade, medido pelo que teóricos financeiros chamam de beta, tem uma média de 0,06. Quando o beta é zero para uma carteira, seus movimentos de preços não têm correlação com os do mercado, e ela é chamada de neutra ao mercado. Carteiras com beta positivo tendem a subir e descer com o mercado, ainda mais para betas maiores. O beta escolhido para o próprio mercado é de 1,0. Carteiras beta negativas tendem a flutuar em oposição ao mercado. Nosso retorno em excesso ajustado ao risco, o valor pelo qual nosso retorno anualizado ultrapassou o retorno de investimentos de risco comparável e chamado de alfa por teóricos das finanças, atingiu uma média de cerca de 20% ao ano. Isso significa que nossa taxa anual de retorno (antes das taxas) de 26% pode ser considerada como a soma de três partes: 5% de títulos do Tesouro sem risco, cerca de 1% devido à nossa ligeira correlação ao mercado mais os restantes 20%, o montante pelo qual nosso retorno excede os investimentos com risco comparável.

Usando nosso modelo, nossos computadores calculam todos os dias um preço "justo" para cada uma das mil maiores empresas mais negociadas na Bolsa de Valores de Nova York e nas outras bolsas americanas. Os profissionais de mercado descrevem ações com grande volume comercial como "líquidas"; elas têm a vantagem de serem mais fáceis de negociar sem mover tanto o preço para cima ou para baixo durante o processo. Os preços mais recentes das bolsas fluem para nossos computadores e são comparados de uma só vez com o valor justo atual de acordo com nosso modelo. Quando o preço real difere bastante do preço justo, compramos as de preço inferior e vendemos a descoberto as de preço superior.

Para controlar o risco, limitamos o valor em dólares que retemos na ação de qualquer empresa. Nosso cuidado e nossas medidas de controle de risco parecem funcionar. Nossos resultados diários, semanais e mensais têm assimetria positiva, o que significa que temos dias, semanas e meses com muito mais ganhos do que perdas, e os ganhos tendem a ser maiores que as perdas.

Passando os olhos pela tela do computador, vejo as posições interessantes do dia, entre elas as que ganharam e as que perderam mais. Posso ver rápido se algum vencedor ou perdedor parece excepcionalmente grande. Tudo parece normal. Atravesso o corredor até o escritório de Steve Mizusawa, onde ele está observando seu terminal Bloomberg, à procura de notícias que possam ter grande impacto em uma das ações que negociamos. Quando encontra eventos como o anúncio inesperado de uma fusão, aquisição, cisão ou reorganização, ele pede ao computador que coloque a ação na lista restrita: não iniciar uma nova posição e fechar o que temos.

Steve acabou de convencer a corretora na qual fazemos a maior parte de nossas operações a reduzir nossas comissões em 0,16 centavo por ação. As economias são grandes. Nossa participação total de ações, coberta e a descoberto, gira em torno de uma vez a cada duas semanas, ou 25 vezes por ano. Nos níveis atuais, isso significa que vendemos 540 milhões de dólares de ações mantidos cobertos e as substituímos por 540 milhões de dólares de novas ações, um valor total negociado de 1,08 bilhão. Fazemos o mesmo com nossas vendas a descoberto, para outros negócios de 1,08 bilhão de dólares. Negociar de ambos os lados, 25 vezes por ano, significa que fazemos 54 bilhões de dólares, ou 1,5 bilhão de ações por ano.[1] Quando o famoso gerente de hedge funds Michael Steinhardt se aposentou, surpreendeu muitos anunciando que havia negociado 1 bilhão de ações em um ano.

A redução que Steve negociava nos economiza 1,6 milhão de dólares por ano. Mesmo depois disso, nossas corretoras perfazem 14,3 milhões de dólares por ano conosco. Nossa corretora era inteligente e se mantinha competitiva.

Por que a arbitragem estatística recebe esse nome? "Arbitragem" originalmente significava um par de posições opostas que fixava um lucro seguro. Um exemplo pode ser vender ouro em Londres a trezentos dólares por onça e ao mesmo tempo comprá-lo a 290 dólares em Nova York por um ganho de dez dólares. Se o custo total para financiar o negócio e assegurar e entregar o ouro de Nova York em Londres fosse de cinco dólares, isso deixaria um lucro seguro de cinco dólares. Essa é uma arbitragem em seu uso original.

Mais tarde, o termo foi expandido para descrever os investimentos nos quais os riscos devem ser amplamente compensados, com um lucro que seja provável, se não certo. Por exemplo, no que se chama arbitragem de fusão, a empresa A negociando a cem dólares por ação pode se oferecer para comprar a empresa B, negociando a setenta dólares por ação, trocando uma ação da empresa A por uma ação da empresa B. O mercado reage no mesmo instante, e as ações da empresa A caem para, digamos, 88 dólares, enquanto as ações da empresa B saltam para 83. Os arbitradores de fusão entram em cena, comprando uma ação de B a 83 dólares e vendendo a descoberto uma ação de A a 88. Se o acordo terminar em três meses, o arbitrador terá feito cinco dólares em um investimento de 83 dólares, ou 6%. Mas o acordo não é certo até se obter aprovação regulatória e dos acionistas, então existe o risco de perda se as negociações fracassarem e os preços de A e B se reverterem. Se as ações de A e B retornassem aos preços de pré-anúncio, o arbitrador perderia 12 = 100 − 88 em sua venda a descoberto de A e 13 = 83 − 70 em sua compra de B, por uma perda total de 25 dólares por 83 investidos, ou 30%. O arbitrador não assumirá esse risco assimétrico, a menos que acredite que a chance de fracasso seja pequena.

Nossa carteira tem as características de redução de risco da arbitragem, mas com um grande número de ações em posições compradas e vendidas a coberto e a descoberto, esperamos que o comportamento estatístico de um grande número de apostas favoráveis gere nosso lucro. De novo, é como contar cartas no blackjack, mas

O autor com cinco anos de idade.

O autor com equipamentos de laboratório. A fotografia foi tirada em Lomita, cidade no sul da Califórnia, onde ele frequentou a Narbonne High School.

O computador vestível que derrotou a roleta. Finalizado em junho de 1961 por Claude Shannon e Edward O. Thorp e usado com sucesso em Las Vegas. Encontra-se hoje no Museu do MIT.

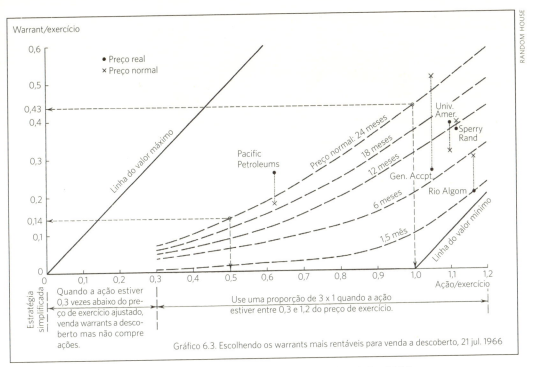

Fazendo hedge de warrants. Extraído de *Beat the Market*, 1966.

Dispositivo mecânico simples para contagem de cartas e cálculo de vantagens construído em 1964.

Contando cartas no Tropicana Hotel, em 1964.

Com os doutorandos Dorothy Daybell e David Arterburn, na NMSU, em 1964.

Presidindo um encontro de matemática em 1964.

Roleta padrão europeia, com uma única casa zero. Ao fundo, em exposição, nosso computador vestível.

Jogando blackjack em Lake Tahoe, Nevada, em 1981, com Stanford Wong (à esq.) e Peter Griffin (à dir.).

Claude Shannon em retrato de Alfred Eisenstaedt.

Capa do livro *Beat the Dealer*. Design de Richard Adelson sobre foto de Tom Campbell/Alpha.

Edward O. Thorp e Vivian em sua casa, em 2004.

em uma escala muito maior. Nosso tamanho médio de negociação é de 54 mil dólares e estamos colocando 1 milhão dessas apostas por ano, ou uma aposta a cada seis segundos quando o mercado está aberto.

Ao voltar para o meu escritório, penso em como nosso empreendimento de arbitragem estatística aconteceu. Enquanto ensinava finanças na Escola de Pós-Graduação em Administração da UCI, tive muitas discussões empolgantes com o dr. Jerome Baesel, o professor do gabinete ao lado do meu. Convidei-o a trabalhar em tempo integral na Princeton Newport Partners. Uma grande responsabilidade para ele era direcionar o Projeto Indicadores, um programa de pesquisa que concebi. Nem Jerry nem eu acreditamos na teoria do mercado eficiente. Eu tinha evidências esmagadoras de ineficiência a partir do blackjack, da história de Warren Buffett e de amigos e de nosso sucesso diário na Princeton Newport Partners. Não perguntávamos *O mercado é eficiente?*, mas sim *De que maneiras e até que ponto o mercado é ineficiente?* e *Como podemos explorar isso?*

A ideia do projeto era estudar como os retornos históricos dos títulos estavam relacionados a várias características ou indicadores. Entre as pontuações de métricas de natureza fundamentalista e técnica que considerávamos estavam a proporção do lucro por ação frente ao preço por ação, conhecida como Yield, o valor patrimonial da empresa em comparação com o preço de mercado e o valor de mercado total da empresa (seu "tamanho"). Hoje nossa abordagem é bem conhecida e amplamente explorada, mas em 1979 foi denunciada por legiões de acadêmicos que acreditavam que os preços de mercado já tinham se ajustado por completo a essas informações. Muitos profissionais não concordaram. Era a hora certa para nosso projeto porque os bancos de dados de alta qualidade necessários e os computadores novos e poderosos com os quais explorá-los estavam ficando acessíveis.

Por sorte, um de nossos pesquisadores[2] encontrou quase de imediato a ideia básica por trás da arbitragem estatística. Ele classificou as ações por seu ganho ou perda nas duas semanas anteriores. As ações que mais tinham subido, quando tomadas em conjunto, tiveram desempenho pior do que o mercado nas semanas seguintes, e as ações que mais caíram apresentaram desempenho melhor. Historicamente, o retorno anualizado foi de 20% da compra de um décimo das ações que mais caíram e da venda a descoberto do décimo que mais havia aumentado. O sistema foi batizado de MUD, pois foi construído a partir das ações "*most-up, most-down*", mais altas e mais baixas. Como o matemático da UCI William F. Donoghue brincava: "Thorp, meu conselho é comprar barato e vender caro". A carteira de ações cobertas seguia o mercado e a carteira a descoberto fazia o oposto, então os dois lados juntos cancelavam o movimento do mercado. Isso nos dava o que gostávamos, uma carteira neutra em relação ao mercado. Mas essa carteira ainda apresentava flutuações de valor superiores aos investimentos habituais, por isso deixamos a arbitragem estatística de lado por um tempo.

Sem que soubéssemos, alguns anos depois um pesquisador engenhoso do Morgan Stanley inventou um produto semelhante ao nosso, mas com uma variabilidade muitíssimo menor. A negociação provavelmente começou em 1983. Com experiência, sua confiança aumentou e seus investimentos se expandiram. A arbitragem estatística tornou-se um importante centro de lucro no Morgan Stanley em 1985, mas o crédito por sua descoberta e as recompensas da empresa não foram atribuídos ao descobridor, Gerry Bamberger.[3] Enquanto seu chefe, Nunzio Tartaglia, continuou a expandir a operação, Bamberger, insatisfeito, entregou sua carta de demissão.

Como parte do nosso plano para adicionar centros de lucro diversificados, a Princeton Newport Partners estava buscando financiar pessoas com estratégias quantitativas de sucesso. Bamberger, desempregado, nos contatou. Ele descreveu sua estratégia como de alto giro, neutra ao mercado e de baixo risco, com uma grande quantidade de ações compradas e vendidas a descoberto simultaneamente. Lembrava muito a nossa estratégia de arbitragem estatística, então, embora conhecêssemos apenas as características gerais da carteira e nenhum detalhe de como os negócios foram escolhidos, resolvemos acompanhar. Assim que dei a minha palavra de que não diria a ninguém, a menos que ele concordasse ou as informações entrassem na esfera pública por algum outro caminho, encontrei-me com Gerry e ele me contou como sua estratégia funcionava.

Gerry Bamberger era um judeu ortodoxo alto e elegante, com uma maneira original de ver os problemas e um senso de humor irônico. Trabalhamos juntos por várias semanas em Newport Beach para testar seu sistema de forma exaustiva. Se eu ficasse satisfeito, financiaríamos uma joint venture com Gerry. Ele trazia um saco marrom para o almoço que sempre continha um sanduíche de salada de atum. Por fim, tive que perguntar: "Com que frequência você almoça sanduíche de salada de atum?". Gerry disse: "Todos os dias nos últimos seis anos". Era um fumante inveterado, e sou extremamente sensível à fumaça de cigarro — a ponto de não contratarmos fumantes nem permitirmos que se fumasse em nosso escritório —, por isso negociamos como lidar com esse fato. Fizemos concessões. Sempre que Gerry precisasse fumar, sairia do nosso escritório para o jardim no térreo. No sul da Califórnia isso não é a provação que poderia ter sido durante o inverno da Costa Leste.

A fonte de lucros na versão Bamberger da arbitragem estatística era o efeito de maiores altas, maiores baixas que descobrimos em 1979-80. Fazíamos o hedge de risco de mercado, mas Gerry reduzia o risco ainda mais ao negociar grupos setoriais em separado. Para medir o desempenho histórico de seu sistema e simular as transações em tempo real, usávamos a sala de computadores de cem metros quadrados da Princeton Newport, cheias de equipamentos que valiam 2 milhões de dólares. Em seu interior havia bancos de unidades de disco de gigabytes do tamanho de máquinas de lavar, além de unidades de fita e unidades de processamento central, ou CPUs, do tamanho de refrigeradores. Tudo isso ficava em um piso elevado composto por painéis removíveis, sob o qual serpenteava uma selva de cabos, fios e outros conectores.

A sala também tinha seu próprio sistema de segurança. Em caso de incêndio, o ar seria automaticamente substituído por gás halogênio não inflamável dentro de oitenta segundos. Se isso acontecesse, a sala ficaria com pouco oxigênio para o incêndio se alastrar ou para as pessoas respirarem. Treinávamos como sair a tempo e acionar o gás halogênio manualmente, caso necessário.

Nossas instalações eram de alta tecnologia em meados da década de 1980, mas com o enorme aumento da miniaturização, velocidade e baixo custo do computador, agora até celulares armazenam muitos gigabytes. A sala ficava resfriada a uma temperatura constante de quinze graus por seu próprio sistema de refrigeração e tinha portas seladas e filtros de poeira para manter o ar limpo. Como fumantes emitem pequenas partículas durante uma hora ou mais mesmo depois de um único cigarro, Gerry concordou, com muito bom humor, que a sala de computadores era proibida para ele.

Quando fiquei totalmente satisfeito, criamos uma joint venture, financiada pela PNP e dirigida em Nova York por Gerry como uma operação *turn-key*. Nós a chamamos de Boss Partners, de "Bamberger (mais) Oakley Sutton Securities" — esta última, uma entidade criada por nós para ajudar a PNP. Com capital variando de 30 milhões a 60 milhões de dólares, a Boss rendeu entre 25% e 30% em 1985. Os retornos diminuíram de forma gradual para mais ou menos 15% em 1988. A diminuição da lucratividade e o crescente ataque de Giuliani ao nosso escritório de Princeton desencorajaram Gerry a continuar no setor de valores mobiliários.[4] Ele preferiu se aposentar como milionário.

Enquanto isso, levei o conceito de arbitragem estatística um passo adiante. A negociação começou com minha abordagem melhorada em janeiro de 1988, portanto, livrando-se por acaso do crash de 1987. Como fizemos isso? Apesar de uma queda de 22% no índice S&P 500, a Boss perfez 7% em outubro de 1987. As simulações de computador mostraram que nosso novo produto de arbitragem estatística também teria bons dias e um mês recorde. Era uma embarcação para escapar dos cataclismos.

Para controlar ainda mais o risco, substituí a segregação de Bamberger dentro dos grupos do setor por um procedimento estatístico chamado análise fatorial. Os fatores são tendências comuns compartilhadas por várias, muitas ou todas as empresas. O mais importante é chamado de fator de mercado, que mede a tendência de cada preço de ação de subir ou descer com o mercado. Os retornos diários de qualquer ação podem ser expressos como uma parte que segue o mercado mais o que sobrou, o chamado residual. Teóricos financeiros e profissionais identificaram um grande número de fatores que ajudam a explicar as mudanças nos preços de títulos. Alguns, como a participação em determinado grupo industrial ou setor específico (por exemplo, petróleo ou finanças), afetam sobretudo os subgrupos de ações. Outros fatores, como o próprio mercado, os níveis de taxas de juros de curto e longo prazos e a inflação, afetam quase todas as ações.

A beleza de um produto de arbitragem estatística é que ele pode ser projetado para compensar os efeitos de quantos desses fatores você desejar. A carteira já é neutra ao mercado, restringindo a relação entre as posições compradas e vendidas a descoberto, de modo que a tendência do lado comprado de seguir o mercado é compensada por um efeito igual, mas oposto, no lado vendido. A carteira se torna neutra à inflação, neutra ao preço do petróleo e assim por diante, fazendo o mesmo individualmente com cada um desses fatores. Claro, há uma troca: a redução no risco é acompanhada pela limitação da escolha das possíveis carteiras. Só são permitidas aquelas que sejam neutras ao mercado, neutras à inflação, neutras ao petróleo etc., e a tentativa de reduzir o risco também tende a reduzir o retorno.

Chamamos o novo método de Star, de "*statistical arbitrage*". A pedido de um de nossos investidores, enviamos um histórico de negociações à Barra, líder mundial em pesquisa e desenvolvimento de produtos financeiros. Eles testaram o Star com seu modelo E2, que tinha 55 fatores inerentes a segmentos de negócios específicos e treze fatores macroeconômicos. Descobriram que nossos retornos eram essencialmente neutros aos fatores e não pareciam resultar de apostas sortudas.

Foi bom termos avançado para além do modelo Bamberger porque, na simulação, seus retornos continuaram a cair. Além disso, depois de encerrar bem 1987, o Morgan Stanley supostamente expandiu seu investimento nele para 900 milhões de dólares comprados e 900 milhões vendidos a descoberto, o que precisou reduzir os retornos para todo mundo que usava o método. Havia o rumor de que perderam entre 6% e 12%, levando à liquidação do produto.

O pessoal do Morgan Stanley começou a deixar o grupo de sistemas quantitativos que era responsável pela arbitragem estatística. Entre os que partiram estava David E. Shaw, ex-professor de ciência da computação na Universidade Columbia. Ele tinha sido cortejado em Wall Street a usar computadores para encontrar oportunidades no mercado.

Na primavera de 1988, Shaw passou o dia em Newport Beach. Discutimos seu plano para lançar um produto melhorado de arbitragem estatística. A PNP era capaz de investir os 10 milhões de dólares que ele queria para o início, e ficamos impressionados com suas ideias, mas decidimos não ir adiante porque já possuíamos um bom produto de arbitragem estatística. Ele encontrou outro apoio, criando uma das empresas analíticas mais bem-sucedidas em Wall Street, e mais tarde se tornaria membro do comitê consultivo científico do presidente. Usando a arbitragem estatística como centro de lucro básico, expandiu para áreas de hedge e arbitragem relacionadas (novamente o plano de negócios da PNP) e contratou uma grande quantidade de geniozinhos da análise quantitativa do meio acadêmico. Em 2014, a *Forbes* o classificou como o 134º americano mais rico, com 3,8 bilhões de dólares. Um de seus contratados foi Jeff Bezos, que, ao pesquisar oportunidades de negócios em 1994 para a Shaw, teve a ideia de uma livraria on-line e inaugurou uma empresa chamada Amazon.com. Com 30 bilhões de dólares em 2014, Bezos era o 15º americano mais rico.

Quando a PNP começou a se dissolver no final de 1988, apesar do estresse, ainda desenvolvemos outra abordagem para a arbitragem estatística que se mostrava mais simples e mais poderosa.[5] Mas, à medida que a empresa desaparecia, eu queria simplicidade. Concentramo-nos em duas áreas que poderiam ser geridas por uma pequena equipe: hedge de warrant japoneses[6] e investimento em outros hedge funds. Os dois foram bem.

Eu não tinha planos imediatos para usar nossa nova técnica de arbitragem estatística e esperava que as inovações contínuas de investidores usando sistemas relacionados, do jeito que as coisas estavam, diminuíssem gradativamente seu valor. Quatro anos se passaram e, então, meu amigo e ex-parceiro Jerry Baesel me procurou com histórias de retornos extraordinários da arbitragem estatística. Além de D. E. Shaw & Company, os profissionais incluíam os ex-analistas quantitativos do Morgan Stanley que estavam dando início a seus próprios hedge funds e alguns de meus antigos associados da PNP. Perguntei aos ex-Morgan Stanley se eles sabiam como a arbitragem estatística havia começado em sua empresa. Ninguém sabia. Alguns tinham ouvido rumores de um lendário "descobridor" sem nome, que, claro, era Gerry Bamberger — o reconhecimento de sua contribuição havia sido apagado por completo.

Se o nosso sistema de arbitragem estatística ainda funcionasse, Jerry Baesel me disse que um dos nossos antigos investidores, um fundo de pensão multibilionário, que era seu empregador atual, queria grande parte ou a totalidade da capacidade. Todo sistema de operações no mercado de ações com uma vantagem é necessariamente limitado na quantidade de dinheiro que pode usar e produzir retornos adicionais. Um dos motivos é que a compra de valores mobiliários subvalorizados tende a elevar o preço, reduzindo ou eliminando a divergência no preço, e a venda a descoberto de valores mobiliários com preços altos tende a diminuir o preço, de novo reduzindo a divergência no preço. Assim, as oportunidades de superar o mercado encontram um limite de volume ditado pela forma como as negociações de valores afetam os preços de mercado.

Como nosso método de arbitragem estatística era em grande parte informatizado, Steve e eu podíamos administrar a conta gerenciada com a ajuda de nossa pequena equipe de escritório. Isso me daria tempo para aproveitar a vida. Decidimos seguir em frente. O empreendimento começou de forma auspiciosa. Nosso software funcionou sem problemas, primeiro em simulação e depois com dinheiro real, a partir de agosto de 1992.

Eu também quis investir meu dinheiro. Pude fazer isso de forma eficiente e lucrativa, criando uma nova sociedade de investimento. Isso levou ao lançamento da Ridgeline Partners, em agosto de 1994, para negociar junto com nossa conta institucional. Os cotistas-investidores ganharam 18% ao ano ao longo dos oito anos e três meses de operação.

O Apêndice E mostra resultados para a grande conta gerenciada que, por questão de confidencialidade, chamo de XYZ. O retorno anualizado de 7,77% e o desvio padrão anualizado de 15,07% para o S&P 500 durante esse período estão um pouco abaixo de seus valores de longo prazo. O retorno anualizado desalavancado para a XYZ antes das taxas, a 18,21%, é mais que o dobro daquele do S&P; o risco, medido pelo desvio padrão, é de 6,68%. A proporção de retorno (anualizado) para risco da XYZ a 2,73 é mais do que cinco vezes maior que a do S&P. Estimando 5% como taxa média de três meses dos títulos do Tesouro durante o período, os índices Sharpe correspondentes são 0,18 para o S&P contra 1,98 para a XYZ.

O gráfico "Comparação de Desempenho da XYZ" no Apêndice E exibe duas "épocas" principais. A primeira, de 12 de agosto de 1992 até o início de outubro de 1998, mostra um aumento constante. A segunda, da última data até 13 de setembro de 2002, tem uma maior taxa de retorno, inclusive um arranque notável de seis meses logo após o colapso (após quatro anos) do grande hedge fund chamado ironicamente de Long-Term Capital Management. Após o arranque durante o último trimestre de 1998 e no primeiro trimestre de 1999, a taxa de crescimento se reverte pelo restante do tempo do que foi a primeira época. No entanto, a variabilidade em torno da tendência é maior.[7]

Uma das causas dessa maior variabilidade pode ser a eleição tardia e questionada de George W. Bush. Também tivemos uma mudança dos mares econômicos, dos excedentes orçamentários para os déficits gigantescos em decorrência do aumento das despesas e da redução da alíquota de imposto. Mais incertezas vieram com o colapso da bolha pontocom e os horrores do Onze de Setembro.

Cobramos da Ridgeline Partners 1% ao ano de taxa de administração mais 20% de taxa de performance sobre o lucro líquido. Voluntariamente reduzimos as taxas durante um período em que nos sentimos decepcionados com nosso desempenho. Devolvemos mais de 1 milhão de dólares aos cotistas-investidores. Alguns gestores de hedge funds gananciosos de hoje talvez digam que em termos econômicos nossa devolução de taxas foi irracional, mas nossos investidores ficaram felizes e quase sempre tivemos lista de espera. A Ridgeline ficou fechada para novos investidores por um longo período, e os investidores atuais com frequência tinham restrições para adicionar capital. Para manter retornos mais elevados, às vezes até reduzimos nosso tamanho ao devolver capital aos sócios.

Ao contrário de alguns gestores de hedge funds que também tinham uma lista de espera, poderíamos ter elevado nossas taxas, aumentando nossa participação nos lucros ou acrescentando mais capital, diminuindo assim o retorno para sócios-investidores. Essas táticas de sócio-gestor para capturar quase todo o retorno ajustado ao risco excessivo, ou "alfa", em vez de compartilhá-lo com os outros investidores, são o que a teoria econômica prevê. Em vez disso, preferi tratar os cotistas-investidores como eu gostaria de ser tratado.

Em agosto de 1998, o hedge fund Long-Term Capital Management (LTCM), um pool de 4 bilhões de dólares, perdeu quase todo o seu dinheiro. Altamente alavancado, ameaçou a inadimplência em algo como 100 bilhões de dólares em contratos. Alguns alegaram que o próprio sistema financeiro mundial estava ameaçado. O Federal Reserve, banco central dos Estados Unidos, concluiu que o LTCM era "grande demais para fracassar" e negociou um resgate por um consórcio de corretores e bancos, cada um com interesse financeiro próprio em salvar o fundo. Mais ou menos ao mesmo tempo, várias economias asiáticas se deterioraram e a Rússia não saldou sua dívida.

A combinação de eventos aumentou de modo considerável a volatilidade nos mercados financeiros. Essas interrupções aumentariam nossa taxa de retorno potencial ou impediriam nosso sistema de arbitragem estatística? Os hedge funds estavam sofrendo de múltiplas formas. Detentores de títulos asiáticos perderam muito. As instituições financeiras de repente estavam menos dispostas a ampliar o crédito e os hedge funds alavancados foram forçados a liquidar posições. Soubemos que grandes posições de arbitragem estatística estavam sendo encerradas, o que parece provável, pois são líquidas e podem ser vendidas com rapidez para levantar dinheiro. Essa crise de desalavancagem e liquidez prenunciou uma repetição global semelhante e muito maior em 2008.

Se houvesse um movimento tão grande fora das posições de arbitragem estatística, esperaríamos que nossas carteiras perdessem durante esse acontecimento, porque se outros vendessem as ações que possuíamos isso diminuiria o preço e nossas posições cobertas demonstrariam perdas. Da mesma forma, se tivessem vendido as ações que tínhamos e as comprassem de novo, isso aumentaria o preço das ações que ainda tínhamos a descoberto e demonstraria perdas. Assim que a liquidação das carteiras diminuísse, esperaríamos uma recuperação. O que na verdade aconteceu foi que, após um pequeno mergulho nos últimos quatro dias de setembro, outubro começou com seis dias consecutivos de perdas, durante os quais nossa carteira perdeu 4,2%, o golpe mais forte que já havíamos vivenciado.[8] Como isso ocorreu logo após o final do trimestre, suspeito que foi devido à liquidação involuntária de posições de arbitragem estatística para levantar dinheiro e satisfazer credores. Felizmente, tínhamos terminado setembro como nosso melhor mês de todos.

Apesar de outubro ter começado mal, recuperamos todas as nossas perdas e continuamos a série de vitórias que começara em setembro. Ela continuou por seis meses incríveis, até fevereiro de 1999. Durante esse período, obtivemos 54,5%. O resultado para os doze meses que terminaram em agosto de 1999 foi que os cotistas-investidores da Ridgeline obtiveram 72,4%. Foi o resultado de um produto neutro ao mercado usando alavancagem de 2:1 ou menos. Vários de nossos cotistas-investidores perguntaram se já tínhamos visto algo assim. Respondi que, em 35 anos de investimento neutro ao mercado, nunca tinha visto algo assim, mas lhes disse que não se acostumassem, já que era improvável que esse desempenho se repetisse.

Entre a Ridgeline e a XYZ, conseguimos até 400 milhões de dólares em arbitragem estatística e outros 70 milhões em outras estratégias, enquanto o pico da PNP foi de 272 milhões. Em comparação com o máximo de oitenta funcionários da PNP, apenas seis[9] de nós na Ridgeline enfrentamos nossas formidáveis concorrentes. Várias delas tinham centenas de funcionários, entre os quais dezenas de doutores em matemática, estatística, informática, física, finanças e economia. Éramos uma operação altamente automatizada, enxuta e lucrativa.

Decidimos fechar as portas no outono de 2002. Os retornos, embora respeitáveis, diminuíram em 2001 e 2002. Acreditei que isso se devia ao enorme crescimento dos ativos de hedge funds, com uma correspondente expansão de programas de arbitragem estatística. Tinha visto isso acontecer antes, em 1988, quando a expansão da arbitragem estatística do Morgan Stanley pareceu ter um efeito negativo sobre nossos retornos. A redução da taxa de retorno na arbitragem estatística[10] pareceu ser confirmada pela experiência da maioria dos outros hedge funds que operavam no mercado.

A razão mais importante para liquidar a operação foi que o tempo valia mais para mim do que o dinheiro extra. Vivian e eu queríamos aproveitá-lo para ficar com nossos filhos e suas famílias, viajar, ler e aprender. Era hora de mudar o rumo da vida de novo.

E eu tinha investimentos que continuavam sendo interessantes, como contas de poupança nas quais meu filho, Jeff, e eu começamos a participar desde 1990.

CAPÍTULO 20

Investindo com tudo nos bancos

Um dia, em 1990, meu filho, Jeff, ligou para me aconselhar a abrir cadernetas de poupança em associações de empréstimos e poupança mútua. Por que eu deveria amarrar meu dinheiro a 5% quando estava ganhando 20%? Jeff respondeu: "O que você acha de uma pequena fatia de alguns bilhões de dólares que não é de ninguém?". Eu disse: "Continue". E ele me explicou como funcionava.

Havia, naquele momento, alguns milhares de instituições de empréstimo e poupança mútua em todo o país. Começaram como associações formadas por depositantes que reuniam seu dinheiro, permitindo que os membros tomassem empréstimos conforme o necessário, enquanto pagavam juros sobre seus empréstimos àqueles que tinham dinheiro no pool. Os depositantes eram "mutuamente" donos da associação, o que significava que o valor comercial que se acumulava durante a operação também era "de propriedade" dos depositantes. Com o passar do tempo, depositantes entraram e saíram das associações, mas ao sair deixaram sua parte do negócio para trás. Não existia nenhum mecanismo para extrair esse valor.

O gigantesco e lento colapso do setor de poupança e empréstimo dos Estados Unidos, a partir do final da década de 1970 e continuando até a década de 1980, criou uma necessidade de capital para impulsionar instituições enfraquecidas, capital para explorar novas oportunidades para preencher o vazio deixado pelas instituições quebradas e capital para concorrer com as novas e maiores associações consolidadas de poupança e empréstimos que estavam aparecendo.

As associações de empréstimo e poupança mútua podiam aumentar o capital apenas atraindo mais depositantes, um processo lento e incerto, mas seus rivais, as companhias de empréstimos e poupança, eram empresas de propriedade de acionistas (e não associações). Eles podiam conseguir mais capital do mercado, conforme precisassem, vendendo ações. Diante dessa concorrência, alguns gestores mais empreendedores das associações decidiram "converter" as associações em companhias por ações, e isso iniciou o processo de extração de bilhões de dólares que ninguém antes poderia reivindicar.

Veja como isso é feito. Imagine uma hipotética associação de empréstimo e poupança mútua [*loan and savings*], que chamaremos Varinha Mágica L&S, ou VM, com 10 milhões de dólares em liquidação ou valor contábil e lucro líquido de 1 milhão por ano. Se a VM fosse uma companhia de capital aberto com 1 milhão de ações em circulação, cada ação teria um valor contábil de dez dólares e ganharia um dólar por ação, que é 10% do valor contábil. Suponha que, se houvesse algo como ações da VM, seria, como é normal, negociado por uma vez o valor contábil, ou dez dólares por ação.

A administração decide "converter" a VM numa empresa de poupança e empréstimo de capital aberto e emitir pela primeira vez 1 milhão de ações a dez dólares por ação, com recursos de 10 milhões de dólares. Após essa oferta pública inicial (*initial public offering*, IPO), a VM tem 10 milhões de dólares em caixa novo mais os 10 milhões em patrimônio que antes eram de propriedade dos depositantes, com um novo total de 20 milhões de dólares de patrimônio líquido. Cada ação agora tem um valor contábil de dez dólares em dinheiro mais dez dólares em capital subscrito, em um total de vinte dólares.

Por quanto as novas ações serão vendidas no mercado? O capital subscrito deve valer dez dólares com base no preço atual de mercado de ações comparáveis das associações de poupança e empréstimo, e os dez dólares em dinheiro devem valer mais dez, então, assim que o público entender esse fato, esperamos que as novas ações sejam negociadas a mais ou menos vinte dólares.

Compre uma ação de vinte dólares por dez. Quem perde? Ninguém, mas os depositantes que não compram ações o suficiente na oferta para capturar a parcela do capital que "possuíam" antes da IPO abrem mão de alguns dos ganhos em favor dos outros, que então conseguem obter mais. Felizmente, é comum as IPOS serem estruturadas para que os depositantes tenham prioridade sobre outras classes no registro para compra de ações. Em geral, apenas uma classe tem uma prioridade ainda maior. Quem? Você acertou! Os "insiders": diretores, conselheiros e planos de benefício de opção e ações para funcionários. Isso permite que os insiders capturem uma porção do valor dos depositantes, o que fornece uma motivação poderosa para que a administração faça a conversão.

Suponha que tivéssemos a previsão de nos tornarmos um depositante na Varinha Mágica L&S antes do prazo de elegibilidade para participar da IPO. Em algum momento após o prazo de elegibilidade, a associação anuncia sua intenção de se converter, escolhe um banqueiro de investimentos para gerenciar a oferta de ações e obtém aprovação regulamentar. A Varinha Mágica cria um departamento temporário chamado centro de conversão, que emite um pacote de documentos, inclusive um prospecto com os termos da conversão e informações, entre elas quais grupos podem participar, seu nível de prioridade e dados históricos, como as demonstrações financeiras da associação nos últimos anos. O formulário de pedido de ações no pacote permite que possamos solicitar até 1% do 1 milhão de ações oferecido, ou 10 mil ações,[1] ao preço de dez dólares por ação. Transferimos 100 mil dólares para o centro de conversão, esperando obter nossa participação total de 10 mil ações, mas sabendo, por experiência, que qualquer coisa entre zero e 10 mil ações é possível. Algumas semanas depois, descobrimos que compramos 9 mil ações. Recebemos um certificado de ações pelo correio e o depositamos em nossa conta de investimentos na corretora de valores. Também recebemos um cheque de 10 191,78 dólares, dos quais 10 mil são a devolução do valor das mil ações remanescentes que solicitamos, mas não obtivemos, e 191,78 dólares por juros auferidos durante o período em que este depósito esteve em garantia, nesse exemplo, de 5% de nossos 100 mil dólares enquanto esperamos catorze dias para os termos da emissão de ações serem definidos.

O que acontece com o preço de nossas ações? Ele abre a doze dólares e, nas próximas semanas, move-se devagar até dezesseis, ainda abaixo dos vinte dólares por ação pagos por ações comparáveis que são negociadas há um tempo no mercado.

Isso não perfaz os vinte dólares. Por que não? Primeiro, o recurso líquido para a Varinha Mágica é pouco menor que dez dólares por ação, porque os subscritores tomam uma porcentagem do resultado, então o novo valor contábil é um pouco menor que vinte dólares, talvez 19,30 por ação. Em segundo lugar, o preço de mercado das associações de poupança e empréstimo flutua, e o grupo tem estado um pouco fraco ultimamente. O preço caiu alguns pontos abaixo do valor contábil. Terceiro, vai levar tempo para que os gestores da companhia coloquem o dinheiro novo para trabalhar, então os ganhos não chegarão a vinte dólares por ação por um ano ou dois. Mesmo assim, fizemos 60% em algumas semanas.

Muitos dos participantes desse jogo, os chamados *"flippers"*, lucram nos primeiros dias e seguem para a próxima partida. No outro lado da mesa, manterei ações de uma empresa bem gerida por meses ou anos. Se a ação continuar sua elevação na direção do valor contábil, isso oferece ganhos adicionais. Além disso, esperar mais de um ano para vender configura um ganho de capital de longo prazo, com menos impostos a pagar.

Em geral, as IPOs das associações de poupança e empréstimo têm sido rentáveis para os compradores, mas as ofertas, na maioria, não são tão boas quanto a da VM.[2] O lucro a curto prazo foi na faixa de 10% a 25%, com algumas pequenas perdas.

Serviços de informação especializados estão disponíveis para ajudá-lo a analisar negócios e evitar os menos rentáveis. Ou você pode julgá-los por conta própria.

Jeff e eu abrimos centenas de contas de poupança, algumas feitas por correio, mas muitas precisaram ser feitas pessoalmente. Sempre que fazíamos uma viagem de negócios, verificávamos nosso banco de dados para ver quais associações tínhamos que visitar.

Em um caso, uma associação muito grande parecia madura para conversão, então a IPO seria grande. O banco exigia que as contas fossem abertas pessoalmente, e não por correio, o que reduzia a concorrência. Jeff convenceu meu genro, Rich, e a mim a voar até Dallas para passar o dia.

Quando chegamos, sentou-se ao nosso lado para também abrir contas um bambambã de trinta e poucos anos de Beverly Hills e sua namorada. Agindo obviamente em sigilo, como um agente incompetente da CIA, o sr. Óculos Escuros conversou conosco, soube que não éramos de lá e se perguntou se estávamos participando do mesmo jogo de associações de poupança e empréstimo que ele, o especialista, estava. Nós nos fizemos de bobos, e ele, bancando o importante, nos deu um cartão de visita. Eu me diverti com aquilo, guardei-o e, alguns meses depois, quando um artigo de finanças sobre mim apareceu na *Newsweek*, remeti-lhe pelo correio um exemplar da revista com um bilhete, dizendo que havia gostado do nosso encontro no banco. Um ano depois, ganhei 85 mil dólares a mais depois de passar o dia em Dallas.

Visualizei a abertura de contas como a plantação de bolotas na esperança de obter uma safra de carvalhos. Só que essas bolotas eram estranhas. Podiam ficar adormecidas por meses ou anos, talvez para sempre; mas de vez em quando, ao acaso, uma poderosa árvore de dinheiro explodiria do chão. Valia a pena botar essa "plantação" para funcionar?

Nossas centenas de contas tiraram capital de outros investimentos. Pagas as taxas de juros baixas por nossas cadernetas e certificados de depósito (CDBs), sacrificamos um diferencial esperado de 10% a 15% para manter nossas contas. Também tivemos despesas e o chamado "custo de oportunidade".[3] Felizmente, Judy McCoy gerenciou o projeto em meu escritório com competência e eficácia.

A colheita de nossa safra de contas das associações às vezes rendia 1 milhão de dólares por ano. O jogo devagar perdeu o ritmo nas últimas duas décadas. Associações de empréstimo e poupança mútua converteram-se, deixando menos oportunidades.

O ganho também diminuiu porque mais pessoas abriram contas, espalhando assim os lucros entre mais players. Os investidores também apresentaram saldos maiores em CDBS, contas de poupança e contas-correntes na esperança de serem alocadas mais ações em uma conversão futura. Vincular mais capital aumenta o custo para permanecer no jogo. Nossos lucros têm diminuído. Hoje, estamos mantendo nossas contas antigas, mas nos esforçando menos para abrir novas. Mesmo assim, um quarto de século depois de começarmos a abrir contas, 2014 foi um bom ano.

Enquanto isso, meus outros investimentos estavam rendendo bem. Um deles é a Berkshire Hathaway, de Warren Buffett.

CAPÍTULO 21

Uma última baforada

Depois de doze anos de sucesso no mercado de ações, que, na opinião dele, estava muito valorizado, Warren Buffett planejou a liquidação da Buffett Partnership, Ltd., em outubro de 1969. Os cotistas receberiam uma indenização de pelo menos 56% em dinheiro, talvez algumas ações de várias empresas e algo da ordem de 30% a 35%, para quem optasse por não convertê-las em dinheiro, de duas companhias — Diversified Retailing e uma tecelagem da Nova Inglaterra, denominada Berkshire Hathaway. E acrescentou, em tom desencorajador: "Pela primeira vez em minha vida de investimentos, há pouca escolha para o investidor médio além de carteiras de ações sob gestão profissional ou investimentos passivos em títulos de renda fixa".

Ao reler, hoje, a carta de Buffett, não vejo nenhuma pista, como não vi na época, de que a Berkshire Hathaway seria a sucessora das sociedades comerciais de Warren. Ralph Gerard, parceiro de investimentos dele havia muito tempo e a pessoa que nos apresentou, tampouco constatou qualquer indício nesse sentido.[1] Dos 100 milhões de dólares distribuídos aos cotistas, cerca de 25 milhões eram de Buffett. Ele acabou ficando com cerca de metade das ações da Berkshire.

A Berkshire era o que Buffett e seu mentor, Benjamin Graham, chamavam de guimba de charuto — você pega barato e dá uma última baforada. Como disse a *Forbes*,[2] em 1990, em seu tradicional estilo lacônico,

> [Buffett] comprou as usinas têxteis da Berkshire Hathaway em 1965 (doze dólares/ação), dissolveu a sociedade em 1969, depois de multiplicar por trinta o seu valor, e decidiu[3] usar a companhia como o seu principal veículo de investimentos. O negócio têxtil naufragou (encerrou as operações em 1985), mas o negócio de investimentos prosperou.

Focado na Princeton Newport Partners, não tive mais notícias de Warren depois de 1969. Até que, em 1983, ouvi falar do crescimento impressionante de uma empresa chamada Berkshire Hathaway. Sem saber que ela se tornaria o veículo de investimentos de Warren, parei de acompanhá-la em 1969. O preço da ação, naquele ano, era de 42 dólares, quando se encontrava alguém que quisesse negociar com o papel. Agora, ela era uma companhia aberta, com ações negociadas em bolsas de valores a mais de novecentos dólares. Atinei de imediato com o que isso significava. A "guimba de charuto" se transformara em caixa umidificadora de Havanas. Embora o seu valor de mercado tivesse aumentado por um múltiplo superior a 23 em catorze anos, fiz minha primeira compra a 982,50 dólares e continuei a acumular ações.[4] Em contraste, em 2004, ao conversar com o presidente de um banco em San Francisco, ele mencionou que a mãe dele tinha sido sócia de responsabilidade limitada na Buffett Partnership, Ltd, e que tinha recebido algumas ações da Berkshire, como parte de sua indenização, quando a sociedade encerrou suas atividades. "Isso é maravilhoso", respondi. "Aos preços de hoje [na época, 80 mil dólares por ação, ou algo parecido] ela deve estar muito rica." "Infelizmente", lamentou-se ele, "minha mãe vendeu a 79 dólares, com lucro de várias centenas por cento."

Se me pediam orientação, eu recomendava a ação para a família, amigos e associados, advertindo que era um investimento de longo prazo, com um futuro talvez volátil. Não a sugeria para quem não fosse capaz de compreender a lógica por trás da compra e que provavelmente se assustaria com uma grande queda no preço. A reação às vezes era frustrante.

Em 1985, nossa faxineira, Carolyn, que era divorciada, recebeu 6 mil dólares como indenização por um acidente de carro. Ela queria investir essa importância para pagar a faculdade dos filhos, então com cinco e seis anos. Semanas a fio ela implorou para que eu a orientasse, mas, como ela não sabia absolutamente nada sobre títulos e investimentos, eu sempre me recusava. Pressionada por algum cartomante, que lhe dissera que eu duplicaria ou até triplicaria o dinheiro, ela persistiu. Em um momento de fraqueza, cedi, desde que, se comprasse a ação que eu recomendava, ela jamais a vendesse antes de conversar comigo. Consegui reduzir a comissão sobre a compra, como favor de um corretor amigo, e ela comprou duas ações da Berkshire Hathaway por 2,5 mil dólares cada. Tempos depois, trocou os afazeres domésticos por um trabalho em escritório e perdemos o contato com ela. Enquanto isso, a companhia subiu para cerca de 5 mil dólares a ação, pouco antes do crash de outubro de 1987. Descobri mais tarde, pelo corretor, que Carolyn vendera as ações logo depois do fundo do poço pós-crash, a 2,6 mil dólares cada. Dezesseis anos depois, no primeiro trimestre de 2003, quando os filhos dela poderiam estar concluindo a faculdade, o preço da ação variava entre 60 mil e 74 mil dólares cada.[5]

Minha mulher e eu, nossa filha mais velha, Raun, e o marido dela, Brian, a filha deles, Ava, e meu filho, Jeff, decidimos, por sugestão deste, comparecer à assembleia geral ordinária de 2003, realizada, como sempre, em Omaha, Nebraska, cidade natal de Warren. Escrevi a Warren, mencionando de antemão que iríamos e que Ava, então com sete anos, também acionista, tinha perguntas a lhe fazer. Embora não nos víssemos desde 1969, ele se lembrou carinhosamente de nossos encontros e pediu que eu dissesse a Ava que ele "faria o dever de casa" e estaria preparado para responder às perguntas dela.

Como a assembleia geral ordinária dos acionistas aconteceria num sábado de manhã, pegamos um avião na quinta-feira e esperávamos retornar, separadamente, no domingo ou na segunda. As pequenas assembleias de acionistas de trinta anos antes tinham se transformado em enormes celebrações de vários dias, destacando os "Milionários Berkshire", e passaram a ser conhecidas como o "Woodstock para capitalistas".

Começamos colhendo amostras do conjunto de empresas Berkshire, como a Dairy Queens (uma cadeia de lojas de sorvetes especiais); a Borsheims (a maior joalheria independente) e seus preços especiais para acionistas, no "fim de semana da assembleia geral"; a Nebraska Furniture Mart (a maior loja de móveis independente); e, evidentemente, a See's Candies, uma das favoritas da Califórnia. Todos os empregados da Berkshire com quem nos encontramos — e foram muitos e diversos — pareciam competentes, corteses e bem treinados, fato digno de menção, que, em si, já justificava a viagem. Na sexta à noite, fomos à Gorat's Steak House, a preferida de Buffett, e comemos um grande e delicioso t-bone por... 18,95 dólares. Buffett e seu sócio, Charlie Munger, segundo a programação, estariam lá no sábado à noite, num jantar especial para os acionistas, o que nos levou a também reservar os nossos lugares.

A reunião de sábado começou às 7h30, com um vídeo para os madrugadores. Dormimos demais e caminhamos até o Omaha Civic Auditorium, onde chegamos pouco antes das 9h30, quando Warren e Charlie subiriam ao palco. No caminho, passamos por vários manifestantes — um primeiro? — gritando palavras de ordem incoerentes, carregando faixas que acusavam Warren e a empresa de promover infanticídios, ostentando fotos sangrentas de fetos abortados e acusando erroneamente a empresa de ser pró-aborto. As irônicas consequências estão relatadas a seguir.

Como o Omaha Civic Auditorium estava lotado, com uma multidão de 14 mil pessoas, juntamo-nos a outros 2 mil participantes num salão também apinhado. Warren e Charlie apresentaram um relatório conciso do desempenho da Berkshire no ano anterior, a que assistimos por um telão, e, então, passaram a responder às perguntas. Havia dez púlpitos com microfones, e enormes filas. Ava era a nona na menor que encontramos. Depois de uma hora, o ritmo lento das perguntas e respostas deixou evidente que a vez de Ava demoraria muito para chegar. Na saída, visitamos a ampla exposição de produtos das várias empresas Berkshire. Podia-se comprar chocolates da See's Candies, enciclopédias e, por oito dólares, tirar uma foto ao lado de um Warren em tamanho natural recortado em papelão. "Eles não estão dando nada de graça", comentou Vivian.

A Berkshire evoluiu dos tempos simplórios de *stock-picking* (seleção de ações, gestão ativa ou investimento ativo) da década de 1960 para transformar-se num conglomerado com três grandes partes. A primeira com participações acionárias comuns, em empresas como Coca-Cola, Gillette e *The Washington Post*. A segunda com subsidiárias integrais ou empresas controladas, como Wesco Financial, World Book Encyclopedia e Clayton Homes. O relatório anual de 2003 listava cerca de 66 dessas empresas, com 172 mil empregados, coordenadas por Warren e Charlie de um escritório que "inchou" para dezesseis funcionários. A terceira — e, talvez, a mais importante — é o segmento de seguros, composto em grande parte pela Government Employees Insurance Company (Geico) e pela empresa de resseguros Gen Re.

Almoçamos e vimos a exposição da NetJets no aeroporto local. Na noite de sábado, voltamos ao Gorat's. O preço do mesmo t-bone da sexta, como "oferta especial para os acionistas", era, agora, três dólares mais alto. Charlie Munger percorreu, meio constrangido, o salão em que estávamos, e contei-lhe uma história que ouvira sobre a juventude dele. Charlie tinha ido para a escola de direito de Harvard, e quando meu amigo Paul Marx se graduou poucos anos depois, descobriu que Charlie já era uma lenda — com muita gente dizendo que ele era a pessoa mais inteligente que já havia frequentado a escola. Quando calouro, era conhecido por sempre intimidar os professores. Em passagem famosa,[6] um professor chamou Charlie, que não tinha lido o caso em discussão, para responder a algumas perguntas. A reação imediata de Charlie foi: "Professor, o senhor expõe os fatos e eu cito as leis". Ao autografar o nosso cardápio, Charlie observou, com certa tristeza: "Isso foi muito tempo atrás... há muito tempo mesmo".

Omaha revelou-se uma joia surpreendente. Cidade do Centro-Oeste dos Estados Unidos que alcançou o pico demográfico no começo do século passado, grande parte da sua população migrou para os subúrbios, deixando um centro tranquilo e espaçoso. No domingo, visitamos o museu de belas-artes, onde se encontrava uma espetacular exposição fotográfica do filho de Warren, Howard. Também interessante era o zoo, com dois grandes e diferentes habitats cobertos, em cujo interior se passeava pelas aleias. No domingo à tarde, os alarmes de tornado soaram e todos no hotel foram conduzidos para o ginásio, no subsolo. Enquanto esperávamos pela tempestade, meu genro, Brian, subiu até o quarto andar, de onde observou os braços horizontais com contrapesos dos grandes guindastes para construções de muitos andares, girando soltos pelos suportes verticais. Esse aparato os protegia de serem derrubados pelo tornado. Ondas alternadas de baixa e alta pressão levavam o refrigerante nas mãos dele a borbulhar com maior ou menor intensidade. O tornado varreu ao acaso a cidade, provocando pequenos danos aqui e ali. O cinturão de tornados, uma região no meio do continente norte-americano que se estende de Omaha a Dallas, aterroriza os residentes, com uma média de oito ocorrências por ano, mais que em qualquer outro lugar do mundo.

Os voos saindo de Omaha foram cancelados. Com 30 mil pessoas que tinham ido para a cidade para o fim de semana da Berkshire perdendo voos e querendo partir o mais rápido possível, parecia que o atraso seria de no mínimo dois dias. Fizemos uma reunião da família e em uma hora Jeff tinha fretado um jato privado para nós. Na manhã seguinte, chegamos ao aeroporto local em dez minutos e logo depois embarcávamos, sem espera, sem filas, sem o aborrecimento da bagagem e sem o constrangimento dos escaneadores da Administração para a Segurança dos Transportes e das revistas pessoais. Tínhamos dois motores, dois pilotos, uma comissária de bordo e um bom almoço. A pequena Ava, de sete anos, certamente falou por todos nós quando declarou que nunca mais queria voar de outra maneira. Embora, na ida, tenhamos demorado dez horas para chegar a Omaha partindo de Newport Beach, Califórnia, contado o tempo de atraso em Dallas, detidos por tempestades, chegamos em casa em duas horas.

Durante muitos anos a Berkshire manteve um programa de contribuições filantrópicas dirigido pelos acionistas. Todos os anos a empresa permitia que cada acionista A doasse X dólares, em que X a princípio era um dólar por ação, aumentando pouco a pouco para algo como dezoito dólares por ação. Os acionistas destinavam suas contribuições a instituições escolhidas por eles, não pela administração, e a Berkshire enviava o dinheiro. Em consequência dos protestos antiaborto naquela assembleia geral e do boicote a uma empresa da Berkshire, o programa foi suspenso. Os manifestantes antiaborto conseguiram eliminar as contribuições dos acionistas não só a entidades de apoio ao planejamento familiar, mas também a outras instituições filantrópicas, entre as quais organizações apoiadas pelos próprios manifestantes.

Antes de decidir comprar ações da Berkshire, pode-se fazer uma análise simples. Como já mencionado, ela se compõe de três grandes partes. Na primeira estão as participações acionárias em empresas de capital aberto, ou companhias abertas, com ações negociadas em bolsas de valores, como Coca-Cola, *The Washington Post* e Gillette. Os mercados de títulos mobiliários precificam esses papéis todos os dias. Será que esse portfólio de Buffett vale mais, menos ou o mesmo que os preços de mercado? Deve-se adicionar um ágio pelas decisões de Buffett sobre o momento da compra e a escolha das ações?

A segunda parte abrange as numerosas subsidiárias integrais, como See's Candies, Clayton Homes e NetJets. Podemos avaliar essas posições aplicando os princípios de análise[7] financeira aos balanços patrimoniais e considerando a taxa de crescimento, o valor da marca [*franchise value*] e a qualidade da administração das empresas.

O terceiro componente é o grupo de seguradoras, do qual a Geico é a mais importante. Para avaliar essas empresas de capital fechado, cujas ações não são negociadas em bolsas de valores, usamos, além da análise financeira, conforme exposto acima, o *"float"*. Este é o valor dos prêmios pagos pelos segurados, mantido à parte para pagar futuros sinistros. Buffett investe esse dinheiro e tem gerado lucro bem acima do custo projetado dos sinistros. Quanto maior for o retorno de Warren sobre o *"float"*, além de seguir a prática de vender seguro quando os preços estão altos e afastar-se quando os concorrentes forçam os preços para baixo, maior é o valor da Berkshire. Durante uns poucos anos anteriores a 2008, a Berkshire tinha um saldo líquido não investido de 40 bilhões de dólares, uma vez que, para Buffett, os preços das ações estavam altos demais. Esse *"cash drag"* [saldo em dinheiro não investido] desacelerou o aumento do valor de mercado da Berkshire durante esse período. Quando o mercado despencou, em 2008, ele pôs o dinheiro para trabalhar.

À medida que a Berkshire crescia, o ganho de Buffett sobre o S&P 500 diminuía, conforme ele previu. A tabela 2, que cobre a minha experiência, mostra esse fato. A vantagem caiu a cada novo período. Superar o índice no futuro será cada vez mais difícil. Também existe um risco de preço decorrente das incertezas inerentes a uma possível saída de Buffett da administração da Berkshire. Apesar da probabilidade de que os seus substitutos se mostrem extremamente talentosos, o preço da ação pode sofrer queda acentuada, talvez durante muito tempo.

Não muito depois de comprar a Berkshire, comecei a reinvestir parte dos lucros em outros hedge funds. Relacionando-me com algumas das pessoas mais inteligentes e ricas de Wall Street e compartilhando informações e oportunidades de investimento, também auferi os benefícios de diversificar o meu portfólio pessoal.

DATA	PREÇO EM US$, BRKA*	RETORNO ANUALIZADO BRKA	RETORNO ANUALIZADO S&P 500	VANTAGEM DA BRKA POR ANO
31/12/1980	425	—	—	—
31/12/1990	6675	31,70%	13,93%	17,77%
29/12/2000	71000	26,67%	17,46%	9,21%
31/12/2010	12450	5,42%	1,41%	4,01%
30/12/2016	244121	12,50%	12,47%	0,03%

Tabela 2: Retorno total das ações A da Berkshire Hathaway, em comparação com o S&P 500, em quatro períodos sucessivos.

* Preços da série histórica da BRKA extraídos de Yahoo, BRK-A; retorno total do S&P 500, do anuário de Ibbotson SBBI 2014 e de Yahoo ^SP500TR do último período.

CAPÍTULO 22

Protegendo suas apostas

Proteger ou hedgear as suas apostas em tese o protege contra perdas catastróficas. Quando, porém, em 2008, começou a Grande Recessão, muitos investidores em hedge funds sofreram grandes perdas. O colapso mundial do crédito e dos preços dos ativos foi pior do que qualquer outra queda da atividade econômica desde a Grande Depressão da primeira metade do século passado. Os preços dos imóveis despencaram, o S&P 500 caiu 57% em relação ao pico, alcançado em 9 de outubro de 2007, e a riqueza privada dos Estados Unidos declinou de 64 trilhões para 51 trilhões de dólares. Pequenos investidores, como minha sobrinha e a faxineira da minha casa, ao observarem os fundos de índice de seus planos de aposentadoria despencarem, me perguntaram se deveriam descartar as suas ações. Muitos investidores tiveram de vender, entre eles o fundo universitário mais rico do país, o de Harvard, avaliado em 36,9 bilhões de dólares no começo de 2008, mas que, agora, estava desesperado por caixa.[1]

Os hedge funds, que deveriam proteger os investidores contra essas baixas, caíram em média 18%.[2] Mesmo assim, o gestor de hedge funds mais bem remunerado, James Simons, da Renaissance Technologies, auferiu 2,5 bilhões de dólares. Os 25 gestores com as maiores remunerações arrecadaram 11,6 bilhões, em comparação com 22,5 bilhões em 2007.[3]

Fazia, então, vinte anos que a Princeton Newport Partners fora liquidada, e os hedge funds proliferaram, até chegarem a 10 mil em todo o mundo, com patrimônio líquido total estimado em 2 trilhões de dólares. O pool de investidores ricos em todo o mundo é uma mistura de pessoas físicas, trustes (fundos fiduciários), grandes empresas, fundos de pensão, fundações e fundos patrimoniais [*endowments*]. O crash de 2008 desferiu um golpe pesado no setor de hedge. Quatrocentos bilhões de dólares foram levados de roldão. Isso desencadeou pedidos de retirada (saques) em todo o mundo por investidores inconformados com perdas que não deveriam ter ocorrido. E que ficaram em estado de choque quando muitos fundos se recusaram a devolver-lhes o restante do dinheiro.

À medida que a economia se recuperava devagar e o mercado atingia novas máximas, os investidores se esqueciam do que lhes ocorrera em 2008-9. Em 2015, os ativos dos hedge funds atingiram a nova máxima de 2,9 trilhões de dólares. As taxas de administração, variando entre 1,5% e 2%, renderam 50 bilhões de dólares aos operadores.[4] Sua porcentagem nos lucros agregava a isso outros 50 bilhões. Esses 50 bilhões em taxas de performance em tese representam 20% dos lucros, depois de todos os encargos. Mas os investidores, como grupo, de fato pagam porcentagem mais alta. Para compreender por quê, imagine dois fundos que começam com 1 bilhão de dólares cada um. Um fundo gera lucro líquido de 300 milhões e o outro perde 100 milhões. A 20% do lucro, o primeiro arrecada 60 milhões de taxa de desempenho e o outro não arrecada nada. Reunindo os resultados dos dois fundos, vemos que os investidores pagaram 60 milhões de dólares sobre um lucro de 200 milhões, taxa de 30% sobre os lucros e perdas combinados.

Na Princeton Newport, o crescimento oriundo de novo capital ocorria aos poucos e resultava da performance. Ao longo de quarenta anos, essa batalha pelo patrimônio dos investidores mudou de maneira drástica. Os chamados investimentos alternativos se tornaram a nova fronteira mais promissora do que fazer com o dinheiro.

A partir de fins da década de 1990, bastava colocar um anúncio dizendo "NOVO HEDGE FUNDS" e logo se formava uma fila de investidores de dobrar o quarteirão. Um fundo modesto, de 100 milhões de dólares, com retorno bruto de 10% por ano (10 milhões), pode pagar ao gestor ou ao sócio-administrador uma taxa de administração de 1% de 100 milhões — 1 milhão. Além disso, o gestor recebe 20% dos restantes 9 milhões de lucro, ou outro 1,8 milhão, como taxa de desempenho, gerando o total de 2,8 milhões por ano. Parte disso, talvez 1 milhão, paga as despesas, deixando o lucro líquido de 1,8 milhão por ano de lucro antes do imposto. Os investidores, ou sócios de responsabilidade limitada, ficam com os restantes 7,2 milhões, ou retorno anual de 7,2%.

Os sócios-administradores de um hedge fund semelhante, de 1 bilhão de dólares — e há dezenas deles —, podem auferir dez vezes mais, ou 28 milhões de dólares por ano. Mesmo um pequeno hedge fund de 10 milhões, com taxas, despesas e retornos proporcionais, geraria para um único sócio-administrador nada menos que 280 mil dólares por ano. Tudo isso deixa claro que você pode ficar muito rico dirigindo um hedge fund. Com essas recompensas, não deveríamos ficar surpresos ao descobrir que muitos dos (supostos) melhores investidores do mercado se tornaram gestores.

O consenso dos estudos setoriais sobre o retorno desses fundos[5] para os investidores parece ser que, considerando o nível de risco, esses fundos, em média, já ofereceram retorno extra a eles, mas isso foi deixando de acontecer à medida que o setor se expandia. As análises mais recentes mostram que os resultados médios são piores do que os retratados.[6] Os fundos voluntariamente apresentam seus resultados aos bancos de dados do setor. Os melhores tendem a prestar essas informações com muito mais frequência do que os piores. Um estudo revelou que essa tendência dobrou o retorno médio anual reportado pelos fundos quando tomados em conjunto, de efetivos 6,3%, de 1996 a 2014, para supostos 12,6%.[7]

O estudo chega a apontar que, se os retornos ao longo dos anos recebessem pesos correspondentes aos totais investidos, o resultado final seria "apenas marginalmente mais alto que as taxas de retorno livres de risco [dos títulos do Tesouro dos Estados Unidos]". Outra razão para que os relatórios setoriais pareçam melhores que a experiência dos investidores é o fato de combinarem retornos percentuais mais altos dos primeiros anos, quando o total investido em hedge funds era menor, com os retornos percentuais mais baixos dos anos mais recentes, quando passaram a gerenciar muito mais dinheiro.

É difícil conquistar vantagem escolhendo ações, ou seja, com a gestão ativa. Os hedge funds são pequenos negócios, assim como as pequenas empresas que operam nas bolsas. Será que alguém é melhor escolhendo hedge funds do que escolhendo ações?

Os investidores de hedge funds também estão sujeitos a grandes desastres. Na primavera de 2000, depois de grandes perdas, um dos maiores conjuntos de hedge funds do mundo, dirigido por Julian Robertson, que incluía o carro-chefe Tiger Fund, anunciou que estava fechando. De um começo modesto, na década de 1980, os fundos de Robertson tinham chegado a 22 bilhões de dólares antes da queda. Por fim, uma combinação de perdas de mercado e de retiradas de investidores podou o pool para 7 bilhões de dólares, com mais retiradas pendentes. Robertson, alegando ser um *value investor* [investidor em "ações de valor"], culpou os mercados irracionais e insanos de alta tecnologia. Como teria aconselhado Shakespeare, "a culpa não é dos nossos mercados, mas de nós mesmos...".[8]

Uns dois meses depois, outro dos maiores grupos de hedge funds do mundo, gerenciado por George Soros e associados, incluindo seu carro-chefe, Quantum Fund, anunciou grandes perdas, a que se seguiram retiradas pela maioria dos investidores. Drasticamente reduzidas em relação ao pico de 20 bilhões de dólares, as operações de Soros foram reestruturadas e convertidas em veículos para gerenciar seu próprio dinheiro. Soros e seu principal associado, Stanley Druckenmiller, tinham adotado posição oposta à de Robertson: haviam apostado em ações de tecnologia. Mais ou menos ao mesmo tempo, a Van Hedge Fund Advisors, em artigo intitulado "Good Year for Hedge Funds" [Bom ano para hedge funds], anunciou que o ano anterior, 1999, fora o melhor ano para seu índice de fundos, desde que o criaram, em 1988: +40,6% nos Estados Unidos e +37,6% no exterior.[9] Soros ressurgiu mais tarde. Em 2008, ele, pessoalmente, gerou 1,1 bilhão de dólares, quantia suficiente para proporcionar-lhe apenas o quarto lugar entre gestores de hedge funds naquele ano.[10]

Será que você deve investir neles? Primeiro, é preciso determinar se você é um investidor qualificado. Embora esses fundos exijam, em geral, um investimento mínimo de 250 mil dólares ou mais, algumas start-ups diminuem esse limite para 50 mil ou 100 mil ao levantarem capital pela primeira vez. A razão original para exigir investimento mínimo substancial é histórica. A fim de qualificar-se para certas isenções previstas na regulação de títulos mobiliários e, portanto, conquistar a liberdade de fazer uma ampla variedade de investimentos, os hedge funds tinham de se limitar a menos de cem cotistas. Nesse caso, porém, para ter um pool de dezenas ou centenas de milhões de dólares o fundo não podia preencher o seu quadro de cotistas com pequenos investidores.

Mais tarde, a SEC aumentou o limite para quinhentos cotistas, em certas circunstâncias. Muitos hedge funds admitem apenas investidores qualificados; isso significa, no caso de pessoas físicas, aqueles que têm, junto com o cônjuge, patrimônio líquido de pelo menos 1 milhão de dólares ou que teve renda de pelo menos 200 mil em cada um dos últimos dois anos e espera repetir essa cifra no ano em curso. Esse critério admite muitos candidatos. Em 2013, nos Estados Unidos, entre mais de 100 milhões de famílias, estimava-se que de 5 milhões a 8 milhões tinham patrimônio líquido de 1 milhão de dólares ou mais.

Em seguida, é preciso determinar se você, ou um agente que você escolhe para agir em seu nome, são esclarecidos o suficiente. Como demonstrou o esquema Ponzi de 65 bilhões de dólares perpetrado por Bernard Madoff, 13 mil investidores e seus consultores não fizeram o *due diligence* (análise do investimento) elementar, por terem imaginado que outros investidores o tinham feito. A questão aqui é a mesma que se aplica a quem investe em ações, títulos de renda fixa ou fundos mútuos. É necessário ter um mínimo de conhecimentos para desenvolver um argumento razoável e convincente de que a sua proposta de investimento ativo é melhor do que os investimentos passivos típicos, como fundos de índice de ações ou títulos de renda fixa. Com base nesse teste, é provável que você encontre poucas vezes investimentos que se qualifiquem como superiores aos índices.

Outro ponto é a tributação. Os hedge funds dos Estados Unidos, como a maioria das propostas de investimentos ativos, são ineficientes do ponto de vista tributário. O giro elevado de suas aplicações tende a produzir ganhos e perdas de capital de curto prazo, taxadas a alíquotas mais elevadas do que as incidentes sobre os títulos mobiliários mantidos em carteira por mais de um ano.

Para investidores isentos, os hedge funds americanos que tomam dinheiro emprestado (mas não os seus clones com sede fora dos Estados Unidos) disparam fatos geradores de tributação para outras entidades que, do contrário, seriam isentas, na medida em que eles realizam ganhos, perdas e rendimentos produzidos pelos empréstimos. É a denominada renda tributada sobre negócios não correlatos (*unrelated business taxable income,* UBTI).

Se você tiver uma área de expertise, procure fundos que tenha melhores condições de avaliar, por se relacionarem com a sua especialização, se for o caso. Os serviços de dados sobre hedge funds em geral listam mais de mil dos vários milhares hoje existentes. Esse recurso, junto com outras fontes de internet, como a Wikipédia, classificam os hedge funds por tipos de ativos. Outro critério de classificação é pela metodologia, como: análise fundamentalista, usando dados econômicos em vez de análise técnica, que usa dados apenas sobre preços e volumes; ou quantitativos (uso de computadores e algoritmos) em comparação com não quantitativos; ou bottom-up ("de baixo para cima", com foco na análise das empresas individuais) ou bottom-down ("de cima para baixo", com foco nas variáveis econômicas mais amplas). Outras características importantes são os retornos esperados dos fundos, o grau de risco e como os rendimentos se correlacionam com os de outras classes de ativos. Por exemplo, os retornos dos fundos que exploram tendências nos preços de futuros de commodities em geral não se correlacionam de maneira significativa com o mercado. Essa característica pode torná-los úteis para reduzir as flutuações no valor do seu portfólio total. Alguns fundos de ações só assumem posições compradas (*long*), outros só assumem posições vendidas a descoberto (*short*) e outros jogam com ambas as posições (*long/short*). Os fundos neutros em relação ao mercado (como a PNP e a Ridgeline) tentam gerar retornos não correlacionados com o mercado.

Os fundos também podem se especializar por área geográfica ou por nível de desenvolvimento financeiro e econômico do país, como os chamados fundos de mercados emergentes, ou por setor de atividade, como os de biotecnologia, ouro, petróleo ou imóveis.

Também é possível escolher um "fundo de fundos", um hedge fund que investe num portfólio de outros hedge funds — como os fundos mútuos que investem numa combinação de ações — e cuja gestão atua no negócio de avaliar fundos de hedge. Além do que os hedge funds cobram diretamente, os gestores de fundos de fundos cobram uma segunda camada de taxas, em geral 1% por ano mais 10% dos lucros.

Não se pode esperar que uma classe de pessoas tão inteligentes como os gestores de hedge fund despreze as vantagens do logro. Na verdade, os hedge funds começam pequenos e geram resultados espetaculares, e depois se tornam medíocres, à medida que crescem.

Um método que costuma levar a esse resultado também é usado para lançar novos fundos mútuos. Os gestores de fundos às vezes criam um novo fundo com uma pequena quantia como capital inicial. Em seguida, recheiam-no com IPOs (ofertas públicas iniciais de ações para abertura do capital de empresas) "quentes", que os corretores lhes oferecem como recompensa pelo grande volume de negócios feitos com os fundos tradicionais desses gestores. Durante esse processo de "dourar a pílula", o fundo, de início, fica fechado para o público. Depois de ostentar desempenho espetacular, ele é aberto para todos. Atraído pelos resultados admiráveis, o público corre para aplicar no fundo, oferecendo aos gestores enorme base de capital, que lhes proporciona excelente remuneração. Os corretores que contribuíram com as IPOS mais promissoras são recompensados com uma enxurrada de novos negócios pelos gestores vitoriosos dos novos fundos. O volume disponível de IPOS promissoras é pequeno demais para aumentar o retorno de maneira significativa depois que os fundos atingem certo porte, o que leva o desempenho notável a tornar-se medíocre. Os promotores de novos fundos, porém, sempre podem usar mais IPOS promissoras para incubar outros novos fundos com desempenho espetacular, o que mantém a máquina em movimento.

A SEC enfim agiu em 1999, quando, pela primeira vez, forçou a demissão de um conhecido gestor de fundos por participar desse jogo.[11] O capital do fundo de ações de alto crescimento desse gestor, o melhor da categoria em 1996, mas fechado para o público, era, no início, de apenas umas poucas centenas de milhares de dólares, e obteve mais da metade do seu ganho de 62% no primeiro ano com 31 IPOS quentes! O gestor abriu o fundo para o público em fevereiro de 1997, recebendo um dilúvio de dinheiro, mas não revelou o uso das IPOS para inflar os seus resultados no primeiro ano.

Evidentemente, muitas são as razões do declínio para a mediocridade, além do processo de dourar a pílula. Para chamar a atenção dos investidores, os gestores sempre precisam de um bom desempenho inicial ou de argumentos convincentes, baseados em fatores como boa reputação ou um plano de negócios atraente. Às vezes, basta o esforço de vendas eficaz. Alguns gestores têm sorte no começo — talvez ao lançarem um "fundo de crescimento", em fins da década de 1990, por exemplo, com algumas ações de internet, como AOL ou Amazon.com. Com o tempo, os gestores afortunados tendem a perder o brilho.[12]

Os operadores de hedge funds têm meios para acabar com muito mais do que os 20% dos lucros em geral especificados como taxa de administração. Um deles é o que chamo de "Cara eu ganho, coroa você perde". Para saber como isso funciona, voltemos a 1986, quando entrevistei um gestor para ver se o meu fundo de hedge funds, o OSM Partners, deveria investir com ele. Os tempos eram bons, seu bando de fundos estava prosperando e o homem me convidou para deixar a PNP, com a minha expertise e empregados, e me juntar a ele. Eu ficaria com a metade da taxa de administração, sobre uma base de dinheiro muito maior. Não, obrigado.

No ano seguinte, o crash de outubro de 1987 atingiu os fundos desse gestor, com perdas de 30% a 70%. Em consequência, ele não receberia as taxas de performance até recuperar o total das perdas. Talvez isso demorasse anos. Se tivesse perdido 50%, por exemplo, teria de dobrar o dinheiro remanescente, gerando ganhos de 100% apenas para empatar, ou seja, para voltar à situação anterior à perda. Em face da situação de não receber taxas de administração durante anos, ele optou por liquidar os seus hedge funds, o que o deixava rico, enquanto os investidores ficavam com as perdas. O desfecho foi que ele deu no pé com todos os lucros. Em menos de um ano, lançou um novo conjunto de hedge funds, com os quais tinha a chance de cobrar imediatamente taxas de desempenho.

"Cherry-picking", ou escolher as cerejas, como a chamo, é outra maneira de os gestores de hedge funds depenarem os investidores. Deparei com isso, pela primeira vez, em fins da década de 1970. Foi uma época obscura para as ações. Um guru vinha escolhendo ações subavaliadas e lucrando cerca de 20% por ano antes das taxas de administração e performance. Depois que amigos recomendaram que eu investisse com ele, fiz algumas pesquisas e descobri que esse gestor tinha outro fundo, que estava gerando 40%. Este era só para ele, para a família e para os amigos próximos. Valia-se só das melhores situações. O resto ia para a turma dos 20%. Como não invisto com gente do mal, deixei passar. A documentação dos hedge funds, elaborada por advogados contratados e instruídos pelo sócio-administrador, muitas vezes possibilita esses conflitos de interesses.

Cobrar despesas indevidas do fundo é outra maneira de os investidores receberem menos do que deviam. A lista de falcatruas vai longe, e o fato é que os investidores de hedge funds não têm muita proteção e os aspectos mais importantes a verificar antes de investir são a honestidade, a ética e o caráter dos operadores.

O Long-Term Capital Management foi lançado em 1994, com um time dos sonhos de dezesseis sócios-administradores, liderados pelo lendário John Meriwether, ex-operador do Salomon Brothers, e dois futuros (1997) ganhadores do prêmio Nobel de economia, Robert Merton e Myron Scholes. O grupo incluía outros ex-operadores do Salomon Brothers, mais acadêmicos eméritos e um ex-vice-presidente do Federal Reserve. Entre os investidores destacavam-se os bancos centrais de oito países, além de grandes corretoras, bancos e outras instituições.

Os sócios principais de um grupo de engenharia financeira de minhas relações, que, por coincidência, estavam trabalhando para o LTCM na época, perguntaram se eu teria interesse em investir no fundo. Recusei o convite, porque Meriwether tinha um histórico no Salomon Brothers de correr riscos excessivos, e faltava aos teóricos da sociedade, na minha opinião, a "sabedoria das ruas" e a experiência prática em investimentos. Warren Buffett diz: "Só rebata bolas boas". Aquela não me parecia uma bola boa.

O retorno anual para os investidores do LTCM era da ordem de 30% a 40%, mas isso era resultado da enorme alavancagem, que se dizia ser da ordem de 30:1 e 100:1. Sem alavancagem, os retornos seriam inferiores a 1% sobre o custo do dinheiro. Eles tinham centenas de bilhões cobertos e centenas de bilhões descobertos. Expandiram o capital para 7 bilhões de dólares, antes de devolver 2,7 bilhões, o que aumentou o risco e o retorno sobre o capital remanescente. Mais tarde, quando condições de mercado adversas geraram perdas bastante pequenas em termos percentuais, a alavancagem ampliou o impacto e quase os varreu do mapa. Depois de perder 90% do capital em semanas, e na iminência de ruína total, o fato de serem "grandes demais para falir" resultou em tentativa de resgate governamental, encorajada pelo Federal Reserve. O fundo foi liquidado de modo ordeiro e os investidores recuperaram uma pequena porcentagem dos investimentos.[13]

Não muito tempo depois, Meriwether e quatro outros dos dezesseis sócios criaram um novo hedge fund semelhante ao LTCM, mas usando menos alavancagem. Os ganhadores do Nobel Scholes e Merton preferiram não participar do novo empreendimento. Investidores, entre os quais havia alguns dos que perderam com o LTCM, logo entraram com 350 milhões de dólares. Crescimento e novo capital aumentaram o fundo ainda mais. Até que este reportou perdas de 42% em 2008, envolvendo mais de 300 milhões de dólares. Ele fechou em 2009. Em 2010, Meriwether lançou mais um hedge fund. Merton tornou-se consultor do J. P. Morgan & Co., ao mesmo tempo que mantinha seu cargo como professor em Harvard. Scholes voltou à condição de membro do corpo docente de Stanford, tornou--se consultor financeiro e depois lançou outro.

As lições sobre excesso de alavancagem que deveriam ter sido extraídas do colapso do Long-Term Capital Management foram ignoradas. Dez anos mais tarde, a história se repetiu em escala mundial, quando, em 2008, a regulação frouxa e a alta alavancagem quase acarretaram o colapso de todo o sistema financeiro. Como parte do derretimento global, os ativos dos hedge funds caíram de 2 trilhões para 1,4 trilhão de dólares, em consequência de perdas e de retiradas de capital. Eram agora uma classe de ativos madura. Previ para o *The Wall Street Journal* que qualquer vantagem desses fundos para os investidores desapareceria gradualmente.

Enquanto isso, os super-ricos, amparados por resgates governamentais bilionários, se recuperaram da Grande Recessão. Em 2012, eles eram mais ricos do que nunca.

CAPÍTULO 23

Até que ponto os ricos são ricos

Numa conversa a longa distância com um empreendedor financeiro de Londres, perguntei: "De quanto você precisaria hoje para se aposentar e viver com conforto pelo resto da vida?". "Tenho o meu número exato", respondeu ele. "São 20 milhões de dólares." Eu disse: "De acordo com os meus cálculos, a cada ano você pode retirar 2% dessa quantia, ou 400 mil em dólares de hoje, com apenas uma baixa probabilidade de algum dia usar toda a fortuna". No começo da casa dos quarenta anos, casado e com três filhos pequenos, ele afirmou que aquela estimativa lhe parecia boa.[1] Mas cada um tem sua cifra.

O famoso escritor americano John D. MacDonald, em 1970, definiu diferentes níveis de fortuna em sua série com o personagem Travis McGee. Pelo que me lembro, Meyer Meyer, seu co-herói economista, disse que 100 mil dólares era "adequado" e 250 mil, "satisfatório", enquanto 1 milhão era "substancial". Ter 5 milhões, "impressionante". Como a inflação corroeu o poder de compra real do dólar, os números de 2015, correspondentes aos de MacDonald em 1970, seriam seis vezes maiores, com 600 mil dólares como adequado, 1,5 milhão como satisfatório, 6 milhões como substancial e 30 milhões como impressionante.

Dinesh D'Souza propôs a seguinte classificação,[2] que ajustei pela inflação.

	RENDA	RIQUEZA
Super-rico	15 milhões de dólares ou mais	150 milhões ou mais
Rico	1,5 milhão-15 milhões de dólares	15-150 milhões
Média superior	112 mil-1,5 milhão de dólares	750 mil-15 milhões
Média	50-112 mil dólares	82-750 mil dólares
Média inferior	22-50 mil dólares	15-82 mil dólares
Pobre	0-22 mil dólares	0-15 mil dólares

Tabela 3: Classificações de riqueza.

A riqueza dos domicílios americanos foi estimada em 83 trilhões de dólares no fim de 2014, abrangendo ações, títulos de renda fixa, imóveis e bens pessoais.[3] E se dividíssemos tudo, para que todos tivessem a mesma riqueza? Com 320 milhões de pessoas, cada uma teria cerca de 270 mil dólares. No entanto, essas estimativas da riqueza nacional e da distribuição da riqueza e da renda são problemáticas. Depende do que é contado e de como é contado, e muitos dados não estão disponíveis.[4]

Também é verdade que a riqueza nacional crescente se torna cada vez mais mal distribuída. A riqueza média de um domicílio americano caiu 36%, depois da inflação, de 2003 a 2013, declinando de 88 mil para 56 mil dólares. Em contraste, um domicílio no 97,5 percentil estava 12% mais rico, com o seu patrimônio líquido avançando de 1,19 milhão para 1,36 milhão de dólares.[5]

Um milhão de dólares ainda parece muito dinheiro, embora não compre, nem de longe, o que já comprou. Com efeito, seriam necessários 20 milhões de dólares hoje para manter o poder de compra de 1 milhão um século atrás. Quantas pessoas nos Estados

Unidos têm um patrimônio líquido de 1 milhão? Ninguém sabe exatamente, porque informações abrangentes sobre riqueza pessoal são difíceis de obter. Grande parte delas não está disponível, não é relatada ou é deliberadamente omitida, para evitar impostos, roubo, perseguição criminosa ou apenas por uma questão de privacidade pessoal. A maior parte das informações disponíveis se aplica a domicílios, que perfazem cerca de 125 milhões. Alguns domicílios compõem-se de apenas uma pessoa e a maioria tem um único indivíduo economicamente dominante, razão pela qual é provável que contar os domicílios ricos dê uma boa estimativa do número de indivíduos ricos.

Em 2015, considerava-se que o número de domicílios com o valor de pelo menos 1 milhão de dólares era de 10 milhões. Com tantos domicílios milionários, o objetivo de tornar-se um deles parece cada vez mais alcançável. Para ver o que poderia ser feito, imagine que você seja um trabalhador braçal, sem poupança e sem perspectivas. E se, de alguma maneira, você pudesse poupar seis dólares por dia e comprasse cotas do Vanguard S&P 500 Index Fund no fim de cada mês? Se esse investimento crescesse num plano de aposentadoria, com tributação diferida, à taxa média de longo prazo de 10% ao ano,[6] depois de 47 anos, aos 65 anos, você poderia se aposentar com 2,4 milhões de dólares. Mas como você conseguiria seis dólares extras por dia? O fumante de um maço e meio de cigarros que abandonasse o vício pouparia seis dólares por dia.[7] O trabalhador de construção civil que substituísse dois fardos de seis latas de cerveja ou de coca-cola por dia, a cinco dólares cada uma, por água da torneira economizaria dez dólares por dia, dos quais investiria seis num fundo de índice e os quatro restantes em gastos com comida saudável para repor as calorias nocivas da cerveja ou da coca-cola.

A maioria de nós, com melhores oportunidades para redirecionar as nossas despesas, pode esperar resultados melhores que os de nosso pobre jovem trabalhador braçal. Um artigo intitulado "Budget Basics: 25 Things You Can Do to Trim Yours Today"[8] [Noções de orçamento: 25 coisas que você pode fazer para reduzir o seu hoje mesmo] começa com esta excelente sugestão: "Anote tudo o que você gasta. O desperdício nas suas despesas diárias logo se tornará evidente". A de número dois concorda com o meu conselho de pagar a dívida do cartão de crédito o mais cedo possível. A de número quatro diz para você parar de fumar. A de número 23 sugere comprar um carro usado, em vez de um novo, porque "um carro novo perde um terço do valor no momento em que você o retira do pátio". Não importa que a perda imediata seja tão grande, em geral se reconhece que o comprador de um carro novo extrai pouco valor útil real em troca dos primeiros anos de rápida depreciação. Suponha que você se satisfaça com um carro usado de 10 mil dólares no lugar de um carro novo de 20 mil. Investida à taxa de retorno hipotética de 8% ao ano depois do imposto, da mesma maneira como o dinheiro do cigarro, a diferença de 10 mil dólares chegaria a 100 mil em trinta anos.[9] A quem hesita em mudar de hábito, só podemos perguntar, junto com Regis Philbin: "Quem quer ser milionário?".

Os investidores típicos com quem eu lidava não eram apenas milionários, eram multimilionários, com fortunas de 5 milhões de dólares ou mais. Quantos domicílios alcançam essas alturas rarefeitas? O grande economista italiano Vilfredo Pareto estudou a distribuição de renda e, em 1897, desenvolveu uma fórmula de "lei de potência", que, então e agora, parece descrever muito bem como muitos dos maiores detentores de riqueza na sociedade moderna chegam a diferentes níveis. Para calibrar a fórmula, precisamos apenas de dois fatos: a linha de corte da Forbes 400 para os Estados Unidos, que era de 1,55 bilhão de dólares em 2014, e a riqueza total desses bilionários, nada menos que surpreendentes 2,3 trilhões. A fórmula nos dá a tabela 4.

NÍVEL DE RIQUEZA W: ESSA QUANTIA OU MAIS	ESTIMATIVA PELA FÓRMULA DO NÚMERO N DE DOMICÍLIOS DOS ESTADOS UNIDOS COM ESSE NÍVEL DE RIQUEZA OU MAIS
1 milhão de dólares	9 300 000
5 milhões de dólares	1 030 000
10 milhões de dólares	400 000
20 milhões de dólares	155 000
50 milhões de dólares	44 000
100 milhões de dólares	17 000
250 milhões de dólares	4900
500 milhões de dólares	1900
1 bilhão de dólares	730
1,55 bilhão de dólares	400

Tabela 4: Números estimados dos domicílios mais ricos, Estados Unidos, 2014.

A fórmula é boa somente para altos níveis de riqueza, gerando números grandes demais abaixo de algum ponto nas proximidades de 1 milhão de dólares.[10]

Você talvez esteja se perguntando como seriam os números correspondentes aos da tabela 4 para a sua cidade, condado, região ou estado nos Estados Unidos. Se a sua área geográfica se encaixar na média, você poderia simplesmente multiplicar o número estimado para o país pela porcentagem da população que reside nela. Meu local de residência, Orange County, Califórnia, tinha pouco mais de 3 milhões de habitantes em 2014, ou 1% da população total do país, o que facilitava os cálculos. Bastava deslocar o ponto decimal duas casas para a esquerda, na tabela 4, para obter uma tabela referente a Orange County, onde, por exemplo, 49 domicílios têm riqueza superior a um quarto de bilhão de dólares ou mais, por exemplo.[11] A distribuição da riqueza, porém, é muito variável. Áreas como Redmond, em Washington, onde se situa a sede da Microsoft, ou o Vale do Silício, na Califórnia, centro da revolução pontocom, ou Manhattan, em Nova York, a autoproclamada capital financeira do universo, têm muito mais do que a sua fatia proporcional, enquanto outras regiões, em consequência, são sub-representadas, ou seja, têm muito menos do que a sua fatia proporcional.

Para alguns dos super-ricos, 100 milhões de dólares é a "unidade", e, quando conquistam a primeira unidade, anunciam com orgulho que "a primeira unidade é a mais difícil". Nossa tabela estima que 17 mil domicílios se incluíam nesse grupo seleto em 2014. Com 125 milhões de domicílios americanos, o politicamente controverso 1% mais rico da população é o 1,25 milhão de domicílios mais ricos. O corte se situa em torno do nível de riqueza de 4 milhões de dólares. No entanto, como veremos, o 0,01% superior de todos os domicílios, nada mais que 12,5 mil domicílios, é que de fato dirige a nossa sociedade. Os membros desse grupo valem pelo menos 125 milhões de dólares.

No topo da escala encontrava-se William F. (Bill) Gates, cofundador e maior acionista da Microsoft Corporation, cuja fortuna, a certa altura, fez dele o primeiro ser humano de todos os tempos a alcançar patrimônio líquido superior a 100 bilhões de dólares, quantia que então superava 1% de todo o produto nacional bruto dos Estados Unidos. Gates — mesmo depois de doar grande parte da sua fortuna à sua fundação filantrópica — mais uma vez liderou a lista da *Forbes* de 2014 das pessoas mais ricas dos Estados Unidos, com 81 bilhões de dólares.[12]

Para ver onde você se situa na escala da fortuna, estime o seu patrimônio líquido pessoal ou o do seu domicílio. Liste o valor de tudo o que você tem, os seus ativos, e do que você deve, as suas dívidas ou passivos. A diferença é o seu patrimônio líquido. Para ir direto ao ponto, não faça pesquisas, não consulte registros. Quando você não souber os números exatos, estime-os. Se estiver em dúvida, atribua um valor baixo ao que você tem e um valor alto ao que você deve, de modo a fazer uma estimativa conservadora do seu patrimônio líquido. A tabela 5 é um exemplo, para alguém no limiar do 1% do topo, com base numa composição hipotética do patrimônio líquido de várias pessoas ricas que conheço.

ATIVO (US$ MILHARES)		
Imóveis		
Residência principal	875	
Casa de férias	220	
	Subtotal	**1095**
Bens pessoais		
Auto 1		35
Auto 2		21
Móveis e utensílios		30
Arte		10
Joias		35
	Subtotal	**131**
Títulos mobiliários, negociados em bolsas de valores		
Ações		1400
Títulos de renda fixa		830
Fundos mútuos		775
Outros		25
	Subtotal	**3030**
Títulos mobiliários, negociados em mercados privados		
Empresas start-ups de tecnologia		10
Hedge funds (estruturados como sociedades de responsabilidade limitada)		715
Caixa		
Contas-correntes bancárias (cheques)		11
Contas de poupança/renda fixa de liquidez imediata		23
	Subtotal	**759**
	ATIVO TOTAL	**5015**
PASSIVO (US$ MILHARES)		
Imóveis		
Hipoteca, residência principal		750
Outros empréstimos		
Cartões de crédito		2
Corretoras, contas margem		55
Impostos a pagar		22
	PASSIVO TOTAL	**829**
PATRIMÔNIO LÍQUIDO (US$ MILHARES)		
Ativos		5015
Passivos		829
	PATRIMÔNIO LÍQUIDO	**4186**

Tabela 5: Estimativa do patrimônio líquido de um domicílio.

Essa avaliação rápida lhe dá uma ideia da sua posição. No futuro, você desenvolverá um balanço patrimonial mais detalhado, o que faço cerca de uma vez por ano. A diferença no patrimônio líquido do balanço patrimonial de um ano para outro mostra a mudança na sua riqueza total depois das receitas, das despesas, dos ganhos e das perdas. Essa série de balanços patrimoniais anuais demonstra como a sua riqueza está evoluindo ao longo dos anos.

No lado do ativo, inclua para cada item o valor em dinheiro pelo qual você se sente seguro de que ele seria vendido em prazo razoavelmente curto. O carro que você comprou novo um ano atrás por 45 mil dólares talvez tenha um custo de reposição de 39 mil agora, mas talvez você consiga vendê-lo por apenas 35 mil. Atribua-lhe e anote o valor de 35 mil. Vendas recentes de casas comparáveis à sua talvez variem entre 925 mil e 950 mil dólares, mas, depois de todos os custos de vendas e de fechamento, talvez você consiga o valor líquido de somente 875 mil. Anote 875 mil. O que você deve de hipoteca será deduzido no lado do passivo.

Ao contrário dos títulos mobiliários com liquidez imediata, os preços de mercado correntes para bens como automóveis, casas, obras de arte e joias não estão disponíveis a qualquer momento, mas a analogia com os preços de títulos mobiliários é útil para compreender o impacto das comissões sobre os lucros e perdas. Da mesma maneira como cada título mobiliário tem um preço corrente pelo qual alguém quer vendê-lo, o *preço de venda*, e um custo total um pouco mais alto para o comprador, depois de pagar os custos de transação, podemos imaginar um custo total que pagaríamos pela compra de um bem idêntico ao que temos agora. Chame esse valor de *custo de reposição*. E da mesma maneira que cada título mobiliário tem um preço corrente pelo qual alguém quer comprá-lo, o *preço de compra*, e uma receita líquida um pouco mais baixa para o vendedor, depois das comissões, também podemos imaginar uma receita líquida que receberíamos pela venda de cada bem que temos agora. Esse é o *valor de liquidação* que incluímos ao lado de cada item do ativo.

Essa diferença entre o valor de reposição e o valor de liquidação pode ser alto para bens imóveis — com frequência da ordem de 10%

a 20%. Por exemplo, compro uma pintura por 100 mil dólares e pago 7 mil de imposto sobre vendas, chegando ao total de 107 mil. No dia seguinte, mudo de opinião e vendo a pintura pelo mesmo preço de 100 mil dólares, mas pago 10 mil de comissão, recebendo o valor líquido de 90 mil. O spread foi de 90 mil para 107 mil, ou 17% do preço "base" de 100 mil dólares. Essa é a perda numa rodada de compra e venda. Também é assim com casas, carros, obras de arte e joias. Em contraste, o custo de negociação de títulos mobiliários negociados em bolsas de valores é, em geral, uma pequena fração de um ponto percentual — o que, junto com a liquidez, os torna meios de reserva de valor mais atraentes.

"Riqueza", que uso como sinônimo do termo contábil "patrimônio líquido", mostra em que medida você é *rico*, enquanto "renda" mostra quanto a sua riqueza, o seu trabalho e a sua engenhosidade estão gerando sob a forma de rendimentos ou receita. Grande parte do aumento da renda total, sobretudo nos níveis de riqueza mais altos, decorre de investimentos, como ações, títulos de renda fixa, imóveis e itens colecionáveis, como obras de arte e joias. A riqueza, não a renda, é a medida de quanto alguém é rico a qualquer momento. No entanto, exemplos como o da estrela de cinema que salta para a fama e passa a receber 20 milhões de dólares por ano mostra que a renda pode levar a grandes aumentos na riqueza.[13]

São esses aumentos no patrimônio líquido de ano para ano que o levam a subir a escala da riqueza. Para medir o seu aumento de riqueza de um ano para outro, compare os balanços patrimoniais anuais. Divida a diferença pela riqueza no fim do ano anterior e multiplique o resultado por cem para obter a porcentagem da mudança no ano. Isso lhe dá uma ideia da rapidez com que você está aumentando a riqueza a taxas compostas. Se você também elabora uma demonstração do resultado, ou demonstração de lucros e perdas, referente ao período, o lucro líquido depois das despesas deve coincidir com a mudança no patrimônio líquido.

Balanços patrimoniais são como fotos que mostram a sua situação em determinado momento. A demonstração do resultado explica o que aconteceu entre os dois balanços patrimoniais. Para apreciar a demonstração do resultado sem se importar com exames mais profundos, rascunhe uma lista de todas as origens e aplicações de recursos que aumentaram ou reduziram a sua riqueza durante os últimos doze meses. Faça isso "curto e grosso", sem muitas firulas; foque nas ideias, não nos detalhes e na exatidão. Eis algumas categorias a verificar:

A Rendimentos, tributáveis e não tributáveis:
  1 Rendimentos do trabalho, assalariado ou autônomo;
  2 Rendimentos de investimentos, como juros e dividendos;
  3 Ganhos e perdas de capital realizados;
  4 Royalties, gratificações e todos os outros rendimentos tributáveis;
  5 Rendimentos de investimentos não tributados.

B Ganhos e perdas não tributáveis:
  1 Valorização ou desvalorização de bens, como imóveis, automóveis e obras de arte;
  2 Ganhos ou perdas de capital não realizados em títulos mobiliários.

C Despesas (todos os desembolsos referentes a "custos" — ou seja, não poupados):
  1 Despesas correntes, consumo;
  2 Pagamento de imposto de renda;
  3 Presentes e doações;
  4 Qualquer outro rendimento não poupado.

A categoria A é o que a maioria das pessoas denomina renda. Depois das deduções e dos rendimentos não tributáveis, é a base tributável sobre a qual você pagará imposto de renda. A categoria B é menos tangível e, do ponto de vista psicológico, menos considerada e compreendida, mas também aumenta a sua riqueza, e como a sua tributação é diferida e, às vezes, nunca se efetiva, o dinheiro daí decorrente é mais duradouro. Portanto, esse tipo de ganho é mais desejável. Ironicamente, a maioria das pessoas durante o último século focou mais em rendimentos como dividendos e juros. À medida que os investidores se davam conta da loucura de pagar impostos desnecessários, a taxa de dividendos pagos pelas empresas no fim do século xx minguou e o preço das ações disparou, deslocando o retorno das ações para os investidores do rendimento de dividendos para os ganhos de capital.

A categoria C é tudo o que você gasta ou consome e não aumenta a sua riqueza. Imagine a sua riqueza no começo do ano como um líquido que enche, em parte, um enorme recipiente graduado para medição. O balanço patrimonial mostra a composição e o volume do conteúdo do recipiente. Durante o ano, as categorias A e B mostram quanto você adicionou e a categoria C mostra quanto você retirou. A diferença A + B – C indica quanto você adicionou ou retirou durante o ano. Esse é o ganho econômico líquido e, como investidor, é o que você quer maximizar. O balanço patrimonial no fim do ano corresponde ao líquido deixado no recipiente de medição.

A demonstração do resultado mostra que os seus rendimentos tributáveis podem ser muito diferentes da sua renda econômica. As estatísticas sobre rendas econômicas não estão disponíveis, sendo em grande parte desconhecidas e não divulgadas. No entanto, embora as disparidades entre renda econômica e rendimentos tributáveis possam variar muitíssimo entre os investidores, de fato sabemos como os rendimentos tributáveis se distribuem entre os domicílios. Por exemplo, os domicílios americanos que mais contribuíram para o imposto de renda em 2007, o 0,01% do topo, correspondendo a 15 mil domicílios, calcularam o tributo, cada um, sobre 11,5 milhões de dólares ou mais. A fatia de 6,04% do total dos rendimentos declarados no país foi a mais alta porcentagem de todos os tempos. Totalizou 557 bilhões de dólares, ou a média de 37 milhões para cada contribuinte.[14]

O periódico *Tax Notes* disse que a renda desse 0,01% dos domicílios americanos, ajustada pela inflação, aumentou 8,58 vezes de 1973 para 2007, enquanto a dos 90% da base aumentou em oito dólares por ano! Essa desigualdade cresceu ainda mais na década seguinte.

Uma das chaves desse grande acúmulo de riqueza no topo é o crescimento composto.

CAPÍTULO 24

Crescimento composto: a oitava maravilha do mundo

Para quem quer subir na escala da riqueza, é bom compreender a aritmética inusitada de como o dinheiro cresce: os juros compostos, descritos numa frase de origem controversa como "a oitava maravilha do mundo".[1] Maravilha ou armadilha, os juros compostos construíram grandes fortunas e você pode explorá-los para ficar rico.

Em 1944, Anne Scheiber, então com 51 anos, auditora da receita federal, deixou a organização depois de 23 anos de bons serviços sem nunca ter sido recompensada com uma promoção. E então investiu a sua poupança de 5 mil dólares no mercado de ações. Vivendo com frugalidade e estudando o comportamento das empresas, ela sempre reinvestia os dividendos. Seu portfólio continuou a crescer, até que ela morreu, em 1995, aos 101 anos. Quando seu advogado, Ben Clark, tentou se reunir com administradores da Universidade Yeshiva para falar-lhes sobre um legado que ela havia deixado para a escola, eles, que nunca tinham ouvido falar em Anne Scheiber, ficaram se perguntando como evitar perder tempo com aquilo. Quando, porém, o encontro afinal se realizou, ficaram sabendo que a sra. Scheiber lhes havia deixado 22 milhões de dólares, para proveito de estudantes mulheres.

Tinham as escolhas de Scheiber sido assim tão extraordinárias? Como teria se saído um investidor medíocre na mesma situação?

Considerando o período do começo de 1944 até fins de 1997, e adicionando uns dois anos para o encerramento do inventário e a transferência dos títulos mobiliários para a Yeshiva, os 5 mil dólares investidos em índice de ações de grandes empresas teria crescido para não mais que 3,76 milhões; mas a mesma quantia investida em ações de pequenas empresas aumentaria, em média, para 12,31 milhões. Começando com um pouco mais do que Anne, investindo 8936 dólares em vez de 5 mil, o investidor medíocre em ações de pequenas empresas teria chegado aos mesmos 22 milhões alcançados por ela.[2]

Juros compostos, ou mais exatamente crescimento composto, é o processo que Anne Scheiber usou, acumulando riqueza ao reinvestir os ganhos. Uma maneira fácil de raciocinar sobre crescimento composto, e também sobre a escala da riqueza, é em termos de duplicar e reduplicar. Considere dois investidores, João Medroso e José Ousado. Suponha que João Medroso comece com um dólar; cada vez que este duplica ele põe um dólar na meia, em vez de reinvesti-lo. Depois de dez duplicações, João tem um lucro na meia de um dólar vezes dez, mais o dólar original, no total de onze dólares. José também começa com um dólar e faz os mesmos investimentos, mas deixa o lucro render. Seu dólar se transforma em dois, quatro, oito etc., até que, depois de dez duplicações, ele tem 1024 dólares. A riqueza de João cresce na sequência um, dois, três..., até onze dólares. Esse processo é denominado crescimento simples, crescimento aritmético ou crescimento por adição. A riqueza de José cresce na sequência um, dois, quatro..., até 1024 dólares. Esse processo é conhecido como crescimento composto, exponencial, geométrico ou multiplicativo. Depois de um período longo o bastante, o crescimento composto a uma taxa pequena excederá em muito o crescimento aritmético a qualquer taxa, por maior que seja ela! Por exemplo, se João Medroso conseguisse 100% ao ano e pusesse o rendimento na meia e José Ousado conseguisse apenas 1% ao ano, mas reinvestisse o rendimento, a riqueza de José acabaria superando a de João pela diferença que mais lhe agradasse, bastando esperar. A afirmação continua sendo verdadeira, mesmo que João começasse com muito mais do que José, até 1 bilhão de dólares contra um dólar. Ao constatar essa realidade, Robert Malthus (1766-1834), acreditando que o crescimento da população era geométrico e que o crescimento dos recursos era aritmético, previu que o mundo acabaria mergulhando numa miséria profunda e crescente.

Os políticos, vagamente conscientes do poder espantoso do crescimento composto, aprovaram leis, em muitas jurisdições, contra títulos perpétuos (sem data de vencimento), para evitar a enorme concentração de riqueza que poderia resultar de investimentos a taxas de juros compostos, por prazo indefinido. Por outro lado, outras jurisdições recebem de bom grado os trustes perpétuos, mais interessados em com eles auferir receita no presente.

A população mundial cresceu de 2,5 bilhões em 1930 para 7,3 bilhões em 2015, uma taxa de crescimento de cerca de 1% ao ano. Espera-se que ela chegue a 9,7 bilhões em 2050. Todos sabem que essa situação é insustentável; a capacidade de carregamento da Terra — o tamanho da humanidade que o planeta pode sustentar considerando-se a limitação de energia solar para a produção de alimentos e de outros recursos escassos — foi estimada em até 100 bilhões de pessoas. Mas e se, de alguma maneira, continuássemos crescendo a uma taxa de, digamos, 1% por século? Um cálculo demonstra que em 1,2 milhão de anos seríamos uma esfera sólida de carne humana, com um raio quase tão grande quanto o de nossa galáxia, expandindo-se à velocidade da luz!

Com que rapidez os investimentos comuns crescem? A melhor escolha simples, a longo prazo, tem sido um fundo de índice de ações ordinárias amplo. À taxa de crescimento média, no passado, de 10% ao ano, esse investimento dobraria em 7,3 anos. Historicamente, a inflação absorve cerca de 3% desse resultado, estendendo para pouco mais de uma década o tempo médio necessário para dobrar o poder de compra real. Os investidores tributáveis em um fundo de índice, que gera dividendos e alguns ganhos de capital realizados, pagam ao governo cerca de mais 1% ao ano, retardando o prazo de duplicação para cerca de doze anos.

Para conseguir respostas aproximadas rápidas para problemas de juros compostos como esse, os contadores recorrem a um truque útil, denominado "regra dos 72", segundo a qual se o dinheiro cresce a uma porcentagem R por período, então, com todos os ganhos reinvestidos, ele dobrará em 72/R períodos.

Exemplo: O seu dinheiro cresce a 8% ao ano. Se você reinvestir os ganhos, em quanto tempo ele dobrará? Pela regra dos 72, a duplicação levará 72 ÷ 8 = 9 anos, uma vez que o período, nesse caso, é um ano.

Exemplo: O retorno líquido, depois do imposto, de seu hedge fund e neutro em relação ao mercado é, em média, de 12% ao ano. Você começa com 1 milhão de dólares e reinveste o lucro líquido. Quanto você terá em 24 anos?

Pela regra dos 72, o seu dinheiro dobra em cerca de seis anos. Então, ele dobra de novo nos seis anos seguintes, e assim por diante, 24 ÷ 6 = 4 duplicações. Portanto, o dinheiro é multiplicado por $2 \times 2 \times 2 \times 2 = 16$ e cresce para 16 milhões de dólares. Para mais informações sobre a regra dos 72, veja o Apêndice C.

A regra dos 72 se presta a alegações ultrajantes. Meu personal trainer foi a um seminário sobre mercado de ações no qual os operadores estavam exaltando um método denominado "*rolling stocks*". Selecionando ações ordinárias que em tese oscilariam entre dois níveis de preços, eles recomendavam que o investidor reiteradamente comprasse na baixa e vendesse na alta. Os operadores argumentavam que os otários poderiam conseguir até 22% ao mês. Por que, então, se dariam eles ao trabalho de divulgar o seu segredo quando, investindo 2 mil dólares num fundo de aposentadoria, com imposto deferido e reinvestindo os ganhos, eles teriam mais de 46 trilhões em dez anos?

Suponha que você invista tempo e energia para adicionar mil dólares à sua riqueza. Você se sacrificaria com o mesmo empenho para adicionar outros mil dólares? E ainda outros? Os teóricos da economia acreditam que a maioria das pessoas não se esforçaria tanto e que nós, de modo geral, atribuímos menos valor a cada aumento sucessivo de mil dólares ao nosso patrimônio líquido. Nós nos sentimos da mesma maneira em relação a todos os itens úteis escassos, os chamados bens econômicos. Valorizamos cada unidade adicional menos que a anterior.[3]

Aplico essa conclusão aos *trade-offs* entre saúde, riqueza e tempo. Você pode trocar tempo e saúde para acumular mais riqueza. Por que saúde? Você pode ficar estressado, perder o sono, comer mal e não fazer exercícios. Se você for como eu e quiser melhorar a saúde, pode investir tempo e dinheiro em cuidados médicos e medidas diagnósticas e preventivas, e à prática de atividade física. Durante décadas, dediquei seis a oito horas por semana a correr, pedalar, caminhar, jogar tênis e malhar na academia. Raciocino em termos de que cada hora que dedico à boa forma física equivale a um dia a menos que passarei no hospital.[4] Ou você pode trocar dinheiro por tempo, trabalhando menos e comprando bens e serviços que poupam tempo. Contrate serviços domésticos, um assistente pessoal e pague a outra pessoa para fazer coisas que você não quer fazer. Profissionais nova-iorquinos de mil dólares a hora que pagam cinquenta por hora por um carro com motorista para poderem trabalhar enquanto estão em trânsito compreendem muito bem o valor monetário do tempo.

Para ter uma ideia do valor do seu tempo, pare agora por um momento para refletir sobre a sua carga horária em determinado período e a sua renda auferida no mesmo período. Depois de determinar a sua taxa horária, você pode identificar situações em que convém comprar parte do seu tempo, contratando os serviços de outras pessoas cuja taxa horária é mais baixa, ou em que é preferível vender parte do seu tempo, dispensando os serviços de outras pessoas cuja taxa horária é mais alta. Ao se acostumar a raciocinar dessa maneira, acho que você se surpreenderá com o quanto pode ganhar nessas trocas.

A maioria das pessoas que conheço não reflete em profundidade sobre os valores comparativos para elas de tempo, dinheiro e saúde. Pense no trabalhador solteiro que passa duas horas por dia se deslocando 130 quilômetros, da quente e poluída Riverside, Califórnia, para um emprego de 25 dólares por hora na amena e arejada Newport Beach. Se o trabalhador se mudar do seu apartamento de 1,2 mil dólares por mês em Riverside para um apartamento comparável de 2,5 mil por mês em Newport Beach, suas despesas com aluguel aumentarão 1,3 mil dólares por mês, mas ele evitará quarenta horas de migração pendular.[5] Se o tempo dele vale 25 dólares por hora, ele economizaria mil dólares (25 × 40) por mês. Adicione a isso o custo de dirigir o carro mais 2,6 mil quilômetros. Se o carro econômico lhe custa cinquenta centavos por 1,6 quilômetro ou oitocentos dólares por mês[6] nesse deslocamento, morar em Newport Beach e cortar quarenta horas e 2,6 mil quilômetros por mês no percurso casa-trabalho-casa lhe renderia quinhentos dólares por mês (1000 + 800 – 1300). É como se ele recebesse 12,5 dólares por hora nas quarenta horas adicionais disponíveis, correspondentes à duração da migração pendular. Será que o nosso trabalhador pensou nisso e fez esses cálculos? Desconfio que não, porque a cifra de 1,3 mil dólares a mais que ele pagaria de aluguel, por mês, em Newport Beach é um custo ostensivo, que lhe doeria com muita constância e regularidade, ao passo que a redução de despesas e o possível aumento de receita daí resultantes são menos evidentes e podem ser desconsiderados.

Acredita-se que os americanos passam uma média de quarenta horas por semana ou mais vendo televisão — pelo menos aqueles que de fato têm muito tempo a perder, e poderiam aproveitá-lo melhor em exercícios físicos. Cinco horas por semana dedicadas à boa forma física podem adicionar cinco anos à duração da vida saudável.

A subavaliação desses benefícios diferidos é um erro de investimento muito comum e parece ser parte de nossa compleição psicológica básica. Num experimento com crianças de quatro anos, o psicólogo ofereceu a cada uma delas um marshmallow, prometendo-lhes um segundo marshmallow se não tivessem comido o primeiro quando ele voltasse à sala, vinte minutos depois. Deixadas à vontade, dois terços das crianças logo comeram o marshmallow e um terço delas esperou para poder ficar com dois. Ao avaliar as crianças, oito anos depois, aos doze anos, os experimentadores descobriram que as crianças de dois marshmallows eram bem mais realizadoras do que as de um marshmallow. Se você tiver sido uma criança de um marshmallow, que cresceu e hoje compra com cartão de crédito a taxas de juros escorchantes de 16% a 29% ao ano, e me perguntar onde investir alguma sobra de dinheiro, a primeira coisa que lhe recomendo é pagar as dívidas do cartão de crédito. O juro é não dedutível e a poupança é certa, e você estará investindo a uma taxa de 16% a 29%, depois do imposto, sem risco. A segunda coisa que lhe recomendo é começar a investir alguns de seus marsh-mallows, de modo a aproveitá-los melhor mais tarde, em vez de abo-canhá-los de imediato.

CAPÍTULO 25

Supere a maioria dos investidores investindo passivamente

A maneira mais fácil de obter melhores resultados que a maioria dos investidores e aumentar a sua riqueza se baseia num conceito bastante simples que todos os investidores devem compreender, tanto como ferramenta de investimento quanto como exemplo de raciocínio lógico sobre os mercados. Considere um fundo mútuo que compre todas as ações negociadas numa grande bolsa de valores dos Estados Unidos, investindo em cada empresa uma porcentagem de suas disponibilidades igual à porcentagem do valor das ações da empresa em relação ao valor total de todas as ações do país.[1] Dessa maneira, o fundo se comporta como todo o mercado, com as mesmas porcentagens diárias de mudanças de preços e de pagamento de dividendos. Isso significa que, se o valor de mercado da gigante do petróleo Exxon é 400 bilhões de dólares, computado como preço da ação multiplicado pelo número de ações em circulação, e o valor de mercado total de todas as ações dos Estados Unidos é 10 trilhões de dólares, o fundo de índice aplica 4% do seu patrimônio líquido na Exxon, e assim por diante, para todas as outras ações. Um fundo mútuo como esse, que reproduz a composição e o resultado de investimentos de um pool específico de títulos mobiliários, é denominado fundo de índice (também conhecido como fundo passivo), e os investidores que compram esses fundos são conhecidos como investidores passivos.

Chame de "passivo" qualquer investimento que mimetize todo o mercado de títulos mobiliários negociados em bolsas de valores dos Estados Unidos, e observe que, como cada um desses investimentos passivos atua exatamente como o mercado, da mesma maneira também age o conjunto de todos esses investimentos passivos. Se todos esses investidores passivos juntos tiverem, digamos, 15% de todas as ações, então "todos os outros" possuem 85% e, vistos como um grupo, seus investimentos também são um gigantesco fundo de índice. Mas "todos os outros" significa todos os investidores ativos, cada um dos quais tem a sua própria receita sobre quanto deter de cada ação, e nenhum deles indexou. Como diz o ganhador do prêmio Nobel Bill Sharpe, conclui-se das leis da aritmética que as posições combinadas de todos os investidores ativos também replicam o índice. Embora essa ideia seja bem conhecida e eu não esteja certo de sua origem,[2] foi através de Sharpe que fiquei sabendo dela, e ele me deu a explicação mais clara que já vi sobre o assunto.[3] Eu a denominarei Princípio de Sharpe.

Conheci Bill Sharpe em 1968 ou 1969, quando éramos ambos jovens professores da UCI. Altamente considerado, ele já tinha concluído o trabalho pelo qual foi laureado com o Nobel, em 1990. Infelizmente, Sharpe era da escola de ciências sociais da universidade e eu não o conheci antes de ele ser recrutado por Stanford apenas dois anos depois de sua chegada. Estivesse ele ainda na UCI depois que a Princeton Newport Partners já estava bem encaminhada, poderíamos ter colaborado um com o outro? Ele contribuiu com uma simplificação fundamental para a compreensão de opções, o modelo binário, e eu talvez tivesse sido capaz de convencê-lo de que os mercados apresentam ineficiências significativas — em outras palavras, oportunidades para retornos anormais ajustados ao risco. Ao discutir essa questão, em 1975, quando o convidei para lecionar na UCI, Bill argumentou que as minhas remunerações oriundas da PNP não demonstravam ineficiências de mercado, porque se poderia sustentar que eu e os meus associados estávamos sendo remunerados de acordo com o nosso valor. Tivéssemos nós voltado nossos talentos para outras áreas do esforço econômico, poderíamos esperar os mesmos resultados.

Antes dos custos, cada investidor passivo obtém o mesmo retorno que o índice. Isso também é verdade para os investidores ativos como grupo, mas não para cada um individualmente. Detendo porcentagem maior do que o índice em algumas ações e menor em outras, eles podem se dar melhor ou pior que o índice em vários períodos. Embora os resultados (antes dos custos) para todo o grupo de investidores ativos reproduza o retorno do índice, os retornos individuais se distribuem estatisticamente em torno dele, com a maioria bastante perto e alguns bem diferentes.

Eles têm mais risco sem a expectativa de mais retorno. Reduzir o risco por meio da diversificação é uma razão para comprar o índice, mas outra ainda mais importante é reduzir os custos assumidos pelos investidores. Nos fundos de índice as negociações são infrequentes e a porcentagem de giro das ações é baixa, na medida em que os "guardiões" do índice vez por outra acrescentam ou removem ações no portfólio e em razão da entrada ou saída de caixa no fundo. Por outro lado, os investidores ativos, como grupo, negociam em média mais de 100% do portfólio por ano. Isso lhes impõe um custo substancial com comissões e por seu impacto nos preços de mercado.

Para ilustrar as perdas decorrentes do impacto sobre o mercado, suponha que as ações da xyz tenham um preço "verdadeiro" de cinquenta dólares por ação. Admitindo, para simplificar, que ela seja negociada em incrementos de dez centavos entre as negociações, haverá compradores ofertando várias quantias, 49,90 dólares, 49,80, 49,70, e assim por diante. Do mesmo modo, os vendedores pedirão 50,10 dólares, 50,20 etc. Alguém que ponha uma ordem de compra a qualquer preço disponível no mercado — denominada ordem a mercado e um dos tipos mais comuns — pagará 50,10 dólares, um pouco acima do preço verdadeiro. Essa diferença de dez centavos entre o preço pago e o preço "verdadeiro" é chamada impacto de mercado. O impacto de mercado aumenta com o tamanho da ordem, uma vez que, para continuar com o nosso exemplo, uma ordem a mercado grande pode limpar não só a oferta a 50,10 dólares, mas também ações oferecidas para venda a preços mais altos, resultando em preço de compra médio acima de 50,10 dólares e impacto de mercado maior que dez centavos por ação.

Quando Steve Mizusawa e eu operávamos a Ridgeline Partners, reduzimos esses custos, dividindo grandes ordens em ordens menores, de 20 mil a 100 mil dólares, e esperando alguns minutos entre as transações, para permitir a recuperação do preço de mercado. Sabemos que o preço "verdadeiro" se situa em algum ponto entre o preço de compra mais alto (*bid*) e o preço de venda mais baixo (*offer*), mas não exatamente onde. Em média, ele fica a meio caminho entre os dois. Para ver que o impacto de mercado é um custo real, suponha em nosso exemplo que, pouco depois de comprar a ação a 50,10 dólares, o comprador queira vendê-la a preço de mercado. Ele consegue 49,90 dólares, com uma perda imediata de vinte centavos, ou cerca de 0,4%.

Os investidores que não indexam pagam em média mais 1% por ano em custos de negociação e outro 1% ao que Warren Buffett denomina "*helpers*" [ajudantes ou intermediários] — os gestores de investimentos, pessoal de vendas, assessores e agentes fiduciários que permeiam todas as áreas de investimentos.[4] Em consequência desses custos, os investidores ativos como grupo acompanham o índice com defasagem em torno de 2%, enquanto os investidores passivos que escolhem um fundo de índice sem comissão de vendas e com taxa de administração e despesas gerais baixas podem pagar menos de 0,25% em taxas e custos de administração. Da perspectiva dos jogos de azar, o retorno para o investidor ativo é o de um investidor passivo mais o ganho ou perda extra de pagar, em média, 2% ao ano para lançar uma moeda honesta em algum cassino imaginário. Os investidores ativos que sofrem tributação se saem ainda pior, porque o giro alto do portfólio significa ganhos de capital a curto prazo, que, como nos Estados Unidos, podem ser tributados a alíquotas superiores às aplicáveis aos ganhos com títulos mobiliários, cuja venda foi diferida por um ano. Por exemplo, supondo que se invistam mil dólares a 8% e que os ganhos sejam tributados na realização, a tabela 6 compara os resultados de pagar o imposto todos os anos e de pagá-lo apenas no fim de um certo número de anos. Usei 35% para ganhos de capital a curto prazo e 20% para ganhos de capital a longo prazo. As alíquotas efetivas variarão conforme a faixa tributária do investidor e as mudanças na legislação.

Gestores influentes de fundos de *private equity* (ações de empresas de capital fechado) e de hedge funds convenceram seus amigos no Congresso dos Estados Unidos a conceder-lhes os benefícios de diferir os impostos sobre as suas rendas no exterior por muitos anos e, ainda melhor, a pagar o imposto não a alíquotas sobre rendimentos comuns, dos assalariados, mas a alíquotas muito mais baixas, sobre os ganhos de capital a longo prazo. A diferença entre a primeira coluna e a última coluna da tabela indica a magnitude dos benefícios.

	VALOR DO INVESTIMENTO		
Investimento termina no ano...	Pagar à alíquota de 35% todos os anos	Pagar à alíquota de 20% todos os anos	Pagar à alíquota de 20% no fim
0	1000	1000	1000
1	1052	1064	1064
10	1660	1860	1927
20	2756	3458	3929
30	4576	6431	8250

Tabela 6: Com um investimento que renda 8%, pagando o imposto todos os anos, a 35% e a 20%, e pagando 20% no fim.

Se o índice supera o pool de investidores ativos em 2% por ano, isso significa que ele também supera a maioria dos fundos mútuos de ações? Relatórios anuais de fim de ano, muito divulgados, mostram o S&P 500 superando a maioria dos fundos mútuos, mas nem sempre. Por quê? Para começar, estamos comparando maçãs e laranjas: o s&p 500 não representa o mercado inteiro — se o universo for o índice total do mercado de ações, trata-se, então, de um investidor ativo, embora com custos baixos —, uma vez que ele inclui a maioria das empresas pequenas. Portanto, os ativos de um fundo mútuo que não compõem o s&p 500 não estão sujeitos ao Princípio de Sharpe, aplicado àquele índice. As ações do s&p 500 são selecionadas pela Standard & Poor's Corporation, com algumas exclusões e inclusões ocasionais. Embora essas quinhentas empresas de grande porte respondam por cerca de 75% do valor de mercado de todas as ações negociadas em bolsas de valores, o índice omite algumas empresas muito grandes, como, por exemplo, antes de 2010, a Berkshire Hathaway, uma das dez maiores companhias americanas em valor de mercado. Com efeito, o retorno anual composto de pequenas empresas nos 82 anos de 1926 a 2007 foi de 12,45%, em comparação com 10,36% para as grandes empresas. No entanto, o impulso adicional para os fundos mútuos, decorrentes de incluírem em suas carteiras ações de empresas menores, ainda não compensou os custos extras.

Outro aspecto da comparação maçãs e laranjas é o impacto dos saldos de caixa. Uma vez que os investidores de fundos fazem retiradas ou depósitos de maneira contínua, os fundos mantêm saldos de caixa flutuantes. Quando o mercado sobe muito, os juros sobre esses saldos de caixa não acompanham o rendimento crescente das ações, e o retorno do fundo fica atrás do retorno das ações de seu portfólio. No sentido oposto, quando o mercado cai muito, as perdas das posições em ações do fundo são reduzidas na medida em que ele mantém saldos de caixa pelos juros auferidos com esse dinheiro. Em geral, o impacto desse *cash drag* é pequeno.

Além disso, os fundos mútuos não indexados são apenas parte do pool total de investidores ativos. Supõe-se que seus gestores sejam razoavelmente competentes, hipótese em que o grupo de fundos mútuos superaria o desempenho dos demais investidores ativos. Nesse caso, embora os investidores ativos, em geral, tenham ficado para trás, o grupo de fundos mútuos poderia se destacar pelo bom desempenho comparativo. No entanto, estudos acadêmicos sobre os retornos históricos dos fundos mútuos mostram poucas evidências dessas competências gerenciais por parte deles. Terceiro, não são os resultados dos investidores ativos que devem ficar atrás do índice, de acordo com o Princípio de Sharpe. É, isso sim, o retorno do pool total de ativos sob gestão ativa investidos em ações do índice que deve apresentar desempenho inferior.

A Morningstar, que acompanha o desempenho dos fundos mútuos, faz estudos periódicos, comparando o desempenho dos fundos com os índices. Os resultados de 2009 são típicos. Depois do ajuste pelo risco, tamanho e categoria de investimento, apenas 37% superaram o benchmark nos três anos anteriores, com resultados semelhantes para cinco e dez anos.[5]

Os benefícios da indexação são apresentados na tabela 7. Usei aqui os retornos históricos sobre ações de grandes empresas, como as do s&p 500, com os meus pressupostos de custos. O Apêndice B dá maiores detalhes. Depois dos custos e inflação, os investidores passivos isentos de impostos ganharam 6,7% ao ano, em comparação com 4,7% para os ativos, incremento de dois quintos. Depois dos impostos, é 2,0% para os ativos e 4,8% para os indexadores, mais que o dobro.

	ÍNDICE	PASSIVOS	ATIVOS
Antes dos custos	10,1%	10,1%	10,1%
Depois dos custos	—	9,7%	7,7%
Depois da inflação	7,1%	6,7%	4,7%
Isento de imposto, depois da inflação	—	6,7%	4,7%
Depois dos impostos	—	4,8%	2,0%

Tabela 7: Comparação de investimentos passivos versus ativos.

Se você indexar, selecione um fundo com despesas anuais inferiores a 0,2%. Rejeite fundos que cobram taxas de performance, encargos de vendas e outras taxas. A cobrança que você pode ignorar é a multa por vender antes de determinado prazo mínimo, como trinta dias, que os fundos passaram a cobrar para evitar negociações rápidas de entrada e saída em grande escala, por parte de certos investidores.

A cada ano, em geral no fim de outubro, os fundos mútuos de ações dos Estados Unidos atribuem os ganhos ou perdas tributáveis, acumulados até a data, a seus atuais investidores. Se fizer um investimento pouco antes disso, em um ano em que o fundo teve um ganho muito grande, você pode sofrer a injustiça de pagar impostos sobre uma quantia muito maior do que seus reais ganhos econômicos. Por outro lado, em um ano em que o fundo registrou grandes perdas, uma compra pouco antes da alocação das perdas pode levar os investidores a pagar menos imposto, sem ter sofrido as presumidas perdas econômicas.[6]

Nos Estados Unidos, os investidores isentos, como fundos de aposentadoria, planos de benefícios para empregados e fundações, devem considerar a hipótese de trocar seus investimentos ativos em ações por um fundo de índice amplo, sem encargos de vendas, a não ser que tenham fortes razões para supor que os seus investimentos correntes lhes oferecerão vantagens significativas. Com base em minha experiência, a aptidão para escolher as melhores ações é rara, o que significa que quase todo mundo deve substituir seus investimentos ativos por investimentos indexados.

Os investidores sujeitos à tributação precisam rever suas posições caso a caso. Por exemplo, em 2015, ao custo de cerca de mil dólares por ação, preço de mercado de 225 mil por ação e alíquota total, federal e estadual, de, digamos, 30%, eu conseguiria o preço líquido de mais ou menos 157,8 mil dólares por ação, depois da venda de minhas ações classe A da Berkshire Hathaway. Um investimento em um fundo de índice com essa quantia menor teria de gerar cerca de 43% a mais que a Berkshire no futuro, só para empatar.[7] Isso parece extremamente improvável.

Como eu com a Berkshire, investidores que não operam e não recorrem a consultores evitarão as despesas usuais em que incorrem os investidores ativos. Com efeito, os custos desses investidores podem ser até menores que os dos indexadores. Se esse investidor *buy-and-hold*, que compra e mantém as ações, fosse, por exemplo, escolher ações ao acaso, comprando cada uma em proporção à respectiva capitalização de mercado, poderíamos demonstrar, com base em um raciocínio semelhante ao usado para comprovar o Princípio de Sharpe, que o retorno esperado é o mesmo do índice em que se baseou a escolha das ações, menos os custos em tese menores de adquirir as ações.

A principal desvantagem de *buy-and-hold* em relação à indexação é o aumento do risco. Em termos de jogo, o retorno de *buy-and-hold* é como o de comprar o índice e, então, acrescentar ganhos ou perdas aleatórios com lançamentos sucessivos de cara ou coroa. No entanto, com uma carteira de umas vinte ações, espalhadas por diferentes setores, esse risco extra tende a ser pequeno. A ameaça para o programa *buy-and-hold* é o próprio investidor. Acompanhar o desempenho das ações e ouvir histórias e conselhos sobre elas pode levar a negociações ativas, produzindo, em média, os resultados inferiores sobre os quais já adverti. Comprar um índice faz evitar essa armadilha.

Para considerar outra maneira de investir em índice, suponha que a mesma porcentagem de cada ação dos Estados Unidos fosse incluída em um fundo de índice de baixo custo e o resto fosse deixado em um pool gigantesco, sob gestão ativa, pelos melhores gestores do mundo. Nesse caso, o funcionário que gerenciasse o fundo de índice com um computador para fazer a escrituração superaria o desempenho dos melhores gestores do planeta, pela quantia de suas comissões e taxas extras. Em competições promovidas por jornalistas, portfólios aleatórios de ações selecionadas, usando dispositivos para seleção ao acaso, como dardos, dados ou, em sentido figurado, macacos, competem em pé de igualdade com os especialistas.

CAPÍTULO 26

Você consegue vencer o mercado? Vale a pena tentar?

Quando me interessei pelo blackjack, todo mundo dizia que não havia como vencer a banca. Demonstrou-se matematicamente, para muitos dos jogos de apostas clássicos, ser impossível vencê-la com sistemas que com frequência recorrem a maneiras complexas de variar as quantias apostadas. Além disso, se alguém conseguisse vencer os cassinos, as regras seriam mudadas para detê-lo. Quando me interessei pelo mercado de ações, ouvi a mesma alegação sobre investimentos. Os acadêmicos desenvolveram uma série de argumentos, conhecidos como hipótese dos mercados eficientes. Usando dados do mercado financeiro, eles mostraram que os preços de amanhã pareciam flutuações aleatórias em torno dos preços de hoje e, portanto, não eram previsíveis.

Além disso, se a mudança de preço fosse previsível, alguém passaria imediatamente a negociar com base nessa previsão, até que a informação perdesse a utilidade. Essa noção deu origem a uma história apócrifa, com que todos os estudantes de finanças estão familiarizados. Eugene Fama, pai da HME, passeava pelo campus da Universidade de Chicago com um estudante de pós-graduação. Olhando para baixo, o estudante exclamou: "Olha, há uma nota de cem dólares no chão". Sem olhar para baixo nem fazer qualquer parada na caminhada, Fama retrucou: "Não há, não. Se houvesse, alguém já a teria apanhado".

As cartas distribuídas no blackjack também parecem surgir ao acaso, mas não se você "rastrear as cartas", que é uma maneira de vencer o jogo, observando a ordem em que as cartas descartadas são empilhadas e, então, matematicamente, analisar a técnica de embaralhar que está sendo usada, de modo a prever pelo menos em parte a nova ordem das cartas na próxima distribuição. A probabilidade de que uma carta escolhida seja aquela que será distribuída em seguida a outras no blackjack também não é aleatória, se você contar as cartas. O que parece aleatório em determinado estado de conhecimento talvez não seja se recebermos mais informações. Os preços futuros não são previsíveis e ninguém pode vencer o mercado,[1] mas só quando os preços do mercado "realmente" flutuarem de maneira aleatória.

Apoiadores da hipótese dos mercados eficientes, na verdade um conjunto de hipóteses correlatas, em geral acreditam que os mercados de títulos mobiliários em países desenvolvidos avançados respondem com rapidez, e quase completamente, a novas informações. Os crentes mais convictos de início sustentaram, durante décadas, que a maioria dos investidores era racional e bem informada. Todavia, eles, a contragosto, se renderam às evidências esmagadoras em contrário,[2] mas ainda afirmam que o impacto coletivo dos investidores mantém os preços de mercado correntes perto da melhor estimativa de valor possível, como média de todos os cenários futuros. Desde a década de 1960, acadêmicos da área de economia e finanças defenderam as várias versões da hipótese dos mercados eficientes, à medida que proliferavam dezenas de milhares de artigos, milhares de teses de doutorado e centenas de livros.[3]

A visão clássica do preço certo de uma ação ordinária é a de que ele resulta do valor presente de todos os lucros futuros.[4] Esses lucros são incertos e sujeitos a fatores indecifráveis. Poderia alguém ter determinado de antemão como considerar o impacto do Onze de Setembro sobre os lucros futuros, e, portanto, sobre o preço de mercado corrente, de empresas sediadas nas Torres Gêmeas do World

Trade Center? Esses pagamentos futuros são descontados a valor presente, refletindo suas várias probabilidades e riscos. Se o mercado faz um bom trabalho ao usar todas as informações públicas disponíveis hoje para estimar os preços correntes, os únicos investidores a ter alguma vantagem são aqueles com acesso a informações confidenciais indisponíveis. O indiciamento de investidores nos anos 1980, muito alardeado na época, por negociações ilegais com base em informações privilegiadas enfatiza esse ponto.[5]

A hipótese dos mercados eficientes é uma teoria que jamais poderá ser demonstrada pela lógica. Tudo o que se pode argumentar é que se trata de uma descrição adequada ou inadequada da realidade. Para refutá-la, porém, basta fornecer exemplos de onde ela falha, e quanto mais numerosos e substantivos forem esses exemplos, maior será a impropriedade da hipótese para descrever a realidade.

Até agora, mostrei como os mercados foram vencidos no passado com exemplos do jogo, das negociações e dos resultados da Princeton Newport Partners, da Ridgeline e de outros hedge funds, assim como da história de Warren Buffett e da Berkshire Hathaway. Obter melhores resultados que os do mercado não é o mesmo que vencer o mercado. O primeiro caso depende de sorte; o segundo consiste em encontrar uma vantagem estatisticamente significativa que faça sentido, e então lucrar com a sua aplicação na prática. Como exemplo, a PNP fez isso na década de 1980, quando explorou os grandes descontos no valor de liquidação que com frequência apareciam entre os fundos fechados.

Os fundos fechados começam com a venda de cotas aos investidores. Eles são fechados porque essa venda de cotas ocorre apenas uma vez, no lançamento do fundo. Os gestores, então, investem o dinheiro em determinada categoria de títulos mobiliários, como ações de alta tecnologia, títulos da dívida coreana, junk bonds ou "títulos podres", ações de empresas de energia renovável ou biotecnologia. Para ilustrar como esses fundos podem trabalhar, suponha que estejamos em pleno boom de metais preciosos. Os promotores vendem cotas do fundo fechado "Pote de Ouro" (PDO) por meio de corretoras, pagando 8% do valor da venda a esses intermediários e à sua força de vendas.

Os investidores compram 10 milhões de cotas, a dez dólares por cota, gerando 100 milhões de dólares menos 8%, ou 92 milhões dólares líquidos, que os gestores do PDO investem em ações de empresas de ouro negociadas em bolsas de valores. Cada cota que custou dez dólares agora representa 9,20 dólares em ações, que é o seu *net asset value* (NAV) por cota, ou valor líquido da cota. O "sell side", os vendedores e prestadores de serviços de Wall Street, ficou com 8% do dinheiro. Observe que o investidor poderia ter comprado diretamente ações de empresas de ouro, pelos mesmos dez dólares, ficando com as ações no valor de dez dólares.

As cotas do PDO passam a ser negociadas no mercado. Os investidores, otimistas em relação à competência dos gestores, poderiam oferecer essas cotas por onze, doze dólares, ou até mais, embora o seu NAV continue em 9,20 dólares. Com o passar do tempo, o preço de mercado das cotas do PDO e seu NAV (o valor por cota dos ativos subjacentes do PDO) flutuarão. Qualquer diferença no preço da cota do PDO acima do NAV é denominada ágio e abaixo do NAV é denominada deságio. Mais uma coisa — o NAV representa o valor de liquidação das cotas do PDO; como, porém, os gestores controlam o fundo, elas valem substancialmente menos. Isso porque os gestores cobram taxas e incorrem em despesas, reduzindo, em consequência, os benefícios da propriedade para os cotistas, em comparação com os de um investidor que é proprietário direto do portfólio subjacente.

Por causa dos custos e das taxas de administração, os fundos fechados em geral são negociados com desconto em relação ao NAV (*net asset value*). Se as taxas e despesas de administração tendem a corresponder, por exemplo, a 15% da riqueza que está sendo criada pelo portfólio subjacente, os cotistas podem esperar 85% do fluxo futuro de benefícios. Portanto, o preço justo a pagar deveria ser 85% do NAV, ou um desconto de 15%. No caso do PDO, os primeiros investidores pagaram dez dólares por cota. As despesas comerciais de Wall Street reduziram esse valor para 9,20. Os gestores, então, tiram 15% dos lucros futuros, o que reduz o valor para o investidor em outros 15%, trazendo o valor da cota para 85% de 9,20, ou 7,82 dólares. Assim, o investidor perdeu, de imediato, 2,18 dos seus dez dólares, ou 21,8% do investimento para os seus "ajudantes" e intermediários. É como comprar um carro novo, que deprecia 21,8% tão logo você o retira do revendedor. Com o passar do tempo, o preço de mercado, como porcentagem do NAV, flutua, e o padrão varia de fundo para fundo e conforme as condições do mercado. Já vi deságios de 50% e ágios de 80%. Para explorar essa situação a seu favor, o investidor pode tentar comprar cotas de fundos com grandes descontos, em relação ao seu histórico e aos padrões de fundos comparáveis.

Você também pode vender a descoberto cotas de fundos que estão sendo negociadas com ágios elevados. Dependendo da sua composição, os fundos *long/short* em seu portfólio podem fazer o hedge uns dos outros, até certo ponto, com futuros e opções oferecendo mais possibilidades de compensação do risco. Os retornos dessa estratégia podem ser bem constantes, mas os longos períodos de incertezas, em que os ágios ou deságios excessivos tendem a desaparecer, podem torná-los modestos. Certa vez investi durante alguns anos num hedge fund gerenciado de forma inteligente, que adotava essa abordagem. Por causa da lentidão com que os erros de precificação diminuíram, nosso retorno anualizado foi de 10%, em vez dos 15% esperados.

Se o PDO estava sendo negociado com 40% de desconto, com as cotas a seis dólares cada, e um NAV de dez dólares, poderíamos tentar comprar cotas suficientes para forçar e ganhar uma votação para converter o fundo em fundo mútuo aberto, permitindo aos cotistas resgatar pelo *net asset value*. Pagamos, então, seis dólares por cota e embolsamos dez por cota, com um lucro de quatro, ou 67% sobre os seis dólares. Um fundo fechado que estava sendo negociado com grande deságio foi uma oportunidade para a Princeton Newport. Apesar da forte oposição dos gestores convencionais, conseguimos fazer negócios lucrativos desse tipo.[6]

As diferenças entre o preço de mercado e o *net asset value* dos fundos fechados não deixa nenhum esconderijo para quem acredita que o mercado trabalha bem ao definir os preços corretamente. Por que será que os investidores às vezes pagam 1,80 dólar por um dólar de ativos e outras vezes oferecem um dólar de títulos mobiliários por cinquenta centavos? Não pode ser por falta de informação, uma vez que os NAVS e as porcentagens calculadas dos desvios de preços são publicados com regularidade, junto com a composição dos portfólios.

Uma oportunidade incomum para comprar ativos com desconto surgiu durante o crash financeiro de 2008-9, na forma de certos fundos fechados denominados SPACS. Essas "*special purpose acquisition corporations*" [corporações de aquisição com propósitos específicos] foram comercializadas durante o boom de investimentos em *private equity* que antecedeu a crise. Oferecendo como garantia [*escrow*] os resultados da IPO da SPAC, os gestores prometiam investir em determinados tipos de empresas start-ups. As SPACS apresentaram desempenho desastroso na época do crash, com seus investimentos em empresas reais perdendo, em média, 78%. Ao ser constituída, uma SPAC típica concordava em investir o dinheiro em dois anos, oferecendo aos investidores a opção — antes de a SPAC investir em empresas — de receber de volta o dinheiro mais juros, em vez de participar dos investimentos.

Em dezembro de 2008, o pânico levara até as SPACS que ainda tinham apenas títulos do Tesouro dos Estados Unidos a sofrer um desconto no NAV. Essas SPACS estavam sujeitas a um prazo que variava de dois anos a poucos meses para investir ou liquidar, e, antes de investir, deveriam oferecer aos investidores a chance de retirar o dinheiro pelo NAV. Em alguns casos, podíamos até comprar SPACS que mantinham títulos do Tesouro em carteira a taxas de retorno anualizadas de 10% a 12%, retirando o dinheiro em poucos meses.[7] Isso acontecia numa época em que as taxas de curto prazo dos títulos do Tesouro haviam caído para cerca de zero!

Para quem ainda acredita que o mercado sempre precifica os títulos mobiliários adequadamente, essa foi uma oportunidade de lucro que surgiu porque os investidores não conseguiam fazer as contas.

Para compreender o que aconteceu, primeiro imagine dois revendedores de carros, com lojas vizinhas. O primeiro revendedor oferece novos sedãs Ford por 9 mil dólares, mais um desconto de 2 mil, a serem pagos em seis meses. O segundo revendedor oferece os mesmos sedãs Ford por 14,85 mil dólares. Todo mundo que passa pelas lojas pode ver ambos os preços em cartazes enormes. O revendedor com preço mais alto decorou o salão de exposições com balões infláveis e contratou uma banda para animar o ambiente. O revendedor com preço mais baixo é mais ágil e direto, mas o revendedor com preço mais alto está com a loja cheia de gente. A maioria de nossos investidores "racionais" prefere pagar mais. Loucos? Impossível? Isso acontece com frequência. Por exemplo, no caso seguinte, o Ford de 9 mil dólares mais um desconto de 2 mil é como cem ações da 3Com e o Ford, idêntico, de 14,85 mil é como 135 ações da PalmPilot. Vamos aos detalhes.

Famosa por seu organizador manual pessoal PalmPilot, a empresa 3Com, código da ação COMS, anunciou que cindiria a divisão PalmPilot, como empresa separada. Cerca de 6% das ações da PalmPilot, código da ação PALM, foram oferecidas em IPO ao preço de 38 dólares por ação, em 2 de março de 2000, quinta-feira. No fim do dia, os 23 milhões de ações que tinham sido emitidos mudaram de mãos mais de uma vez e meia, correspondendo a um volume de negociação em um dia de 37,9 milhões de ações. O preço alcançou o pico de 165 dólares, antes de fechar a 95. A parcela da PalmPilot vendida na IPO foi definida, de maneira deliberada, bem abaixo da demanda e provocou uma histeria de compra e uma disparada do preço, muito comum na época, em IPOs de ações de tecnologia. Até esse ponto, o acontecimento foi mera repetição do que tínhamos visto com frequência nos dezoito meses anteriores do boom das ações de tecnologia.

Agora, vamos à ineficiência do mercado. No fechamento daquela quinta-feira, o mercado precificou a PalmPilot em 53,4 bilhões de dólares, mas ainda avaliava a 3Com, que detinha 94% da PalmPilot, em "apenas" 28 bilhões. Mas isso significa que o mercado avaliou os 94% da 3Com na PalmPilot em 50 bilhões de dólares, ou seja, avaliou o restante da 3Com em 22 bilhões negativos! Os analistas, contudo, estimavam o valor do restante da 3Com entre 5 bilhões e 8,5 bilhões de dólares. E em mais ou menos seis meses, a 3Com pretendia distribuir as ações da PalmPilot aos seus acionistas. Prevendo isso, meu filho, Jeff, me telefonou poucos dias antes, sugerindo que eu mobilizasse capital para essa possível oportunidade. Você podia comprar PALM diretamente na IPO (para conseguir ações de IPO era preciso estar "ligado") ou a preços muito mais altos e oscilantes, no "*aftermarket*", depois da emissão original, quando ela passasse a ser negociada. Ou você podia comprar PALM indiretamente, comprando COMS e esperando alguns meses para receber 1,35 ação da PALM para cada ação da COMS. Além disso, você ainda ficaria com uma ação da 3Com, depois da cisão, que era lucrativa e que teria oito dólares em caixa, por ação. Jeff estimava que, então, a ação seria avaliada entre quinze e 25 dólares.

Nota do analista: a estimativa de Jeff de 135 ações da PALM a serem distribuídas para cada cem ações da COMS era deliberadamente conservadora — uma escolha de "pior cenário" — em comparação com a estimativa das "ruas", de 150 ações. Portanto, pela estimativa das ruas, a disparidade é ainda maior do que presumimos. A incerteza surgiu porque o número de ações da PALM a serem distribuídas aos acionistas da COMS dependia da quantidade de ações em circulação da COMS na época, e isso dependia da diluição que ocorreria nesse meio-tempo, decorrente, por exemplo, de opções em circulação.

Quando Jeff e eu estávamos discutindo a estratégia, no primeiro dia, a certa altura os preços eram noventa dólares por ação da 3Com e 110 dólares por ação da PalmPilot. Comprar diretamente 135 ações da PalmPilot custava 14,85 mil dólares, mas se pagássemos 9 mil por cem ações da 3Com teríamos 135 ações da PalmPilot e cem ações residuais da 3Com. (Veja as cem ações da 3Com como um tíquete com duas partes, um rotulado 135 AÇÕES DA PALMPILOT e outro rotulado CEM AÇÕES DA 3COM, PÓS-CISÃO.) Se comprar as cem ações da 3Com você paga 9 mil dólares e recebe 14,85 mil em ações da PalmPilot e uma ação residual da 3Com, no valor estimado de 1,5 mil a 2,5 mil dólares. Venda estas últimas por, digamos, 2 mil dólares e as ações da PalmPilot saem pelo custo líquido de 7 mil.

Desafio os teóricos do mercado eficiente a responder às seguintes perguntas: por que as pessoas estavam dispostas a pagar 14,85 mil dólares por 135 ações da PALM quando podiam ter comprado as mesmas ações por 7 mil, e por que alguns investidores estavam comprando ações da PALM a um preço que atribuía à empresa o valor de 53 bilhões de dólares, em vez de adquiri-las a um preço inferior à metade disso, comprando via ações da 3Com? Não é uma questão de informação. Os termos eram simples, disponíveis para o público e já conhecidos.

Como poderíamos Jeff e eu explorar essa situação? Uma abordagem era comprar 3Com, esperar mais ou menos seis meses e vender tanto as ações da PalmPilot que receberíamos via 3Com quanto as ações remanescentes da 3Com. Mas e se a 3Com e a PalmPilot estivessem muito valorizadas agora e seus preços sofressem quedas acentuadas? Havia razões para supor que isso podia acontecer. Primeiro, a COMS subira de cinquenta dólares, dois meses antes, para mais de cem, pouco antes da IPO, antecipando-se à cisão. Segundo, acreditávamos que as ações de tecnologia estavam em plena bolha especulativa, impulsionadas por um grande conjunto de investidores irracionais, muitos deles jogando no novo "cassino" do *day-trading*. Estávamos certos sobre a bolha especulativa. A Nasdaq alcançou a máxima de todos os tempos nessa época, depois perdeu 75% em menos de três anos. Dezesseis anos depois, ela ainda não se recuperou totalmente.

Poderíamos alugar e depois vender a descoberto 135 ações da PALM por 110 dólares, no total de 14,85 mil dólares, que seriam mantidas em garantia por nossa corretora, até devolvermos as ações alugadas. Também podíamos comprar cem ações da COMS a noventa dólares, ao custo total de 9 mil dólares, configurando um hedge quase sem risco de um lucro quase certo. Em mais ou menos seis meses, receberíamos 135 ações da PALM decorrentes das nossas cem ações da COMS, e as entregaríamos para encerrar nossa posição a descoberto. Os 14,85 mil dólares resultantes da venda a descoberto seriam liberados da garantia, deixando-nos com o lucro líquido de 5,85 mil em dinheiro, além de cem ações da remanescente 3Com. Se estas fossem precificadas a quinze dólares por ação, poderíamos vendê-las por mais 1,5 mil, gerando um ganho total em seis meses de 7,35 mil, com um investimento de 9 mil dólares, ou 82%.[8]

Esses lucros, para nós e para outros arbitradores, eram limitados pela quantidade de PALM que as nossas corretoras nos emprestassem para vender a descoberto. Um de nossos amigos, que dirigia um hedge fund conversível de 2,7 bilhões de dólares, conseguiu vender a descoberto 200 mil ações da PALM e antes tinha comprado COMS a preço muito mais baixo, prevendo a disparada pré-IPO.

Como observou o *The Wall Street Journal*,[9] nos poucos dias em que os arbitradores (hedgers) conseguiram comprar mais ações da PALM, eles poderiam reduzir a disparidade se vendessem a descoberto PALM e comprassem 3Com, como em nosso exemplo. Vemos aqui, com nitidez, um mecanismo que demonstra a ineficiência do mercado: a diferença de comportamento dos compradores de PALM "burros", ou irracionais, e os arbitradores experientes e perspicazes. O *Journal* prosseguiu, para apontar que disparidade de preços semelhante tinha ocorrido em meados de fevereiro, quando a IXnet, Inc. foi cindida da IPC Communications Inc. Embora a IPC ainda tivesse 73% da IXnet, ela foi avaliada pelo mercado "eficiente" a menos da metade da IXnet. Jeff também fez hedge neste caso.

Como os membros da Flat-Earth Society, ou Sociedade da Terra Plana, os crentes dos mercados eficientes não têm problema com o exemplo da 3Com-PALM. Um importante defensor da HME explicou que os arbitradores não poderiam corrigir a disparidade de preços porque não havia PALM suficiente para vender a descoberto, e, se houvesse, os arbitradores teriam comprado até ajustar os preços para níveis compatíveis com os valores relativos.[10] Isso é verdade. Eu e outros teríamos apostado grande parte de nosso patrimônio líquido se pudéssemos alugar a ação. No entanto, os próprios compradores de PALM poderiam e deveriam ter corrigido o erro de precificação e, assim agindo, teriam aumentado de modo substancial suas posições em PALM, sem custo, apenas vendendo PALM e reinvestindo o produto da venda em 3Com. Entretanto, por mais que isso tenha sido explicado ao público, inclusive em matéria de primeira página no *The New York Times* no dia seguinte à oferta,[11] pouco foi o impacto imediato. Além de não fazerem as contas, os investidores, ao que parece, não conheciam ninguém capaz de fazê-las.

Com o exemplo da PALM/COMS em mente, vamos dar outra olhada na teoria dos mercados eficientes.

De um mercado eficiente perfeito, um que jamais será vencido, esperamos:

1 Que todas as informações estejam prontamente disponíveis para todos os participantes;
2 Que muitos participantes sejam racionais em finanças — por exemplo, em condições normais, sempre preferirão mais dinheiro a menos dinheiro;
3 Que muitos participantes sejam capazes de avaliar com rapidez todas as informações relevantes disponíveis e de determinar o preço justo corrente de todos os títulos mobiliários;
4 Que novas informações levem os preços a saltar de imediato para o novo preço justo, evitando que qualquer pessoa consiga retorno superior ao de mercado negociando aos preços provisórios durante a transição.

Nota: os defensores dessa teoria sabem, em graus variados, que algumas ou todas essas condições são irreais, mas alegam que elas se sustentam o suficiente para tornar a teoria uma boa aproximação da realidade.

Agora, vejamos como os mercados realmente operam, para compreendermos como investir melhor.

Em nossa odisseia pelo mundo real dos investimentos, descobrimos um mercado ineficiente, que alguns conseguem vencer, no qual:

1 Algumas informações estão disponíveis de imediato para a minoria que por acaso estava ouvindo na hora certa e no lugar certo. Muitas informações, de início, só são conhecidas por poucas pessoas e depois se espalham para grupos mais amplos, aos poucos. Essa difusão pode levar alguns minutos ou até meses, dependendo da situação. As primeiras pessoas a agirem com base nessas informações ficam com os ganhos. As outras não ficam com nada ou perdem. (Nota: o uso de informações preliminares por insiders pode ser legal ou ilegal, dependendo do tipo de informação, de como é obtida e de como é usada.)

2 Cada um de nós é racional em finanças apenas até certo ponto. Variamos desde aqueles que são quase totalmente racionais até alguns que se esforçam para ser racionais em finanças, em quase todas as iniciativas. Nos mercados reais, a racionalidade dos participantes é limitada.

3 Os participantes quase sempre conhecem apenas algumas das informações relevantes para determinar o preço justo de um título mobiliário. Para cada situação, tanto a disponibilidade de tempo para processar a informação quanto a capacidade de analisá-la em geral apresentam ampla variação.

4 As ordens de compra e venda decorrentes de uma informação às vezes chegam numa enxurrada, em poucos segundos, levando os preços a saltar ou a quase saltar para um novo nível. Com mais frequência, porém, a reação às notícias se espalha em minutos, horas, dias ou meses, como registra a literatura acadêmica.[12]

Nosso retrato dos mercados reais nos indica o que é preciso fazer para vencer o mercado. Basta cumprir uma dessas condições:

1 Conseguir boas informações cedo. Como saber se a sua informação é bastante boa ou bastante precursora? Se você não tiver certeza, é provável que não seja.

2 Ser um investidor racional disciplinado. Oriente-se pela lógica e pela análise, em vez de se deixar levar por discursos de vendas, caprichos ou emoções. Presuma que você pode ter uma vantagem só quando conseguir desenvolver um argumento afirmativo racional que resista às suas tentativas de refutá-lo. Não jogue, a não ser que você esteja extremamente seguro de ter uma vantagem. Como disse Buffett: "Só rebata bolas boas".

3 Descubra um método de análise superior. Os que são eficazes para mim incluem arbitragem estatística, hedge conversível, fórmula Black-Scholes e contagem de cartas no blackjack. Outras estratégias vencedoras são análise de títulos mobiliários pelos poucos superdotados e os métodos dos melhores hedge funds.

364

4 Quando os títulos mobiliários estão mal precificados e os erros de precificação estão sendo explorados, as negociações dos arbitradores tendem a eliminar a distorção. Isso significa que os operadores mais rápidos concentram grande parte dos ganhos e que suas sucessivas operações tendem a reduzir ou a eliminar os erros de precificação. Ao identificar uma oportunidade, invista antes da multidão.

Lembre-se de que a ineficiência do mercado depende da perspicácia do observador. A maioria dos participantes do mercado não desfruta de vantagens comprováveis. Para eles, da mesma maneira que as cartas no blackjack ou os números na roleta parecem surgir ao acaso, o mercado parece ser completamente eficiente.

Para vencer o mercado, foque em investimentos compatíveis com o seu conhecimento e a sua capacidade de avaliação, o seu "círculo de competência". Certifique-se de que a sua informação é atual, exata e basicamente completa. Conscientize-se de que as informações fluem numa "cadeia alimentar", na qual quem chega primeiro "come" e quem se atrasa é comido. Por fim, não aposte num investimento a não ser que você possa demonstrar pela lógica — e, se adequado, pelos antecedentes — que você tem uma vantagem.

Tente ou não vencer o mercado, você pode se sair melhor gerenciando a sua riqueza de forma adequada, o que veremos no próximo capítulo.

CAPÍTULO 27

Alocação de recursos e gestão da riqueza

A riqueza privada nos países industriais avançados se espalha entre as principais áreas de ativos, como ações, títulos de renda fixa, imóveis, obras de arte, commodities e itens pessoais diversos. Se os investidores escolherem fundos de índice para cada classe de ativo em que quiserem investir, o risco e o retorno conjunto do portfólio dependerão de como eles alocam os recursos entre as classes de ativos. A afirmação também se aplica a investidores que não indexam. A tabela 8 oferece uma visão geral das categorias de ativos. Não se incluem aqui hedge funds e fundos de pensão, uma vez que seus ativos subjacentes já foram considerados.[1] Os títulos derivativos, que abrangem bônus de subscrição, opções, debêntures conversíveis e muitas invenções complexas posteriores, derivam o seu valor, como vimos, de outro título "subjacente", como as ações ordinárias de uma empresa. Em vez de listá-las em separado, subentende-se que elas estejam incluídas como parte de sua classe de ativos subjacentes.

Como se dividem os seus ativos entre as categorias da tabela 8? As três grandes, para a maioria dos investidores, são ações ordinárias, renda fixa e imóveis. Cada uma responde por cerca de um quarto do patrimônio líquido total dos domicílios dos Estados Unidos, embora as proporções flutuem, sobretudo quando uma classe de ativos passa por um período de alta ou baixa.

AÇÕES
Ações ordinárias
Ações preferenciais
Warrants e títulos conversíveis
Ações de capital fechado

TÍTULOS DE RENDA FIXA
Títulos gerais
Títulos federais
Títulos privados
Títulos municipais
Conversíveis
Títulos de alta liquidez
Títulos do Tesouro
Contas de poupança
Certificados de depósito
Títulos hipotecários

IMÓVEIS
Residenciais
Comerciais

COMMODITIES
Agrícolas
Industriais
Moedas
Metais preciosos

COLECIONÁVEIS
Obras de arte, pedras preciosas, moedas, carros etc.

BENS PESSOAIS DIVERSOS
Automóveis, aviões, barcos, joias etc.

Tabela 8: Grandes classes de ativos e subdivisões.

Investidores que caçam retornos, comprando classes de ativos no percurso para a alta e vendendo no percurso para a baixa, obtiveram resultados históricos ruins. A bolha de tecnologia que estourou em 2000, a inflação nos preços dos imóveis que atingiu o pico em 2006 e a queda acentuada nos preços das ações em 2008-9 foram eventos especialmente onerosos para eles. Por outro lado, investidores que compram na baixa e vendem na alta, considerados investidores "contrários" [contrarian] ou "de valor" [value investors], tendem a superar o desempenho medíocre, transferindo alguns fundos entre classes de ativos.[2]

As tabelas no Apêndice B mostram que ações e imóveis comerciais ofereceram os melhores resultados de longo prazo para os investidores. Os investimentos em taxas de juros ficaram mais ou menos no ponto de equilíbrio, ou de resultado nulo, depois dos impostos e da inflação, e pouco acima de zero para os investidores isentos de impostos. No entanto, embora as ações tenham apresentado melhores resultados a longo prazo, elas passaram por extensos períodos de baixa, no sentido de que ficaram aquém da máxima anterior. Os imóveis caíram muito durante a crise financeira de 2008-9.

Supondo que os níveis de risco e retorno das classes de ativos no século XXI serão semelhantes aos do século XX, os investidores passivos de longo prazo tenderão a conseguir melhores resultados com ações ordinárias e com imóveis comerciais geradores de renda, embora os dados sejam mais imprecisos para estes últimos. Diversificar entre os dois pode reduzir o risco e aumentar o retorno total.

Muitos investidores são avessos ao nível de risco das ações e dos imóveis, nos quais os altos retornos médios são interrompidos por quedas violentas na riqueza.

Um casal de aposentados que conheço tinha investimentos no valor de 6 milhões de dólares, que planejavam usar como fonte de esteio pelo resto da vida. Gastando 4% desse total por ano, com a parte preservada investida em "algo seguro que compense a inflação", esse casal poderia desfrutar do equivalente a 240 mil dólares por ano, antes do imposto, ajustado pela inflação, durante os 25 anos de sobrevida provável de pelo menos um deles. Eles optaram por aplicar a metade em títulos de renda fixa municipais não tributáveis e o resto em ações. Receavam a repetição da Grande Depressão.

Achei que esse plano era adequado para o casal. Como nem o marido nem a esposa estavam interessados em aprender finanças e atuar como investidores ativos, eles deveriam continuar como investidores passivos. Até a minha sugestão, no início dos anos 1990, de que investissem cerca de 500 mil dólares na Berkshire Hathaway, então sendo negociada a 12 mil dólares por ação, era demais para eles. Estariam valendo 9 milhões em 2016, quando o marido, que sobrevivera à esposa, veio a falecer. Tudo indicava que deixar metade do dinheiro em títulos municipais relativamente seguros e estáveis preservaria riqueza suficiente para que eles enfrentassem qualquer adversidade.

O tempo passou. Embora seu valor de mercado variasse no sentido oposto ao das taxas de juros, os títulos municipais pagavam a média de 4% ao ano, sem impostos e outros custos, ou cerca de 120 mil dólares por ano. No total, os investimentos em ações americanas aumentaram quatro ou cinco vezes em média (antes dos impostos, dos honorários dos assessores financeiros e de outros custos), e a Berkshire Hathaway avançou de 12 mil dólares para quase 150 mil, caiu para 75 mil durante a crise, depois subiu para mais de 200 mil por ação, em 2016. Quando estourou a crise de 2008, as ações perderam metade do seu valor, antes de se recuperarem. Com a queda da receita tributária, os déficits maciços do governo dos Estados Unidos se refletiram nos níveis estadual e municipal. A segurança dos títulos municipais não parecia mais tão certa. No entanto, embora o casal talvez tivesse conseguido retornos mais altos com ações, eles ainda tinham dinheiro suficiente e, sentindo-se seguros, não se preocuparam, como teria sido o caso se estivessem expostos às altas e baixas no valor de um portfólio de ações.

Outro investidor de minhas relações estruturou o seu portfólio de alguns milhões de dólares para produzir renda no nível que ele pretendia gastar. Assim, o portfólio consistia, em grande parte, em títulos de renda fixa de curto e médio prazo, sobre os quais ele pagava imposto de renda significativo. Curiosamente, ele acha que só pode gastar a renda auferida, na forma de dividendos e juros, e encara a valorização do capital como algo menos real. Tentei convencê-lo, em vão, de que retorno total mais alto (depois do imposto) significava mais dinheiro para gastar e mais dinheiro para manter, não importa se sob a forma de renda auferida ou de ganho de capital não realizado. Ter uma ação como a Berkshire Hathaway, que nunca pagou dividendos e, portanto, não gera "renda", seria impensável para ele. A preferência onerosa desse investidor por renda auferida em vez de retorno total (renda econômica) é comum.

O investidor que estiver disposto a pensar um pouco, além de assumir o trabalho de investir com base em suas conclusões, dispõe de muitas ideias a examinar. Por exemplo, constata-se forte relação inversa entre, de um lado, o cociente preço/lucro médio, nos últimos anos, de índices de ações, como S&P 500, e, de outro, o retorno total desses índices nos anos seguintes. Em termos simples, alto P/L sugere que a ação está muito valorizada (preço alto para o lucro gerado) e que tende a apresentar desempenho insatisfatório, enquanto baixo P/L indica o oposto. Um investidor diversificado entre classes de ativos pode explorar essa constatação, diminuindo a sua alocação em ações quando os P/Ls, historicamente, estiverem mais altos e deslocando mais recurso para ações quando os P/Ls estiverem mais baixos.

Prefiro pensar em termos de inverso do P/L, ou lucro dividido pelo preço, às vezes conhecido como L/P, mas talvez mais bem descrito como *earnings yield*. Quando o P/L é 20, por exemplo, o L/P é 1/20, ou 5%. Um investidor que tenha o S&P 500 poderia vê-lo como um título de renda fixa de longo prazo e com baixa classificação de risco, comparando o rendimento do lucro desse "título de renda fixa" ao retorno total de algum benchmark de títulos reais, como títulos públicos ou privados de longo prazo, de determinado grau de risco. Quando o *earnings yield* do índice de ações é historicamente alto em comparação com o benchmark de renda fixa, o investidor vende parte de seus bônus e compra ações. Quando o rendimento da renda fixa é alto em comparação com o das ações, ele remaneja dinheiro das ações para os títulos de renda fixa.

Histórias vendem ações: o novo produto maravilhoso que revolucionará tudo, o monopólio que controla um produto e define os preços, a empresa politicamente bem relacionada e protegida que se empanturra no escoadouro de dinheiro público, a fabulosa descoberta mineral e assim por diante. O investidor cuidadoso, quando ouve essas sagas, deve fazer uma pergunta-chave: a que preço essa empresa é uma boa compra? Que preço é alto demais? Suponha que, depois de fazer a sua análise das demonstrações financeiras, da administração, do modelo de negócios e das perspectivas da companhia, você conclua que vale a pena comprá-la a quarenta dólares por ação, preço pelo qual você espera não só um excedente satisfatório no retorno ajustado ao risco, mas também certa margem de segurança para a hipótese de a sua análise ter sido falha. Suponha que você também conclua que o retorno esperado a oitenta dólares seja abaixo do padrão, razão pela qual o preço da ação está provavelmente alto demais. Em geral, você evitará investir em ações quando elas estão sendo negociadas acima do seu preço de compra, mas, se você seguir muitas empresas com cuidado, de tempos em tempos algumas serão compras atraentes. A faixa entre o seu preço de "aquisição" e o nível "provavelmente alto demais", nesse caso, de quarenta a oitenta dólares, tende a ser mais estreito para investidores melhores e mais experientes, o que lhes possibilita participar de mais situações e com maior confiança.

O valor do mercado de ações no fim de 2014 era um pouco superior a um terço do total mundial. O grande argumento favorável a investir em ações de mais de um país é auferir o benefício da diversificação — risco mais baixo para certo nível de retorno. Os resultados têm sido mistos: excelentes para 1970-86 e medíocres de 1987 até 2015.[3] Nos últimos anos, sobretudo nas crises, os mercados mundiais, refletindo a crescente globalização da informação por meio da tecnologia, tendem a movimentar-se muito mais em sincronia com os mercados dos Estados Unidos, limitando a intensidade com que a diversificação no exterior reduz os riscos.

A maioria das famílias americanas tem casa própria. Para muitas, é grande parte de sua riqueza. Até que ponto a casa própria foi bom investimento? Em 1952, um de meus tios e a esposa pagaram 12 mil dólares por uma pequena casa térrea, de madeira e estuque, numa comunidade proletária em Torrance, Califórnia. Em 2006, ele vendeu a casa quase no pico da bolha imobiliária, que estava ainda mais inflada no estado. Apesar da deterioração do bairro, transformado quase numa área de gangues, ele conseguiu 480 mil dólares líquidos, depois de impostos e comissões. O investimento se multiplicou quarenta vezes em 44 anos, ou uma taxa anual composta de 7%. Além disso, as suas despesas de poucos por cento ao ano com tributos imobiliários e obras de manutenção foram inferiores às que ele teria tido se alugasse uma propriedade semelhante.

Embora histórias como essa sejam muito comuns, meu tio teve sorte. De acordo com o economista Robert Shiller, os preços médios dos imóveis residenciais dos Estados Unidos, depois da inflação, de 1890 a 2004 aumentaram cerca de 0,4% ao ano, passando para 0,7% no período 1940-2004.[4] Segue-se daí que gerar lucro não deve ser a principal razão para investir em casa própria.[5] Você pode se sair igualmente bem do ponto de vista financeiro morando em casa alugada. No entanto, talvez você queira, como eu, os benefícios não quantificáveis da casa própria: você é o seu próprio chefe, capaz de fazer mudanças e melhorias à vontade, sem depender da aprovação do proprietário. Se você tomou um empréstimo a taxas fixas ou comprou sua casa com recursos próprios, tem a segurança de saber que os seus custos mensais futuros estão sob controle.

Como já observei, investidores que sofrem tributação dividem o lucro com o governo, o que em média reduz em muito a sua riqueza, em comparação com a de investidores isentos com o mesmo portfólio. Esses investidores tributáveis têm a chance de compensar essa perda, no todo ou em parte, usando a bem conhecida ideia de venda de prejuízos tributários.

Em sua forma mais simples, os investidores vendem ações que geraram perdas antes do fim do ano em curso, realizando prejuízos que reduzem o imposto de renda a pagar do ano. Esse comportamento contribui para o chamado "efeito janeiro", pelo qual as pressões de venda em dezembro diminuem ainda mais os preços das ações dos que sofreram perdas no ano, a que se seguem recuperação e altas excessivas em janeiro. O impacto é maior para empresas menores. Os investidores realizavam a perda tributária vendendo a ação perdedora e comprando-a de volta imediatamente, com pouco risco de perda (ou ganho) econômico. Para conter essa fonte de perda da arrecadação tributária, tornando-a mais arriscada, o governo federal dos Estados Unidos introduziu a *"wash sale rule"*, segundo a qual quem vender uma ação com perda e recomprá-la nos 31 dias seguintes não pode reconhecer a perda tributária. A norma foi redigida de maneira a impedir que investidores tarimbados fizessem swaps com ações "equivalentes", de modo a contornar a restrição.

O reverso da venda de perda tributária é o diferimento de ganho tributário, pelo qual um investidor que quer vender um título mobiliário com um grande ganho espera até depois do fim do ano, diferindo o pagamento do imposto devido por um ano. O dinheiro pode ser usado por mais um ano, antes de ser entregue ao governo.

Embora a legislação mude, a alíquota sobre ganhos de capital de longo prazo, que são aqueles gerados por posições mantidas por mais de um ano antes da venda, tem sido substancialmente inferior à alíquota sobre ganhos de capital de curto prazo. Assim, o investidor com lucro pode beneficiar-se com a espera superior a um ano para a venda de investimentos lucrativos. Por outro lado, as perdas de curto prazo são as primeiras a serem usadas para compensar ganhos de curto prazo no cálculo do imposto, o que as torna mais valiosas do que as perdas de longo prazo — ou seja, em geral é melhor vender as posições perdedoras em vez de mantê-las por mais de um ano.

A Princeton Newport Partners reduziu ou diferiu grande parte dos ganhos tributáveis dos sócios numa época em que as leis tributárias eram diferentes. Ainda restam, porém, possibilidades interessantes.

A venda de perdas tributárias pode ser organizada para render maiores benefícios. Suponha que você seja um investidor tributável que está feliz comprando e mantendo cotas de um fundo de índice de ações. Se, ao contrário, você comprar uma "cesta" de vinte ou trinta ações que são escolhidas para acompanhar o índice, pode auferir maiores benefícios tributários. O fato de esse menor número de ações ser capaz, em conjunto, de agir como um índice é comprovado pelo índice Dow Jones Industrial, uma cesta de apenas trinta ações. Como a história nos mostra, ele tem avançado em conformidade com o s&p 500, embora os dois índices sejam escolhidos por métodos inteiramente diferentes, e a própria semelhança entre os comportamentos dos preços não tenha sido planejada. Para fazer a arbitragem de índices, a pnp, em meados da década de 1980, desenvolveu técnicas para identificar cestas de ações que se saíam muito bem no trabalho de acompanhar um índice. Exploramos essa característica com muito lucro no dia seguinte à "Segunda-Feira Negra", 19 de outubro de 1987, para captar o spread de mais de 10% entre o s&p 500 e os contratos futuros sobre esse índice. Os *quants*, ou analistas quantitativos, fizeram desse recurso uma arte refinada e, em suas negociações, conseguem manter discrepâncias de preços muito pequenas.

Para reduzir os impostos, comece com uma cesta de acompanhamento de índice e, sempre que uma ação cair, digamos, 10%, venda a perdedora e invista o produto em outra ação (ou ações) escolhida para que a nova cesta continue a acompanhar o índice. Se quiser apenas perdas de curto prazo, que em geral são preferíveis, venda no prazo de um ano após a compra. Recomendo a quem estiver pensando em adotar essa estratégia com seriedade que a estude primeiro com simulações baseadas em dados históricos.

Ao fazer um investimento, é importante avaliar o grau de facilidade com que ela poderá ser vendida depois, característica conhecida como liquidez. A falta de liquidez em hedge funds e em imóveis se revelou onerosa para os investidores na recessão 2008-9.

Depois de fechar a Ridgeline Partners, em 2002, observei com preocupação crescente a expansão contínua dos déficits e a disparada dos preços dos imóveis e das ações. Enquanto isso, os hedge funds mudavam suas condições para "prender" os investidores, tornando cada vez mais difícil a retirada de capital. As datas de retirada passaram de mensais para trimestrais, depois anuais, ou ainda pior.

Os pedidos de retirada tinham de ser feitos com antecedência cada vez maior: trinta dias, depois 45, sessenta ou noventa dias. Os fundos passaram a impor limites conhecidos como *throttles* [válvulas] às retiradas que podiam ser efetuadas numa única data. A SEC agravou a situação ao impor a nova exigência de que gestores de hedge funds com mais de 100 milhões de dólares se tornassem consultores de investimento credenciados, a não ser que retivessem os investimentos iniciais por pelo menos dois anos. De bom grado, muitos fundos trancaram o dinheiro dos investidores, evitando o registro — situação duplamente vantajosa para os fundos, em prejuízo dos investidores que a SEC queria proteger.

Na primavera de 2008, ao perceber que o colapso no preço dos imóveis teria repercussões muito mais amplas, enviei notificações de retiradas parciais a vários hedge funds em que eu havia investido. Infelizmente, esses investimentos que já tinham sido tão líquidos perderam a liquidez. A crise financeira de 2008 se agravou de forma acentuada em setembro, antes das datas programadas para o pagamento da maioria dos meus pedidos de retirada, já quando os valores dos fundos tinham caído muito. Numerosos fundos enfrentaram crises com os seus ativos imprudentemente alavancados, ou seja, adquiridos com dívidas. A incapacidade de prever o colapso financeiro e se preparar para as suas consequências, mudando suas posições, acarretou graves perdas para os investidores. Os hedge funds, que deveriam ser lucrativos nos mercados em queda, como sugere a própria denominação, caíram 18% no ano, enquanto as ações de grandes empresas baixaram 37% e o capital de trustes de investimentos em imóveis recuou mais de 40%. A nova geração de gestores de fundos de hedge, embalada pelas bolhas de crédito e de ativos, tampouco sabia fazer o hedge ou achou que valia a pena.

As dotações das maiores universidades, como Harvard, Yale, Stanford e Princeton, também com investimentos substanciais em hedge funds, tinham ainda menos flexibilidade, uma vez que havia muito tempo favoreciam alternativas de investimento de baixa liquidez, como fundos de *private equity*, commodities e imóveis. Depois de liderar a pilha durante anos, com retornos no topo da segunda dezena, eles agora perdiam grande parte de sua vantagem acumulada, com perdas percentuais na casa da terceira dezena, em comparação com 18% da mediana das grandes dotações.[6]

Por não conseguir sair em tempo na iminência das crises, o retorno excedente que se espera de investimentos de baixa liquidez pode ser destruído pelo impacto econômico de desastres imprevistos.

A bonança e a borrasca que marcaram o mercado de imóveis residenciais e comerciais na primeira década deste século expôs milhões de proprietários aos perigos da alavancagem financeira. Encorajados pelo mito promocional do setor de que os preços dos imóveis sempre sobem e jamais caem, os compradores tomavam empréstimos de 80%, 90% e até 100% do valor das casas. Enquanto os preços de fato aumentavam, milhões mantiveram essa alta alavancagem, refinanciando o imóvel, fazendo uma segunda hipoteca ou tomando empréstimos diversos com a garantia do imóvel. Quando, em 2006, os preços atingiram o pico e depois caíram, as vendas por proprietários que ficaram submersos (devendo mais que o preço corrente do imóvel) ou que se endividaram demais, na expectativa de vender o imóvel — ou imóveis — se ficassem insolventes, deprimiram ainda mais os preços, disparando novas vendas, em um círculo vicioso. A lição da alavancagem é a seguinte: imagine o pior cenário possível e veja se você seria capaz de resistir. Se a resposta for negativa, reduza o endividamento.

Minha visão de como usar a alavancagem, ou lucrar com o endividamento, começou com minha experiência nos cassinos. Quando usei meu sistema de contagem de cartas no blackjack, fazia sentido, intuitivamente, apostar mais quando o ganho esperado, ou trunfo, era maior. A questão era "quanto?". A resposta estava num artigo de 1956 do físico John L. Kelly, do Bell Labs, que, há quem diga, foi a pessoa mais inteligente dessa instituição, depois de Claude Shannon. Em sua fascinante história sobre o assunto, *Fortune's Formula*,[7] William Poundstone observa que, no caso de uma aposta favorável com probabilidade de pagar US$A para cada dólar, o valor ótimo da aposta de Kelly é uma porcentagem de seu capital, igual à sua vantagem, dividido pela probabilidade, A. No blackjack, a vantagem (edge) típica situava-se, em geral, entre 1% e 5%, e a chance, ou pagamento por dólar da aposta, era em média pouco mais que 1. Portanto, seguindo o Critério, quando a contagem de cartas era boa, eu apostava uma porcentagem dos meus fundos destinada ao jogo, um pouco inferior à minha vantagem percentual. O Critério de Kelly não se limita a pagamentos de dois valores, mas se aplica em geral a qualquer jogo de apostas ou situação de investimento em que as probabilidades são conhecidas ou podem ser estimadas.

O que acontece quando se faz isso? Kelly demonstrou matematicamente que a riqueza de alguém que segue esse sistema superaria, com probabilidade crescente, a fortuna de um concorrente que usasse um esquema de aposta essencialmente diferente. Depois do blackjack, passei a usar a fórmula de Kelly para gerenciar apostas em bacará e para alocar dinheiro entre investimentos.

Alguns dos principais aspectos do Critério de Kelly são: (1) o investidor ou o apostador em geral evita perdas totais; (2) quanto maior a vantagem, maior a aposta;[8] (3) quanto maior o risco, menor a aposta. O Critério de Kelly, não tendo sido inventado pelos economistas acadêmicos tradicionais, gerou considerável controvérsia.[9]

Bill Gross, cofundador da Pacific Investment Management Company, a Pimco, que aprendeu sobre o Critério de Kelly no verão de 1969, ao jogar blackjack em Nevada, ainda é influenciado por ele ao tomar decisões sobre investimentos. Como ele disse ao *The Wall Street Journal*, "aqui na Pimco, não importa quanto você tem, se são duzentos dólares ou 1 trilhão. Você o verá em todo o nosso portfólio. Não temos mais de 2% no crédito de ninguém. Jogamos blackjack profissional nesta sala de negociações, do ponto de vista de gestão de risco, e isso explica grande parte do nosso sucesso".[10]

Três advertências: (1) o Critério de Kelly pode levar a amplas oscilações na riqueza total, portanto a maioria dos usuários prefere apostar uma fração um pouco menor, em geral metade da de Kelly ou menos; (2) para investidores com horizontes temporais curtos ou avessos ao risco, outras abordagens talvez sejam melhores; (3) a aplicação exata de Kelly exige probabilidades de remuneração exatas, como as da maioria dos jogos de apostas; na medida em que forem incertas, que em geral é o caso no mundo dos investimentos, a aposta de Kelly deve basear-se em estimativas conservadoras dos resultados.

Como apontei na revista *Wilmott*, o pensamento de Warren Buffett é compatível com o Critério de Kelly.[11] Numa sessão de perguntas e respostas com estudantes de administração de empresas da Universidade Emory, pediram-lhe, tendo em vista o sucesso de *Fortune's Formula* e do Critério de Kelly, que descrevesse o seu processo para a escolha de quanto investir em uma situação. Ele e o seu associado Charlie Munger, ao gerirem 200 milhões de dólares, põem grande parte em apenas cerca de cinco posições. Houve ocasiões em que ele se dispôs a apostar 75% da sua fortuna em um único investimento. Investir com intensidade em situações extremamente favoráveis é característica de um apostador de Kelly.

Num ciclo de vida típico, antes da idade adulta consumimos mais do que produzimos. À medida que acumulamos educação e treinamento, contribuímos mais para a sociedade do que precisamos para nos sustentar. Durante esse período, o investidor prudente ou afortunado acumula riqueza a que recorrerá mais tarde, à medida que envelhecer e reduzir a renda do trabalho.

A essa altura, para sustentar-se integralmente com a poupança acumulada, quanto você deve gastar a cada ano sem que lhe faltem recursos? Não existe uma resposta única, é evidente, em face das diferenças de necessidades, desejos e circunstâncias individuais. Um aposentado que conheço tem 10 milhões de dólares. Ele mora bem e acredita que, se seus investimentos acompanharem a inflação, ele pode gastar 400 mil dólares por ano nos próximos 25 anos, antes de ficar sem dinheiro, o que é suficiente para os seus propósitos. Eis a maneira mais "conservadora" de encarar o problema: invista em algo como títulos do Tesouro dos Estados Unidos, que envolve pouco risco e acompanha a inflação, divida o que você tem pelo número de anos da sua sobrevida provável (o que você ainda pode viver), e o cociente é o que você pode gastar com segurança a cada ano.

E se você quiser que os rendimentos periódicos sejam "perpétuos", durem para sempre, como é o caso de dotações? Simulações de computador me mostraram que, com os melhores investimentos de longo prazo, como ações e imóveis comerciais, os gastos futuros anuais devem limitar-se ao nível de 2% do capital inicial, ajustado pela inflação.[12] Esse número, muito conservador, presume que os resultados do investimento futuro serão semelhantes, em risco e retorno, à experiência histórica dos Estados Unidos. Nesse caso, a chance de que a dotação nunca se extinga é de 96%.

O limite de gasto de 2% é tão baixo porque, se o capital sofrer grande redução nos primeiros anos, em consequência de acentuado recuo do mercado, maiores exigências de gastos poderão enxugá-lo inteiramente.

CAPÍTULO 28

Retribuindo

Em 2003, Vivian e eu oferecemos uma dotação a uma cátedra de matemática da Universidade da Califórnia em Irvine. Orientamo-nos pelo que já tínhamos aprendido com as doações filantrópicas que já havíamos feito ao longo de várias décadas. Um dos princípios era fazer doações transformadoras, com impacto bem além do que se espera de uma simples contribuição de capital. Também queríamos financiar projetos que não aconteceriam sem o nosso apoio. Cumprimos essas condições.

Um novo presidente havia transformado o Departamento de Matemática na década de 1990, resolvendo os conflitos, marginalizando os farsantes e renovando o corpo docente. Embora houvesse cátedras com dotações no campus, a matemática não tinha nenhuma. Ao contribuir com a primeira, podíamos atrair uma estrela e alçar o departamento a um nível ainda mais alto. Definimos nossos objetivos como (1) apoiar as pesquisas de um matemático com talentos excepcionais e (2) seguir uma política de investimento e distribuição incomum, para que o valor da dotação se expandisse a taxas exponenciais e a cátedra acabasse sendo uma das mais bem-dotadas do mundo, atraindo, assim, talentos matemáticos extraordinários para a UCI.

Para alcançar nosso primeiro objetivo, a dotação deve ser usada apenas para suplementar as atividades de pesquisa do catedrático. Esses fundos se adicionam à remuneração comum e ao apoio da universidade ao docente. Se a instituição não estiver disposta a contratar alguém, tampouco nós estaremos. Esse esquema deve continuar inalterado, mesmo que, como esperamos, a distribuição da dotação, um dia, cresça bem além da remuneração paga pelo campus ao catedrático.

Os recursos destinados a complementar as verbas do departamento, da universidade e do campus, ou para qualquer propósito não relacionado diretamente com as necessidades de pesquisa do catedrático, estão limitados a 5% das retiradas anuais. Estipulamos uma taxa de distribuição de 2% ao ano, o que significa que 0,1% cobre a administração e 1,9% vai para o catedrático. Sabíamos que limitar a retirada anual da dotação a 2% era crucial para o nosso objetivo de crescimento composto a longo prazo.

Doamos ações valorizadas classe A da Berkshire Hathaway, o que eliminou possíveis ganhos de capital a longo prazo para nós, se, em vez disso, mantivéssemos as ações e algum dia as vendêssemos. As ações só devem ser vendidas na medida das necessidades para o financiamento da cátedra. No entanto, apenas uma ação A da Berkshire geraria muito mais caixa (mais de 200 mil dólares em 2016) do que o rendimento anual da dotação. Portanto, quando se precisasse de dinheiro, pedimos que, primeiro, uma ação A fosse trocada por 1,5 mil ações B, pela taxa de conversão especificada. Valendo cerca de 140 dólares cada uma em meados de 2016, as ações B poderiam ser vendidas em quantias exatas, para gerar caixa quando necessário. O objetivo é manter a dotação plenamente investida em ações até o momento de gerar caixa. Quando não vivermos mais, as ações remanescentes serão trocadas por um fundo de índice de ações dos Estados Unidos, amplo e sem comissões, com taxas de despesa muito baixas, como o Vanguard S&P 500 ou o Vanguard Total US Stock Index.[1]

Que tipo de crescimento no valor da dotação poderíamos esperar? Nos últimos duzentos anos, um índice amplo de ações dos Estados Unidos cresceu cerca de 7% acima da inflação. Ninguém sabe se o futuro será igualmente bom, mas mesmo que o aumento supere a inflação em apenas 5%, o crescimento anual líquido em poder de compra seria de 3%. Dobrando em média a cada 24 anos, a dotação e seus rendimentos anuais, depois de um século, teriam crescido mais de dezenove vezes, em dólar de hoje. Em duzentos anos, essa taxa de crescimento teria aumentado 370 vezes o valor inicial, quando a cátedra foi financiada, em 2003. Se os Estados Unidos continuarem a prosperar, se a universidade continuar a existir e se as nossas políticas de investimento e distribuição continuarem sendo observadas, o poder da composição poderia muito bem resultar em uma dotação para a nossa cátedra de matemática que, em dólar de hoje, seria superior à de qualquer dotação vigente para qualquer cátedra universitária do mundo.

A quem ficar se perguntando sobre a probabilidade de tudo isso se tornar realidade, lembramos de um plano semelhante, de Benjamin Franklin, de, nas palavras do biógrafo H. W. Brands, deixar um legado que "teria utilidade imediata, mas que desenvolveria capacidade filantrópica com o passar dos anos".[2]

Quando de sua morte, em 1790, Franklin constituiu dois fundos rotativos especiais de mil libras cada um. Um foi para Boston e o outro para Filadélfia. Eles se destinavam a conceder empréstimos de pequenas quantias, a 5% ao ano, para ajudar "jovens artífices casados". Franklin esperava que cada fundo, com crescimento composto de 5% ao ano, aumentasse em um século para mais de 130 mil libras, quando, então, 100 mil libras deveriam se destinar a obras públicas. Franklin estimava que, nos cem anos subsequentes, o restante pudesse, a 5% ao ano, chegar a mais de 4 milhões de libras, quantia que, então, deveria ser dividida entre as cidades e seus estados. Na realidade, o fundo de Boston cresceu para mais de 4,5 milhões de dólares, por volta de 1990, e o de Filadélfia, para 2 milhões de dólares.

Como nos saímos até agora? Nos primeiros treze anos, o principal da dotação mais do que dobrou, depois das despesas, apesar do colapso do mercado de 2008-9. Quanto à existência futura da universidade, o ex-reitor da Universidade da Califórnia, Clark Kerr, observou que, "desde 1520, apenas 85 instituições se mantiveram em existência contínua [...] cerca de setenta [...] [dessas] [...] são universidades [...] poucas coisas são mais duradouras ou mais resilientes do que universidades".[3]

Modas e modismos políticos chegam e vão. Grupos de interesses especiais tentam promover suas agendas, reivindicando prerrogativas e privilégios para determinados subgrupos. A história da matemática ao longo das eras mostra contribuições de uma enorme diversidade de culturas, crenças e sistemas sociais. Especificamos que não deveria haver nem preferência nem discriminação a favor ou contra qualquer candidato por motivos de raça, religião, origem nacional, gênero ou crença, e que o mérito matemático e o potencial futuro, assim como a vontade e a capacidade de implementá-los, seriam os critérios de seleção.[4]

Esperamos ter planejado bem e que a nossa doação, assim como a de Ben Franklin, se acumule para o benefício de muitas gerações.

Outra oportunidade filantrópica que se encaixou em nossos critérios surgiu em 2004. O governo de George W. Bush havia restringido gravemente a concessão de fundos federais para pesquisas sobre células-tronco. Além disso, laboratórios que fazem pesquisas embargadas deveriam ser rigorosamente segregados das instalações financiadas com fundos federais. Teoricamente, se um lápis comprado com dinheiro do governo fosse usado em um trabalho proibido, toda a concessão federal poderia e deveria ser revogada.

O país enfrentava um atraso no desenvolvimento de terapias salvadoras de vidas; um grave êxodo de cérebros, uma vez que os nossos cientistas partiam para além-mar a fim de prosseguir com o seu trabalho; e a perda de nossa liderança em tecnologia de células-tronco. Os eleitores da Califórnia intervieram, aprovando uma emissão de títulos de 3 bilhões de dólares para criar o Instituto Califórnia para Medicina Regenerativa (California Institute for Regenerative Medicine, CIRM). O propósito era prover dez anos de apoio às pesquisas sobre células-tronco, sem as restrições de Bush.

O CIRM pretendia financiar cinco a seis centros em campi universitários de todo o estado, cada um dos quais receberia centenas de milhões de dólares. O dinheiro ajudaria a construir instalações de pesquisa inteiramente separadas de quaisquer financiamentos federais, assim como concessões de fundos para que o corpo docente desenvolvesse novos tratamentos de células-tronco para doenças. A UCI já tinha um importante grupo de especialistas em células-tronco e estava localizada estrategicamente em Orange County, polo de biotecnologia. No entanto, para qualificar-se, o campus tinha de completar a construção do centro de pesquisas em dois anos, e parcelas significativas do financiamento precisavam vir da universidade e de doadores privados. Quem, no condado, era rico o suficiente e estava disposto a ser o principal doador privado?

A próxima parte da história começa nos idos de 1966, quando um veterano da Universidade Duke sofreu um terrível acidente automobilístico. Ele perdeu o couro cabeludo e grande parte do sangue. Felizmente, um policial achou o couro cabeludo, que lhe foi reimplantado. O estudante demorou muito tempo para se recuperar. Enquanto passava grande parte do último ano da faculdade no hospital, ele leu *Beat the Dealer*. Naquele verão, entre a graduação e os três anos de serviço na Marinha, ele contrariou os conselhos da mãe e foi para Las Vegas como um dos primeiros contadores de cartas.[5]

Usando *Beat the Dealer* como guia, ele entrou com duzentos dólares e saiu com 10 mil. Demorou quatro meses. As jornadas fatigantes diante das mesas revestidas de feltro verde costumavam se estender por dezesseis horas. Era uma maneira difícil de ganhar dinheiro, mas o dinheiro de verdade, como no caso de tantos outros, antes e depois dele, estava no que o jovem aprendeu naquela saga. Como ele depois disse: "Eu não tinha ideia de que os meus quatro meses nas mesas de jogo de Las Vegas lançariam as fundações de uma carreira bem-sucedida em Wall Street. [A experiência] me ensinou vários princípios importantes, que explorei nos últimos 25 anos [...]".[6]

De volta do Vietnã em 1969, o contador de cartas foi para a UCLA para fazer o mestrado em negócios. Ele leu sobre títulos conversíveis em *Beat the Market*, o que o influenciou a escolher esse tema para sua dissertação de mestrado. Ao se graduar dois anos depois, em

1971, ele descobriu que os empregos para MBAS estavam escassos. Quando, porém, respondeu a um anúncio para analista de crédito júnior na Pacific Mutual, foi bem recebido, tanto pela pessoa que era quanto pelo tema da sua dissertação.

Nas décadas seguintes, ele cofundou a Pacific Investment Management Company, que um dia gerenciaria quase 2 trilhões de dólares. O veterano da Universidade Duke se tornara um bilionário conhecido em todo o mundo como William H. Gross, o "Rei dos Títulos de Dívida". Como Bill e a esposa, Sue, já haviam doado dezenas de milhões de dólares para projetos na área de medicina, um grupo da UCI promoveu uma reunião durante um almoço com Bill, para saber se ele e Sue doariam 10 milhões de dólares e se tornariam os principais doadores para uma nova pesquisa sobre células-tronco, subsidiada pelo CIRM.[7]

Durante a conversa, mencionei que uma doação de 10 milhões de dólares levaria a nada menos que 600 milhões nos anos vindouros, multiplicando por sessenta o valor original. Vi um brilho instantâneo nos olhos de Bill e pensei: *Bill e Sue devem apreciar a oportunidade de provocar um impacto muito maior do que o valor original da doação, da mesma maneira que Vivian e eu.* Depois de algumas considerações cuidadosas, eles disseram sim.

Até agora, tudo bem. O CIRM, porém, também precisava, como prova do apoio da comunidade, que vários doadores privados fizessem doações significativas, em vez de depender de um único grande doador. Junto com outros, Vivian e eu entramos com as nossas próprias contribuições. O CIRM completou as doações com mais 30 milhões de dólares em 2008, e as instalações de 70 milhões foram concluídas em menos de dois anos, abaixo do orçamento e antes do prazo previsto.[8]

A Universidade da Califórnia também passou em outro teste que Vivian e eu adotávamos ao estudar uma contribuição. Queríamos que pelo menos 90% do valor da nossa doação fosse gasto diretamente na realização do nosso objetivo, não com despesas gerais. No caso de organizações sem fins lucrativos, é possível verificar essa porcentagem nas demonstrações financeiras anuais, observando o índice dos gastos diretos relacionados com o objetivo e o total de gastos da entidade.

Vivian e eu éramos gratos à Universidade da Califórnia por nos ter oferecido educação de qualidade, a qual, de outro modo, teria sido inacessível para nós. Também foi o lugar onde nos conhecemos. Foi bom demonstrar gratidão.

O momento para a obtenção de recursos para o financiamento do Centro de Pesquisa sobre Células-Tronco Sue e Bill Gross não poderia ter sido mais oportuno. O clima econômico estava na iminência de mudar drasticamente — para pior.

CAPÍTULO 29

Crises financeiras:
lições não aprendidas

Em 9 de outubro de 2007, o s&p 500 alcançou 1565 pontos, a maior máxima de todos os tempos.[1] Puxado pelos preços dos imóveis, que já tinham começado a cair depois de atingir o pico histórico em 2006, o índice de ações passou a declinar à deriva, e depois acelerou a baixa, até a mínima de 676 em 9 de março de 2009, uma queda de 57%. Um milhão de dólares numa carteira do índice na máxima se reduziu a 430 mil na mínima. O preço das residências unifamiliares declinou 30%. Um ponto luminoso eram os títulos de renda fixa. A procura por empréstimos diminuiu e as taxas de juros caíram, impulsionando os títulos do governo dos Estados Unidos e os de empresas com boa avaliação de risco. Mesmo com essa compensação parcial decorrente da alta nos preços dos títulos, o patrimônio líquido dos domicílios, que atingiu o pico em junho de 2007 em 65,9 trilhões de dólares, retrocedeu para 48,5 trilhões[2] no primeiro trimestre de 2009, com perda de 26%. Foi o pior golpe na riqueza nacional, desde a Grande Depressão, oitenta anos antes.

As lições então aprendidas por nossos avós foram esquecidas depois de duas gerações. O colapso do mercado de ações que desencadeou aquela calamidade foi o clímax de uma bolha especulativa. Quando, na década de 1920, os preços das ações subiram, "investidores" (na maioria, jogadores) passaram a acreditar que as cotações continuariam subindo para sempre. Um importante economista da época declarou, cheio de otimismo, que as ações haviam alcançado para sempre um novo patamar. O gatilho do desastre subsequente, porém, foi o dinheiro barato e a alavancagem financeira. Os investidores podiam comprar ações com margem tão baixa quanto 10%, ou seja, pagavam apenas 10% do preço da compra e tomavam empréstimo dos restantes 90%. É estranho como parece familiar, mas é isso mesmo. O colapso de 2008 no preço dos imóveis teve a mesma causa: empréstimos ilimitados de má qualidade, gerando tomadores altamente alavancados.

Eis como, em 1929, funcionava o mercado de ações. Se ações negociadas a cem dólares cada eram compradas com pagamento de dez e empréstimo de noventa por ação, e logo subiam para, digamos, 110 dólares, o feliz investidor ficava, então, com um patrimônio líquido de vinte dólares por ação, ou seja, 110 dólares menos os noventa que tomara emprestados da corretora. Ele duplicava o dinheiro com um aumento de apenas 10% no preço da ação. Agora, ele pode tomar novo empréstimo de 90%, com os dez dólares por ação de lucro, para comprar mais noventa em ações, aumentando o valor total de suas ações para o dobro do que comprara de início. Se o investidor repetir o processo a cada aumento de 10% no preço da ação, tanto o patrimônio líquido quanto o empréstimo dobrarão em cada um desses degraus. Depois de cinco desses aumentos de 10% sobre o preço anterior, a ação será negociada a 161 dólares cada,[3] um ganho de 61%. Enquanto isso, nosso investidor na pirâmide financeira terá dobrado o seu patrimônio líquido cinco vezes, para 32 vezes o valor da quantia original. Dez mil dólares se converteram em 320 mil. Depois de dez degraus de 10%, escalada em que o cacife do investidor passa por dez duplicações sucessivas, a ação estará em 259 dólares e, partindo da compra original de 10 mil dólares em ações usando apenas mil, o investidor agora tem 10,24 milhões de dólares do mesmo título mobiliário. Seu patrimônio líquido é 10% disso. Ele é milionário. Esse é o poder hipnótico da alavancagem financeira.

O que acontece, porém, se o preço da ação cair 10%? Nosso vertiginoso investidor perde todo o seu patrimônio líquido e a corretora emite uma chamada de margem: pague o empréstimo — que agora é superior a 9 milhões de dólares — ou se torne insolvente. À medida que os preços das ações subiam em 1929, os investidores se alavancavam dessa maneira para comprar cada vez mais sem recursos próprios, lançando os preços às alturas. O ciclo virtuoso culminou com um retorno total médio, pelas ações de grandes empresas, de 193%, de fins de 1925 até agosto de 1929. Uma compra de cem dólares, sem empréstimos, aumentou para 293, e o nosso investidor que pagava apenas 10% à vista dobrou o dinheiro mais de dez vezes,[4] ganhando mais de mil vezes o valor do investimento original. No entanto, com a queda nos preços em setembro e outubro de 1929, o patrimônio líquido da maioria dos investidores altamente alavancados desapareceu. Quando os investidores não conseguiam atender à chamada de margem (depósito de garantias adicionais), as corretoras vendiam as suas ações. Essas vendas empurravam os preços para baixo, varrendo os investidores que não estavam tão alavancados e desencadeando nova rodada de chamadas de margem e de vendas de ações, pressionando os preços ainda mais para baixo. Com o estouro da bolha de ações, começou a maior ruína do mercado de ações da história. Ações de grandes empresas acabaram caindo 89%, para ⅑ de seu pico de preços anterior.

À medida que sucessivas ondas de investidores alavancados quebravam, bancos e corretoras, infestados de devedores insolventes, também eram varridos pela borrasca, arruinando, por seu turno, outras instituições às quais deviam dinheiro. Com a difusão do contágio, a atividade econômica despencou abruptamente, lançando o desemprego para as alturas de 25% e disparando uma depressão mundial. Só em janeiro de 1945 — depois de mais de quinze anos e quase ao término da Segunda Guerra Mundial — as ações de grandes empresas fecharam o mês acima da máxima de todos os tempos até então, de agosto de 1929. De novo, um investimento em títulos emitidos por empresas mais do que dobrou, em média, nesse período, e os títulos do governo dos Estados Unidos quase produziram o mesmo resultado, mostrando que a diversificação em classes de ativos, além de ações, ainda que sacrificando o retorno de longo prazo, pode preservar a riqueza em tempos adversos.

Para evitar a repetição de 1929, a Lei do Mercado de Capitais de 1934 outorgou poderes ao *board of governors* do Federal Reserve para definir a parcela do preço de compra que o investidor deve pagar à vista para adquirir um título mobiliário listado em bolsas de valores. O restante pode ser tomado emprestado. Desde então, a parcela a ser paga à vista varia entre 40% e 100%. Uma margem de 100% significa que todas as compras devem ser pagas integralmente à vista. Em 2009, a margem inicial era 50%. As bolsas de valores estipulam a quantia mínima de margem a ser mantida, à medida que os preços flutuam — a chamada margem de manutenção.[5] Por exemplo, quando a margem de manutenção é de 30%, se o patrimônio líquido da conta de um investidor se tornar inferior a 30% do valor de suas ações, a corretora exige pagamento em dinheiro de parcela dos empréstimos para trazer o patrimônio líquido do investidor de volta ao nível de 30%. Se a chamada de margem não for atendida, a corretora vende ações para restabelecer o patrimônio líquido mínimo.

O colapso do sistema bancário foi deflagrado, em parte, por depositantes que, assistindo à falência de alguns bancos, correram para retirar o seu dinheiro de instituições até então solventes, enquanto era tempo. Para prevenir esses pânicos no futuro, a Lei Bancária de 1933 (a segunda Lei Glass-Steagall) segregou os bancos comerciais e os bancos de investimentos, num esforço para limitar o impacto da especulação.[6] Também criou a Corporação Federal de Seguros de Depósitos (Federal Deposit Insurance Corporation, FDIC), agência destinada a cobrir as perdas dos depositantes até certo limite. (Em 2015, a quantia segurada era de 250 mil dólares por conta.) Essa rede de segurança foi submetida a um teste severo na década de 1980, quando o colapso das instituições de poupança e empréstimo custou à agência — ou seja, aos pagadores de impostos dos Estados Unidos — 250 bilhões de dólares, cerca de mil dólares para cada homem, mulher e criança do país.

A partir da década de 1980, o governo — incluindo presidentes, o Congresso e o Federal Reserve — concedeu aos cidadãos do país três décadas de pouca regulação do setor financeiro. A alavancagem, o dinheiro fácil e a "engenharia financeira" propiciaram, então, uma série de bolhas de ativos que resultaram em ameaças à estabilidade do próprio sistema financeiro.

O primeiro choque de âmbito mundial foi o crash de outubro de 1987, quando o mercado americano caiu 23% em um único dia. A causa foi um evento de feedback maciço, impulsionado pelo recém--inventado produto quantitativo de seguro de portfólio, alavancado por meio dos novos mercados financeiros futuros. Felizmente, as ações e a economia se recuperaram com rapidez. Infelizmente, pouco se aprendeu sobre os perigos do excesso de alavancagem.

O segundo aviso foi disparado em 1998, com o colapso do hedge fund Long-Term Capital Management (LTCM). Dirigido por um especulador de alto risco e por dois ganhadores do prêmio Nobel de economia, esse time dos sonhos dos melhores operadores e teóricos acadêmicos do mundo esteve na iminência de perder todo o patrimônio líquido do fundo, no valor de 4 bilhões de dólares. No ambiente desregulado da época, eles estavam alavancados entre trinta e cem vezes. Lucros inferiores a 1%, anualizados, eram ampliados com dinheiro emprestado para retornos anuais em torno de 40%. Enquanto os preços dos ativos seguiam os padrões normais, tudo correu bem, mas, assim como em 1929, quando investidores com margens de 10% foram varridos do mercado por uma pequena reversão nos preços, também o LTCM, com margens variando entre 1% a 3%, foi arruinado pela tormenta de mudanças no mercado.

Como Nassim Taleb observa com eloquência em seu livro *A lógica do cisne negro: O impacto do altamente improvável*, retornos excessivos, como os do LTCM, em tempos normais podem ser ilusórios, na medida em que podem ser mais do que compensados por grandes perdas infrequentes, resultantes de eventos extremos. Esses "cisnes negros" podem ser ruins para alguns e bons para outros. Por ironia, depois de deixar passar, em 1994, a chance de investir no LTCM e ficar rico temporariamente, ganhei dinheiro em 1998 explorando os preços de mercado distorcidos, deixados na esteira de seu colapso. As perdas do LTCM foram nossos ganhos na Ridgeline Partners.

O colapso do LTCM ameaçou deixar cerca de 100 bilhões de dólares em ativos podres nos livros contábeis de outras instituições. Isso levaria à falência alguns bancos, corretoras e hedge funds, o que, por seu turno, espalharia mais ativos podres e levaria à falência mais instituições. Caso se tivesse permitido a realização dessa ameaça, o efeito dominó poderia ter acarretado um colapso financeiro mundial, mas um consórcio financeiro inspirado pelo Federal Reserve interveio, assumiu o LTCM, forneceu mais financiamentos e promoveu uma liquidação ordeira.

Parece que nada se aprendeu de tudo isso. Sob o amparo do Congresso, o setor financeiro conseguiu o que queria. A primeira Lei Glass-Steagall, promulgada durante a Grande Depressão para segregar bancos comerciais e bancos de investimentos, foi revogada em 1999. Em consequência, grandes instituições passaram a assumir mais riscos com menos regulação, por meio da negociação de quantidades gigantescas de títulos derivativos não regulados. Quando a presidente da Comissão de Negociação de Contratos Futuros de Commodities, Brooksley Born (1996-9), quis regular os derivativos que mais tarde viriam a ser a principal causa do desastre, o programa *Frontline*,[7] da rede de televisão PBS, detalhou como ela foi bloqueada, em 1998, pelo triunvirato constituído pelo presidente do Federal Reserve, Alan Greenspan, pelo secretário do Tesouro, Robert Rubin, e pelo secretário adjunto do Tesouro, Lawrence Summers, o mesmo trio que, mais tarde, orientaria o governo na operação de resgate governamental do sistema financeiro, durante a crise de 2008-9. Nassim Taleb perguntou por que, depois que um motorista provoca um acidente com o ônibus escolar que dirige, matando e ferindo os passageiros, seria ele incumbido de dirigir outro ônibus escolar e de definir novas normas de segurança.

A breve era dos superávits governamentais, quando as receitas excediam as despesas, chegou ao fim. Novos cortes tributários reduziram a receita, em 2001. As despesas aumentaram com as guerras, com os orçamentos militares e com o custo das prerrogativas. A desregulamentação continuou. Os americanos gastam mais do que recebem, consomem mais do que produzem e tomam empréstimos no exterior para cobrir os seus déficits. O governo e o Congresso, pressionados pelo poderoso lobby do setor imobiliário, promoveram a expansão da casa própria para milhões que não tinham condições de adquiri-la. Quando minha sobrinha, que trabalhava na indústria de hipotecas, se recusava a aprovar empréstimos inadequados, a administração os enviava a outros analistas, para que fossem aprovados. Os imóveis residenciais, que, segundo se diz, sempre se valorizam, eram comprados com uma pequena entrada ou sem entrada e as taxas de juros introdutórias baixas, como isca para reduzir as primeiras prestações e atrair mais compradores. Os chamados *liar loans*, ou empréstimos para pilantras, em que os compradores falsificam as informações financeiras, eram fáceis de conseguir e se tornaram comuns.

O setor de hipotecas vendia os empréstimos para Wall Street, onde eram securitizados, o que significa que eram empacotados em pools para lastrear ampla variedade de títulos. Estes, então, eram avaliados e classificados por agências de rating, ou de classificação de risco de crédito, como s&p, Moody's e Fitch, que — em notório conflito de interesses — eram pagas pelos clientes, os próprios emitentes dos títulos mobiliários que, em tese, elas deviam avaliar com objetividade. As altas avaliações tornavam os títulos mobiliários mais fáceis de vender, mas quando os preços das casas começaram a cair do pico inflado de 2006, muitos desses papéis, entre os quais aqueles que receberam a mais alta avaliação, aaa, se revelaram de baixo valor.

Quando os preços dos imóveis residenciais atingiram, em 2006, alturas nunca antes vistas, muitos proprietários converteram suas casas em cofres de porquinho. Em muitos casos, depois de contraírem empréstimos de quantias correspondentes a quase 100% do valor de mercado das casas, eles logo ficaram submersos, quando os preços sofreram pequenas quedas. Passaram, então, a dever mais do que o valor de mercado dos imóveis.

A vasta expansão do crédito que impulsionou a bolha imobiliária baseou-se, em grande parte, em títulos mobiliários inventados por um exército recém-chegado de engenheiros financeiros, ou *quants*.

Combinando o seu treinamento em matemática e em ciências físicas com noções como a hipótese dos mercados eficientes e seu parente próximo, a crença de que os investidores são racionais, eles desenvolveram novos produtos, usando modelos que, supunha-se, refletiam a realidade, pressuposto que logo se constatou ser falso.

Esses produtos custaram para a economia americana vários trilhões de dólares em perdas irrecuperáveis do produto nacional bruto e em danos irreversíveis para a sociedade, além de terem provocado danos comparáveis em todo o mundo.[8] Vale a pena gastar algum tempo para compreendê-los.

Encontrei o primeiro desses instrumentos, as obrigações hipotecárias garantidas (*collaterized mortgage obligations*, CMOS), quando foram desenvolvidos em meados da década de 1980. É bom analisar primeiro as hipotecas de cada casa, que foram reunidas como garantia ou lastro dessas CMOS.

Suponha que o seu melhor amigo, querendo comprar uma casa de 400 mil dólares, lhe peça emprestado 80% do preço de compra, ou 320 mil dólares, com os outros 80 mil oriundos de suas poupanças. Em troca, ele propõe amortizar o empréstimo em trinta anos e pagar juros à taxa então vigente de 6% ao ano. Isso é chamado de empréstimo com juros prefixados, porque os juros continuarão inalterados até o pagamento total do principal, qualquer que seja a flutuação da taxa de juros no mercado. Se esse fosse um empréstimo que só paga juros, o seu amigo lhe pagaria 19,2 mil dólares de juros por ano, ou 6% de 320 mil, e por fim liquidaria todo o principal, ou 320 mil, de uma vez, no fim do prazo de trinta anos.

Em vez disso, você prefere um sistema de amortização constante (SAC), pelo qual o seu amigo paga uma quantia fixa a cada mês. Essa prestação mensal é um pouco maior do que aquela que só paga juros, de 1,6 mil dólares (19,2 mil ÷ 12), e com base em fórmulas padronizadas de financiamento imobiliário, seria de 1918,59 dólares. A quantia extra reduz ligeiramente o principal depois de cada pagamento, o que, por seu turno, diminui o valor dos juros cobrados no pagamento seguinte, uma vez que a taxa passa a incidir sobre um principal menor. Assim, com o passar do tempo, a parcela crescente da prestação mensal se destina a amortizar o principal. No início, o principal declina devagar, mas, quase no final dos trinta anos, o principal já foi quase todo pago e os juros devidos são pequenos; assim, quase toda prestação se destina a amortizar o principal. Sua garantia do empréstimo é a casa do seu amigo. Seu contrato especifica que, no caso de ele dar o calote no pagamento do empréstimo, você pode vender a casa e usar o produto da venda para pagar pelo menos parte ou, assim se espera, tudo o que o seu amigo ainda lhe deve. Mas você não tem outro recurso.

Se os preços das casas nunca caíram tanto, pelo menos não durante muito tempo, qual é o seu risco? Bem, essa questão se refere a preços médios, não aos de casas específicas. O bairro do seu amigo pode virar uma favela. Ou ele pode ter comprado a casa em New Orleans pouco antes do furacão Katrina. Em todo caso, há riscos que o ameaçam com a perda de parte ou de todo o dinheiro que você emprestou.

Seguradoras que oferecem seguro de vida e de acidentes pessoais lidam o tempo todo com riscos como esse. O que elas fazem é vender muitas apólices de seguro, e qualquer uma delas pode custar-lhes muito mais do que recebem em prêmios dos segurados — mas, com base na experiência passada, o grau de risco, disperso por todo o pool, deve gerar lucro para a seguradora, depois do pagamento de todos os sinistros e despesas.

A mesma ideia está por trás das obrigações hipotecárias garantidas. Reúna centenas ou milhares de hipotecas. Quatro mil hipotecas, a 250 mil dólares cada uma, geram um pool de 1 bilhão! Receba as prestações, abrangendo juros e principal, de cada uma dessas hipotecas e pague às pessoas a quem vendeu cotas desse pool. Esse fluxo de pagamentos mensais é muito semelhante aos gerados por títulos de renda fixa, e as cotas dos pools de CMOs eram precificadas como tais.

No entanto, para precificá-las com exatidão, precisamos saber quanto perderemos com os calotes. Quando fiz esse estudo para a Princeton Newport, descobri que a prática no setor financeiro era presumir que as taxas de calote seguiriam a experiência histórica normal. Não se fazia nenhuma menção de quantificar catástrofes raras, como a Grande Depressão, e o aumento maciço nos calotes que elas acarretariam — e de ajustar-se a isto. Os modelos, porém, não consideravam na precificação o risco do Cisne Negro.

Outro problema foi a previsão da porcentagem de proprietários que antecipariam o pagamento de suas hipotecas, talvez para refinanciar suas casas. Uma hipoteca de trinta anos, mantida durante todo o período, é muito semelhante a um título de longo prazo. Se for paga em cinco ou dez anos, é mais como um título intermediário; e se for liquidada em dois ou três anos, os pagamentos se parecem com os de um título de muito curto prazo. Como as taxas de juros variam, dependendo do prazo até a liquidação do título (essa variação nas taxas é conhecida como estrutura a termo da taxa de juros), o preço correto a pagar pela CMO depende da rapidez do pagamento das hipotecas do pool, assim como da porcentagem de ocorrência de calotes. Como constatei nos anos 1980, a porcentagem de pagamentos antecipados das hipotecas prefixadas é altamente imprevisível. Quando o Federal Reserve reduz as taxas de juros de longo prazo, as novas hipotecas se tornam mais baratas que as existentes. Os proprietários, então, antecipam o pagamento de suas hipotecas e refinanciam o imóvel para diminuir as prestações mensais. Por outro lado, se as taxas de juros sobem, os proprietários continuam com os empréstimos existentes, provocando queda na porcentagem de pagamento antecipado das hipotecas.

Com a precificação baseada em modelos ruins, Wall Street usou CMOS para entornar crédito no mercado imobiliário. As empresas de empréstimos hipotecários refinanciavam as novas hipotecas e as vendiam para os bancos e para as empresas de Wall Street, levantando dinheiro para financiar novas hipotecas. Os bancos e as empresas de Wall Street empacotavam essas hipotecas para lastrear CMOS, que vendiam aos "investidores", recebendo dinheiro de volta para reciclá-los na compra de mais hipotecas novas para lastrear novas CMOS.

Todo mundo ficava rico. As empresas geradoras de hipotecas eram remuneradas pelos proprietários hipotecários. Os bancos e corretoras compravam as hipotecas, emitiam CMOS e as vendiam com lucro. Também auferiam renda contínua pelo serviço da dívida das CMOS, cobrando pagamentos dos pools hipotecários, deduzindo honorários e distribuindo o resto para os detentores de cotas de CMOS. Como era possível que se cobrassem tantos honorários, que tanta gente fosse remunerada e ainda sobrasse alguma coisa a ser vendida com lucro aos detentores de cotas de CMOS? Para tanto, recorria-se a mágicas financeiras. As CMOS eram divididas em *tranches* (fatias, em francês), criando uma hierarquia de classes de CMOS, com as mais preferenciais sendo pagas primeiro e as menos preferenciais (subordinadas) recebendo o que sobrava, quando ainda restava alguma coisa. As agências de rating, remuneradas pelos emitentes de CMOS para estimar a qualidade das *tranches*, pecavam por excesso de otimismo. Uma vez que os títulos mobiliários com alta avaliação pelo baixo risco de crédito eram vendidos por preços mais elevados que os títulos mobiliários com baixa avaliação pelo alto risco de crédito, as CMOS, na verdade, acabavam sendo vendidas por mais do que o preço justo. A mágica era que a soma das partes (*tranches*) eram vendidas por mais do que o custo do todo. Os políticos também prosperavam, uma vez que os setores imobiliário e financeiro contribuíam com entusiasmo para as suas campanhas de reeleição. Todos ganhavam e o banquete prosseguia.

A comunidade acadêmica deu sua contribuição. Como observou o ganhador do prêmio Nobel Paul Krugman, os macroeconomistas nos asseguravam que, como agora conheciam melhor a macroeconomia, as falhas catastróficas não podiam ocorrer mais.[9] Scott Patterson detalha em seu livro *Mentes brilhantes, rombos bilionários* como tudo isso foi facilitado pelos *quants*, que, com cálculos baseados na teoria financeira acadêmica, garantiam a todos que os preços de seus modelos eram exatos e que os riscos eram pequenos.[10]

Centenas de bilhões de dólares em CMOS foram vendidos a investidores de todo o mundo. A ideia era tão boa que foi expandida para obrigações de dívidas garantidas (*collateralized debt obligations*, CDOS), em que outras espécies de dívidas, como as decorrentes de financiamento de automóveis e de cartões de crédito, eram usadas no lugar das hipotecas. Por mais arriscadas que já fossem as CDOS, entrou em cena um título mobiliário ainda mais perigoso, o swap de crédito (*credit default swap*, CDS), graças à despreocupação de reguladores sonolentos. O CDS é basicamente uma apólice de seguro que um emprestador pode comprar para se proteger do calote dos tomadores. Em geral, o seguro é comprado para certo número de anos, por um pagamento anual fixo. Por exemplo, no caso do empréstimo de 320 mil dólares para o seu amigo que comprou uma casa, você poderia ficar com medo de um calote nos cinco anos seguintes; portanto, se estivesse disponível, você poderia comprar um seguro para o período, ao preço de, digamos, 1,6 mil dólares por ano, ou 0,5% da quantia inicial do empréstimo.

Emitiram-se trilhões de dólares em CDSS, que passaram a ser negociados como qualquer outro título mobiliário. Para comprar ou vender esses contratos, você não precisava ser proprietário da dívida segurada. Esse, em si, não era o problema, pois os mercados financeiros são simplesmente um grande cassino, embora com benefícios econômicos, e todas as posições de investimento são equivalentes a apostas. O problema era que os emitentes de CDSS podiam emiti-los sem outra garantia a não ser "plena fé e crédito", significando que, se perdessem as apostas, eles talvez não tivessem dinheiro para pagar as suas dívidas.

A margem (garantia destacada para assegurar o pagamento) era, em geral, pequena ou inexistente. Esses itens não regulados eram com frequência mantidos por subsidiárias, motivo pelo qual não apareciam explicitamente nas demonstrações financeiras da matriz. Exemplo típico foi o da American International Group (AIG), enorme empresa seguradora de âmbito mundial que esteve na iminência de um colapso quando a crise estourou em 2008. Durante a distribuição de centenas de bilhões de dólares pelo governo dos Estados Unidos para salvar o sistema financeiro, a AIG foi a maior destinatária individual — recebeu nada menos que vertiginosos 165 bilhões de dólares. A AIG tinha emitido trilhões de dólares em CDSS, através de uma subsidiária, lastreados sobretudo no nome da empresa. À medida que caía o preço dos títulos que haviam segurado, eles tiveram de oferecer garantias para lastrear os CDSS (agora perdedores) que tinham vendido. Por fim, não podiam mais pagar suas dívidas e tornaram-se insolventes, ameaçando gerar centenas de bilhões de dólares em perdas para banqueiros e casas de investimento em todo o mundo. A operação de resgate governamental da AIG não ajudou apenas empresas americanas, como o Goldman Sachs, que detinha 10 bilhões de dólares em ativos podres da AIG, cujas perdas foram absorvidas pelos pagadores de impostos; tamanha benesse se espalhou por todo o mundo para cobrir os calotes da AIG.

Para avaliar a intensidade da loucura, imagine que João das Cervejas se oferecesse para lhe vender um CDS sobre o empréstimo de 320 mil dólares que você cedeu a seu amigo a 1,6 mil por ano durante cinco anos. João está bem de vida, tem uma casa de 1 milhão de dólares, sem dívidas, e, portanto, está "apto para o dinheiro". Feliz com o 1,6 mil extra por ano, João continua a vender CDSs sobre hipotecas residenciais. Isento de regulação, ele vende outros mil CDSs, exatamente como o que lhe vendeu, e a renda dele cresce para 1,6 milhão de dólares por ano. Se esses empréstimos forem de 320 mil dólares cada um, em média, ele está segurando um total de 320 milhões de dólares, tudo lastreado na casa dele, de 1 milhão. Você contesta, argumentando que João não poderia vender tantos CDSs, pois, depois de vender alguns, as pessoas começariam a se dar conta de que era grande a chance de que ele não conseguisse pagar suas dívidas numa crise. Ah, e se João fizesse isso por meio de uma subsidiária e não revelasse a grande escala de suas operações? Bem-vindo à AIG.

Cada CDS vendido por João das Cervejas é um passivo potencial no futuro. E como tal, deve ser escriturado em seus livros e só se revelará um bom negócio se os prêmios que ele recebe, mais a renda dos reinvestimentos, forem mais do que suficientes para cobrir os sinistros futuros, com base nos seguros de swap de crédito que ele vendeu. Assim como na situação semelhante com que se defrontam as seguradoras de vida, João precisa constituir uma reserva em seus livros contábeis para cobrir esses pagamentos futuros e ajustá-la à medida que aumentam as probabilidades e os valores dos pagamentos. Se, em vez disso, João recebe os pagamentos e não constitui a reserva, ele está operando um esquema Ponzi, como o que descrevi no caso da XYZ Corporation na década de 1970, em que venderam opções de compra sobre metais preciosos baratas demais, denominaram "renda" o produto da venda e não segregaram uma quantia adequada para os pagamentos que deveriam fazer mais tarde aos detentores de opções. Como será que as operações de CDS da AIG diferiam dos esquemas de João ou da XYZ?

Entre 2004 e 2008, cinco grandes bancos de investimentos — Goldman Sachs, Morgan Stanley, Merrill Lynch, Bear Stearns e Lehman Brothers — expandiram sua alavancagem para algo como 33:1, comparável aos níveis que arruinaram o malfadado fundo de hedge Long-Term Capital Management apenas cinco anos antes. Com, digamos, 33 dólares em ativos e 32 em passivos para cada dólar de patrimônio líquido, uma queda de pouco mais de 3% nos ativos apagaria o patrimônio líquido. Quando isso acontecesse e um banco fosse declarado tecnicamente insolvente, os credores exigiriam os pagamentos, enquanto ainda pudessem consegui-los, desencadeando a clássica corrida aos bancos, exatamente como na década de 1930.

Quando a crise estourou quatro anos depois, em 2008, o mesmo tempo que o excesso de alavancagem demorou para destruir o LTCM, a corrida aos bancos ameaçou destruir todos esses cinco bem equipados Golias. Três desses cinco bancos de investimentos deixaram de existir como entidades independentes; os outros dois, Morgan Stanley e Goldman Sachs, foram salvos pela intervenção do governo, além de, no caso do Goldman, pela compra multibilionária de 10% das ações preferenciais e dos bônus de subscrição pela Berkshire Hathaway, de Warren Buffett. Ambos voltaram à prosperidade em 2009, com o Goldman triunfante. Os sócios estavam em vias de dividir um bônus quase recorde, entre 20 bilhões e 30 bilhões de dólares. A eliminação ou marginalização de alguns rivais não foi ruim. Quando perguntaram sobre o bônus gigantesco ao CEO Lloyd Blankfein — que parecia um duende em suas aparições públicas —, ele explicou que a empresa estava "fazendo um trabalho divino". O argumento se baseava na tese acadêmica convencional de que mais negociações criam mercados de capitais eficientes, com melhores preços para os compradores e vendedores, em benefício de toda a humanidade. Logo ficou claro que parte do trabalho divino feito pelos banqueiros consistia em, conscientemente, vender títulos podres, com lastro em hipotecas, e, ao mesmo tempo, fazer grandes apostas que lhes seriam rendosas se os clientes ficassem arruinados. Quando você compara a remuneração dos banqueiros de Deus com a de seus clérigos, conclui-se que o trabalho dos banqueiros é, de fato, divino.

Embora tenham ocorrido baixas pessoais e institucionais no establishment financeiro, os ricos com ligações políticas saquearam trilhões de dólares do público para salvar entidades "grandes demais para falir". Benesses generosas foram distribuídas para apaziguar e flexibilizar grupos de interesses especiais. Quem entregava um veículo para ser sucateado e depois comprava outro recebia 4,5 mil dólares num programa conhecido como Cash for Clunkers [Grana por Sucata]. Descrito como benéfico para o meio ambiente, o único requisito do programa era que o novo carro fosse mais econômico e menos poluente. A poluição adicional gerada pela produção de um automóvel novo não chegava a compensar os benefícios ambientais decorrentes do programa. Os revendedores de carros, no entanto, vibraram com a iniciativa, que impulsionou as vendas e limpou os pátios.

À medida que as taxas de desemprego em tempo parcial e em tempo integral continuavam a subir, o prazo do seguro-desemprego era sucessivamente ampliado. Isso é bom na medida do necessário, mas parece ser do interesse público empregar tanto quanto possível os beneficiários ociosos, para que façam um trabalho útil. Programas como o Works Progress Administration (WPA) e o Civilian Conservation Corps (CCC), de que me lembro dos tempos de infância, aceleraram as obras públicas durante a década de 1930, e a melhoria em nossa infraestrutura nos beneficiou durante décadas.

O setor imobiliário também ganhou um agrado. Na aquisição da primeira casa própria, os compradores recebiam um crédito tributário de 8 mil dólares, a que tinham direito mesmo que nunca tivessem desembolsado um tostão de imposto. Nesse caso, eles pediam e recebiam um cheque desse valor. A linguagem esquiva é típica dos políticos e legisladores. Sob esse programa mal monitorado, uma criança de quatro anos comprou uma casa. Pelo menos foi a sua primeira vez.

Em alguns casos, os emprestadores hipotecários impenitentes, que não se arrependeram de seus excessos, aceitavam o crédito tributário como entrada, nada mais exigindo como capital próprio do comprador. O Congresso depois recompensou o lobby imobiliário, estendendo o programa a quem não tinha comprado uma casa nos últimos três anos. Inspirados pelo Cash for Clunkers, por que não aprovar um programa denominado Dollars for Demolition [Dólares para Demolição], em que os proprietários cujas casas estivessem em estado precário receberiam um crédito tributário de, digamos, 100 mil dólares para demolir a casa velha e construir outra nova? Essa iniciativa reenergizaria a indústria de construção civil — importante componente da economia americana. As possibilidades são infindáveis.

As bolhas de ativos, nas quais a euforia dos investidores impulsiona os preços para alturas extremas, são um enigma recorrente. É possível lucrar com elas? Como evitar grandes perdas? Com base em minha experiência, tem sido fácil identificar as bolhas quando elas já estão bem avançadas, na medida em que os preços e as valorizações excedem em muito os padrões históricos e parecem não fazer sentido em termos econômicos. Entre os exemplos destacam-se o surto das associações de poupança e empréstimo na década de 1980, a supervalorização das ações de tecnologia em 1999-2000 e a grande inflação no preço dos imóveis residenciais que atingiu o pico em 2006. Lucrar nessas conjunturas é arriscado. Como um esquema Ponzi, não é fácil dizer quando terminará. Quem apostar contra a bolha cedo demais pode ficar arruinado a curto prazo, mesmo que esteja certo a longo prazo. Como disse Keynes, o mercado pode continuar irracional por mais tempo do que você pode se manter solvente.[11]

E quanto a evitar perdas? Ao identificar a bolha, você simplesmente não investe nela. Há, porém, um problema de transbordamento ou contágio. O colapso nos preços das casas de 2006 a 2010 não prejudicou apenas os especuladores e os que compraram tarde demais. Os derivativos difundiram os danos por todo o mundo. Em março de 2009, quando o s&p 500 tinha caído 57% em relação ao pico, eu não sabia se comprava ações ou se vendia as que eu tinha. Qualquer uma das duas decisões poderia ser um desastre. Se continuássemos em grande depressão mundial, comprar mais seria oneroso. O outro cenário, aquele que de fato ocorreu, era o próprio fundo do poço e as ações se recuperaram, com alta de 70% em menos de um ano. Warren Buffett, que tinha mais informações e melhores insights do que quase qualquer outra pessoa, mais tarde declarou a Scott Patterson, do *The Wall Street Journal*, que, a certa altura, ele estava olhando para o abismo e admitindo a possibilidade de que tudo fosse por água abaixo, até mesmo a Berkshire Hathaway.[12] Só quando o governo dos Estados Unidos indicou que faria o que fosse necessário para resgatar o sistema financeiro é que ele se deu conta de que estávamos salvos.

Como evitar futuras crises financeiras provocadas pelo uso sistêmico e pouco regulado de alta alavancagem? Um passo óbvio é limitar a alavancagem, exigindo que ambas as partes da negociação ofereçam garantias suficientes. É assim que se procede em bolsas de futuros reguladas, em que os contratos também são padronizados. Esse modelo funcionou bem durante décadas, é fácil de regular, em grande parte pelas próprias bolsas, e tem tido poucos problemas.

As instituições que são "grandes demais para falir" e que estão sujeitas a riscos significativos devem ser cindidas em partes pequenas o suficiente para falir sem pôr em risco o sistema financeiro. Como Alan Greenspan afinal admitiu, "grande demais para falir é grande demais". Embora seja uma frase de efeito contundente, ela não capta a essência do problema. Não é o tamanho da instituição em si que representa o perigo. É o tamanho do risco que a falência da instituição inflige ao sistema financeiro. Como observa Paul Krugman,[13] o sistema financeiro do Canadá concentrava-se em grandes instituições, como o dos Estados Unidos; o Canadá, porém, não tinha calotes maciços em hipotecas, instituições financeiras em vias de insolvência e operações gigantescas de resgate governamental de instituições financeiras, via injeção de liquidez. A diferença era que o Canadá estabelecia padrões rigorosos para hipotecas e limites inflexíveis de alavancagem e de risco bancário.

Nossos executivos de empresas especulam com os ativos dos acionistas porque recebem grandes recompensas pessoais quando são bem-sucedidos — e, quando fracassam, em geral são resgatados com fundos públicos por políticos submissos. Privatizamos o lucro e socializamos o risco.

A capacidade dos executivos de empresas de captar uma fatia crescente da riqueza pública se reflete na remuneração dos CEOs. Em 1965, ela era 24 vezes superior à de um trabalhador médio, mas, "quatro décadas depois, o índice era de 411 para 1".[14] Outro indicador da desigualdade crescente é a fatia da renda nacional captada pelo centésimo de 1%, ou 0,01%, no topo da pirâmide de renda. Em 1929, eles captavam 10% da renda nacional. Essa porcentagem caiu para 5% durante a Grande Depressão, subindo gradualmente a partir da década de 1980. Nos últimos anos, a fatia da renda nacional acumulada por esses 12,5 mil domicílios superou o recorde de 1929, de 10%, e continua a aumentar. Esses executivos alegam que essa remuneração os inspira a serem os motores criativos da sociedade capitalista, beneficiando a todos nós. A crise de 2008 foi uma de nossas recompensas.

Estudos realizados antes e depois da recessão de 2008-9 mostraram que quanto mais alta é a porcentagem de lucro paga aos cinco mais altos executivos, mais baixo é o lucro e pior é o desempenho da empresa. Essas superestrelas tendem a exaurir as suas empresas em vez de inspirá-las. Os executivos alegam que as "forças do mercado" determinam a sua remuneração. No entanto, como observa Moshe Adler em seu artigo "Overthrowing the Overpaid", os economistas David Ricardo e Adam Smith, escrevendo mais de dois séculos atrás,

> concluíram que o que a pessoa recebe como rendimento é determinado não pelo que ela produziu, mas pelo seu poder de barganha. Por quê? Porque a produção de modo geral é executada por equipes [...] e a contribuição de cada membro não pode ser separada da produção de todos.[15]

Uma onda de indignação populista gerou demandas por leis que limitem a remuneração dos executivos. Solução mais simples e eficaz é dar poder aos acionistas. Eles são os donos da empresa e, portanto, as vítimas que são saqueadas pelos altos gestores.

Atualmente, a maioria dos conselhos de administração das companhias dirige suas organizações como feudos do Terceiro Mundo. Quando os acionistas votam para eleger diretores, em geral indicados pelos conselhos de administração perpétuos, eles, em geral, votam sim ou não. Um voto positivo pode eleger um diretor, apesar de 1 milhão de votos negativos. As normas da empresa são elaboradas propositadamente para dificultar ou impossibilitar que acionistas independentes indiquem diretores ou proponham temas para votação. Em vez disso, as empresas — cuja existência legal já é permitida e regulada pelo Estado — devem ser obrigadas a promover eleições democráticas, seguindo as normas de votação usuais da democracia americana. Além disso, qualquer bloco de acionistas que, juntos, detenham certa porcentagem especificada de ações deve ter o direito irrestrito de indicar diretores e de submeter assuntos à votação, inclusive a substituição de membros do conselho de administração e altos executivos.

Algumas empresas privam de direitos os acionistas ao criarem duas ou mais classes de ações, com diferentes graus de poder de voto. A administração, por exemplo, pode ter ações A, com dez votos cada uma, e o público, ações B, com um voto cada uma. Você gostaria de viver num país em que certas pessoas tivessem dez vezes o seu poder de voto? Outro problema decorre do fato de que, hoje em dia, as instituições que mantêm ações em custódia para os seus proprietários podem votar por procuração como representantes dos acionistas que se abstêm de votar. Essas procurações de modo geral perpetuam no poder os administradores e ratificam as suas decisões. É preciso corrigir essa distorção, para que os únicos votos válidos sejam os dos próprios acionistas, diretamente; os chamados votos por procuração não valeriam mais.

Essas duas medidas, eleições democráticas e direitos dos acionistas, nos termos acima expostos, garantiriam que os donos da empresa, a saber, os acionistas, exercessem controle sobre a remuneração dos altos executivos, na condição de seus agentes e mandatários, e, na minha opinião, seriam muito mais efetivas e exatas do que a regulação direta pelo governo.

A economia americana se recuperou devagar nos anos seguintes à crise de 2008-9. Pouco se fez, contudo, para reforçar mecanismos capazes de evitar a sua repetição. Como advertiu o filósofo George Santayana, em aforismo famoso, "quem não consegue se lembrar do passado está condenado a repeti-lo". Embora as instituições da sociedade tenham dificuldade em aprender com a história, os seres humanos têm essa capacidade. A seguir, exponho um pouco do que aprendi.

CAPÍTULO 30

Pensamentos

Para terminar esta história da minha odisseia pelos territórios da matemática, do jogo, dos hedge funds, das finanças e dos investimentos, gostaria de compartilhar parte do que aprendi ao longo do caminho. A educação fez toda a diferença para mim. A matemática me ensinou a raciocinar com lógica e a compreender os números, os quadros, os gráficos e os cálculos como uma segunda natureza. Física, química, astronomia e biologia me revelaram as maravilhas do mundo e me mostraram como construir modelos e teorias para descrever e para prever. Esse aprendizado contribuiu para os meus resultados em jogos de azar e em investimentos.

A educação constrói o software do cérebro. Ao nascer, você é um computador com o sistema operacional básico, sem muitos outros programas. Aprender é como instalar programas, grandes e pequenos, no computador humano, para desenhar um rosto, para andar de bicicleta, para ler e escrever, para dominar cálculos matemáticos complexos. Você usará esses programas para empreender a sua jornada mundo afora. Muito do que aprendi veio de escolas e professores, mas não ficou só nisso. Aprendi desde a mais tenra idade que ainda mais valioso era ensinar a mim mesmo. Essa capacidade foi muito proveitosa mais tarde, porque não havia cursos nem escolas que ensinassem a ganhar no blackjack, a construir um computador para a roleta ou a lançar um hedge fund neutro em relação ao mercado.

Descobri que a maioria das pessoas não compreende os cálculos de probabilidade necessários para aumentar as suas chances em jogos de apostas ou para resolver os problemas do dia a dia. Não precisávamos dessas competências para sobreviver como espécie nas florestas e nas selvas. Quando um leão rugia, nossos antepassados instintivamente subiam na árvore mais próxima, para depois pensar no que fazer em seguida. Hoje, quase sempre temos tempo para pensar, calcular e planejar, e é aqui que a matemática nos ajuda a tomar decisões. Por exemplo, os cintos de segurança e os airbags "valem o custo"? Suponha que equipemos com esses itens 100 milhões de veículos, ao custo de trezentos dólares por veículo, no total de 30 bilhões de dólares, e tenhamos 5 mil mortes a menos com veículos automotores. Se esses veículos, com os seus equipamentos de segurança, rodarem durante dez anos, serão 50 mil vidas preservadas, ao custo de 30 bilhões de dólares, ou 600 mil dólares por vida. Embora muita gente na indústria automobilística discorde, gastamos o dinheiro e salvamos vidas.

E quanto ao fumante de um maço por dia? Quarenta anos de vício encurtarão a vida dele em sete anos, em média. Cada cigarro não só antecipa a morte em doze minutos, mas também cria e agrava problemas de saúde, que estragam os anos remanescentes. Também há custos para os não fumantes: aumento das despesas com assistência médica nos últimos anos de vida, mais dias de doença nos anos de trabalho e danos resultantes para os fumantes passivos. Mas estamos falando de médias. Alguns fumantes não morrem de doenças relacionadas com o fumo, enquanto outros morrem cedo por causa do fumo. É como jogar na roleta. Em média, você perde cinco centavos ao apostar um dólar. Essa, porém, é a média. Alguns jogadores perdem tudo com muita rapidez, enquanto outros talvez resistam por mais tempo.

Algumas das principais questões de políticas públicas de hoje são os trade-offs, ou opções que se excluem no todo ou em parte, entre os custos e os benefícios de certos procedimentos. Algumas escolhas são duras. É melhor gastar 500 mil dólares para salvar a vida de alguém com tuberculose grave, resistente a medicamentos, ou usar a mesma quantia para salvar a vida de cinquenta pessoas, aplicando 50 mil doses de vacina contra a gripe, a dez dólares cada, em crianças de certa faixa etária? O raciocínio estatístico pode nos ajudar em escolhas como essas.

Acho que noções de probabilidade e estatística devem ser ensinadas no ensino básico (fundamental e médio) e que a análise de jogos de azar, como dados, roleta e outros, é uma maneira de aprender a raciocinar sobre essas questões. Compreender por que os cassinos normalmente ganham pode nos ajudar a evitar o jogo e nos ensinar a limitar as perdas ao custo do entretenimento. Nas condições atuais, o jogo é um imposto extorsivo e injusto sobre a ignorância, drenando recursos de quem não pode se dar ao luxo de sofrer essas perdas.

Boa parte do que aprendi com o jogo também se aplica a investimentos. A maioria das pessoas não compreende os conceitos de risco, recompensa e incerteza. Se compreendesse, os resultados de seus investimentos poderiam ser muito melhores. Por exemplo, anos atrás, minha associação de moradores mantinha suas reservas de caixa em notas do Tesouro de trinta dias, em busca de segurança absoluta. Eles, no entanto, gastavam apenas um quinto dessas reservas por ano. Sugeri que eles aplicassem um quinto de suas reservas em títulos do Tesouro, com vencimento no ano seguinte, outro quinto com vencimento no ano subsequente e assim por diante. Essa estratégia bem conhecida, chamada escalonamento (*ladder*), em geral é recompensadora porque os títulos do Tesouro de prazos mais longos, com maior flutuação de preços antes do vencimento, costumam render mais. Títulos de cinco anos superaram o rendimento das notas do Tesouro de trinta dias com diferença superior a 1,8% ao ano nos últimos 83 anos. O tesoureiro da associação, contador profissional, de início se opôs à ideia, mas depois concordou e aplicou-a com lucro.

Eu gostaria que noções de finanças fossem ensinadas nas escolas do ensino fundamental e médio. Se mais cidadãos soubessem equilibrar suas contas e conseguissem compreender demonstrações do resultado e balanços patrimoniais, eles se sairiam melhor na escolha de casas compatíveis com os seus orçamentos. A boa gestão de investimentos prepararia melhor as pessoas para a aposentadoria e as tornaria menos dependentes da sociedade ao longo da vida.

Um de meus grandes prazeres ao estudar investimentos, finanças e economia são os insights assim obtidos sobre as pessoas e a sociedade. As ciências físicas têm regras, como a lei da gravidade, que, em geral, são verdadeiras em todo o mundo, tal como o conhecemos. Os seres humanos e suas interações, porém, não se encaixam em teorias amplas e imutáveis, e nunca se encaixarão. Em vez de leis universais, deparei com conceitos mais limitados que interligam o mundo físico e as situações, servindo como atalhos para a compreensão.

Um desses conceitos, um dos favoritos dos libertários e dos adeptos do livre mercado, foi introduzido por Adam Smith, em 1776. Smith sugeriu que, numa economia de muitos pequenos compradores, cada um tentando aumentar o próprio lucro, o benefício coletivo seria maximizado, como que guiado por uma "mão invisível". Essa noção é de uso limitado, uma vez que a maioria dos mercados não é como Smith presumiu. Veja o caso dos chips de computador. Apenas duas empresas americanas produzem 99,8% deles, em todo o mundo, e a menor está tendo dificuldades para sobreviver.

Conceito oposto à mágica da mão invisível é o da "tragédia dos comuns", explicado em 1968 por Garrett Hardin.[1] Imagine um recurso natural que qualquer pessoa possa usar de graça, como — era uma vez — pegar peixes no oceano. No século XVIII, os cardumes de bacalhaus eram tão vastos que Benjamin Franklin ficou atônito quando o seu navio navegou através deles durante dias seguidos. Agora, depois de dois séculos de pesca desenfreada, a população de bacalhaus entrou em colapso. Como poderia o interesse próprio de cada indivíduo maximizar o bem social? Em escala global, temos o exemplo da poluição. Os seres humanos sempre queimaram de graça combustíveis fósseis e aumentaram em muito a quantidade de gases do efeito estufa, como o CO_2, acarretando aumento contínuo da temperatura da Terra desde o século passado. As partículas minúsculas emitidas também provocam doenças pulmonares, às vezes mortais. Cada poluidor, no entanto, ganha mais do que perde, individualmente, com as próprias ações e, portanto, não sofre pressão direta para mudar.

A solução para a sociedade ilustra outro conceito unificador edificante, o de "externalidades". No jargão hermético, tão amado pelo clero econômico, uma externalidade é um custo ou benefício para a sociedade resultante da atividade econômica privada. A externalidade é negativa no caso da poluição atmosférica. A solução "justa", então, torna-se óbvia: estime o dano e tribute-o para ressarcir as perdas. As externalidades também podem ser positivas. Se eu proteger a minha casa contra incêndios, a minha iniciativa também protege os vizinhos,[2] e tende a reduzir os custos do corpo de bombeiros e a aumentar o lucro da seguradora. Em vez de ser tributado, devo ser compensado, com a redução do meu seguro contra fogo.

Charlie Munger, da Berkshire Hathaway, apresenta a sua lista dessas ferramentas mentais em seu cativante livro *Poor Charlie's Almanack: The Wit and Wisdom of Charles T. Munger.*[3] Essa coleção multidisciplinar de insights inclui um de meus favoritos para compreender negócios e relacionamentos, a saber: "Procure os incentivos", em estreita relação com "Cui Bono?", ou "Quem ganha?". "Cui Bono" explica instantaneamente por que 7 mil revendedores de armas americanos, ao longo da fronteira com o México, de Tijuana a Corpus Christi, podem fornecer, sem restrições, quase todas as armas, em nível militar, usadas pelos cartéis de drogas mexicanos. Também explica por que o Congresso dos Estados Unidos impôs a loucura perdulária do etanol de milho, cuja produção provoca quase tanta poluição quanto os combustíveis fósseis que substitui, e ainda aumenta os preços dos alimentos para todos. Se usar etanol fosse o objetivo, por que havia, até fins de 2011, uma tarifa de 54 centavos por galão para onerar a importação de etanol brasileiro?

Outros insights decorrem de uma ideia muito mais ampla, de importância fundamental para todos os investidores, de que o assim chamado grupo dos ricos politicamente conectados é o poder econômico e político dominante nos Estados Unidos. Esse é um conceito fundamental para compreender o que acontece em nossa sociedade, e por que acontece. Os membros desse grupo são os que compram políticos, usando contribuições para campanha, para obter oportunidades de carreira, lucros em investimentos, e mais. Como donos de riquezas que também controlam o poder, eles dirigem o país, e continuarão a dirigi-lo. Vimos como eles usaram o governo para resgatá-los da crise financeira de 2008-9.

Quero ser claro. Não questiono que algumas pessoas sejam mais ricas, até muito mais ricas, do que outras. O que condeno é o enriquecimento por meio de conexões políticas, em vez de pelo mérito. Se um time de basquete profissional paga ao meu vizinho Kobe Bryant 20 milhões de dólares por ano porque esse é o preço dele, tudo bem. Se, porém, os gestores de um hedge fund subornam políticos para inserir um artigo na lei, reduzindo a alíquota tributária que incide em grande parte de sua renda para uma pequena fração da porcentagem paga pela média dos trabalhadores, eu contesto.[4]

De maneira simplista, são dois os tipos de ricos: os que usam o governo para nivelar o campo de jogo a seu favor e os que preferem vencer em campo de jogo neutro. Aqueles pagam impostos a alíquotas bem abaixo das incidentes sobre a classe média e estes estão sujeitos a carga tributária bem mais alta. A alíquota média dos dois grupos é semelhante à que incide sobre a classe média superior. Os ricos politicamente conectados, entretanto, sempre apontam para as alíquotas mais altas pagas pelos companheiros ricos não conectados, como subterfúgio para demandar ainda mais renúncias fiscais para si. O poder desse grupo se concentra em grande parte nos detentores de riqueza situados no 0,01% do topo, que hoje valem cada um 125 milhões de dólares ou mais.

Outro tema relevante de políticas públicas é simplificar as normas, regulamentos e leis, para que o governo se afaste da prática de microgerenciamento. Por exemplo, a Califórnia e muitos outros estados também cobram imposto de renda estadual, além do federal, com base em legislação própria, que se parece com a legislação federal, mas que é bastante diferente para que os cidadãos lá residentes tenham de apresentar declaração de imposto de renda estadual, tão detalhada e complexa quanto a federal. A minha proposta é que o imposto de renda estadual de pessoas físicas seja simplesmente uma fração do imposto de renda federal de pessoas físicas, a ser definida pela legislatura estadual, de modo a manter inalterada a arrecadação. A declaração caberia num formulário do tamanho de um cartão-postal, físico ou digital, economizando horas de trabalho para cada contribuinte e liberando vários milhares de servidores estaduais para trabalho útil no setor privado. Eliminar 3 mil empregados do estado da Califórnia, ao custo de 100 mil dólares cada, incluindo salários, benefícios e despesas, representaria uma economia total de 300 milhões de dólares por ano, para não mencionar todo o tempo e dinheiro poupado pelos cidadãos. Portanto, estamos falando de uma proposta sem impacto sobre a arrecadação, que geraria um ganho líquido substancial para o estado.

Os benefícios seriam ainda maiores se aplicarmos a mesma abordagem à legislação tributária federal. As alíquotas tributárias são altas porque as numerosas lacunas da legislação permitem que muitos paguem menos ou até nada. Todos os níveis de renda seriam tributados com a mesma alíquota, com limite de isenção equivalente a, por exemplo, uma vez e meia o nível de pobreza. Quem se situa abaixo desse corte não pagaria imposto. Como todo esse grupo de isentos representa uma fração muito pequena da renda nacional, o impacto dessas isenções seria mínimo.[5] Como grande parte da renda hoje não tributada passaria a ser tributada, a nova alíquota estimada que não afetaria a arrecadação seria da ordem de 20%.[6] Mais uma vez, poderíamos gerar enorme benefício para a sociedade. Centenas de milhares de servidores públicos, de advogados tributaristas, de contadores e de escriturários de declarações seriam liberados para trabalhar em prol da sociedade. O imposto sobre valor agregado é outra proposta que tributaria quem ficou abaixo do limite de isenção e quem se beneficiou de cortes na alíquota mais alta.

Ter ideias que beneficiam a sociedade é o primeiro passo. A parte mais difícil é aprovar leis que as convertam em realidade. Essa segunda parte se torna cada vez mais difícil, à medida que o choque entre os partidos políticos nos Estados Unidos se radicaliza cada vez mais. A política, que já foi considerada a arte do possível, está se tornando a arte do impossível. O impasse entre facções intransigentes foi uma das causas da queda do Império Romano.

A história, em tese, teve apenas duas grandes superpotências, o Império Romano, depois da derrota de Cartago, e os Estados Unidos, depois da queda da União Soviética. De grande importância para os investidores de longo prazo é saber se os Estados Unidos continuarão sendo a potência mundial dominante no século XXI ou se já alcançamos o pico e, agora, estamos dissipando nossas forças em guerras externas custosas, em má gestão financeira e em conflitos internos. O primeiro cenário pode resultar em outro século em que as ações renderão 7% ao ano, depois da inflação. O segundo cenário pode ser muito menos ameno. Tranquilizo os pessimistas com a afirmação de que ainda somos ricos, que ainda somos inovadores e, além disso, de que Roma não se destruiu em um dia. Países que já se incluíram entre os mais poderosos, como Reino Unido, França, Itália, Espanha, Países Baixos e Portugal, ainda se situam entre os mais desenvolvidos e civilizados. Para os otimistas, menciono o óbvio: déficits infindáveis, imensos desperdícios de vidas e de riqueza em guerras, subsídios políticos (fisiologismo, bem-estar empresarial, aposentadoria dos capazes) e partidarismo deletério nos três poderes do Estado. Enquanto isso, a ascensão da China está transformando o panorama geopolítico e econômico.

Uma das ameaças mais agourentas e negligenciadas ao futuro dos Estados Unidos é a da educação e tecnologia. O meu próprio estado da Califórnia é líder na corrida para o fundo do poço. O movimento antitributação privou o estado de receitas, em especial o sistema educacional. Os dez campi da Universidade da Califórnia, que já foi um dos melhores sistemas públicos de educação superior do mundo, aumentou a anuidade escolar para 12 mil dólares em 2015.[7] Nos meus tempos de estudante, em 1949, era de setenta dólares, que equivale a setecentos hoje, com ajuste pela inflação. Qualquer estudante qualificado tinha acesso a boa educação. Os graduados pela universidade se transformaram nos líderes da revolução tecnológica; em 2014, porém, o estado contribuía com apenas 10% do custo total das operações de todos os campi.

Se a Universidade da Califórnia dobrasse as anuidades e taxas, ela poderia prescindir do apoio estatal e privatizar-se! Uma vez que estudantes de outros estados e de outros países pagam três vezes a anuidade dos estudantes residentes no estado, os reitores e administradores das unidades estão levantando mais dinheiro substituindo estes por aqueles. Enquanto isso, estudantes estrangeiros superdotados, muitos deles vindos da China,[8] recebem graduações acadêmicas avançadas nos Estados Unidos e voltam para casa, em vez de conseguirem financiamento para o pós-doutorado e permissão para tornar-se residentes. Cientistas e engenheiros talentosos nascidos nos Estados Unidos os estão acompanhando num êxodo de cérebros reverso. Os economistas descobriram que um fator isolado explica mais do que qualquer outro o crescimento e a prosperidade econômica de um país: sua produção de cientistas e engenheiros. Deixar à míngua a educação é comer a semente do trigo. Sem impostos hoje, sem educação amanhã.

EPÍLOGO

Freud disse que, depois de termos atendido às nossas necessidades básicas de alimento, roupa, abrigo e saúde, passamos a buscar riqueza, poder, honra e o amor de homens e mulheres. Aos titãs financeiros que continuam a buscar, com toda a garra e energia, dezenas, centenas de milhões e, às vezes, de bilhões, você pode perguntar: "O vencedor é, de fato, quem morre com mais brinquedos?". Quanto é o bastante? Quando você se saciará? Quase sempre a resposta é "Nunca".

Para preservar a qualidade de vida e passar mais tempo em companhia das pessoas que valorizo e na exploração de ideias que me desafiam, optei por não prosseguir com numerosos empreendimentos de negócios que iniciei, embora acreditasse que quase certamente eles se tornariam muitíssimo lucrativos. Depois que eu compreendia os principais conceitos de um tema e os comprovava na prática, eu procurava novos desafios mentais, passando de jogos de apostas para a área de investimentos, com warrants, opções, títulos conversíveis e outros derivativos, avançando, em seguida, para a arbitragem estatística. Começando como professor universitário, eu esperava passar a vida lecionando, me dedicando à pesquisa e conversando com pessoas inteligentes, com mentalidade semelhante à minha; mas, desde a infância, fui fascinado pelo poder do pensamento abstrato, para compreender e dirigir o mundo natural. Quando, mais tarde, vi como a física podia prever resultados da roleta, em meio à neblina das probabilidades, e que a matemática podia aumentar as chances de ganho no blackjack, fui atraído para uma vida de aventuras.

Minha grande sorte foi compartilhar grande parte dessa jornada com uma companheira extraordinária. Desde a infância, minha esposa, Vivian, amava os livros e era uma leitora voraz. Durante um ano ela manteve um diário dos livros que líamos. Em doze meses, percorreu mais de 150 livros, a setecentas palavras ou mais por minuto. Sei disso porque, um dia, quando ambos estávamos lendo, não pude acreditar na rapidez com que ela virava as páginas e, assim, sem que ela soubesse, cronometrei-a durante uma hora. Ela transmitiu o amor pelos livros e a sua extrema facilidade com a língua inglesa para os nossos filhos e netos.

Ela dominava o bridge, estudou arte e história da arte, aprendeu a preparar refeições saudáveis de qualidade, fez mestrado em biblioteconomia, inspirou a família a cuidar da boa forma e da saúde e promoveu causas e atividades filantrópicas. Também foi uma dessas raras pessoas dotadas de uma incrível capacidade de reconhecimento. Conseguia reconhecer casualmente pessoas que conhecera décadas antes, por mais que tivessem mudado — muitas vezes, segundo a minha percepção, a ponto de se tornarem irreconhecíveis — em idade, estilo, porte, forma e tamanho. Para a maioria de nós, as memórias desvanecem com o tempo e os "fatos" podem mimetizar os desejos do coração. Quando relacionadas a pessoas, as lembranças de Vivian eram não só extremamente exatas como também surpreendentemente constantes, mesmo sob a pressão do tempo.

Quando ela morreu de câncer, em 2011, celebramos a vida que ela teve com uma cerimônia em sua memória. Ao pensar em nossa jornada juntos, lembro-me do que seu irmão disse na ocasião: "Ninguém pode levar embora a dança que vocês dançaram".

A vida é como ler um romance ou correr uma maratona. Não tem tanto a ver com atingir o objetivo quanto com percorrer a jornada em si e vivenciar experiências no percurso. Como disse Benjamin Franklin numa passagem famosa, "o tempo é o estofo de que é feita a vida", e como você o aproveita faz toda a diferença.

O melhor de tudo é o tempo que passei com as pessoas de minha vida com quem me importo — minha esposa, minha família, meus amigos e meus associados. Não importa o que você faça, aproveite a vida e as pessoas que a compartilham com você, e deixe algo bom para as gerações seguintes.

APÊNDICE A

O impacto da inflação no dólar

Esta tabela indica como o poder de compra do dólar foi alterado.[1] Para ver a quanto correspondiam em 2013 os 11 mil dólares que ganhei no blackjack em 1961 com Manny Kimmel e Eddie Hand, multiplicamos 11 mil dólares pelo índice de 2013 e dividimos o resultado pelo índice de 1961: $11\,000 \times 233,0 \div 29,9 = 85\,719$ dólares. Para converter dólares do ano A para dólares do ano B, multiplique pelo índice de B e divida pelo índice de A.

No todo, o índice aumentou em cerca de 3,6% ao ano, mas ocorreram algumas variações atípicas. O índice cai (deflação!) depois do crash de 1929 e se mantém em nível reduzido pelo restante da década. Depois, aumenta rapidamente durante a Segunda Guerra Mundial e nos primeiros anos do pós-guerra.

Embora a inflação tenha sido moderada nos Estados Unidos e na maioria dos países do Primeiro Mundo, durante quase todo o tempo ela por vezes atingiu níveis catastróficos. Durante a hiperinflação alemã de 1919-23, o valor da moeda declinou para um centésimo de bilionésimo de seu valor inicial (dividido por 100 bilhões). Os devedores ficaram livres das dívidas e os credores foram arruinados. Esse nível de inflação reduziria os 18 trilhões de dólares da dívida pública dos Estados Unidos de 2015 para o equivalente a 180 dólares. Em

2009, o Zimbábue experimentou uma hiperinflação comparável à da Alemanha.

De seu pico, em 1929, o índice de retorno total do s&p 500 (dividendos reinvestidos) havia caído, na mínima, em 1932, 89%. No entanto, como esses foram tempos deflacionários, o país teve o consolo de saber que, ajustado pela inflação, o índice teve queda de apenas 85%.

ANO	ÍNDICE	ANO	ÍNDICE	ANO	ÍNDICE
1913	9,9	1946	19,5	1979	72,6
1914	10,0	1947	22,3	1980	28,4
1915	10,1	1948	24,0	1981	90,9
1916	10,9	1949	23,8	1982	96,5
1917	12,8	1950	24,1	1983	99,6
1918	15,0	1951	26,0	1984	103,9
1919	17,3	1952	26,6	1985	107,6
1920	20,0	1953	26,8	1986	109,6
1921	17,9	1954	26,9	1987	113,6
1922	16,8	1955	26,8	1988	118,3
1923	17,1	1956	27,2	1989	124,0
1924	17,1	1957	28,1	1990	130,7
1925	17,5	1958	28,9	1991	136,2
1926	17,7	1959	29,2	1992	140,3
1927	17,4	1960	29,6	1993	144,5
1928	17,2	1961	29,9	1994	148,2
1929	17,2	1962	30,3	1995	152,4
1930	16,7	1963	30,6	1996	156,9
1931	15,2	1964	31,0	1997	160,5
1932	13,6	1965	31,5	1998	163,0

1933	12,9	1966	32,5	1999	166,6
1934	13,4	1967	33,4	2000	172,2
1935	13,7	1968	34,8	2001	177,1
1936	13,9	1969	36,7	2002	179,9
1937	14,4	1970	38,8	2003	184,0
1938	14,1	1971	40,5	2004	188,9
1939	13,9	1972	41,8	2005	195,3
1940	14,0	1973	44,4	2006	201,6
1941	14,7	1974	49,3	2007	207,3
1942	16,3	1975	53,8	2008	215,3
1943	17,3	1976	56,9	2009	214,5
1944	17,6	1977	60,6	2010	218,1
1945	18,0	1978	65,2	2011	224,9
				2012	229,6
				2013	233,0
				2014	—
				2015	—
				2016	240,0

Tabela 9: Índice de preços ao consumidor.

FONTE: US Department of Labor, Bureau of Labor Statistics, Washington, DC 20212. Consumer Price Index: All Urban Consumers — (CPI-U), US City Average, All Items, 1982-4 = 100.

Os valores do índice são médias anuais.

APÊNDICE B

Retornos históricos

SÉRIES	RETORNO ANUAL COMPOSTO*	RETORNO ANUAL MÉDIO**	DESVIO PADRÃO	RETORNO ANUAL COMPOSTO REAL (DESCONTADA A INFLAÇÃO)	ÍNDICE DE SHARPE***
Ações de grandes empresas	10,1%	12,1%	20,2%	6,9%	0,43%
Ações de pequenas empresas	12,3%	16,9%	32,3%	9,1%	0,41%
Títulos de renda fixa de empresas de longo prazo	6,0%	6,3%	8,4%	2,9%	0,33%
Títulos do governo de longo prazo	5,5%	5,9%	9,8%	2,4%	0,24%
Títulos do governo de médio prazo	5,3%	5,4%	5,7%	2,3%	0,33%
Notas do Tesouro dos Estados Unidos	3,5%	3,5%	3,1%	0,5%	—
Inflação	3,0%	3,0%	4,1%	—	—

Tabela 10: Retornos históricos por classe de ativos, 1926-2013.

* Média geométrica
** Média aritmética
*** Aritmética

FONTES: Ibbotson, *Stocks, Bonds, Bills and Inflation*, anuário, Morningstar, 2014. *Stocks for the Long Run*, de Siegal, dá os retornos dos Estados Unidos, a partir de 1801. Dimson et al. dão os retornos de dezesseis países e uma análise. A série de retornos depende do período e do índice específico escolhido. Usei Ibbotson como padrão, considerando a pronta disponibilidade de estatísticas anuais atualizadas e minuciosas.

Séries	Retorno anual composto*	APÓS DEDUÇÃO DE CUSTOS ADMINISTRA- TIVOS		ANTES DO IMPOSTO; DEDUZIDAS AS PERDAS COM NEGOCIAÇÕES		APÓS O IMPOSTO		REAL (DESCONTADA A INFLAÇÃO), ISENTO DE IMPOSTO		TRIBUTÁVEL	
		Passivo	Ativo	Passivo	Ativo	Passivo	Ativo	Passivo	Ativo	Passivo	Ativo
Ações de grandes empresas	10,1	9,9	8,9	9,7	7,7	7,8	5,0	6,7	4,7	4,7	2,0
Ações de pequenas empresas	12,3	12,1	11,1	11,9	9,9	9,5	6,4	8,9	6,9	6,5	3,4
Títulos de renda fixa empresas de longo prazo	6,0	5,8	5,3	5,7	5,0	3,7	3,3	2,7	2,0	0,7	0,3
Títulos do governo de longo prazo	5,5	5,3	4,8	5,2	4,5	3,4	2,9	2,2	1,5	0,4	−0,1
Títulos do governo de médio prazo	5,3	5,1	4,6	5,0	4,3	3,3	2,8	2,0	1,3	0,3	−0,2
Notas do Tesouro dos Estados Unidos	3,5	3,3	2,8	3,2	2,7	2,1	1,8	0,2	−0,3	−0,9	−1,2
Inflação	3,0	—	—	—	—	—	—	—	—	—	—

Tabela 11: Retornos históricos (%) para investidores, 1926-2013.

* Média geométrica

FONTES: Ibbotson, *Stocks, Bonds, Bills and Inflation*, anuário, Morningstar, 2014. *Stocks for the Long Run*, de Siegal, dá os retornos dos Estados Unidos a partir de 1801. Dimson et al. dão os retornos de dezesseis países e uma análise. A série de retornos depende do período e do índice específico escolhido. Novamente, usei Ibbotson como padrão.

	AÇÕES		BÔNUS		NOTAS	
	Passivo	Ativo	Passivo	Ativo	Passivo	Ativo
Custos gerenciais	0,2	1,2	0,2	0,7	0,2	0,7
Custos de negociação	0,2	1,2	0,1	0,3	0,1	0,1
Alíquota tributária estimada sobre o restante	20,0	35,0	35,0	35,0	35,0	35,0

Tabela 12: Quadro de custos assumidos que reduzem os retornos históricos (%).

	RETORNO ANUAL COMPOSTO*	RETORNO ANUAL MÉDIO**	DESVIO PADRÃO
Fundos imobiliários (REITs)	11,9	13,5	18,4
Ações de grandes empresas	10,5	12,1	18,0
Ações de pequenas empresas	13,7	16,1	23,2
Títulos de renda fixa de empresas de longo prazo	8,4	8,9	10,3
Títulos do governo de longo prazo	8,2	8,9	12,4
Títulos do governo de médio prazo	7,5	7,7	6,6
Notas do Tesouro dos Estados Unidos	5,2	5,2	3,4
Inflação	4,2	4,2	3,1

Tabela 13: Retornos anuais (%), 1972-2013.

* Média geométrica
** Média aritmética

Para comparação, a tabela 13 também apresenta os retornos históricos de investimentos em imóveis como fonte de renda, ao listar os retornos totais dos fundos imobiliários REITs (Real State Investment Trusts) negociados em bolsas de valores, para o período 1972-2013.

FONTES: Ibbotson, *Stocks, Bonds, Bills and Inflation*, anuário, Morningstar, 2014. *Stocks for the Long Run*, de Siegal, dá os retornos dos Estados Unidos a partir de 1801. Dimson et al. dão os retornos de dezesseis países e uma análise. A série de retornos depende do período e do índice específico escolhido.

APÊNDICE C

A regra dos 72 e mais

A "regra dos 72" dá respostas aproximadas para problemas de juro composto e de crescimento composto. A regra indica, mais ou menos, quantos períodos são necessários para dobrar a base de incidência, com determinada taxa de retorno, e é exata para a taxa de 7,85%. Para taxas menores, a duplicação é um pouco mais rápida do que o resultado da regra; para taxas maiores, o período de dobra é um pouco mais longo. A tabela compara os resultados da regra, na coluna 2, com o valor exato, na coluna 3. A coluna "regra exata" mostra o número que deve substituir 72 para calcular cada taxa de retorno. Para o retorno de 8%, o número, arredondado para duas casas decimais, é 72,05, que mostra o grau de proximidade da regra dos 72. Observe que o número na coluna 4, da regra exata, deve ser igual ao retorno por período, da coluna 1, multiplicado pelo número da coluna 3 (número real de períodos para dobrar), mas que os números da coluna 4 não refletem exatamente o produto da multiplicação. Isso acontece porque os números da coluna 3 e 4 estão arredondados.

Como se percebe, o número da regra exata muda em $\frac{1}{3}$, ou 0,333... para cada ponto percentual de mudança (1%) no retorno por período; portanto, uma aproximação fácil para a regra exata é dada por 72 + (R − 8%)/3. Para 1%, a aplicação da fórmula dá 69,67 em comparação com exatos 69,66 e para 20% a aplicação da fórmula dá 76 em comparação com exatos 76,04. A fórmula também se aplica ao restante da tabela.[1]

	NÚMERO DE PERÍODOS PARA DOBRAR		
Retorno por período	Pela regra dos 72	Real	Regra exata
1%	72	69,66	69,66
2%	36	35,00	70,01
3%	24	23,45	70,35
4%	18	17,67	70,69
5%	14,4	14,21	71,03
6%	12	11,90	71,37
7%	10,29	10,24	71,71
8%	9	9,01	72,06
9%	8	8,04	72,39
10%	7,2	7,27	72,73
12%	6	6,12	73,40
15%	4,8	4,96	74,39
20%	3,6	3,80	76,04
24%	3	3,22	77,33
30%	2,4	2,64	79,26
36%	2,0	2,25	81,15

Tabela para a regra dos 72.

A ideia por trás da regra também se aplica a outros multiplicadores de riqueza. Por exemplo, para obter uma regra aplicável à multiplicação por dez, divida todos os números da tabela por 0,30103 (que é $\log_{10} 2$). Portanto, para 8% chegamos aproximadamente a 240 e, assim, temos uma "regra dos 240" para múltiplos de 10. Concluímos que um retorno de 8% multiplica a riqueza por dez em aproximadamente $240 \div 8 = 30$ anos.

Quando a Berkshire Hathaway propôs comprar a Shaw Industries por cerca de 2 milhões de dólares em dinheiro, um gerente mencionou que o lucro da empresa havia decuplicado nos últimos dezesseis anos. Pela regra dos 240, rapidamente calculamos uma taxa de crescimento de $240 \div 16 = 15\%$. O número real é 15,48%.

APÊNDICE D

Desempenho da Princeton Newport Partners, LP

INÍCIO E FIM DO PERÍODO	PRINCETON NEWPORT PARTNERS, LP (1)	PRINCETON NEWPORT PARTNERS, LP (2)	ÍNDICE S&P 500	RETORNO TOTAL DE NOTAS DO TESOURO DE 3 MESES
01/11/69 -31/12/69	+4,0	+3,2	−4,7	+3,0
01/01/70 -31/12/70	+16,3	+13,0	+4,0	+6,2
01/01/71-31/12/71	+33,3	+26,7	+14,3	+4,4
01/01/72 -31/12/72	+15,1	+12,1	+19,0	+4,6
01/01/73 -31/12/73	+8,1	+6,5	−14,7	+7,5
01/01/74 -31/12/74	+11,3	+9,0	−26,5	+7,9
01/01/75 -31/10/75*	+13,1	+10,5	+34,3	+5,1
01/11/75 -31/10/76	+20,2	+16,1	+20,1	+5,2
01/11/76 -31/10/77	+18,1	+14,1	−6,2	+5,6
01/11/77 -31/10/78	+15,5	+12,4	+6,4	+7,4
01/11/78 -31/10/79	+19,1	+15,3	+15,3	+10,9

01/11/79-31/10/80	+26,7	+21,4	+32,1	+12,0
01/11/80-31/10/81	+28,3	+22,6	+0,5	+16,0
01/11/81-31/10/82	+27,3	+21,8	+16,2	+12,1
01/11/82-31/10/83	+13,1	+10,5	+27,9	+9,1
01/11/83-31/10/84	+14,5	+11,6	+6,5	+10,4
01/11/84-31/10/85	+14,3	+11,4	+19,6	+8,0
01/11/85-31/10/86	+29,5	+24,5	+33,1	+6,3
01/11/86-31/12/87**	+33,3	+26,7	+5,1	+7,1
01/01/88-31/12/88	+4,0	+3,2	+16,8	+7,4
Aumento da Porcentagem Total[1]	2734%	+1382%	545%	345%
Taxa de Retorno Anual Composto[1]	19,1%	15,1%	10,2%	8,1%

Tabela 14: Retorno anual em porcentagem.

* A data de início do exercício social mudou de 1º de janeiro para 1º de novembro.
** A data de início do exercício social voltou para 1º de janeiro.
[1] Esses números são do período entre o início até 31/12/88.

O período de 01/01/89 a 15/05/89 foi omitido porque:
  (a) A sociedade estava em liquidação, com a distribuição do capital, numa série de pagamentos.
  (b) A sociedade já não exercia o seu negócio tradicional e o cálculo do retorno sobre o capital era complexo e inexato.
  (c) Os números disponíveis são estimativas.
       O nome da sociedade era, de início, Convertible Hedge Associates, e depois mudou para Princeton Newport Partners, a partir de 01/11/75.
       (1) Antes da alocação para os sócios-administradores, inclusive sócios-administradores gerais.
       (2) Líquido para os cotistas-investidores.
       (3) Inclusive dividendos.

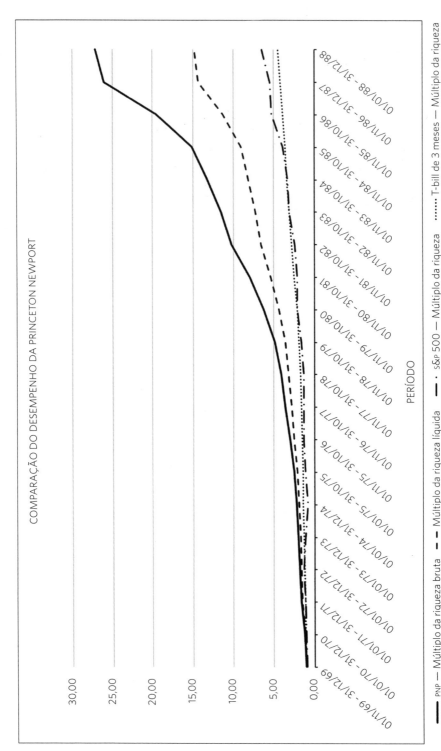

Tabela 15: Comparação do desempenho da Princeton Newport.

APÊNDICE E

Nossos resultados de arbitragem estatística para uma empresa da Fortune 100

A Tabela Resumo do Desempenho da XYZ fornece estatísticas básicas para apenas dez anos. Esses resultados são sem uso de alavancagem e antes de taxas de administração e outras. Os retornos reais foram melhores para o investidor porque os ganhos pelo uso de alavancagem superaram as taxas que cobramos.

O gráfico Desempenho Comparativo da XYZ compara as riquezas cumulativas da XYZ, do S&P 500 e dos T-Bills + 2%. De fins de 1994 até 1º de agosto de 2000, vemos um dos maiores mercados em alta de todos os tempos. O S&P 500 explodiu a uma taxa média de 26% por ano, multiplicando a riqueza por 3,7 nesses 5,6 anos.

O gráfico mostra nítido aumento na variabilidade de 1º de agosto de 1998 até meados de fevereiro de 2002. Alguns dos fatores contributivos podem ter sido o desastre do LTCM, que começou em agosto de 1998; o colapso pontocom, em março de 2000; e a destruição das Torres Gêmeas do World Trade Center, em 11 de setembro de 2001.

	DATA INICIAL	12/08/1992
	DATA FINAL	13/09/2002
	MESES DE NEGOCIAÇÃO	122
	XYZ	S&P 500
Taxa de retorno anualizada	18,2%	7,77%
Desvio padrão anualizado (risco)	6,68%	15,07%
Retorno/risco	2,73	0,52
Um dólar se torna	5,48	2,14

Tabela 16: Resultados de arbitragem estatística da XYZ.

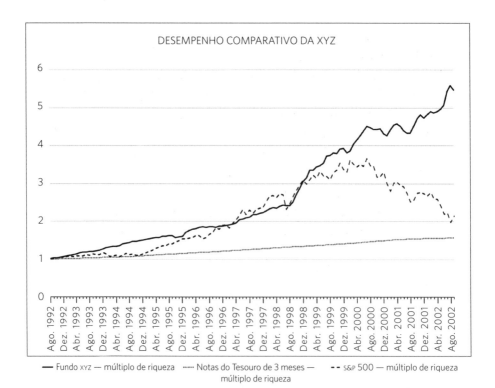

Tabela 17: Desempenho comparativo da XYZ.

AGRADECIMENTOS

"Todas as escrituras são reescrituras" é uma afirmação que vim a apreciar à medida que trabalhava e retrabalhava o manuscrito deste livro. Recebi inúmeros comentários úteis de quem o leu no todo ou em parte, em vários estágios de sua evolução. Obrigado, Catherine Baldwin, Richard Goul, Judy McCoy, Steve Mizusawa, Ellen Neal, Tom Rollinger, Raymond Sinetar, Jeff Thorp, Karen Thorp, Raun Thorp, Vivian Thorp e Brian Tichenor.

Ellen Neal converteu os meus garranchos em texto datilografado e, sempre bem-disposta, resistiu a sucessivas revisões. O editor e escritor Richard Cohen e o editor da Random House Will Murphy, com a ajuda de Mika Kasuga, ofereceram muitos conselhos, desde a forma e o conteúdo até detalhes da edição. David Halpern, da The Robbins Office, me ajudou do começo ao fim.

Alguns capítulos se baseiam em artigos que escrevi para a revista financeira *Wilmott*. Ao oferecer-me esse fórum, Paul Wilmott, fundador da publicação, e Dan Tudball, seu editor, contribuíram para este livro.

Verifiquei os fatos recorrendo a amplos arquivos de correspondências, recortes de jornais e registros financeiros. Os erros prováveis, mas não identificados, não foram eliminados, e por eles me desculpo. Ao omitir ou mudar nomes, meu intuito foi preservar a privacidade ou a confidencialidade das fontes, ou evitar o impacto negativo sobre a reputação de uma pessoa ou entidade.

Agradeço aos muitos leitores perspicazes que me enviaram correções, sugestões e emendas, em especial a Aaron Brown, Chris Cole e Dan Schlesinger por suas extensas listas, e a Andrea Kaufman por ter auxiliado tanto nas correções como no audiobook.

Da infância à velhice, devo o sucesso que alcancei às pessoas maravilhosas que foram parte de minha vida: minha família, amigos, mentores, professores, sócios e associados que trabalharam ao meu lado, em especial minha falecida esposa, Vivian, cujo amor e apoio me sustentaram por quase sessenta anos.

NOTAS

1. ADORANDO APRENDER [pp. 19-38]

1 Curiosamente, meu filho teve a mesma experiência. Ele não falava nada até mais ou menos a mesma idade. A irmã dele, cerca de um ano e meio mais velha, era sua intérprete. Eles saíam como um pequeno par e, quando ele mostrava o que queria com linguagem corporal e expressões faciais, ela o atendia.

2 Henriette Anne Klauser, em *Writing on Both Sides of the Brain* (San Francisco: Harper, 1997), pp. 36-8, conta uma história parecida, de um menino do ensino fundamental que não conseguia escrever, por mais que ela insistisse com ele, até que, de repente, depois de sete meses, sua fluência veio em um jorro só.

3 Morreram mais pessoas na Pandemia de Gripe de 1918-9 do que em qualquer outra praga da história, mais até do que na própria Primeira Guerra Mundial.

4 Nos Estados Unidos e no Reino Unido, 1 milhão é um seguido de seis zeros. Nos Estados Unidos, adicionam-se três zeros para cada multiplicação por mil; portanto, 1 bilhão tem nove zeros; 1 trilhão, doze zeros, e assim por diante. No Reino Unido, adicionam-se seis zeros para cada multiplicação por mil; logo, 1 bilhão tem doze zeros etc.

5 O desvio padrão indica o tamanho de uma flutuação típica em torno do valor médio.

6 Ver o instigante e criativo livro de Nassim Taleb *Iludido pelo acaso: A influência oculta do acaso nos mercados e na vida*.

7 Pela regra dos 72, que será analisada mais adiante, o crescimento percentual de 24% ao ano dobra o dinheiro em cerca de 72/24 = 3 anos. Depois de nove anos, temos três duplicações, para dois, depois para quatro e por fim para oito vezes o valor inicial. Mas, na verdade, a primeira dobra ocorre depois de 3,22 anos, uma vez que a regra dos 72 subestima o tempo de duplicação para taxas de aumento superiores a 8%.

8 A história dessa batalha épica e o suplício subsequente dos que foram mantidos prisioneiros pelos japoneses é narrada por Eric Morris em *Corregidor: The American*

Alamo of World War II (Nova York: Stein and Day, 1981; reimp. em brochura, Nova York: Cooper Square, 2000).

2. A CIÊNCIA É MEU PARQUINHO [pp. 39-66]

1 Os horrores da vida nesses campos são descritos com eloquência em *Three Came Home: A Woman's Ordeal in a Japanese Prison Camp*, de Agnes Keith (Londres: Eland, 1949; Nova York: Hippocrene, 1985).

2 Edmund Scientific, *Scientifics 2000 Catalog for Science and Engineering Enthusiasts*, p. 31.

3 Ver Wendy Northcutt, "Lawnchair Larry", em *The Darwin Awards, Evolution in Action* (Nova York: Plume, 2002), pp. 280-1.

4 Barbante embebido em solução de nitrato de potássio, depois da secagem.

5 Cerca de cinquenta anos depois, ao ouvir o romance *O homem de São Petersburgo*, de Ken Follett, observei que a receita e o procedimento do anti-herói terrorista para produzir nitroglicerina era compatível com a maneira como eu a fazia, quando garoto, na geladeira de minha mãe.

6 <www.digitalcollections.lmu.edu/cmd/ref/collection/chgface/id/294>.

7 Como na Bíblia, em 1Reis 18,44, "do tamanho da palma da mão".

8 Eu já conhecia o livro *Dimensional Analysis*, de Percy W. Bridgeman (New Haven, CT: Yale University Press, 1922).

9 Em 2015, minha neta Claire Goul foi uma das trezentas semifinalistas no mesmo concurso. Era agora a Intel Science Talent Search, e se tornara mais competitiva, com três grandes prêmios de 150 mil dólares cada, em comparação com um grande prêmio de 10 mil dólares, em 1949.

3. FÍSICA E MATEMÁTICA [pp. 67-85]

1 As roletas europeias tinham apenas um número verde e algumas melhorias nas chances, como o jogador apostar só no vermelho ou no preto, perdendo apenas a metade do cacife se o número saísse.

2 Um dos exemplos mais conhecidos é o do teorema de Pitágoras, da geometria plana. Ele diz que num triângulo retângulo o quadrado do comprimento da hipotenusa é igual à soma dos quadrados dos comprimentos dos catetos. Por exemplo, o triângulo com lados 3, 4 e 5 é um triângulo retângulo, assim como $3^2 + 4^2 = 5^2$. Também $12^2 + 5^2 = 13^2$ para outro triângulo retângulo. A quantidade é infinita e podemos verificá-las uma de cada vez, mas nunca terminam. O teorema faz tudo de uma vez.

3 Feynman mergulhou o anel de borracha, que era feito do mesmo material usado na *Challenger*, em água gelada e mostrou que, ao se esfriar como ocorreu durante o lançamento do ônibus espacial, ele se tornava tão frágil que quebrava. Feynman conta a história em *Classic Feynman*, editado por Ralph Leighton (Nova York: Norton, 2006).

4 T. T. Thornton.

5 Você pode ver o filme em: <www.edwardothorp.com>.

4. LAS VEGAS [pp. 86-91]

1   Baldwin et al.; "The Optimum Strategy in Blackjack". *Journal of the American Statistical Association*, v. 51, n. 275, set. 1956.

2   Sobre as regras do blackjack e meu relato original dessa experiência, ver Thorp, *Beat The Dealer* (Nova York: Random House, 1962).

5. DOMINANDO O BLACKJACK [pp. 92-108]

1   O curso era teoria da medição, básico para probabilidade e estatística.

2   No caso de um baralho de 52 cartas, podemos escolher um subconjunto, selecionando zero, um, dois, três ou quatro ases, de cinco maneiras, selecionando, do mesmo modo, o número de cartas para valores 2 até 9 em cada uma das cinco maneiras, e selecionando entre zero e dezesseis cartas de valor 10 de dezessete maneiras, para um total geral de $5 \times 5 \times... 5 \times 17 - 1$ (há nove 5, um para cada ás, dois,... nove) ou um pouco mais de 33 milhões de diferentes baralhos parciais totais. (Subtraímos um para eliminar o caso em que se escolhe zero carta de cada valor, levando a um subconjunto sem cartas.) No jogo de oito baralhos, os números correspondentes são $33 \times... \times 33 \times 129 - 1$, ou cerca de 6 quadrilhões (6 seguido de quinze zeros) de baralhos parciais.

3   Para quem gosta de computador, suponha que cada uma dessas tabelas de estratégia tenha sido escrita numa folha de papel separada do tamanho de uma nota de dólar. Estimo o volume de uma nota de dólar em 1,08 centímetro cúbico. Nesse caso, as tabelas de estratégia ocupariam 37 metros cúbicos. Para oito baralhos, encheriam o espaço de 6,5 quilômetros cúbicos.

4   O grupo Baldwin disse depois que o número 0,62% da vantagem do cassino deveria ser 0,32%. Um erro aritmético gerou o número incorreto.

5   As regras do blackjack em cassinos variavam no tempo e entre diferentes cassinos. As que usei nos cálculos eram as mais comuns na época.

6   As chances de que as últimas 26 cartas contenham todos os quatro ases é de cerca de 5,5%.

7   Cálculos exatos posteriores dão números que são um pouco mais favoráveis para o jogador. Esses resultados também são influenciados pelas muitas variações nas regras dos cassinos. Para detalhes, ver Edward O. Thorp, *Beat the Dealer*, op. cit.; Peter A. Griffin, *The Theory of Blackjack* (Las Vegas, NV: Huntington, 1995); e Stanford Wong, *Professional Blackjack* (La Jolla, CA: Pi Yee, 1994).

8   Este livro abrange mais de oitenta anos, durante os quais o valor do dinheiro mudou drasticamente. Para uma perspectiva mais acurada, o leitor pode converter os valores monetários para dólares correntes, usando o Apêndice A.

9   A descoberta foi um exemplo de análise funcional, em que tanto Taylor quanto o matemático eram especialistas.

10 Nossa reunião aconteceu em 29 de setembro de 1960, e me lembro dos detalhes com base numa carta que escrevi no mesmo dia para um amigo, o matemático Berthold Schweizer.

11 Edward O. Thorp, "A Favorable Strategy for Twenty-One". *Proceedings of the National Academy of Sciences*, v. 47, n. 1, pp. 110-2, 1961.

12 Thorp, 1960. *Fortune's Formula* também é o título de um livro de William Poundstone (Nova York: Hill and Wang, 2005) que cobre parte dessa história sobre blackjack, roleta, mercado de ações e Critério de Kelly.

13 Richard H. Stewart, "Can Beat Blackjack, Says Prof.". *Boston Globe*, p. 1, 24 jan. 1961.

14 Por exemplo, *Columbus Dispatch* (1961), *Las Vegas Sun* (1961), *Miami News* (1961), *New York Herald Tribune* (1961), *New York World Telegram* e *Sun* (1961), *Washington Post* e *Times Herald* (1961).

6. O DIA DO CORDEIRO [pp. 109-27]

1 Thomas Wolfe, *Washington Post*, 25 jan. 1961, p. A3.

2 Paul O'Neil (revista *Life*, 1964), em reportagem de modo geral exata, citou-me erroneamente como tendo afirmado: "Conseguimos uma avaliação na primeira hora da manhã seguinte. Valia dezesseis dólares". As duas afirmações estão erradas. O mesmo equívoco foi repetido por Connie Bruck (*Master of the Game*. Nova York: Simon & Schuster, 1994), embora eu tivesse lhe falado sobre o erro da reportagem da *Life*. É difícil corrigir uma boa citação errada.

3 David G. Schwartz, *Roll the Bones*. Nova York: Gotham, 2006.

4 William Feller, *An Introduction to Probability Theory and Its Applications*. Nova York: Wiley, 1957.

5 O maior investidor em títulos de renda fixa de todos os tempos, William H. Gross, também aprendeu essa lição nos cassinos de Las Vegas. Motivado por *Beat the Dealer*, ele foi para lá no verão de 1966 e converteu duzentos dólares em 10 mil. Ver Bill Gross on Investing, de William H. Gross (Nova York: Wiley, 1997, 1998). Ele aplicaria mais tarde as mesmas ideias, na cogestão de 2 *trilhões* para a Pimco.

6 Concluí depois que eu teria tido uma vantagem se tivesse começado cada rodada com grandes apostas, mantendo-as se a contagem fosse boa e levando o crupiê a embaralhar se fosse ruim.

7 Por que uma bolada de dinheiro maior envolve mais risco de perda total? A razão é em parte técnica e em parte psicológica. Primeiro a técnica: para explorar a bolada maior, tenderíamos a fazer as apostas máximas (quinhentos dólares naquela época), mesmo em situações que fossem só um pouco favoráveis. Isso aumentaria o tamanho das flutuações em nosso cacife e exigiria mais tempo de jogo do que eu tinha disponível para ter certeza razoável de vencer.

Agora, a razão psicológica: X e Y não tinham o meu nível de compreensão nem a minha confiança no sistema. Se, com uma bolada de 100 mil dólares, eles desistiriam quando chegássemos a 60 mil, eu, então, jogaria, faria apostas e assumiria riscos como se tivesse 100 mil, quando, sem que ninguém soubesse, eu na verdade só tinha 60 mil. Essa diferença sutil entre a bolada aparente e a bolada real contribuiu para a queda de muitos jogadores e investidores, como veremos.

Outro problema psicológico que eu não esperava era a insistência de Kimmel em jogar a versão dele do meu sistema, apostando alto, perdendo grande parte dos resultados do trabalho e ainda se recusando a parar.

8   Ivi, a mãe e duas irmãs vieram para os Estados Unidos depois da Segunda Guerra Mundial, como refugiadas da Estônia.

7. CONTAGEM DE CARTAS PARA TODOS [pp. 128-44]

1   Joel Segel, em *Recountings* (Wellesley, MA: A. K. Peters, 2009), conta a história da matemática no MIT.
2   As relações de minha família com o MIT prosseguiram nas duas gerações seguintes. Três dos meus netos, trigêmeos, entraram juntos como calouros. Ver, por exemplo, "Triplets Celebrate After ALL are Accepted to Prestigious MIT..." (*London Daily Mail*, 25 jul. 2015).
3   A linha do tempo do MIT Media Lab erroneamente indica o ano de 1966 como tendo sido o do nosso computador, talvez porque eu tenha revelado pela primeira vez sua existência na edição revisada de *Beat the Dealer*, de 1966. No entanto, o ano correto é 1961, quando o concluímos e o testamos com sucesso em Las Vegas, conforme explicado em numerosas publicações subsequentes, e confirmado por correspondência de agosto de 1961 entre Shannon e eu, agora nos arquivos do Museu do MIT. O dispositivo em si também se encontra no museu.
4   Entre eles estão Emmanuel Kimmel (o sr. X de *Beat the Dealer*), Jesse Marcum (o "baixinho moreno do sul da Califórnia", de *Beat the Dealer*), Russell Gutting ("Junior"), Benjamin F. ("System Smitty") Smith e Mr. F. (que me disseram ser Joe Bernstein, uma "*silver fox*" no livro *Don't Call It Frisco*, do colunista Herb Caen). Marcum parece ter sido o único que de fato adotou o método.
5   Evidentemente, sete não é um número mágico. O verdadeiro número de embaralhamentos varia, dependendo de como se especifica "aleatório", do tipo de embaralhamento e de como se mede "aleatório".
6   *Danger in the Cards* está sem reimpressões há muitos anos.
7   Para mais informações sobre essa viagem, ver as cartas de Thorp e Barnhart em *Blackjack Forum*, v. XVII, n. 1, pp. 102-4, primavera de 1997; v. XX, n. 1, pp. 9-30, primavera de 2000; e v. XX, n. 2, pp. 105-7, verão de 2000.
8   Ele escreveu sobre a nossa experiência numa coluna para um conjunto de publicações intitulada "Even 'Honest' Vegas House Cheats".
9   Por exemplo, "Games: 'Beating the Dealer'" (*Time*, p. 70, 25 jan. 1963).
10 David Scherman, "It's Bye! Bye! Blackjack". *Sports Illustrated*, 13 jan. 1964.
11 Paul O'Neil, "The Professor Who Breaks the Bank". *Life*, pp. 80-91, 27 mar. 1964.
12 Em abril de 1966.
13 Vic Vickery, "Counting on Blackjack". *Las Vegas Style*, pp. 61, 67, maio 1993.
14 Carson City (UPI): *New York Journal-American*, 3 abr. 1964.

8. JOGADORES CONTRA CASSINOS [pp. 145-56]

1   Chamei isso de Complete Point Count (Contagem de Pontos Completa), em *Beat the Dealer*.
2   Para o *trade-off* ótimo entre risco e retorno, o tamanho da aposta em determinada situação é proporcional ao tamanho da bolada. Na medida em que os jogadores de

uma equipe estão incertos sobre o tamanho da bolada do grupo, eles tendem a reduzir um pouco as suas apostas.

3 Busque Hall da Fama do Blackjack no Google para mais informações sobre Francesco, Hyland, Uston e outros, neste capítulo.

4 À medida que aumentava a popularidade do jogo também se expandia a comunidade do blackjack. Primeiro apareceram newsletters especiais para contadores de cartas e, depois, surgiram sites especializados. As newsletters e sites de Stanford Wong forneciam informações na fronteira da tecnologia sobre como e onde melhor jogar para obter mais vantagens. A publicação trimestral *Blackjack Forum*, de Arnold Snyder, apresentou artigos de importantes jogadores e teóricos ao longo de seus cerca de vinte anos de publicação, além de oferecer um bom relato histórico informal da guerra com os cassinos. O *Las Vegas Advisor* era um guia mensal de eventos, com as melhores dicas de alimentação, acomodação e condições de jogo. A Gambler's Book Store, gerenciada por Howard Schwartz, continuava a oferecer os melhores livros mais recentes e sistemas. O site de Richard Reid, <www.bjmath.com>, era um tesouro de artigos, workshops e debates. A rede que assim surgiu acelerou o desenvolvimento de novos métodos para o desenvolvimento de condições de jogo vantajosas.

5 Mais tarde, cálculos mais exatos mudaram um pouco esses números. Eles também variam levemente com o número de baralhos.

6 Escolheu-se treze porque oferecia bom encaixe.

7 Encontra-se uma análise completa das vantagens de vários sistemas de contagem de cartas em *The Theory of Blackjack*, de Peter Griffin, op. cit.

8 Uma maneira fácil de fazer isso é estimar quantas metades de baralho sobram, conforme descrito em *Professional Blackjack*, de Stanford Wong (pseudônimo), op. cit.

9 Se dividir os valores finais da estratégia na tabela 1 por oito e arredondar o cociente para o número inteiro mais próximo, você obtém os valores de 0 ou 1 que compõem a contagem de pontos completa. No entanto, os valores para cartas 7 e 9 são quase tão próximos de 1 e –1, respectivamente, como são de 0. Escolhê-los dessa maneira dá a contagem de pontos alternativa que eu estava usando em Porto Rico.

10 A citação é de Thorp, *Beat the Dealer*, op. cit., pp. 84-5.

11 Sobretudo Keith Taft.

12 Expliquei a ideia em Edward O. Thorp, "Non-random Shuffling With Applications to the Game of Faro" (*Journal of the American Statistical Association*, pp. 842-7, dez. 1973). Uma versão muito ampliada aparece em *Gambling and Society* (Springfield, IL: Charles C. Thomas, 1975), de W. Eadington (Org.), como: "Probabilities and Strategies for the Game of Faro", pp. 531-60.

13 N. R. S. 465.015.

14 *Legends of Blackjack* (Daphne, AL: Research Services Unlimited, 2009), de Kevin Blackwood e Larry Barker, conta as histórias de alguns dos principais profissionais.

15 R. M. Schneidermn, "The Smartest Guy in the Room". *Newsweek*, pp. 56-7, 20 fev. 2012.

16 Inspirado no livro de Ben Mezrich, *Bringing Down the House*. [Ed. bras.: *Quebrando a banca*. São Paulo: Companhia das Letras, 2006.]

17 A newsletter mensal de Stanford Wong é completa.

9. UM COMPUTADOR QUE PREVÊ A ROLETA [pp. 157-73]

1. Karl Pearson, *The Chances of Death and Other Studies in Evolution*. Londres, Nova York: E. Arnold, 1897.

2. *Los Angeles Times*, p. B12, obituário de Albert Hibbs, 27 fev. 2003. Ver também Allan N. Wilson, *The Casino Gambler's Guide*. Nova York: Harper & Row, 1965, 1970.

3. Obituário do Caltech para Hibbs em: <pr.caltech.edu/periodicals>.

4. Décadas depois, o jogador profissional Billy Walters descobriu e explorou a roleta, conforme relatado em *Beating the Wheel*, de Russell T. Barnhart (Nova York: Carol, 1992). Walters é entrevistado em *Gambling Wizards* (Las Vegas, NV: Huntington, 2002), de Richard W. Munchkin, pp. 16-8. Com uma carta de baralho de plástico e alguns minutos diante da roleta, posso dizer se algumas das divisórias que separam os compartimentos no rotor estão altas ou baixas, fixas ou frouxas, e que números serão afetados. Para uma boa avaliação, também verifico se a roda está nivelada e se o rotor está equilibrado no eixo.

5. Agradeço a Richard Cohen por me fornecer essa informação.

6. J. L. Kelly, "A New Interpretation of Information Rate". *Bell System Technical Journal*, v. 35, pp. 917-26, 1956.

7. Edward O. Thorp, "Optimal Gambling Systems for Favorable Games". *Review of the International Statistical Institute*, v. 37, pp. 273-93, 1969; Edward O. Thorp, "The Kelly Criterion in Blackjack, Sports Betting, and the Stock Market". In: S. A. Zenios e W. T. Ziemba (Orgs.), *Handbook of Asset and Liability Management*. Nova York: Elsevier, 2006. v. 1.

8. "A Brief History of Wearable Computing", Linha do Tempo — MIT Media Lab, <www.media.mit.edu/wearables/lizzy/timeline.html>.

9. Paul O'Neil, op. cit.

10. Edward O. Thorp, *Beat The Dealer*, op. cit.

11. Id., "Systems for Roulette I". *Gambling Times*, jan./fev. 1979; Edward O. Thorp, "Physical Prediction of Roulette I, II, III, IV". *Gambling Times*, maio, jul., ago., out. 1979; Edward O. Thorp, *The Mathematics of Gambling*. Secaucus, NJ: Lyle Stuart, 1984.

12. Thomas A. Bass, *The Endaemonic Pie*. Nova York: Houghton Mifflin, 1985.

13. Uma das pessoas mal informadas que escrevem para a Wikipédia alegou que o nosso computador era usado para "enganar" a roleta. Isso é falso. Nós e muitas outras pessoas que depois usaram computadores de roleta e de blackjack não poderíamos ser indiciados com base nos estatutos de logro (ou antijogadores) vigentes em Nevada. Por isso é que a legislatura do estado aprovou uma lei com o objetivo específico de tornar ilegais os "dispositivos".

10. TENDO VANTAGEM EM OUTROS JOGOS DE AZAR [pp. 174-83]

1. S. M. Ulam, *Adventures of a Mathematician*. Nova York: Scribner's, 1976.

2. Essas regras se destinam a tornar a vantagem do cassino basicamente a mesma em duas apostas.

3. Thorp e Walden, "A Favorable Side Bet in Nevada Baccarat". *Journal of the American Statistical Association*, v. 61, n. 314, 1966.

4   Thorp e Walden, "The Fundamental Theorem of Card Counting with applications to Trente-et-Quarante and Baccarat". *International Journal of Game Theory*, v. 2, n. 1, 1973.

5   Peter A. Griffin, op. cit.; Thorp, *The Mathematics of Gambling*. Gambling Times, 1984; Olaf Vancura, *Smart Casino Gambling: How to Win More and Lose Less*. Index Pub Group, 1996.

6   Peter A. Griffin, op. cit.; Thorp (1984), Vancura (1996).

7   Vancura (1996).

11. WALL STREET: O MAIOR CASSINO DA TERRA [pp. 184-95]

1   O Critério de Kelly enfatiza os perigos de apostar em excesso, mesmo quando você tem a vantagem.

2   O Nasdaq Composite por fim superou seu pico de março de 2000 em abril de 2015. Os investidores, contudo, ainda estavam atrás mais de 20% depois do ajuste pela inflação.

3   *Bogle on Mutual Funds*, pp. 169-70 diz: "O conceito de indexação [...] foi introduzido [...] no setor de fundos mútuos em 1976", e, de fato, pelo próprio autor, John C. Bogle.

4   De acordo com o Fidelity Research Institute Report de fevereiro de 2007, o rendimento das ações foi, em média, de 10% ao ano, batendo os imóveis residenciais em mais de 4% ao ano no período 1963-2005, e em mais de 5,5% anualizados no período 1835-2005. Os títulos de renda fixa também se saíram melhor que os imóveis residenciais.

5   Ver, de Robert G. Hagstrom Jr., *The Warren Buffett Way*, (Nova York: Wiley, 1994), pp. 50-1; e, do mesmo autor, *The Warren Buffett Portfolio* (Nova York: Wiley, 1999), pp. 143-4.

6   Sheen T. Kassouf, *Evaluation of Convertible Securities*. Nova York: Analytical, 1962. Um breve sumário de hedging com bônus de subscrição e títulos conversíveis.

7   Você pode ler mais sobre nossas teorias e investimentos em *Beat the Market* em <www.edwardothorp.com> (em inglês).

12. BRIDGE COM BUFFETT [pp. 196-208]

1   Você pode ler sobre sua extraordinária aptidão e carreira científica no site da The National Academics Press, <www.nap.edu/books>, e em *Biographical Memoirs*, v. 53 (1982), da Academia Nacional de Ciências. Em 1974, Gerard, que se tornou um de meus primeiros investidores, usando dinheiro que lhe fora pago por Buffett, faleceu. A esposa, Frosty, viveu por vários anos. Quando ela morreu, parte de seus investimentos na Princeton Newport foi legada à Universidade da Califórnia em Irvine.

2   A clássica segunda edição, de 1940, foi relançada pela McGraw-Hill em 2002.

3   Algumas biografias de Buffett dizem 105 mil dólares. Meu número, do qual me lembro de conversas com Warren, está confirmado pela biografia definitiva de Buffett, *The Snowball: Warren Buffett and the Business of Life*, de Alice Schroeder (Nova York: Bantam, 2008).

4 Os retornos dos investimentos em ações são de Ibbotson Associates (2007).

5 Peter Minuit (1580-1638), governador colonial holandês nos Estados Unidos, ajudou a estabelecer Nova Amsterdam, o assentamento que se tornou a cidade de Nova York. Ele se associou à Companhia das Índias Ocidentais Holandesas e partiu para o assentamento da companhia. Chegou à ilha de Manhattan em 1626 e foi o primeiro diretor-geral da colônia. Minuit comprou a ilha de indígenas algonquinos em troca de quinquilharias avaliadas em sessenta florins holandeses, quantia mais tarde estimada em 24 dólares.

6 De 1626 a 1968 são 342 anos. Vinte e quatro dólares com rendimentos compostos de 8% ao ano resultariam em 6,47 trilhões de dólares, ou ⅛ ou mais do patrimônio líquido dos Estados Unidos na época. Em 2013, esse montante, a 8% ao ano, estaria em 206 trilhões de dólares, o suficiente para comprar a metade do mundo: estimando o patrimônio líquido dos Estados Unidos, nesse ano, em 100 trilhões (77 trilhões para os domicílios e 23 bilhões para o governo) e pressupondo que os Estados Unidos têm 25% do patrimônio líquido total do mundo, chegaríamos à cifra de 400 trilhões de dólares como valor de mercado do mundo.

7 "May the Best Man Lose". *Discover*, pp. 85-91, nov. 2000. Para mais sobre os paradoxos do voto, ver William Poundstone, *Gaming the Vote: Why Elections Aren't Fair (and What We Can Do About It)* (Nova York: Hill and Wang, 2008); Donald G. Saari, "A Chaotic Exploration of Aggregation Paradoxes" (*SIAM Review*, v. 37, pp. 37-52, mar. 1995); e *A Mathematician Looks at Voting* (Providence: American Mathematical Society, 2001).

8 Para mais informações sobre dados não transitivos, ver Martin Gardner, *The Colossal Book of Mathematics* (Nova York: Norton, 2001); e Mark Finkelstein e Edward Thorp, "Nontransitive Dice with Equal Means", em Stewart N. Ethier e William R. Eadington (Orgs.), *Optimal Play: Mathematical Studies of Games and Gambling* (Reno: University of Nevada, 2007).

9 Ver Alice Schroeder, op. cit.

10 Carol Loomis, "The Jones Nobody Keeps Up With". *Fortune*, Personal Investing, abr. 1966.

11 O mundo dos hedge funds no começo de 1968 era pequeno, quase insignificante. O capital total em dólares era menos de um milésimo do que veio a ser em 2016. Em 1968, os vinte maiores fundos variavam em tamanho de 80 milhões a 12 milhões de dólares. No todo, havia cerca de 150 fundos, com capital total de 1 bilhão ou 2 bilhões de dólares. Meio século depois, esse total cresceu para 2 trilhões. Uma vez que o valor em dólar do PIB era cerca de um décimo do que veio a ser 48 anos depois, os hedge funds, comparados com o PIB, cresceram mais de cem vezes de 1968 a 2016.

12 O declínio é registrado em Wyndham Robertson e Angela Haines, "The Hedge Funds' Dubious Prospects, A Report on Twenty-Eight Funds" (*Fortune*, Personal Investing, out. 1970). O grupo consistia nos maiores hedge funds em 31 de dezembro de 1968. O grande vencedor foi a Buffett Partnership, Ltd., que estava fechando depois de doze anos espetaculares, porque os preços das ações estavam altos demais em comparação com o valor subjacente das empresas. O único outro fundo cujos ativos haviam aumentado era Steinhardt, Fine, Berkowitz & Co.

13 *The Wall Street Letter*, Myron Kandel, editor, 17 nov. 1969.

13. FORMANDO UM FUNDO [pp. 209-30]

1   Um ano antes, a Arbitrage Management Company foi constituída para explorar as ideias de hedging expostas em *Beat the Market*. Entre outros, o grupo fundador incluía Harry Markowitz, que mais tarde recebeu o prêmio Nobel de economia, e John Shelton, eminente professor de finanças e teórico de bônus de subscrição. Embora lucrativa, os ganhos não foram suficientes para evitar que saísse de cena depois de três anos.

2   Para um relato completo, ver o inspirador *Annus Mirabilis: 1905, Albert Einstein and the Theory of Relativity* (Nova York: Penguin, 2005), de John e Mary Gribbin.

3   Ver o artigo de Case M. Sprenkle em *The Random Character of Stock Market Prices* (Cambridge, MA: MIT Press, 1964), organizado por Paul H. Cootner.

4   Economistas acadêmicos e teóricos das finanças há muito pressupõem, como na fórmula Black-Scholes, que os títulos do Tesouro e sua versão de curto prazo, as notas do Tesouro, não envolvem riscos. O argumento é que o governo sempre pode imprimir moeda, se necessário, para pagar os juros e resgatar os títulos no vencimento. As batalhas com o Congresso para elevar o teto da dívida, como no choque de 2013, expuseram a falácia. Os Estados Unidos podem pagar suas dívidas, mas também podem optar por não pagar. O calote é possível. Uma vez que os investidores em geral exigem taxa de juros mais alta para comprar títulos de dívida mais arriscados, essa disputa sobre o teto da dívida gerou custos de empréstimos mais altos para o país. Portanto, os oponentes do aumento do teto da dívida contribuíram para aumentar a dívida.

5   Para um relato do que fiz, ver meus artigos na revista *Wilmott*, de setembro de 2002, dezembro de 2002 e janeiro de 2003. Esses artigos também estão disponíveis em meu site, <www.edwardothorp.com>. Para uma introdução aos métodos de raciocínio plausível, ver *Mathematics and Plausible Reasoning* (Princeton: Princeton University Press, 1954), v. I e II, de George Polya, e sua versão mais elementar em *How to Solve It* (2. ed. Nova York: Doubleday, 1957).

6   Para uma análise básica, ver *Derivatives: Models on Models* (Nova York: Wiley, 2007), pp. 27-44, de Espen Gaarder Haug.

7   Black e Scholes reconhecem isso em seu famoso trabalho "The Pricing of Options and Corporate Liabilities" (*Journal of Political Economy*, v. 81, pp. 637-54, maio/jun. 1973).

8   O fato de a fórmula deles ser idêntica à que eu estava usando demonstra que meu raciocínio plausível levava ao resultado correto.

9   Roger Lowenstein, *Buffett: The Making of an American Capitalist*. Nova York: Random House, 1995, p. 156.

10   Em replay maciço, centenas de trilhões de dólares em contratos de derivativos agora são negociados no mercado de balcão (OTC). Mais uma vez, os bancos e as corretoras amam as altas taxas e resistem a padronizar os contratos. Os contratos OTC, negociados no mercado de balcão, demandam margens de garantia pequenas e podem facilmente precipitar um colapso financeiro semelhante ao que vimos em 2008-9. Contratos padronizados negociados em bolsas poderiam eliminar essa ameaça.

11   Anos mais tarde, soube que um operador havia consultado Black e também estava usando fórmulas de preços quando começou a operar na Bolsa de Opções de Chicago (CBOE).

12 Jonathan R. Laing, "Computer Formulas Are One Man's Secret to Success in Market". *The Wall Street Journal*, p. 1, 23 set. 1974.

13 *Fortune's Formula*, op. cit., na p. 172, relata erroneamente que, na época, eu estava ganhando tanto quanto Paul Newman.

14 *Beat the Dealer*, op. cit., pp. 167 ss.

14. LARGANDO NA FRENTE NA REVOLUÇÃO QUANTITATIVA [pp. 231-40]

1 Edward O. Thorp, "Extensions of the Black-Scholes Option Model". Artigos da 39ª Sessão do Instituto Internacional de Estatística, Viena, pp. 1029-36, Viena, ago. 1973.

2 Este é o chamado modelo log-normal para mudanças nos preços das ações. Situação diferente, mas importante, que ele não abrange na avaliação de opções é a distribuição de pagamentos bimodal, ou de dois picos, que surge quando uma empresa faz uma oferta de compra de ações de outra empresa [*tender offer*].

3 Perry Mehrling, *Fischer Black and the Revolutionary Idea of Finance*. Nova York: Wiley, 2005.

4 Ver "Option Pricing: The American Put" (*Journal of Business*, v. 50, n. 1, pp. 21-36, 1977), de Michael Parkinson; e "The Valuation of American Put Options" (*Journal of Finance*, v. 32, n. 2, pp. 449-62, 1977), de Michael J. Brennan e Eduardo Schwartz.

5 Andrew Tobias usou meu relato dessa operação e de várias outras que fizemos em seu livro *Money Angles* (Nova York: Simon and Schuster, 1984), pp. 68-72.

6 Se você ganha 20% no ano um e 30% no ano dois, os multiplicadores da riqueza são 1,20 e 1,30. Multiplicando um pelo outro tem-se 1,56, que é a riqueza relativa [*wealth relative*] dos dois anos consecutivos, o total a que chega um dólar se reinvestido. Portanto, o ganho de dois anos é de 56%, *não* 20% + 30%, ou 50%. Se simplesmente *somar* os números na tabela, você obtém +11,7% para o mercado, que não é assim tão ruim. Mas, para saber a quanto chega um dólar investido no começo de 1973, é preciso *multiplicar* os resultados dos períodos sucessivos, o que produz o número −0,5%. O resultado de investir um dólar por um período é denominado "riqueza relativa" (a riqueza no fim do período). Por exemplo, se você obtém 12% durante o ano, a riqueza relativa para aquele período de doze meses é 1,12. Quando *somamos* os números referentes aos retornos para os sócios de responsabilidade limitada da PNP, o resultado é 42,1%, significativamente menos, nesse caso, que 48,9% decorrentes da *multiplicação* de sucessivas riquezas relativas.

7 Os números de fim de mês para o S&P 500 são de Ibbotson. Como a Grande Depressão foi, em média, deflacionária, os resultados baseados em retornos ajustados pela inflação, ou "reais", são menos extremos.

8 Mais exatamente, "*duration*", que é o tempo médio ponderado descontado do fluxo de pagamentos.

9 Durante as fases iniciais da alta nas taxas de juros, as S&L (associações de poupança e empréstimo) levantavam dinheiro mediante a venda de opções de venda a preços atraentes sobre títulos da Associação Nacional da Hipoteca (Government National Mortgage Association, GNMA). Os títulos de renda fixa em geral são negociados em denominações de milhares de dólares ou quantias "par" e cotados como porcenta-

gem do par, de modo que esses títulos — cotados a 98 — estavam sendo vendidos a 980 dólares cada. As opções de venda que compramos da s&l que as emitia nos deram o direito de vender os títulos para a s&l a esse preço durante a vida da opção, que, em nosso caso, variava de doze a dezoito meses. Se os títulos caíssem, podíamos comprá-los abaixo de 98 e "vendê-los" ao banco, que era obrigado a nos pagar 98 sob os termos do contrato. Se, ao contrário, eles subissem, as opões de venda venceriam, sem valor. Como o preço de uma opção de venda tende a movimentar-se em direção oposta ao do título mobiliário subjacente, hedgeamos o risco de perda com a opção de venda comprando futuros de GNMA ("Ginnie Mae"), isto é, contratos para comprar títulos da GNMA a determinado preço e tempo no futuro. Em mercados futuros, os contratos exigem ajustes diários de ganhos e perdas. Se os preços dos títulos caíssem, teríamos de, durante algum tempo, desembolsar caixa para compensar nossas perdas nos mercados futuros, embora, no fim das contas, acabássemos recuperando o dinheiro ao liquidar nossas opções de venda. Como nossa capacidade de gerar caixa e de tomar empréstimos eram finitas, estávamos limitados quanto ao tamanho do hedge que poderíamos fazer com segurança até o final da operação. Para estimarmos o tamanho máximo de nosso hedge, precisávamos considerar o preço mais baixo a que os títulos da GNMA poderiam cair nos dezoito meses seguintes. O número era 85, uma queda de treze pontos. Eu disse, então: vamos ser supercautelosos e dobrar nossa margem de segurança para cobrir um colapso de 26 pontos, ou um preço de 72. Essa prudência foi recompensada quando o inesperado aconteceu e os títulos caíram para a mínima de 68 durante o período de nossa operação.

15. SUBIR... [pp. 241-51]

1   Era, então, a Graduate School of Management.

2   Rendimento do lucro [*earning yield*] é L/P, onde L é lucro anual (seja o dos últimos doze meses, seja o previsto para os próximos doze meses — o que for escolhido). Esse indicador é o inverso do P/L, o famoso índice preço/lucro, mas o L/P é melhor por causa dos problemas na interpretação do P/L, quando L é zero ou negativo.

3   Bruce I. Jacobs e Kenneth N. Levy (Orgs.), *Market Neutral Strategies*. Nova York: Wiley, 2005.

4   O horário de funcionamento da Bolsa de Valores de Nova York era de dez às dezesseis horas, de segunda a sexta-feira, de 1º de outubro de 1974 até 30 de setembro de 1985, quando a abertura mudou para 0h30.

5   Entre eles, havia o swap de taxa de juros (o objetivo aqui era hedgear o risco de taxa de juros em nossas posições), os títulos *cash and carry*, as commodities *cash and carry*, gerando lucro quando os *closed-ended funds* (fundos fechados como empresas de investimento de capital aberto, cujas cotas são negociadas como ações em bolsas de valores) podiam ser comprados abaixo do valor de liquidação, e negócios especiais.

6   Eu soube recentemente, ao ler a entrevista de Harry Markowitz em *Masters of Finance* (Village, CO: IMCA, 2014), p. 109, que ele e Usmen obtiveram a mesma resposta para as mudanças no preço do s&p 500 que nós conseguimos para um conjunto de dados muito mais amplo, de duzentas ações. O trabalho deles, feito pouco antes de 1987, e

448

apresentado antes de receberem o prêmio Nobel de Economia, em 1990, foi rejeitado, de início, para publicação (!), aparecendo em outro lugar somente em 1996.

7   O impacto do mercado se refere ao fato de que as "ordens a mercado" de compra são, em média, executadas ao ou acima do preço anterior mais recente e as "ordens a mercado" de venda tendem a ser executadas a ou abaixo do preço anterior mais recente.

8   O período contábil com a duração ímpar de cinco meses foi adotado pela PNP porque o fim do exercício social da empresa mudou, em 1987, de 31 de outubro para 31 de dezembro.

9   As métricas comuns são o índice de Sharpe, o índice de Sortino, a distribuição de saques e o índice MAR (retorno anual dividido pelo saque máximo). Ver, por exemplo, a série de três partes de William Ziembra "The Great Investors", na revista *Wilmott* de março, maio e julho de 2006.

10 Para comparação, o S&P 500 caiu em onze dos 32 trimestres inteiros, enquanto as ações de pequenas empresas caíram em treze.

16. ... E CAIR [pp. 252-61]

1   James B. Stewart, *Den of Thieves*. Nova York: Simon and Schuster, 1991.

2   Scott Patterson, *The Quants: How a New Breed of Math Whizzes Conquered Wall Street and Nearly Destroyed It*. Nova York: Crown, 2010.

3   Conversa com Scott Rafferty, da Citadel.

4   A lista Forbes 400 provavelmente não inclui pessoas que deveriam estar nela. Os números são estimados e as riquezas flutuam, de modo que as classificações não são exatas. Por exemplo, Warren Buffett já se qualificava quando a lista foi iniciada em 1982, mas só o descobriram em 1985! Também ausentes na lista da *Forbes* estão "The $13 Billion Mystery Angels" [Os anjos misteriosos de 13 bilhões de dólares] do artigo de Zachary Mider (*Bloomberg Businessweek*, 8 maio 2014). Mider revela que o grupo de ex-funcionários da PNP acumulou pelo menos 13 bilhões de dólares nos 25 anos subsequentes à formação de seu próprio negócio, em 1989, com a ajuda de nossos métodos quantitativos e algoritmos de computador.

5   Sobre alguns de seus pensamentos, ver J. Paul Getty, *How to Be Rich: The Success of a Billionaire Businessman* (Nova York: Playboy, 1965).

6   *Los Angeles Times Magazine*, pp. 10 ss. e p. 35, 23 jan. 2000.

7   Quando D. E. Shaw contratou um de nossos principais funcionários, a primeira coisa que fizeram foi interrogá-lo durante seis horas, para descobrir tudo o que ele podia lhes dizer sobre a PNP.

8   O programa tinha métodos para incorporar a deterioração da qualidade e o risco de calote de crédito, características que, acho, eram únicas na época.

17. PERÍODO DE AJUSTE [pp. 262-76]

1   *The New Yorker*, 16 maio 2005.

2   Escolhemos uma amostra de dez negociações com opções, das quarenta que ainda não tínhamos comprovado serem falsas.

3 Para a história clássica de um transtorno jurídico, ver o caso Jarndyce versus Jarndyce no romance *A casa soturna*, de Charles Dickens.

4 Se Madoff está de fato conseguindo 20% ao ano e suas melhores alternativas rendem, digamos, 16% ao ano, então eles ficam com apenas 4% ao ano.

5 Michael Rothfeld e Jenny Strasburg, "SEC Accused of Destroying Files". *The Wall Street Journal*, p. C2, 18 ago. 2011.

6 Erin E. Arvedlund, "Don't Ask, Don't Tell". *Barron's*, 7 maio 2001.

7 "Bernard Madoff Gets 150 Years in Jail for Epic Fraud (Update 7)", <Bloomberg.com>, 29 jun. 2009.

8 "Bernard L. Madoff Charged in Eleven-Count Criminal Information", comunicado de imprensa, promotor federal do Distrito do Sul de Nova York, 10 mar. 2009.

9 Um certo Jeffry M. Picower, segundo o *The New York Times*, p. B2, 5 jul. 2009. De acordo com reportagem posterior de Diana B. Henriques no *The New York Times*, p. B5, 2 out. 2009, o curador responsável pela liquidação dos ativos de Madoff, Irving H. Picard, "relatou que uma das contas de Picower fora alvo de saques a descoberto de 6 bilhões de dólares quando o sr. Madoff foi preso".

10 Se metade dos palpites da multidão está em cada lado da média, é fato matemático que a média estará mais perto do valor correto do que pelo menos metade das estimativas individuais. O interessante é que o consenso da multidão, em geral, é ainda muito melhor.

11 "The Money Man: A Three-Time Winner". *Forbes*, pp. 96-7, 25 nov. 1991.

12 Hoje até se poderia mudar o título para "O problema do(a) companheiro(a)".

18. FRAUDES E PERIGOS [pp. 277-84]

1 Umas duas semanas depois do trote da EMLX, o *Los Angeles Times* relatou que a SEC, numa "varredura de fraudes na rede", acusou 33 empresas e pessoas físicas de usar ilegalmente a internet para lucrar mais de 10 milhões de dólares, impulsionando os preços de mais de setenta ações de pequenas empresas, pouco negociadas, badalando-as em salas de bate-papo, em sites e em mensagens de e-mail.

2 Dois relatos agradáveis e divertidos são os famosos *Extraordinary Popular Delusions and the Madness of Crowds* [Engodos populares extraordinários e a loucura das multidões], de Charles MacKay, e sua sequência mais recente, *Ponzi Schemes, Invaders from Mars and Other Extraordinary Popular Delusions* [Esquemas de pirâmide, invasores de Marte e outros engodos populares extraordinários], de Joseph Bulgatz.

3 Ver p. 71 de Robert Haugen, *The New Finance: The Case Against Efficient Markets* (2. ed. Upper Saddle River, NJ: Prentice Hall, 1999).

4 Sal Arnuk e Joseph Saluzzi, "Toxic Equity Trading Order Flow on Wall Street", A Themis Trading LLC White Paper, <www.themistrading.com>; e "Algo Traders Take $21bn in Annual Profits", de Tom Fairless, do *Financial News*, citando a empresa de pesquisas Tabb Group.

5 Relatado às 13h22, horário de Nova York, em 24 jul. 2009.

6 Charles Duhigg, "Traders Profit With Computers Set at High Speed". *New York Times*, p. A1, 24 jul. 2009; Charles Duhigg, "SEC Starts Crackdown on 'Flash' Trading Techniques". *The New York Times*, p. B1, 5 ago. 2009. Ver também: Scott Patterson e Rogow Geoffrey, "What's Behind High-Frequency Trading" (*The Wall Street Journal*, p. B1,

1-2 ago. 2009); e Paul Wilmott, "Hurrying Into the Next Panic?" (*The New York Times*, p. A19, 29 jul. 2009).

7 Paul Krugman, "Rewarding Bad Actors". *The New York Times*, p. A19, 3 ago. 2009. Ver também Matthew O'Brien, "High Speed Trading Isn't About Efficiency — It's About Cheating" (*The Atlantic*, fev. 2014).

8 O valor em dólar de todas as negociações com ações dos Estados Unidos varia de ano para ano, assim como a parcela negociada por operadores de alta frequência.

9 *The New York Times*, 28 set. 2000.

19. COMPRANDO NA BAIXA, VENDENDO NA ALTA [pp. 285-99]

1 The Medallion Fund, um hedge fund fechado para novos investidores, dirigido pelo matemático James Simons, inclui operação de negociações de mercado semelhante à nossa, mas muito maiores, com giro mais alto e volume anual muito mais amplo. Agora um veículo de investimentos de Simons e associados, em sua empresa Renaissance Technologies Corporation, ele é provavelmente o fundo de hedge mais bem-sucedido da história.

2 David Gelbaum.

3 Sobre isso e muito mais, ver *A Demon of Our Design* (Nova York: Wiley, 2008), de Richard Bookstaber.

4 Ver o livro *The Quants*, de Scott Patterson, op. cit.

5 Baseou-se na noção estatística de "componentes principais"; nós os denominamos ETS, de "Equity Trading System".

6 Ver "A Three Time Winner" (*Forbes*, pp. 96-9, 25 nov. 1991) e o artigo "Risk Arbitrage in the Nikkei Put Warrant Market of 1989-1990" (*Applied Mathematical Finance*, v. 2, pp. 243-71, 1995, de Shaw, Thorp e Ziemba.

7 O gráfico faz com que os retornos na segunda época pareçam ainda mais variáveis do que de fato eram em relação à primeira. O dispositivo adequado para comparar a variabilidade e as taxas de crescimento é um gráfico denominado log-normal. Para esse gráfico do desempenho da XYZ, ver Edward O. Thorp, "Statistical Arbitrage, Part VI" (*Wilmott*, pp. 34-6, jul. 2005).

8 Segundo se relata, a secreta Renaissance Partners, de Simons, teve experiência semelhante em agosto de 2008, perdendo 8% ou algo parecido em poucos dias, para depois recuperar-se e gerar mais de 100% no ano.

9 Uma vez que as seis pessoas em meu escritório também tinham outras atribuições, dispúnhamos de apenas 3,5 "equivalentes a tempo integral" no projeto.

10 As empresas que fazem arbitragem estatística, como o hedge fund do grupo Citadel, já tinham grande parte da tecnologia, do talento e da expertise que mais tarde seriam indispensáveis para desenvolver e implementar negociações de alta frequência (*high frequency trading* — HFT). Para um relato sobre HFT, ver o livro *Flash Boys* (Nova York: W. W. Norton, 2015), de Michael Lewis. Em 2005, três anos depois de termos saído do negócio de arbitragem estatística, Steve e eu trabalhamos com Jerry Baesel, que estava, então, no Morgan Stanley Asset Management, para ver se valeria a pena recomeçar. Concluímos que seria marginal, porque nossas simulações mostravam retorno recente não nivelado em torno de 10%, não bastante atraente em

comparação com outras oportunidades de investimentos então disponíveis. Nesse meio-tempo, colocamos o software, ainda embalado, na prateleira, com uma etiqueta recomendando: "Para reativar, acrescente nome e data". Se tivéssemos rodado o programa durante a crise financeira de 2008-9, suspeito que teríamos uma repetição de nossos resultados "miraculosos" de 1998-9.

20. INVESTINDO COM TUDO NOS BANCOS [pp. 300-5]

1   O número de ações para o qual um depositante pode se inscrever varia de uma para outra oferta, mas, em geral, se situa entre ¼ % e 1% da emissão.

2   Se, por exemplo, o valor do negócio VM fosse cinco dólares em vez de dez, a administração se servisse de três dólares do valor final da empresa e as despesas de vendas fossem de um dólar, os compradores da IPO (oferta pública inicial) auferiram um valor de $5 + 10 - 3 - 1 = 11$ para os seus dez dólares. O mercado não reconheceria esse valor de imediato, e a ação começaria a ser negociada abaixo de onze dólares cada. Enquanto isso, os preços de mercado para o grupo L&S como um todo poderiam cair, também puxando para baixo o preço das novas ações. Ou, se o mercado vê a administração como gananciosa — três dólares é muito para ficar só para eles — ou não a considera competente para operar o novo capital, a ação declinará.

3   O conceito de custo de oportunidade se refere à oportunidade a que se renunciou ao fazer outra escolha. Além do custo de redirecionar o capital de outros investimentos, inclui o valor de qualquer projeto que não executamos porque direcionamos nosso tempo pessoal ao projeto da L&S.

21. UMA ÚLTIMA BAFORADA [pp. 306-14]

1   Depois que a BPL fechou, Buffett acumulou ações da Berkshire sempre que podia, em geral dos amigos, associados e sócios. De acordo com Schroeder em *A bola de neve*, como a empresa não era de capital aberto, as ações eram negociadas em âmbito privado, entre as partes.

2   Forbes 400, p. 122, 22 out. 1990.

3   Discretamente.

4   Buffett era tão fechado em relação aos seus planos que os próprios filhos venderam suas ações cedo demais. Comecei a comprar mais ou menos na época em que a filha dele, Susie, vendeu suas últimas.

5   Os investidores "comuns" tendem a deslocar o dinheiro das ações em baixa para as ações em alta, estratégia às vezes denominada caça de retornos. Um estudo acadêmico de todos os fundos mútuos de ações dos Estados Unidos, abrangendo o período de 1991 a 2004, mostrou que esse comportamento adotado pelos investidores de fundos reduziu seus retornos anuais em 1,6% na média; Geoffrey C. Friesen e Travis R. A. Sapp, "Mutual Fund Flows and Investor Returns: An Empirical Examination of Fund Investor Timing Ability" (*Journal of Banking and Finance*, set. 2007). Resumido em Mark Hulbert, "Buying High and Selling Low" (*The New York Times*, Mutual Fund Report, p. 18, 12 jul. 2009).

6   Paul Marx me contou essa história.

7   Conforme praticado por Graham, Dodd, Buffett, Munger, Fisher e outros.

22. PROTEGENDO SUAS APOSTAS [pp. 315-25]

1   As mazelas dos fundos de dotações de Harvard são comentadas em "Rich Harvard, Poor Harvard" (*Vanity Fair*, p. 106 e ss., ago. 2009), de Nina Munk.

2   Essa estimativa de perda de 18% costuma ser citada pelo setor e eu a uso em todo este livro. No entanto, ela subestima em muito a queda, porque alguns fundos não descontaram totalmente os ativos tóxicos, outros com ativos sem liquidez os relataram tarde demais para serem considerados; além disso, como os relatórios são voluntários, os fundos com grandes perdas são menos propensos a revelá-las, e também é provável que o impacto dos fundos que desapareceram durante o ano não tenha sido incluído.

3   *The New York Times*, p. B1, 25 mar. 2009.

4   A média das taxas de incentivos em 2015 foi de 17,7% do lucro, em comparação com 19,3%, em 2008, de acordo com o *The Wall Street Journal*, 10 set. 2015. As taxas de administração caíram para a média de 1,54%.

5   Os estudos tiveram dificuldade em obter dados de longo prazo limpos e em eliminar o viés do sobrevivente (*survivorship bias*): os fundos que morreram cedo podem não estar no banco de dados e é provável que tenham apresentado pior desempenho. A omissão desses fundos extintos e a inclusão apenas dos fundos sobreviventes favorecem os resultados.

6   Ilia D. Dichev e Gwen Yu, "Higher Risk, Lower Returns: What Hedge Fund Investors Really Earn". *Journal of Financial Economics*, v. 100, pp. 248-63, 2011; Simon Lack, *The Hedge Fund Mirage*. Nova York: Wiley, 2012.

7   "Buzzkill Profs: Hedge Funds Do Half as Well as You Think" (*Bloomberg Businessweek*, 17 ago. 2015) relata um estudo de Getmansky, Lo e Lee. Usando dados de 1996 até 2014, eles concluem que o retorno médio divulgado de 12,6% foi na verdade de 6,3%, quando se incluem os fundos com pior desempenho, que tendem a não publicar resultados.

8   *Júlio César*, Ato I, cena II, falas 140-1.

9   *International Fund Investment*, p. 64, abr. 2000.

10   *The New York Times*, p. B1, 25 mar. 2009.

11   Id., edição nacional, p. C10, 9 set. 1999.

12   Considere o fenômeno estatístico da regressão para a média.

13   Numerosos livros e artigos relatam o que aconteceu, como Roger Lowenstein, *When Genius Failed* (Nova York: Random House, 2001); "Failed Wizards of Wall Street" (*Business Week*, pp. 114-20, 21 set. 1998); e "Hedge Fund's Star Power Lulled Big Financiers Into Complacency" (*The New York Times*, 23 out. 1998), de Timothy L. O'Brien e Laura M. Holson. Para alguns comentários, ver a narrativa de Tim O'Brien "When Economic Bombs Drop, Risk Models Fail" (*The New York Times*, 4 out. 1998). Um programa sensacional da *Nova* sobre LTCM que foi ao ar em fevereiro de 2000 afirmou que o total dos contratos em aberto da empresa chegava a 1 trilhão de dólares.

23. ATÉ QUE PONTO OS RICOS SÃO RICOS [pp. 326-36]

1   Talvez boa demais. Mais tarde, ele roubou milhões de sua empresa e fugiu para o Brasil.
2   *Forbes*, p. 60, 11 out. 1999.
3   *Orange County Register*, Business, p. 3, 7 mar. 2014.
4   Qual é o tamanho da economia subterrânea? Qual é o valor das empresas de capital fechado, com ações não negociadas em bolsas de valores? Quanto da riqueza nacional acumulada em patentes, direitos autorais e inovação está sendo considerado? Grande parte do trabalho doméstico não é monetizado e, portanto, não é incluído na renda nacional.
5   Fonte: reportagem da revista *Money* sobre um estudo da Universidade de Michigan, cujo principal autor é Fabian T. Pfeffer. Grande parte do aumento na desigualdade decorre do fato de os preços das casas serem mais ou menos os mesmos em 2014 e em 2003, enquanto o valor de mercado das ações de empresas americanas, representadas pelo s&p 500, dobrou no mesmo período. Os ricos têm proporção maior de sua riqueza em ações e menos em imóveis do que as pessoas mais pobres.
6   Ibbotson Associates, anuário.
7   Ele economizaria mais por dia nos anos subsequentes, pressupondo que o preço dos cigarros aumenta com a inflação.
8   <quickenloans.quicken.com/Articles/fthbc_afford_budget.asp>.
9   Cálculo mental pela regra 240, no Apêndice C.
10   Imagine a lei de potência $N = AW^{-B}$, em que W é um nível de riqueza bastante alto para excluir a maioria das pessoas e N é o número de pessoas que têm pelo menos W, e A e B são desconhecidos. Os dois fatos que usei para encontrar A e B são (1) quando $N = 400$, $W = 1{,}3$ bilhão de dólares, e (2) a riqueza total das quatrocentas pessoas era 1,2 trilhão de dólares, dando o valor médio de três vezes o valor do corte. O resultado é $N = 400\,[(1{,}3\ \text{bilhão})/W]^{4/3}$. O valor 4/3 para B parece ser mais ou menos o mesmo de ano para ano, na medida em que a riqueza média parece ser cerca de três vezes o valor do corte. Portanto, é possível recalibrar a fórmula a cada ano em que essa afirmação é verdadeira, simplesmente substituindo 1,3 bilhão de dólares pelo valor corrente do corte. Usando os dados de 1999 em "How Rich Is Rich? — Part 1", na revista *Wilmott* de julho de 2003, pp. 44-5, descobri um valor ligeiramente diferente, de 1,43, em vez de 4/3. Talvez por coincidência, a edição Forbes 400 de 2009 oferece um calculador, usando essa fórmula, na p. 20, em <forbes.com/baldwin>. *Forbes*, p. 20, diz que a fórmula usa o expoente 0,7, que é igual a 1/B e, portanto, um valor de B de 1,43. A fórmula da *Forbes* inverte a minha e expressa W como função de N. Para uma análise mais extensa das fórmulas para estimar riqueza e renda, incluindo evidências para a equação de Pareto, ver Herbert Inhaber e Sidney Carroll, *How Rich Is Too Rich?* (Nova York: Praeger, 1992) e suas muitas outras referências, assim como Scafetta, Picozzi e West, "An Out-of-Equilibrium Model of the Distribution of Wealth" (*Quantitative Finance*, v. 4, pp. 353-64, 2004).
11   *The Orange County Business Journal* listou 36, com Kobe Bryant, astro do basquete dos Lakers, em 36º lugar, com 250 milhões de dólares. Como sei de pessoas que eles não incluíram, o número 49 talvez esteja mais perto da verdade.
12   O domicílio Gates tinha tanta riqueza quanto 150 mil domicílios médios dos Estados Unidos. Em outras palavras, um milésimo de *toda* a riqueza privada do país.

13 Dando um passo adiante, é possível calcular a riqueza de alguém, em dólares correntes, estimando o valor presente de suas poupanças futuras, mais o seu patrimônio líquido atual. Esse processo é semelhante a alguns métodos usados por analistas para calcular o valor de mercado de uma empresa em dólares correntes e, em consequência, o preço justo de suas ações. Usando uma taxa de inflação futura estimada, é possível, então, chegar ao valor de sua fortuna, em qualquer data futura.

14 *Bloomberg*, 17 ago. 2009, citando Emmanuel Saez, professor de economia da UC--Berkeley, conhecido por sua sequência de estudos e estatísticas sobre a distribuição de renda e riqueza nos Estados Unidos. Observe que a média de 37 milhões de dólares, dividida pelo corte de 11,5 milhões, é 3,2, muito próxima do resultado do mesmo cálculo para a distribuição de riqueza da Forbes 400, sugerindo que a renda tributável dos super-ricos em 2007 seguia a mesma, ou quase a mesma, lei de potência da riqueza.

24. CRESCIMENTO COMPOSTO: A OITAVA MARAVILHA DO MUNDO [pp. 337-43]

1 As fontes alegadas incluem Benjamin Franklin, vários Rothschild, Albert Einstein, Bernard Baruch e "desconhecido".

2 Esses números não incluem custos de negociação e imposto de renda. O investidor que compra e fica com as ações tem poucos custos de negociação e só é tributado nos dividendos. A tributação, quando há, depende do investidor.

3 A denominada utilidade marginal decrescente.

4 Adultos com a mesma idade cronológica são muito diferentes quanto à aptidão física. Os que se qualificam para os Jogos Olímpicos Seniores têm idade funcional e idade de aptidão física 25 anos inferior, em média, à idade cronológica, conforme relatado em "Older Athletes Have a Strikingly Young Fitness Age", de Gretchen Reynolds (*The New York Times*, 1 jul. 2015). Estudos de gêmeos idênticos fornecem evidências convincentes dos benefícios dos exercícios físicos para a longevidade. Ver, por exemplo, "One Twin Exercises, the Other Doesn't" (*The New York Times*, 4 mar. 2015), de Gretchen Reynolds.

5 Supondo que ele trabalhe em média cerca de vinte dias por mês.

6 Os custos incluem combustível, manutenção, seguro, licenciamento e depreciação, mais o tempo gasto pelo proprietário com essas questões.

25. SUPERE A MAIORIA DOS INVESTIDORES INVESTINDO PASSIVAMENTE [pp. 344-52]

1 O Vanguard Total Stock Market Index Admiral Shares, VTSAX, faz isso. Na verdade, ele investe em cada ação proporcionalmente ao valor de mercado do denominado *float*, que é a fração estimada das ações disponíveis para negociações frequentes, em oposição às ações mantidas em carteira, que não estão disponíveis para negociações frequentes. A diferença de desempenho entre os dois métodos é desprezível.

2 Justin Fox, em *The Myth of the Rational Market* (Nova York: Harper Business, 2009), p. 119, relata que Ben Graham, em 1962, observou que os fundos de investimento como um todo não tendem a superar o desempenho do mercado, "porque, em sentido muito significativo, eles... são o mercado".

3 William Sharpe, "The Arithmetic of Active Management". *Financial Analyst's Journal*, v. 47, n. 1, pp. 7-9, jan./fev. 1991.

4 De acordo com Lipper, Inc., *The Wall Street Journal*, 6 jul. 2009, seção R, só o índice médio de despesas dos fundos mútuos de ações era 1,22% em 2007, em comparação com 0,20% para os fundos de índices de ações *no-load* (sem cobrança de comissão) da Vanguard. Como o índice de despesas é apenas parte das taxas pagas pelo investidor, os "ajudantes" cobram muito mais de 1% por ano e, com os custos de negociação, os investidores ativos carregam passivos bem acima de 2% ao ano.

5 Fund Track, coluna de Sam Mamudi, *The Wall Street Journal*, p. C9, 8 out. 2009.

6 Esses ganhos ou perdas tributáveis extras serão compensados mais tarde, quando se liquidam os investimentos.

7 Depois dos impostos, fico com 70% do preço de venda. Para voltar a cem dólares, os setenta remanescentes precisam aumentar em trinta, ou 42,9%.

26. VOCÊ CONSEGUE VENCER O MERCADO? VALE A PENA TENTAR? [pp. 353-65]

1 Parece insensato, à primeira vista. Significa que ninguém tem informação de qualquer espécie com valor preditivo.

2 Eles enfrentam o conflito conhecido como dissonância cognitiva.

3 Excelente narrativa desses meandros é o livro *The Myth of the Rational Market*, de Justin Fox, op. cit.

4 Interpretado como o valor líquido pago ou acumulado em benefício do proprietário único.

5 Conforme relatado por James Stewart em *Den of Thieves* (Nova York: Simon and Schuster, 1991), por Connie Bruck em *The Predators' Ball* (Nova York: Penguin, 1988) e outros.

6 Andrew Tobias, *Money Angles*. Nova York: Simon and Schuster, 1984, pp. 71-2. Com frequência, a administração se oferece para resgatar as cotas a um preço intermediário, pagando, assim, pela saída dos dissidentes e retendo uma base de cotas não resgatadas, por cuja gestão ainda é remunerada.

7 Comprar os fundos fechados SPACS [*special purpose acquisition corporations*] envolvia riscos, uma vez que os ativos não eram protegidos contra os credores em caso de falência. Jeff, que desenvolveu a estratégia, pesquisava os riscos em cada caso, antes de investir.

8 Omiti detalhes como o fato de o caixa necessário para o investimento estar sujeito a variações, além dos 9 mil dólares do exemplo, por causa das interações da regulação de margem com o portfólio preexistente do investidor e também em razão das variações no tempo das marcações a mercado das posições a descoberto.

9 "Palm Soars as 3Com Unit Makes Its Trading Debut". *The Wall Street Journal*, p. C19, 3 mar. 2000.

10 Burton G. Malkiel, *A Random Walk Down Wall Street*. Nova York: W. W. Norton, 2007.

11 "Offspring Upstages Parent in Palm Inc.'s Initial Trading". *The New York Times*, p. A1, 3 mar. 2000.

12 Em geral demora semanas ou meses para que o preço da ação se ajuste totalmente, depois do anúncio de lucros inesperados, recompras de ações e cisões.

27. ALOCAÇÃO DE RECURSOS E GESTÃO DA RIQUEZA [pp. 366-79]

1   As empresas de gestão de fundos mútuos e os hedge funds têm, em si, considerável valor de mercado, mas já foram incluídas na subcategoria de *private equity* (empresas de capital fechado).

2   Para uma análise altamente matemática desse efeito, às vezes denominado *"volatility pumping"* [bombeamento de volatilidade], ver Leonard C. MacLean, Edward O. Thorp e William T. Ziemba (Orgs.), *The Kelly Capital Growth Investment Criterion: Theory and Practice* (Hacksensack: World Scientific, 2011).

3   Para uma história abrangente dos retornos dos mercados de ações mundiais, ver *Triumph of the Optimists* (Princeton: Princeton University Press, 2002), de Elroy Dimson, Paul Marsh e Mike Staunton.

4   "Causes of the United States Housing Bubble", Wikipédia, versão 16 set. 2009; William Ziemba, "What Signals Worked and What Did Not 1980-2009, Parts I, II, III". *Wilmott*, maio, jul. e set. 2009.

5   *Em média*, ganha-se muito dinheiro, bem acima da inflação, com imóveis comerciais, mas não com imóveis residenciais. Os proprietários e pretensos compradores em geral não compreendem essa distinção. Também são iludidos pelas histórias de grandes vencedores, em várias épocas e em diferentes localidades. Eles compartilham esse erro comum com os investidores do mercado de ações, o que não é surpresa, uma vez que muitos desses proprietários de imóveis e investidores em ações são as mesmas pessoas. Os teóricos de finanças comportamentais já analisaram essa tendência humana.

6   John Hechinger, "Princeton's Endowment Declines 23 Percent". *The Wall Street Journal*, p. C3, 30 set. 2009.

7   O título *Fortune's Formula* [Fórmula da fortuna] deveria soar familiar, uma vez que foi o título de uma palestra que dei sobre o blackjack na Sociedade Americana de Matemática em 1961. Bill Poundstone teve a consideração de perguntar se poderia usá-lo como seu título. Em *Beat the Dealer* eu a chamei, com muita naturalidade, de Sistema de Jogo Kelly. Desde 1966, passei a denominá-la Critério de Kelly, e o nome pegou.

8   Você pode ler sobre os detalhes em artigos que escrevi, a maioria deles disponível em meu site, em: <www.edwardothorp.com>.

9   Além da história de Poundstone, os leitores com conhecimento em matemática podem estudar alguns dos avanços recentes, em rápido desenvolvimento, em Leonard C. MacLean, Edward O. Thorp e William T. Ziemba (Orgs.), op. cit.

10   Scott Patterson, "Old Pros Size Up the Game". *The Wall Street Journal*, p. A9, 22 mar. 2008. Gross deixou a Pimco em 2014 e foi para a Janus administrar dinheiro.

11   Ver "Understanding the Kelly Criterion" (*Wilmott*, pp. 57-9, maio 2008), de Edward O. Thorp; e <undergroundvalue.blogspot.com/2008/02/notes-from-buffett-meeting--2152008_23.html>.

12   As simulações foram feias pelo matemático Art Quaife.

28. RETRIBUINDO [pp. 380-6]

1   Por que não continuar com as ações da Berkshire? Uma razão é que não consigo prever quem gerenciará a dotação no futuro distante e acredito que seja melhor adotar

o bem conhecido método mecânico da indexação. Assim se evita o desperdício que ocorre nos investimentos ativos.

2   *Fortune*, 11 ago. 2003.

3   Como citado em Steven B. Sample e Warren Bermis, *Los Angeles Times*, Book Reviews, p. R9, 13 jul. 2003.

4   Agradeço ao professor Ronald Stern por me encorajar e me facilitar a criação da cátedra; a Paul Marx, da University Foundation, pela assistência jurídica e por muitas conversas criativas; e à minha esposa, Vivian, por seu papel na criação das condições que possibilitaram nossa contribuição.

5   Ver *The Bond King* (Nova York: Wiley, 2004), de Timothy Middleton; e *Everything You've Heard About Investing is Wrong* (Nova York: Random House, 1997), de William H. Gross; assim como a versão revisada de *Bill Gross on Investing* (Nova York: Wiley, 1997, 1998), de William H. Gross.

6   William H. Gross, 1997, op. cit., p. 90.

7   A ideia de reunir-me com Bill Gross partiu do prof. Stern, então reitor da Escola de Ciências Físicas, e Greg Gissendanner, que era diretor de desenvolvimento universitário da UCI na escola. Meu amigo e advogado Paul Marx conhecia Bill e marcou o almoço.

8   Sue e Bill Gross depois doaram mais 4 milhões de dólares para completar o centro de conferências e os laboratórios no quarto andar.

29. CRISES FINANCEIRAS: LIÇÕES NÃO APRENDIDAS [pp. 387-406]

1   Fontes: <www.finance.yahoo.com>, preços de fechamento diários, ajudados por desdobramentos e dividendos. Os números estão arredondados de 1565,15 e 676,53.

2   Federal Reserve, conforme relatado no *Los Angeles Times*, 12 mar. 2010.

3   Os sucessivos aumentos de 10% sobre o preço da ação anterior, compostos, aumentaram o preço da ação de cem dólares para 110, a seguir para 121, 133,10 etc., chegando a 161,05 dólares depois do quinto aumento.

4   Os retornos no fim do mês, do fim de 1925 até o fim de agosto de 1929, mostram que não houve declínio no índice depois do pico prévio de 10%, sugerindo que as condições eram boas para tomar empréstimos, à medida que os preços das ações subiam.

5   Para uma análise da margem de manutenção, ver, por exemplo, *Beat the Market*, de Edward O. Thorp e Sheen T. Kassouf (Nova York: Random House, 1967), cap. 11.

6   Wikipédia.

7   *Frontline: The Warning*, 20 out. 2009, <pbs.org>, disponível em DVD.

8   O que teria sido produzido por trabalhadores desempregados nunca é "compensado". O desperdício social inclui a deterioração de casas abandonadas e descuidadas e o impacto de vidas arruinadas na sociedade.

9   Paul Krugman, "How Did Economists Get It So Wrong?". *The New York Times Magazine*, pp. 36-43, 6 set. 2009.

10 Scott Patterson, *The Quants*, op. cit.

11 Ele também disse, sobre o mesmo ponto, "a longo prazo, todos estaremos mortos".

12 Scott Patterson, *The Wall Street Journal*.

13 Paul Krugman, "Good and Boring". *The New York Times*, Op-Ed, 1 fev. 2010.

14 Michael Hiltzik, "Echoes of Bell in CEO Salaries". *Los Angeles Times*, p. 31, 3 out. 2010. *The Wall Street Journal* (conforme reimpresso em *The Orange County Register*,

Business, p. 3, 11 maio 2014) diz que um estudo do Instituto de Política Econômica descobriu que, nas 350 empresas com as maiores vendas, os CEOs recebiam dezoito vezes o salário dos trabalhadores em 1965 e que esse múltiplo aumentou para 201, em média, em 2012.

15 Moshe Adler, "Overthrowing the Overpaid". *Los Angeles Times*, Opinion, p. A15, 4 jan. 2010.

30. PENSAMENTOS [pp. 407-15]

1 Garrett Hardin, "The Tragedy of the Commons". *Science*, v. 162, n. 3859, pp. 1243-8, 13 dez. 1968.

2 A vacinação é uma externalidade possível, uma vez que protege outras pessoas de contrair a doença do recipiente.

3 *Poor Charlie's Almanack: The Wit and Wisdom of Charles T. Munger*. 3. ed. ampl. Prefácio de Warren Buffett, org. de Peter Kaufman. Virginia Beach, VA: Donning, 2008.

4 Leia a discussão em curso sobre a tributação do chamado *carried interest* na Wikipédia e na internet. O candidato presidencial republicano em 2012, Mitt Romney, foi um grande beneficiário.

5 O 1% do topo tem cerca de um terço da renda tributável, os 9% seguintes têm outro terço e os demais 90% têm o terço restante.

6 Para ter uma percepção simplista dos números, o governo recebeu 3,25 trilhões de dólares de receita em 2015 e o PIB foi de 18 trilhões. Se isentarmos 2 trilhões de dólares dos cidadãos muito pobres e tributarmos os restantes 16 trilhões do PIB a uma alíquota única, o resultado é 3,25/16 ou 20%.

7 De acordo com o Departamento de Seleção da Universidade da Califórnia, isso é mitigado pelo fato de mais da metade dos graduados não pagar mensalidade e mais de dois terços deles receber bolsas parciais ou integrais, na média de 16,3 mil dólares.

8 Meu neto Edward, quando era aluno do último ano do ensino médio, fazia um curso de matemática avançada (equações diferenciais parciais) na UCI. Trinta e um dos 36 alunos eram chineses. Como ignoravam que Edward fala mandarim fluentemente, ele entreouviu muitas conversas francas.

APÊNDICE A [pp. 421-3]

1 Para uma análise perspicaz de por que os índices de inflação da década de 1970 podem estar subestimados em consequência de uma série de revisões dos métodos de cálculo pelo governo, e das consequências disso para investidores e consumidores, ver "Fooling with Inflation", de Bill Gross (jun. 2008) em: <www.pimco.com>. Para números atualizados do Índice de Preços ao Consumidor e para os valores mês a mês, visite <ftp.bls.gov/pub/specialrequests/cpi> ou procure no Google.

APÊNDICE C [pp. 427-9]

1 *Los Angeles Times*, p. C5, 7 set. 2000.

REFERÊNCIAS BIBLIOGRÁFICAS

BASS, Thomas A. *The Eudaemonic Pie*. Nova York: Houghton Mifflin, 1985.

BLACK, Fischer; SCHOLES, Myron. "The Pricing of Options and Corporate Liabilities". *Journal of Political Economy*, v. 81, n. 3, pp. 637-54, 1973.

BLACKWOOD, Kevin; BARKER, Larry. *Legends of Blackjack: True Stories of Players Who Crushed the Casinos*. Daphne: Research Services Unlimited, 2009.

BOGLE, John C. *Bogle on Mutual Funds: New Perspectives for the Intelligent Investor*. Burr Ridge, IL: Irwin, 1994.

FELLER, William. *An Introduction to Probability Theory and Its Applications*. Nova York: Wiley, 1957. v. 1.

FOX, Justin. *The Myth of the Rational Market: A History of Risk, Reward, and Delusion on Wall Street*. Nova York: Harper Business, 2009.

GRIFFIN, Peter A. Introduction. *The Theory of Blackjack: The Compleat Card Counter's Guide to the Casino Game of 21*. Las Vegas, NV: Huntington, 1995.

GROSS, William H. *Bill Gross on Investing*. Nova York: Wiley, 1998.

IBBOTSON SBBI 2014 Classic Yearbook: Market Results for Stocks, Bonds, Bills, and Inflation, 1926-2013. Chicago, IL: Morningstar, 2014.

KELLY, John Larry. "A New Interpretation of Information Rate". *Bell System Technical Journal*, v. 35, n. 4, pp. 917-26, 1956.

LACK, Simon. *The Hedge Fund Mirage: The Illusion of Big Money and Why It's Too Good to Be True*. Hoboken, NJ: Wiley, 2012.

MACLEAN, Leonard C.; THORP, Edward O.; ZIEMBA, William T. *The Kelly Capital Growth Investment Criterion: Theory and Practice*. Hacksensack: World Scientific, 2011.

MALKIEL, Burton Gordon. *A Random Walk Down Wall Street: The Time-Tested Strategy for Successful Investing*. Nova York: W. W. Norton, 2007.

MEZRICH, Ben. *Bringing Down the House: The Inside Story of Six MIT Students Who Took Vegas for Millions*. Nova York: Free Press, 2002.

MUNCHKIN, Richard W. *Gambling Wizards: Conversations with the World's Greatest Gamblers*. Las Vegas, NV: Huntington, 2002.

MUNGER, Charles T. *Poor Charlie's Almanack: The Wit and Wisdom of Charles T. Munger*. 3. ed. ampl. Pref. de Warren Buffett. Org. de Peter D. Kaufman. Virginia Beach, VA: Donning, 2008.

O'NEIL, Paul. "The Professor Who Breaks the Bank". *Life*, pp. 80-91, 27 mar. 1964.

PATTERSON, Scott. *The Quants: How a New Breed of Math Whizzes Conquered Wall Street and Nearly Destroyed It*. Nova York: Crown, 2010.

POUNDSTONE, William. *Fortune's Formula: The Untold Story of the Scientific Betting System That Beat the Casinos and Wall Street*. Nova York: Hill and Wang, 2005.

SCHROEDER, Alice. *The Snowball: Warren Buffett and the Business of Life*. Nova York: Bantam, 2008. [Ed. bras.: *A bola de neve: Warren Buffett e o negócio da vida*. Rio de Janeiro: Sextante, 2008.]

SEGEL, Joel. *Recountings: Conversations with MIT Mathematicians*. Wellesley, MA: A K Peters/CRC Press, 2009.

SIEGEL, Jeremy J. *Stocks for the Long Run: The Definitive Guide to Financial Market Returns and Long-Term Investment Strategies*. Nova York: McGraw-Hill, 2008.

TALEB, Nassim Nicholas. *Fooled by Randomness: The Hidden Role of Chance in Life and in the Markets*. Nova York: Random House,

2005. [Ed. bras.: *Iludido pelo acaso: A Influência oculta da sorte nos mercados e na vida*. Rio de Janeiro: Record, 2003.]

TALEB, Nassim Nicholas. *The Black Swan: The Impact of the Highly Improbable*. Nova York: Random House, 2007. [Ed. bras.: *A lógica do cisne negro: O impacto do altamente improvável*. Rio de Janeiro: Best Seller, 2008.]

THORP, Edward O. "A Favorable Strategy for Twenty-One". *Proceedings of the National Academy of Sciences*, v. 47, n. 1, pp. 110-2, 1961.

_____. *Beat the Dealer: A Winning Strategy for the Game of Twenty-One*. Nova York: Random House, 1962, rev. 1966, rev. 2016.

_____. "Optimal Gambling Systems for Favorable Games". *Review of the International Statistical Institute*, v. 37, n. 3, pp. 273-93, 1969.

_____. "The Kelly Criterion in Blackjack, Sports Betting, and the Stock Market". In: ZENIOS, Stavros Andrea; ZIEMBA, William T. (Orgs.). *Handbook of Asset and Liability Management*. Amsterdam: Elsevier, 2006. v. 1.

THORP, Edward O.; KASSOUF, Sheen T. *Beat the Market: A Scientific Stock Market System*. Nova York: Random House, 1967. Disponível em: <www.edwardothorp.com>.

WONG, Stanford. *Professional Blackjack*. La Jolla, CA: Pi Yee, 1994.

ÍNDICE REMISSIVO

"$13 Billion Mystery Angels, The" (Zachary Mider), 449

3Com-PALM Pilot, negócio, 359-62

Academia Nacional de Ciências, EUA, 196

ações (ordinárias), 191-3, 196, 211-3, 234, 236, 251, 310, 339, 354, 366-8: ações A *versus* ações B, 405; ações de grandes empresas, 197, 207, 389; ações de pequenas empresas, 197, 207, 241, 250; ações estrangeiras, 371; ajuste no preço das ações, 456; alavancagem excessiva, crash de 1929 e, 389; aumento médio, 369; bolha especulativa, anos 1920, 387-8; "caça de retornos", 452; dados históricos sobre preços das ações, 245, 449; diferimento do lucro tributável, 373; histórias que vendem ações, 371; índice P/L e quando comprar, 370; liquidez e, 375; melhores investimentos no longo prazo, 368, 444; períodos de baixa queda nos preços, 368; rendimento do lucro, 370; Tabela 10: Retornos históricos por classes de ativos 1926-2013, 424; Tabela 11: Retornos históricos (%) para os investidores 1926-2013, 425; Tabela 12: Quadro de custos assumidos que reduzem os retornos históricos (%), 425; Tabela 13: Retornos anuais (%) 1972-2013, 426; valor em dólar das negociações com ações dos Estados Unidos, por ano, 451; venda de perda dedutível, 372-4; "*wash sale rule*", 373

ações de tecnologia, 318, 368, 402

Adler, Moshe, 404

alavancagem, 190; compreensão do uso por Thorp, 376; crise financeira de 2008-9 e, 191, 325, 388; diminuição da regulação e, 391; excessiva, crash de 1929, 388-9; excessiva, falência da LTCM, 324, 391, 400; imóveis e, 376; lições de, 376; regulação sobre, 403

alfa, 286, 297

Álgebra moderna básica (Garrett Birkhoff e Saunders MacLane), 82

Altman, Yale, 130

Amazon.com, 294

American International Group (AIG), 398-9

American Radio Relay League, 41

American Telephone and Telegraph Company (AT&T), 213, 244

análise dimensional, 62

análise técnica, 188

analistas quantitativos (*quants*), 209, 237, 245, 260, 294, 374, 451; novos derivativos e, 245, 393

ancoragem, 186-7

apostas, 117; critério de Kelly, 165, 182, 376, 444; estratégia do blackjack, 148; falha dos sistemas, 77, 158; Labouchère ou sistema de cancelamento, 157-8; sistema Martingale, 76; sistemas, 353

Arbitrage Management Company, 446

arbitragem, 288, 361-2; *ver também* arbitragem estatística

arbitragem de fusões e incorporações, 198, 288

arbitragem estatística, 451; altos retornos e, 295; Bamberger e Boss, 290-3; contagem de cartas em comparação com, 288; ideia básica, 289; MUD, sistema, 290; no Morgan Stanley, 290, 294; o que é, 288; portfólio de Thorp, 286-99; portfólio neutro ao mercado e, 290, 293; produto customizado, 294; Shaw e, 294; Star, método, 293; Tabela 16: Resultados da Arbitragem Estatística da, 434; Tabela 17: Desempenho Comparativo da XYZ, 434; XYZ, conta institucional, 295-6, 298, 433-4

Arrow, Kenneth, 200

Associação de Hotéis e Resorts de Nevada, 142

Associação de Professores de Física, 61

ativos: alocação, 366-79; alocação, critério de Kelly e, 377; melhores investimentos de longo prazo, 368, 444; Tabela 10: Retornos históricos por classes de ativos 1926-2013, 424; Tabela 11: Retornos históricos (%) para os investidores 1926-2013, 425; Tabela 13: Retornos anuais (%) 1972-2013, 426; Tabela 8: Grandes classes de ativos e subdivisões, 366

Atlantic City, Nova Jersey, 234

bacará, 127, 175-82; análise Thorp-Walden de, 176; apostas secundárias, 177; Banca e Jogador, apostas, 176; carta "de corte" branca, 176; carta descartada ("queimada"), 176; como é jogado, 175-6, 443; contagem de cartas e, 177-8; estilo Nevada, 175-6; estratégia de aposta de Kelly, 377; grandes apostadores e, 180; lucro do cassino e, 180; mudanças nas regras depois do teste de contagem de Thorp, 183; teste do sistema de contagem de Thorp em um cassino, 178-82; Thorp drogado durante o jogo, 181-2; vantagem da casa, 87, 176-7

Bachelier, Louis, 213-4

Baesel, Jerome, 242, 270, 289, 295, 451

Baile do Blackjack, 155

balanços patrimoniais, 334

Baldwin, Roger, 93

Bamberger, Gerry, 290-3, 295

bancos: "ações" de associação de empréstimo e poupança, 301; associações de poupança e empréstimo, 300; associações de poupança e empréstimo, colapso, 240, 300, 390, 402, 448; associações de poupança e empréstimo, conversões, 301-2, 304, 452; colapso de 1929, 389-90; disparando uma corrida clássica aos bancos, 400; Lei Glass-Steagall e, 392

bancos suíços, 190

Bank of America, 266

Barnhart, Russell T., 132, 134-7, 189; *Beating the Wheel*, 443

Barona Casino, sul da Califórnia, 155

Barra, empresa, 261, 293

Barron's, publicação, 266

Baruch, Bernard, 455

Bear Stearns, 264, 400

Beat the Dealer (Edward O. Thorp), 441; cartões de estratégias, 145, 172; como best-seller do *The New York Times*, 141; escrever o livro, 130; fraude pelo cassino e, 132; história de Bill Gross e, 384-5, 440; impacto de, 156; jogo em equipe e, 146-7; mudanças nas regras dos cassinos e, 143; porcentagem a favor do jogador e, 100-1; publicação de, 138; publicidade para, 138, 141; reações dos cassinos a, 142-3; sistema Alto-Baixo (Contagem de Pontos Completa), 148; Tabela 1: Efeito da remoção de uma carta do baralho e a estratégia definitiva (contagem de pontos), 149

Beat the Market (Edward O. Thorp e Sheen Kassouf), 194, 196, 198, 205, 213, 216, 221, 384, 446; website, 444

Beating the Wheel (Russell T. Barnhart), 443

Benny, Jack, 81

Benter, Bill, 155

Berkshire Hathaway, 27, 281, 349; ações A *versus* ações B, 381; análise da compra, 312-3; "cash drag" (saldo em dinheiro não investido), 313; como uma "guimba de charuto", 307; *buy-and-hold*, 307-8, 351, 457; dissolução da Buffett Partnership, Ltd. e, 197, 306, 452; Goldman Sachs e, 400; investimento de Thorp, 208, 305, 307-8, 310-3; posições em ações ordinárias, 310, 312; preço por ação, 307-8, 369, 381; programa de contribuição filantrópica dirigido pelos acionistas, 312; segmento de seguro, 310, 312; Shaw Industries, aquisição, regra dos 240 e, 429; subsidiárias integrais ou empresas controladas, 310, 312; Tabela 2: Retorno total das ações A da Berkshire Hathaway, em comparação com o S&P 500, em quatro períodos sucessivos, 314; Thorp e família na assembleia (2003), 308, 310-2

Bernard Madoff Investment Securities (BMIS), 263, 266-7

Bernstein, Joe, 441

beta, 286

Bezos, Jeff, 294

Big Player, The (Ken Uston), 147

Bill Gross on Investing (William H. Gross), 440

Black, Fischer, 216, 221, 231-3, 261

blackjack (vinte e um): antecedentes sobre, 87; Atlantic City e, 234; banimento de jogadores, 137-8, 146; caixas e baralhos múltiplos, 146; como é jogado, 87-9, 439; computador vestível de Thorp-Shannon, 171; comunidade do blackjack, 148, 442; contagem de cartas, 93-5, 100-4, 109, 145, 147, 149-52, 439; Dez ou cartas de valor Dez, 88; dividindo os pares, 88, 94, 120, 143; dobra (*doubling down*), 89, 94, 120-1, 143; embaralhamento não aleatório

465

e, 152-3; estratégia de apostas, 124, 440; estratégia de apostas de Kelly, 165, 377; estratégia de Baldwin, 87, 94-5, 439; estratégia de Thorp, vantagem do jogador, 100-1; estratégia definitiva, 102, 148, 442; fraude pelo cassino e, 132-9; guerra entre cassinos e jogadores, 144-56; ideia de Thorp para uma estratégia, 90-5, 439; ilegalidade dos computadores ocultos, 152; inovações de Harold Smith, 120; jogada de baralho único, 94, 100; jogo de equipe, 146-7, 155, 441-2; localização dos ases, 152-3; marcas e fantasmas, 152; medidas dos cassinos contra os jogadores, 138; método "fim de jogo", 131; modo de dar a segunda carta, 134, 136; mudanças nas regras depois de *Beat the Dealer*, 143, 145; nunca jogar (sob quais regras), 156; parar (*standing*), 88; períodos de "sorte", 121; popularidade do, 145; primeira sessão de Thorp num cassino, 89-90; programa de computador de Thorp para, 99-100, 102; "queima" de uma carta pelo crupiê, 94; rastrear o embaralhamento e, 152-3, 354; "reembaralhamento" pelo cassino, 118, 124; regras, 100, 439; regras favoráveis para, 117, 119, 156; Reid, site de, 442; seguro, 117; sete cartas somando 21, 90; Sistema Alto-Baixo, 146, 149; Sistema de Contagem de Cincos, 102-3, 109; Sistema de Contagem de Dez, 102-4, 109, 114, 121; sistemas de contagem de cartas, 148, 442; Tabela 1: Efeito da remoção de uma carta do baralho e a estratégia definitiva (contagem de pontos), 149, 442; tamanho da bolada, 126, 146-7, 440-1; tecnologia dos cassinos para reprimir os contadores de cartas, 151; teste da estratégia de Thorp pelos cassinos, 112-25; Thorp "quebrando a banca", 123; vantagem da casa, 93

blackjack (vinte e um), 87-108, 130-8

Blackjack Forum (publicação), 442

Black-Scholes, fórmula, 216, 221, 231-2, 446

Blaisdell, editora, 130

Blankfein, Lloyd, 400

Bloomberg, Michael, 280

Boesky, Ivan, 275

Bogle, John C., 444; *Bogle on Mutual Funds*, 444

bola de neve, A (Alice Schroeder), 444, 452

bolha pontocom, 296, 433

bolhas de ativos, 402-3

Bolsa de Opções de Chicago (CBOE), 219, 221, 446; opções de venda e, 231-2

Bolsa de Valores de Chicago, 155

Bolsa de Valores de Nova York, 220, 448; maior negociação única, 244; PNP, porcentagem das negociações diárias, 251

Bolsa Mercantil de Chicago, 248

Born, Brooksley, 392

Borsheims, joalheria, 309

Boss Partners, 292

Boston Globe, The, 108

Brands, H. W., 382

bridge: Buffett e, 198, 200, 203-4; mercado de ações comparado ao, 203; sistema de lances, 203; um jogo de informações imperfeitas, 203; Vivian Thorp e, 418

Britt, May, 80

Broadcom Corporation, 260

Brown, Robert, 214

Bruck, Connie, 126-7, 440

Bryant, Kobe, 412, 454

"Budget Basics: Things You Can Do to Trim Yours Today", 328

Buffett Associates, Ltd., 197

Buffett Partnership, Ltd., 196-7, 306, 445, 452

Buffett, Howard, 311

Buffett, Susie, 198

Buffett, Warren, 27, 196-204, 289, 444; "ajudantes", 347; Berkshire Hathaway e, 197, 306, 452; casa em Emerald Bay, 201-2; conselho de, 324; crise financeira de 2008-9 e, 403; critério de Kelly e, 378; dados não transitivos e, 199, 203, 445; exemplo de juros compostos, 198; fundos gerenciados por, taxa composta, 197; Gorat's Steak House e, 309; Graham e, 196, 198; "guimbas de charuto" e, 307; investimentos de interesse de, 198; jogo de bridge, 198, 200, 203-4; mercado em baixa de 1973-4 e, 217; método de Thorp *versus*, 201; riqueza de, 204, 449; Schwarzenegger e a questão dos tributos sobre imóveis, 201-2; sobre, 198; Thorp e, 196-204, 208; vencendo o mercado, 355

Bush, George W., 200, 296, 383

Caen, Herb, 441

cálculos, 104

"Can Beat Blackjack, Says Prof." (Richard H. Stewart), 108

Canadá, sistema financeiro do, 403

Carver, Mr. "Bunny", 40-1

casa soturna, A (Charles Dickens), 450

Casino (Nicholas Pileggi), 137

Casino Royale (Ian Fleming), 175

CDOs (obrigações de dívidas garantidas), 397

CDS (swap de crédito), 397-9

Challenger, desastre, 82, 438

chamada de margem, 389

Chang, John, 155

Chasson, Jack, 35-6, 40, 43, 51, 58, 60, 66, 69

Chicago, Illinois: escolas, 27-8; família Thorp em, 19-20, 33

Child's History of England, A (Charles Dickens), 24

China, 414, 459

Citadel Investment Group, 235, 260, 451

Civilian Conservation Corps (CCC), 401

Clair, Dick, 43, 59-60, 66, 69

Clark, Ben, 337

Classic Feynman (Ralph Leighton, ed.), 438

Clayton Homes, 310, 312

CMOS (obrigações hipotecárias garantidas), 394-6

cobre, 240

Coca-Cola, 310, 312

Cohen, Carl, 142, 182

Cohen, Paul, 128

Cohen, Richard, 443

Comissão de Controle de Jogos de Nevada, 133, 135-6, 143

Comissão de Negociação de Contratos Futuros de Commodities, 392

commodities, 188, 190, 238, 270, 366-7, 375, 448; *ver também* prata

Commodities Corporation, 270

Conferência Mundial para Proteção dos Jogos, 151; Thorp como orador principal, 2008, 156

conformistas e maximizadores, 275

conselhos de administração, 405

conversíveis, 209; abordagem de hedging de Thorp, 205; hedging, 198, 209; mercado de Tóquio, 243; PNP, métodos de avaliação de opções,

467

236; preferenciais conversíveis, 211; títulos, 194-5, 205, 211, 235, 261, 366, 384

Cootner, Paul, 214

Corregidor: The American Alamo of World War II (Eric Morris), 437-8

corrida de cavalos, 155

crescimento populacional, 339

Critério de Kelly, 377-8, 444, 457; apostas em jogos e, 165, 182, 376, 440, 443; decisões sobre investimentos e, 377-8

Crouch, Isobel, 181

Crouch, Ralph, 138, 178-9, 181-2

"Cui Bono?" (Quem Ganha?), 411

Cuidado com meu guarda-costas (filme), 35

curva de Gauss ou curva em forma de sino, 161, 215, 237

custo de oportunidade, 304, 452

D. E. Shaw & Company, 261, 295, 449

D'Souza, Dinesh, 327

Dailey, Dr., 19

Dairy Queen, 309

Dalitz, "Moe", 226

Danger in the Cards (Mickey MacDougall), 133, 441

Darwin, Charles, 105

Davis Jr., Sammy, 80-1

demonstrações de resultado, 334-6

derivativos, 216, 235, 366; contratos no mercado de balcão (OTC), 446; crise financeira de 1987 e, 244; crise financeira de 2008-9 e, 392, 403, 446; finanças quantitativas e, 244; PNP, métodos de avaliação de opções, 236; tentativa de regulação frustrada, 392

Desert Inn, cassino, Las Vegas, 142

Dewey, Thomas E., 259

Diaconis, Persi, 132

Dickens, Charles, 24, 450

DiPascali Jr., Frank, 267-8

Dirksen, Everett, 275

Discover, revista, 200, 445

Diversified Retailing, 306

dívida no cartão de crédito, 329

doações filantrópicas, 380, 385

dólar: impacto da inflação sobre, 103, 115, 128, 131, 326, 421-2, 459; Tabela 9: Índice de Preços ao Consumidor, 422-3

Dominelli, J. David, 279

Don't Call It Frisco (Herb Caen), 441

Donoghue, William F., 290

Dow Jones Industrial Average (DJIA), 198; como é calculado, 283; crise financeira de 1987 e, 245

Dow Jones Industrial, índice, 374

Drexel Burnham Lambert, 252-3, 258-9

Druckenmiller, Stanley, 318

Dunes, cassino, Las Vegas, 179, 183

Edmund Scientific Company, 44, 61

Einstein, Albert, 214, 455; movimento browniano e, 214

El Camino Junior College, 54

Electric Autolite, 185

Elliott, hedge fund, 235

embaralhamento de cartas, 133, 441; embaralhamento não aleatório, 152-3; localização de ases, 152-3; rastreamento do embaralhamento e, 152-3, 354; técnicas padronizadas dos cassinos, 153

Empress Des Mers (navio), 271

Emulex (EMLX), 277-8, 450

Erdös, Paul e número Erdös, 163

escalonamento, 409

"estratégia favorável para o vinte e um, Uma" (Edward O. Thorp), 106

Evans, Charles, 225

Evans, Gene, 143
Evans, Robert, 225
externalidades, 411, 459

Fama, Eugene, 281, 353-4
Federal Deposit Insurance Corporation (FDIC), 390
Feldman, Julian, 193
Feynman, Richard, 82, 159; caso da roleta, 82; *Classic Feynman*, 438; desastre da *Challenger* e, 82, 438
Filipinas, 32, 42
financiamento a prazo, 244
Flash Boys (Michael Lewis), 451
Fleming, Ian (*Casino Royale*), 175
Follett, Ken, 438
"Fooling With Inflation" (William H. Gross), 459
Forbes, revista: Forbes 400, lista, 294, 329, 331, 449, 455; sobre Berkshire Hathaway, 307
"fórmula da fortuna: O jogo de black-jack, A" (Edward O. Thorp), 106-9, 457
Fortune, revista, 206
Fortune's Formula (William Poundstone), 376, 378, 440, 457
Fox, Justin, 455-6
Francesco, Al, 147
Franklin, Benjamin, 382-3, 410, 419, 455
fraudes na internet, 277-9
Freeman, Robert, 252, 255, 257
Freud — Além da alma (filme), 226
Freud, Sigmund, 417
front-running (prática ilegal de obtenção de informações antecipadas no mercado), 282
fundos de dotação, 380-6; crescimento esperado, 381-2; de Franklin, 382-3; dotação Thorp para cátedra de matemática, 380-3; limite de gas-

tos para, 379, 381; melhores investimentos de longo prazo para, 379; perdas da Grande Recessão, 375
fundos fechados, 355-7, 456; SPACS, 358, 456
fundos mútuos, 186, 321, 344, 348-9, 455, 457; fundos mútuos; "caçando retornos", 452; ganhos ou perdas tributáveis acumuladas no ano, 351, 456; rastreamento pela Morningstar, 350; Tabela 7: Comparação de investimentos ativos *versus* passivos, 350
futuros, 247-9, 374, 403

Gambler's Book Store, 442
Gaming the Vote (William Poundstone), 445
Gangster #2 (Mark Stuart), 126
Gates, Bill, 204, 331, 454
Geico (Government Employees Insurance Company), 310, 312
Gelbaum, David, 451
Gen Re, empresa de resseguros, 310
Gerard, Ralph and Frosty, 196, 306, 444; Buffett e, 197, 200, 204; Thorp gerindo o portfólio de, 197, 208
gestão de dinheiro, 184
gestão de riqueza, 366-79; alocação de ativos e, 366; casa própria como investimento, 371-2; diversificação e, 368, 370; investidores ativos e, 369; melhores investimentos de longo prazo, 368; renda para a aposentadoria, 378-9; Tabela 10: Retornos históricos por classes de ativos 1926-2013, 424; Tabela 11: Retornos históricos (%) para os investidores 1926-2013, 425; Tabela 13: Retornos anuais (%) 1972-2013, 426
Getty, J. Paul, 260
Gillette, 310

Gissendanner, Greg, 458

Giuliani, Rudolph, 252, 255-6, 259, 292

Goldman Sachs, 238, 252, 261, 266, 400; bônus enormes pagos pelo, 400; negociações maciças da AT&T pela PNP, 244; recuperação do, 400; resgate da AIG e, 399; resgate do, 400

Gorat's Steak House, Omaha, 309-10

Goul, Claire (neta), 438

Goul, Richard (genro), 54

Government National Mortgage Association (GNMA) "Ginnie Mae", 448

Graham, Benjamin, 189, 196, 198, 206, 307, 455; *Security Analysis*, 184, 196

Grande Apostador, 148

Grande Depressão, 9, 22, 29, 43, 215, 217, 387, 447; colapso do sistema bancário, 389-90; crash do mercado de ações, 245, 387, 389, 458; desemprego, 389; o 1%, 404; WPA (Works Progress Administration) e CCC (Civilian Conservation Corps), 29, 401

Grande Pandemia de Gripe de 1918--9, 20, 437

Grande Recessão (crise financeira de 2008-9), 259, 297, 315, 387-406, 453; ações da Berkshire Hathaway, e, 369; *Cash for Clunkers* [Grana por Sucata], 401-2; crédito tributário na compra da primeira casa própria, 401; derivativos e, 245, 392, 403; desemprego e, 401; desigualdade econômica e, 404; desregulação e, 392; dotações universitárias e, 375; evitar a repetição, 406; excesso de alavancagem e, 191, 325, 388; expansão do crédito e, 393; hedge funds e, 237, 315-6, 325,

453; operações de resgate pelo governo e, 392, 400, 412; os ricos ficam mais ricos e, 325; perda de patrimônio líquido pelos domicílios dos Estados Unidos, 387; perdas do mercado de ações, 369; perdas dos imóveis, 368, 375, 387; setor de hipotecas e, 393; sinais de advertência, 391; SPACs, 358; títulos municipais e, 369

"grandes demais para falir", instituições, 297, 324, 401, 403

Green Felt Jungle, The (Ed Reid e Ovid Demaris), 154

Greenspan, Alan, 392, 403

Griffin Investigations, Inc., 146

Griffin, Beverly e Robert, 146

Griffin, Ken, 260

Griffin, Peter, 153, 442

Grosjean, James, 146, 155

Gross, William H. "Bill", 377, 384-5, 440, 457-9

Grossman, Harvey e Llewellyn, 122

Guare, John, 163

Guerra da Coreia, 73

Gutting, Russell "Junior", 130, 441

Hafen, Bellamia, 181

Hafen, Kay, 178-9, 181-2

Hall da Fama do Blackjack, 146, 151, 155

Hand, Eddie, 114, 119-27, 166

Harbor City, Califórnia, 57

Hardin, Garrett, 410

Harold's Club, Reno, 119

Harrah's Club, Las Vegas, 143

Hart, Jim, 43, 59, 66, 69

Harvey's Wagon Wheel, cassino, Nevada, 122-4

Haugen, Robert, 281

hedge funds, 184, 205-6, 270, 294, 445; ativos em 2015, 316; *"cherry-*

-picking" (escolher as cerejas), 323; como investimento, 317, 319-21; crash de 1987 e, 323; de Kovner, 271; falta de liquidez, 375, 453; fundos de fundos, 321; ganância e, 296; Grande Recessão, perdas, 315-6, 325, 375, 453; hedgeando com derivativos, 235; ineficiente do ponto de vista tributário, 320; investimentos de Thorp em, 313; limites da SEC e, 319; Madoff e, 266; mau desempenho, 1969, 206; o que eles são, 205-6; offshore, 206; origens do nóme, 206; OSM Partners e, 251; pesquisas, 320; PNP como, 204-61; práticas enganosas, 321-3; proliferação, patrimônio líquido total dos, 316; retorno, 187, 316-7, 453; riqueza dos gestores, 315-6, 319, 322; taxas, 316-7, 321, 453; tendência a perder o brilho, 322; títulos do Tesouro dos Estados Unidos *versus*, 318; vencendo o mercado, 355; volatilidade de 1988 e, 297; *ver também* fundos específicos

Heinz Nixdorf MuseumsForum, 172

Heller, Joseph, 262

Heráclito, 168

Hewlett-Packard 9830A, computador, 220

Hibbs, Albert, 158

Hillenbrand, Laura, 37

hipótese dos mercados eficientes (HME), 278, 281, 289, 353-5, 362; mercados reais *versus*, 363; negócio 3Com-PALM como exemplo que contraria a, 361; *quants* e, 393

History Channel, 127

Hodge, sr., 63-4

Hoffman, Dustin, 225

Holy Rollers, 155

Homem de São Petersburgo, O (Ken Follett), 438

Hull, Blair, 155

Hyland, Tommy, 147

IBM 704, computador, 98-100, 102

Iludido pelo acaso: A influência oculta da sorte nos mercados e na vida (Nassim Nicholas Taleb), 437

imóveis, 366-7; ações e títulos de renda fixa como melhores investimentos, 444; agrado político, 401; benefícios não quantificados da casa própria, 372; bolha, 368, 372, 393; bolha dos imóveis residenciais e, 402-3; casa própria como investimento, 371-2, 457; CMOS, 394-6; comerciais, como investimento de longo prazo, 368; falta de liquidez, 374-5; ficar "submerso", 376, 393; fundos imobiliários (REITS), 426; Grande Recessão, perdas, 368, 375, 387, 402; *liar loans* [empréstimos para pilantras], 393; lobby por, 393; pechinchar e, 273; perigos da alavancagem, 376, 388; preços médios dos imóveis residenciais americanos, 372; setor de hipotecas e, 393

impacto no mercado, 247, 346, 449

impostos: alíquota única neutra à receita, 413; *carried interest*, 459; como reduzir impostos sobre os investimentos, 374; cortes de 2001, 392; diferimento de ganhos tributáveis, 373; hedge funds e, 320; investidores isentos de imposto, 350-1; investidores sujeitos à tributação, 351, 372-4; o 1% e, 336, 455; patrimônio líquido, renda e, 334, 336; renda tributável de negócios não correlatos (UBTI), 320;

sobre ganhos de capital, 348, 373; sobre investidores ativos, 347; sobre valor agregado, 413; Tabela 6: Com um investimento que rende 8%, pagar impostos todos os anos a 35%, a 20%, e pagar 20% no fim, 348; Thorp, ideias sobre reforma, 412-3, 459; venda de perdas dedutíveis, 372-4; *wash sale rule*, 373
incentivo perverso, 219
indexação, 344-52, 444; alocação de ativos e, 366; como selecionar um fundo, 350; *buy-and-hold versus*, 352; crescimento composto e, 339; fundo de índice de ações, 373; fundos com taxas baixas ou sem taxas, 347, 350, 456; fundos de índice, 275, 315, 339, 381, 456; fundos mútuos, 344, 350; investidores passivos, 345-6, 350; princípio de Sharpe, 345; quem deve indexar, 351; rastreando um índice, 374; saldos de caixa e, 349; Tabela 7: Comparação de investimentos passivos *versus* ativos, 350
inflação, 421-2, 459; Tabela 10: Retornos históricos por classes de ativos 1926-2013, 424; Tabela 11: Retornos históricos (%) para os investidores 1926-2013, 425; Tabela 13: Retornos anuais (%) 1972-2013, 426; Tabela 9: Índice de preços ao consumidor, 422-3
Instituto Califórnia para Medicina Regenerativa (CIRM), 383, 385
Instituto Internacional de Estatística, Viena, 231
Intel Science Talent Search, 438
Invencível (Laura Hillenbrand), 37
investimento hedgeado, 192-4, 201, 235, 446; hedge neutro, 194; ouro e futuros de ouro, 240; Thorp e

3Com-PALM, negócio, 361; Thorp gerenciando portfólios hedgeados, 194, 196, 205, 208, 270
investimentos alternativos, 186, 316, 375
IPC Communications Inc., 362
"It's Bye! Bye! Blackjack" (David Scherman), 141
Ixnet, Inc., 362

J. P. Morgan & Co., 325
Jacobs, Bruce, 243
jogo: análise matemática dos jogos, 90; bacará, 175-82; blackjack, 87-108, 130-8; caso do agente do Tesouro dos Estados Unidos e, 226; cassinos barrando a entrada de jogadores, 121, 131, 154; cassinos e falta de relógios, 118; como imposto socialmente extorsivo sobre a ignorância, 409; computadores ocultos e, 171-2; corrida de cavalos, 91; curiosidade de Thorp sobre, 92; divulgação por Thorp de sua estratégia no blackjack, 104-5; equilíbrio entre risco e retorno, 83; estratégia de Kelly, 165; fraude pelo cassino, 115, 132-6, 139; "fraude" definida nos estatutos de Nevada, 154; ganhos dos Estados Unidos com, 90; inovações de Harold Smith, 120; interrupção não afeta resultados, 133; investimento como, 184; jogos de pura chance, 90; lei de Nevada contra dispositivos, 171, 443; método "fim de jogo", 131; necessidade de vantagem, 86; perfil do contador de cartas bem-sucedido, 178; problema dos sistemas vencedores, 107; roleta, 66, 76-7, 157-73; sistema Martingale, 76; Teorema Fundamen-

tal da Contagem de Cartas, 177; Thorp proibido de jogar em Las Vegas, 182; vantagem da casa, vários jogos, 87; vantagem do cassino considerada imbatível, 76-7; *ver também* jogos específicos

"Jones Nobody Keeps Up With, The" (Carol Loomis), 206

Jones, Alfred Winslow, 206

juros compostos (crescimento composto), 27, 198, 337-43, 437; como caminho para a riqueza, 336-7; compra de Manhattan e, 198, 445; exemplo, Anne Scheiber, 337-8; exemplo, João Medroso e José Ousado, 338; regra dos 72, 340, 427-8; trustes perpétuos, 339

Kassouf, Sheen, 193-4

Katleman, Beldon, 226

Kaufman, Charles A., 226

Keith, Agnes (*Three Came Home: A Woman's Ordeal in a Japanese Prison Camp*), 438

Kelly Capital Growth Investment Criterion: Theory and Practice, The (Leonard C. MacLean, Edward O. Thorp e William T. Ziemba, orgs.), 457

Kelly, John L., 165, 376, 443

Kennedy, John F., 80, 109

Kerr, Clark, 382

Keynes, John Maynard, 402

Kimmel, Emmanuel "Manny,", 113-27, 166, 441; financiando Thorp, 117-26, 440; presente de colar de pérolas e, 113; "sobrinhas" de, 113

Kinney Service Corporation, 126

Klauser, Henriette Anne, 437

Kovner, Bruce, 270-1

Kramer, William, 80-1

Krugman, Paul, 282, 397, 403

Laguna Beach, Califórnia, 34, 200

Las Cruces, Novo México, 132, 174-5, 178, 182, 188, 192, 211, 227

Las Vegas Advisor (guia), 442

Las Vegas Sun, 143

Las Vegas, Nevada: aparência, 1958, 86; caso do agente do Tesouro dos Estados Unidos e, 226; figuras famosas e conectadas, 226; fraude pelo cassino e, 135, 138-9, 226; lado escuro de, 137; primeira visita de Thorp, 75; teste do computador de roleta vestível de Thorp-Shannon, 167-9, 171; Thorp reconhecido em, 179; Thorp testa o sistema de bacará dos cassinos, 178-82; Thorp testa seu Sistema de Contagem de Dez, 103-4; transformação empresarial de, 154; viagem de Natal em 1958, 86-90; viagem de Thorp, em 1961, com "Junior", 130; viagem de Thorp, em 1962, para identificar fraudes pelos cassinos, 133-5

"Lawnchair Larry", 45

Lehman Brothers, 400

Lei Bancária de 1933, 390

lei de Nevada sobre dispositivos, 171-2

lei de potência, fórmula, 329, 454

Lei de Repressão ao Crime Organizado (Rico), 254, 257

Lei do Mercado de Capitais, 1934, 248

Lei Glass-Steagall, 390, 392

Leibniz, Gottfried Wilhelm, 105

Leland, O'Brien and Rubinstein, empresa, 246

Levy, Kenneth N., 243

Lewis, Michael, 451

Life, revista: *Beat the Dealer* como best-seller e, 141; "The Professor Who Breaks the Bank", 138, 141, 440

liquidez, 374-5

lógica do cisne negro, A (Nassim Nicholas Taleb), 391

Lomita, Califórnia, 34, 37, 56-7

Long Beach, Califórnia, 52-4

Long-Term Capital Management (LTCM): alavancagem excessiva, 324, 391, 400; colapso, 296-7, 324, 391, 433, 453; liquidação, 324, 392, 453; resgate, 297, 324, 392; retorno anual para os investidores, 324

Loomis, Carol, 206

Los Angeles Daily News, 38

Los Angeles Examiner, 36-8

Los Angeles Times Magazine, 260

Love Story — Uma história de amor (filme), 225

MacDonald, John D., 326

MacDougall, Mickey, 133, 134-5, 137, 189; "Even 'Honest' Vegas House Cheats", 441

MacGraw, Ali, 225

Madoff, Bernie, 263-9, 277, 450; estratégia de preço *split-strike*, alegação de, 263, 268; Markopolos tenta interessar a SEC em, 266; reportagem na *Barron's* sobre, 266; Thorp suspeita de fraude por parte de, 264, 268-9

Madoff, Peter, 264, 268

Maione, Gia, 139

Malthus, Robert, 339

MAR, índice, 449

Marcum, Jesse, 441

margem: colapso do LTCM e, 391; crash de 1929 e, 388-9, 391; margem de manutenção, 390, 458; o que é, 247, 398; regulação de, 390, 456; sobre CDSs, 398

Markopolos, Harry, 266

Markowitz, Harry, 446, 448

Martindale's livraria, Beverly Hills, 184

Marx, Paul, 310, 458

Massachusetts Institute of Technology (MIT): computador vestível de Thorp-Shannon, 129, 170, 172, 441, 443; Departamento de Matemática, 99, 111, 128-9, 441; equipe de blackjack, 147, 155; Media Lab, 129, 170, 441; museu, 172, 441; netos de Thorp no, 441; professores notáveis no, 128-9; publicação da estratégia de blackjack de Thorp, 104-6; Shannon e Thorp no, 105-6, 159-62, 439; Thorp aceita oferta de emprego, 96-7; Thorp e calculadoras Monroe, 97; Thorp e programa de blackjack para o computador IBM 704, 98-102; Thorp, aluguel em Cambridge, 97; Thorp, lecionando no, 96, 99, 111, 129; Thorp, pesquisas sobre roleta, 106

Master of the Game (Connie Bruck), 126

matemática: análise de jogos de apostas, 75, 77, 90; análise funcional, 439; aplicada, interesse de Thorp por, 228; blackjack e, 90; bridge como jogo de informação imperfeita, 203; cálculos de probabilidade, 408; curva em forma de sino, 161, 215; dados não transitivos, 200, 445; desvio padrão, 26, 437; doutorado de Thorp em, 78, 81, 84, 86; estratégia de Baldwin e, 87; Fields e Abel, prêmios, 128, 129; jogo interrompido e, 133; livro de Birkhoff e MacLane, 82; na UCLA, 78, 85, 93; no MIT, 99, 128-9; número de Erdös, 163; números primos, 107; previsão da roleta e, 77; problema da secretária ou casamento, 276; raciocínio plausível, 215, 446; regra transitiva, 199, 445; regressão para a média, 453; "ruído", 77; Teorema de Pitágoras, 438; Teorema Fundamental da Contagem de Cartas, 177; teoremas, 77, 438; teoria da medição, 439; teoria da probabilidade, 92, 158; Thorp, pesquisa em, 97, 104, 111; versão americana de prefixos de números, 25 *ver também* juros compostos

McCain, John, 200

McCoy, Judy, 270, 304

Medallion Fund, 451

Mentes brilhantes, rombos bilionários [The Quants] (Scott Patterson), 397

Mera coincidência (filme), 225

mercado de ações e investimentos: ações ordinárias, preço, visão clássica, 354; alfa, 286, 297; análise técnica, 188; analistas quantitativos (*quants*), 209; ancoragem, 186; beta, 286; Black-Scholes, fórmula, 216, 221, 231-2, 246, 446; "caça de retornos", 452; composição típica de ações, 197; conflitos de interesses em, 258; critério de Kelly, 165, 377; custos de negociações, 347-8; desonestidade e, 239; distorções do mercado, 1979-82, 239-40; equilíbrio entre risco e retorno, 83; erros psicológicos dos investidores, 186, 342; escalonamento, 409; Estados Unidos como potência mundial dominante e, 414; fator de desconto, 215; ficar "comprado", 248; *float*, 455; fraudes e riscos, 277-84; fraudes na internet, 277-9, 450; HME (hipótese do mercado eficiente) e, 278, 281, 289, 353-5; indexação, 344-52; indicadores, 242; índice preço/lucro (P/L), 370, 448; ineficiência do mercado, 281, 289, 359, 365; interesse de Buffett, 198; investidor de longo prazo (*buy-and-hold*), 282, 352, 455; investidores "de valor", 368; investidores ativos, 345-9; investidores isentos de impostos, 350-1; investidores passivos, 345-6, 350, 368; investidores sujeitos à tributação, 351, 372-4; investimento hedgeado, 193-4; investir em comparação com jogar, 184; juros compostos, 198; liquidez, 374-5; manter segredos, 164; margem, 247, 389; melhores investimentos de longo prazo, 368; mercado em baixa de 1973-4, 216-7; modelo log-normal, 246, 447; momentum ou impulso, 188; necessidade de vantagem, 86; negociações com informações privilegiadas, 275, 355; *net asset value* (NAV), 356-8; oferta pública inicial (IPO), 358; períodos de "sorte", 121; portfólio neutro em relação ao mercado, 286, 290, 293, 321; portfólios com beta negativo ou positivo, 286; preço de exercício, 192; preços das ações e curva em forma de sino, 215; predições e, 91; Princípio de Sharpe, 345, 349, 352; problema do principal-agente, 191; regra do *uptick*, 248; regra geral para a recuperação, 235; rendimento do lucro (L/P), 289, 370, 448; residual, 293; riqueza relativa, 447; risco de alavancagem, 190; risco, recompensa e incerteza, 409; Tabela 10: Retornos históricos por classes de 1926-2013, 424; Tabela 11: Retornos históricos (%) para os investidores 1926-2013, 425; Tabela 12: Quadro de custos assumidos que reduzem os retornos históricos (%), 425; Tabela 13: Retornos anuais (%), 426; Tabela 6: Com um investimento que rende 8%, pagando o imposto todos os anos a 35%, a 20%, e pagando 20% no fim, 348; Tabela 7: Comparação de investimentos passivos *versus* ativos, 350; "teste de estresse" de um portfólio, 237; Thorp, fórmula do preço "correto", 194; Thorp, fórmula para negociações, 213-6, 220, 231, 446; Thorp, lição das mesas de blackjack, 119; Thorp, método integral, 232; Thorp, primeiros erros em investimentos, 183, 188, 190-1; títulos mobiliários líquidos, 286; valor do mercado de ações dos Estados Unidos (2014), 371; VAR ou "value at risk", técnica, 237; vencendo o mercado, 353-65; venda a descoberto, 193, 206, 210, 244, 248-9, 288, 290, 295, 361; volatilidade das ações, 220; "volatility pumping" (bombeamento de volatilidade), 457; *ver também* tipos específicos de investimentos

Meriwether, John, 323-4

Merrill Lynch, 400

Merton, Robert, 216, 324

metais preciosos, 238-9

Meyer, Frank, 260

Mezrich, Ben, 147, 442

Microsoft Corporation, 331

Midas, sistema de negociações, 243, 251

Mider, Zachary, 449

Milken, Michael, 252, 255, 257

Million Dollar Blackjack (Ken Uston), 147

Minuit, Peter, 199, 445

Mizusawa, Steven, 242, 261, 270, 280, 286-7, 347, 451

mnemotécnica (ciência da memorização), 125

modelo log-normal, 246, 447

momentum ou impulso (de ações), 188

Money Angles (Andrew Tobias), 447

Monte Carlo, 157

Moran, Gertrude "Gorgeous Gussy", 127

Morgan Stanley, 400; arbitragem estatística em, 290, 294, 299; ex-analistas quantitativos em, criando hedge funds, 295; Gestão de Ativos, 451; perdas, 293; resgate, 400

Morgan, Henry, 150

Morningstar, 350

Morris, Eric, 437-8

Moskowski, Steven, 78

MUD, sistema, 290

Munger, Charlie, 309-11, 378

Myth of the Rational Market, The (Justin Fox), 455-6

Narbonne High School, 35, 39, 50, 55-60, 62

Nasdaq, 361; HFTs e, 282; índice composto, 283, 444

Nash, John, 128

National Cash Register (NCR), 82

National Review, 137

Navalha de Occam, 194

Nebraska Furniture Mart, 309

negociação com informações privilegiadas, 275, 355

NetJets, 310

New York Times, The, 141; "Ações caem por preocupação com rendimentos", 283-4; "Adolescente frauda mercado de ações como passatempo extracurricular", 279; artigo de Science Times, seis graus de separação, 164; caso 3Com-PALM Pilot, 362; "When Economic Bombs Drop, Risk Models Fail", 453

Newman, Jerome, 206

Newman, Paul, 224
Newport Beach, Califórnia, 243; casa de Thorp em, 211, 285; escritório de Thorp em, 211; pechinchando imóveis, 273
Newport Harbor, Califórnia, 285
Newton, Sir Isaac, 105
Nicholas III, Henry T., 260
noise traders, 274

O'Brien, Tim, 453
Oakley Sutton Securities, 292
Observatório Lowell, Flagstaff, Arizona, 175
Olsen, Edward A., 143
Omaha, Nebraska, 311
Onze de Setembro, ataque terrorista de, 296, 354, 433
opções, 236, 366; Black-Scholes, fórmula e, 246; mercados americanos, 243; mercados asiáticos, 243; negociações da Bolsa de Opções de Chicago (CBOE), 219; opções americanas, 232; opções de compra, 231-2; opções de venda, 231-2; opções europeias, 232; opções sobre ações, 195; OTC, 220, 446; taxas, 220
operadores de alta frequência (HFTs), 281, 451
OSM Partners, 251, 322
ouro e futuros de ouro, 239
"Overthrowing the Overpaid" (Moshe Adler), 404

Pacific Investment Management Company, 385
Pacific Mutual, 385
Palace Club, Las Vegas, 158
paradoxos do voto, 200, 445
Paramount Studios, 225
Pareto, Vilfredo, 329
Paris Hotel, Las Vegas, 151

Patterson, Scott, 403; "Old Pros Size Up the Game", 457
Pearson, Karl, 158
People, revista, 226
Philbin, Regis, 329
Pileggi, Nicholas (*Casino*), 137
Pimco, 377
Poincaré, Henri, 78, 213
Ponzi, esquemas, 239, 280, 399, 450; de Madoff, 263-4, 266, 268-9, 277, 319
Poor Charlie's Almanack: The Wit and Wisdom of Charles T. Munger (Peter Kaufman, org.), 411, 459
Poundstone, William, 376, 457; *Fortune's Formula*, 376, 440, 457;
prata: alta e baixa dos preços, começo dos anos 1960, 189; compras de Rickenbacker, 189; compras de Thorp, 190; PNP, negociações com, 240
preço/lucro (P/L), índice, 370, 448
Prima, Louis, 139
Primeira Guerra Mundial, 20, 29, 43
Princeton Newport Partners (PNP), ex-Convertible Hedge Associates: anos de operações, 233, 243; apostando em hedge *versus* blackjack, 210; arbitragem estatística de, 251; Baesel na, 289; Bamberger e Boss, 290-3; capital societário na, 217; CBOE, negociações e, 221-2; celebridades de Hollywood envolvidas com, 224, 226; como maior player, mercado de warrants japonês, 251; como neutra no mercado, 321; computadores e sala de computadores na, 220, 291; confiança em métodos quantitativos, 209; contratação de Mizusawa, 242; crise financeira de 1987 e, 245-50; derivativos e, 235; desempenho, 216,

234, 241, 250, 256, 430-2; despesas legais, 256; empregados e remuneração, 218-9; encontrando investidores, 206; escritório em Newport, 211-2; especialização de, 209; expansão, 243, 250-1; expansão de oportunidades de investimento, 219, 240, 251; fechamento da, 256, 261; fitas de áudio da sala de negociações e, 253-4; formação da, 208; gestão de impostos, 373-4; gestão de riscos, 236, 238, 245, 250, 448; Giuliani e Rico, indiciamentos, 252-60, 292; hedgeando com derivativos, 235; hedgeando com operações de AT&T, 244; hedgeando com ouro, 239; lucro, primeiros dois meses, 208, 216; Memorando Particular de Colocação Privada, 213; mercado em baixa de 1973-4, 217; método integral e, 232-3; métodos de negociações de opções, 236; Midas, sistema de negociações, 243, 251; negociação AT&T, 213, 244; negociações internacionais, 243; novos tipos de negociações, 243, 251, 448; operador-chefe na, e pechinchas, 274; pico, 298; práticas de contratações, 253; produtos de investimentos de, 251; Projeto Indicadores, 241-3, 289; Regan e, 205, 207, 226-7, 252-3, 255; Resorts International, bônus de subscrição, 233-4; riqueza de Thorp e, 225; Tabela 14: Retorno Anual em Porcentagem, 430-1; Tabela 15: Desempenho Comparativo da Princeton Newport, 432; testes do método de investimento, 239; Thorp, análises diárias, 211-2; Thorp, fórmula de negociação, 214-6, 220-1; Thorp,

plano inicial para, 210; vencendo o mercado, 355

Princeton Newport Partners (PNP), ex-Convertible Hedge Associates, 207-61

problema principal-agente, 191

Proceedings of the National Academy of Sciences, 105

Professional Blackjack (Stanford Wong), 442

Projeto Manhattan, 175

Proposition 13 (lei da Califórnia), 202

Quaife, Art, 457

Quantum Fund, 318

Quebrando a banca (filme), 147, 155

Quebrando a banca (Bem Mezrich), 147, 442

Rabi, I. I., 65

Random Character of Stock Market Prices, The (Paul Cootner, org.), 214

Random House, 130

Regan, Jay, 205, 207, 213, 226-7, 252-3, 255

regateio, 272, 274

regra do *uptick*, 248

regra dos 72, 340, 427, 429, 437; tabela, 428

regra transitiva, 199

Reid, Richard, 442

REITS (Real State Investment Trusts- -fundos imobiliários), 426; Tabela 13: Retornos Anuais (%), 426

remuneração de executivos, 405

Renaissance Technologies, 315, 451

renda para a aposentadoria, 378-9

rendimento do lucro, 289, 370

Reno, Nevada, 90; Harold's Club, 119; teste da estratégia de blackjack de Thorp pelo cassino, 112-25; Thorp disfarçado, 139, 141; viagem de

Thorp, em 1962, para localizar fraudes, 135-6

Renoir, Jean, 78

Resorts International, 233-4, 447

Ricardo, David, 404

Rickenbacker, Eddie, 136

Rickenbacker, William F., 136, 189

Ridgeline Partners, 295-8, 374; colapso da LTCM e, 391; desempenho da, 298; fechamento da, 299; neutra no mercado, 321; PNP *versus,* 298; reduzindo o impacto do mercado na, 347; vencendo o mercado, 355

rio sagrado, O (filme), 78

riqueza, 326-36; até que ponto você precisa ser rico, 326; ativos e, 366; balanços patrimoniais, 334; cálculo da riqueza futura, 455; cálculo do patrimônio líquido, 331-3; cálculo por cidade, município, região ou estado, 330-1; como patrimônio líquido, 334; crescimento composto e, 329, 336, 337-43; demonstração do resultado, como elaborar, 334-6; desigualdade econômica, 327, 336, 404, 454-5; domicílios milionários, 328; econômica *versus* renda tributável, 336, 369; gestores de hedge funds, 315-6, 319, 322; Grande Recessão, perdas para domicílios dos Estados Unidos, 387; inflação e, 326-7; investimentos e aumento na, 334; lei de potência, fórmula, 329, 454; média dos domicílios americanos, 327; níveis de riqueza de MacDonald, 326; o 1%, 331, 336, 404, 412, 455, 459; poupando seis dólares por dia, 328; redirecionando despesas e acumulando, 328; remuneração de executivos, 404-5; renda e, 334; ricos com ligações políticas, 412;

riqueza dos domicílios nos Estados Unidos, 327-8; Tabela 3: Classificações de riqueza, 327; Tabela 4: Números estimados de domicílios mais ricos, Estados Unidos, Ano 2014, 330; Tabela 5: Estimativa do patrimônio líquido de um domicílio, 332; *trade-offs* entre riqueza, saúde e tempo, 341-2; "unidades" de super-ricos, 331; valor de reposição *versus* liquidação, 333-4

risco, 184, 409; alavancagem e, 190; arbitragem e, 288; Bamberger, gestão de riscos de, 291; bolada no blackjack e, 126, 440-1; *buy-and--hold versus* indexação, 352; critério de Kelly e, 377; diversificação e, 368; fraude, embuste e, 238-9; hedging, 206, 209, 234; hipotecas residenciais e, 395; investidores ativos *versus* passivos, 346; investimentos seguros e, 368; operações de resgate e, 404; políticas de seguro e, 395; "teste de estresse" de um portfólio, 237; Thorp e gestão de, 190, 215, 236, 286, 292, 448; VAR ou "value at risk", 237

Riverside Hotel, Reno, 135-6

Robertson, Julian, 318

roleta, 157-73; desvio padrão da predição, 161; americana, e regras do jogo, 164-5; analogia de Thorp, 66; apostas que pagam o mesmo valor investido, 157; caso Feynman, 82; computador vestível de Thorp--Shannon, 106, 111, 129-30, 159-62, 165-72, 443; computador vestível de Thorp-Shannon, teste, 167-8, 170-1; estudo de Thorp em Las Vegas, 85; experimentos de Thorp, 83; história, 157; ideias de Thorp sobre predições, 66, 77, 91; incli-

479

nação da roda, 166; Poincaré, prova, 78; rodas viciadas e vantagem, 158, 443; roleta europeia, 165, 438; sistema de Thorp-Shannon torna-se público, 171; sistema Laouchère ou de cancelamento, 157-8; sistema Martingale e, 76; tamanho da aposta em jogos favoráveis, 165; teoria da probabilidade e, 158; vantagem do cassino, 165; *voisinage*, ou "vizinhança", aposta, 169
roleta-russa, 162
Roosevelt, Franklin D., 29, 32
Rubin, Max, 155
Ryder Industries, 127

sabedoria das multidões, 270
SAC Capital Advisors, 266
Saez, Emmanuel, 455
saldo de dinheiro não investido (*cash drag*), 313, 349
Salomon Brothers, 251, 323
Samuelson, Paul, 214
Sands, cassino, Las Vegas, 86, 142, 182-3
Santayana, George, 406
Scheiber, Anne, 337-8
Scherman, Dave ("It's Bye! Bye! Blackjack"), 141
Scholes, Myron, 216, 221, 231, 324
Schroeder, Alice, 444, 452
Schwartz, Howard, 442
Schwarzenegger, Arnold, 201-2
Schweizer, Berthold, 439
Science News-Letter (agora *Science News*), 64
Scott, Tom, 82
Seawise Giant (navio), 271
secretária ou casamento, problema, 276
Securities and Exchange Commission (SEC): destruição de documentos

pela, 266; fraudes na internet, 450; hedge funds e, 319, 322, 375; Madoff e, 266-7
Security Analysis (Benjamin Graham e David L. Dodd), 185, 196
See's Candies, 309-10, 312
Segunda Guerra Mundial, 30, 32-3, 38, 41-3, 70-1
Segunda-Feira Negra (colapso do mercado de ações em outubro de 1987), 245-6, 248, 391; Berkshire Hathaway, preço da ação, 308; PNP e, 374; resposta de Thorp, 249-50; seguro de portfólio e, 246-8; simulação Boss e, 292
seguro de portfólio, 246
Selfridge, John, 107
setor de hipotecas, 393-7 empréstimos a taxa fixa, 395; regulação canadense de, 403
Shakespeare, William, 318
Shannon, Betty, 164, 167-8, 170, 172
Shannon, Claude, 105-6, 159, 164, 376, 439; computador vestível para blackjack de Thorp-Shannon, 170; computador vestível para roleta de Thorp-Shannon, 106, 111, 129-30, 159-62, 165, 167, 170, 172; graus de separação e, 162, 164; meta de investimento, 172; morte de, 172; teste do computador vestível paras roleta de Thorp-Shannon, 167-71; último encontro com Thorp, 172
Sharpe, Bill, 345
Sharpe, índice, 296, 449
Sharpe, Princípio de, 345, 349, 352
Shaw, David E., 294
Shelton, John, 446
Shiller, Robert, 372
Shows, George, 279
Siegel, Bugsy, 137
Simmons, Cecil, 142

Simons, James, 315, 451

Sinatra, Frank, 182

Sinetar, Al e Adele, 79-80, 83

Sinetar, Ray, 98

Singer, Isadore, 128

Smith Jr., Harold, 120

Smith, Adam, 404; "mão invisível", 410

Smith, Benjamin F., "System Smitty", 441

Smith, Harold, 119-20

Snyder, Arnold, 442

Sociedade Americana de Matemática, 104; apresentação de Thorp: "A fórmula da fortuna: O jogo de blackjack", 106-9, 112

Sociedade Americana de Química, sul da Califórnia, exame para bolsas de estudo, 50, 54, 56

Sorgenfrey, Robert, 86

Soros, George, 318

Sortino, índice, 449

SPACS, 358, 456

Sports Illustrated, 138, 141

Sr. Mercado, 189, 191

St. George, Utah, 153

Standard & Poor's 500 (S&P 500), 198, 208, 216, 283, 374; contratos futuros e, 247; crise financeira de 2008-9 e, 315; desempenho da PNP *versus*, 250, 449; desempenho, 1973-6, 235; fundos mútuos e, 348-9; máxima de todos os tempos 9 de outubro de 2007, 387; mercado em alta 1994-2000, 433; mercado em baixa 1973-4, 217; mergulho do, 1987, 237; ponto mais baixo, 2009, 387, 403; retorno anualizado, 241, 250, 296; Tabela 16: Resultados da Arbitragem Estatística da XYZ, 434; Tabela 17: Desempenho Comparativo da XYZ, 434; Tabela 2: Retorno

total das ações A da Berkshire Hathaway, em comparação com o S&P 500 , em quatro períodos sucessivos, 314

Stark, hedge fund, 235

Stateline, Nevada, 121

Stern, Ronald, 458

Stewart, Dick, 108

Stuart, Mark, 126

Stump, sr., 50-1, 55

Summers, Lawrence, 392

Surdez, Georges, 162

Taft, Keith, 442

Taleb, Nassim Nicholas, 391; *A lógica do cisne negro*, 391; *Iludido pelo acaso*, 437

Tartaglia, Nunzio, 290

Tax Notes, periódico, 336

Taylor, Angus, 84, 96, 104, 276, 439

tempo a perder, 342

Teorema de Pitágoras, 438

Teorema Fundamental da Contagem de Cartas, 177

teoria da probabilidade, 92, 158

Theory of Blackjack, The (Peter A. Griffin), 154

Thornton, T. T., 438

Thorp, Edward O.: a vida como acasos e escolhas, 110; caráter, 21, 43, 58-9, 62, 70, 74, 111, 168, 417, 418; conselho sobre viver a vida, 418; correr na maratona, 153; doação filantrópica e, 380, 385; duas questões que o orientaram, 74; escolha de futuros e, 168; experimentação e, 10, 21; necessidade de verificar as coisas por si mesmo, 10, 21, 91-2; processos mentais de, 9-10; sabedoria compartilhada por, 407-15; significado de sucesso para, 262, 417; site, 438; sobre a reforma tributária,

412-3, 459; sobre cálculos de probabilidade, 408; sobre compreender as pessoas, 410-1; sobre educação, 407-9, 414; sobre os ricos com ligações políticas, 412; sobre questões de política pública, 412-3; infância e primeiros anos, 19-85; "Alguns cálculos originais", ensaio, 65; ambições de bolsas de estudos, 51, 55, 61-2; anos de ensino médio, 39-63; bolsa de pós-graduação em Columbia, 76; começando a falar, 19-20, 437; competências em matemática, 26-7; Concurso Anual de Talentos Científicos Westinghouse, 64-6, 438; concurso de química e exame, 50-6; confinamento de nipo-americanos, 43; construindo uma plataforma voadora, 44-5; divórcio dos pais, 60; educação pelo pai, 21-2, 26-7; em Chicago, 19-20; empregos, 29, 36-8, 82; encontro com Truman, 66; escolas e comportamento em sala de aula, 27-8, 35-6; exame de física e bolsa de estudos, 62-3; experimentos com a roleta, início, 83; explosivos e, 47-9, 438; família da mãe e, 31-3, 42-3; família e antecedentes, 9; Grande Depressão e, 9, 28-9; ideias para um dispositivo eletrônico vestível, 64; interesse por astronomia, 175; interesse por ciência, 44; irmão e, 22, 32-3, 42; Las Vegas, primeira visita, 75; levantamento de pesos, 76; livros lidos por, 22, 24, 60; mentor, Jack Chasson, 35-6, 40, 43, 51, 58, 60, 69; mentor, sr. Hodge, 63-4; mudança da família para a Califórnia, 34; na fazenda Kesters, 24; operação de radioamador, 40-1, 44, 46, 63; pobreza de, 68, 74, 76,

80-1; primeiras lembranças de, 19; rádio de galena e, 10, 39; retenção inusitada de informações, 25-6; roleta, ideia para prever os resultados, 66, 77; Segunda Guerra Mundial e, 30, 32-3, 37-8, 43; teste de QI, 35, 57; travessuras e experimentos, 46-9, 52-4, 61; tuberculose e, 42; UC-Berkeley e, 62, 67-9; UCLA e, 69-78, 80-5; vida acadêmica como sonho de, 51, 79, 92; Vivian Sinetar e, 70-1, 74, 78-9, 81, 83-4; xadrez e, 29-30; jogo, passeios, teorias, sistemas, 86-183, bacará, 175-82; *Beat the Dealer* e, 100, 130, 138, 156; blackjack (vinte e um), 87-108, 130-56, 439-40; bolada de Kimmel e Hand, 113-25; carro adulterado depois do teste do bacará, 182-3; caso de contagem de cartas em Porto Rico, 150-1; ciência como jogo, 164; clamor público por sua estratégia de blackjack, 112; computador vestível de blackjack de Thorp-Shannon, 170; computador vestível de roleta de Thorp-Shannon, 106, 111, 129-30, 159-62, 165-7, 172; disfarces usados por, 139-40; drogado durante jogo de bacará, 181-2; estratégia de blackjack, publicação, 106; estratégia de Kelly e, 165; fraude em cassinos e, 132-6; habilidade em contagem de cartas, 151; na Universidade Estadual do Novo México, 129, 132, 167, 174-5, 189; necessidade de uma vantagem, 86; no MIT, 96-108, 128-9; palestra sobre estratégia do blackjack na Sociedade Americana de Matemática, 106-9; programa de computador para blackjack, 99-100; rastreamento do embaralhamento e, 153; roleta, 106, 111, 129-30, 157-73; Teorema Fundamental de Contagem de Cartas, 177; teste de teorias e, 10, 91, 163; teste do computador vestível de roleta de Thorp-Shannon, 167-70; teste pelo cassino da estratégia de blackjack, 112-25; teste pelo cassino do sistema de contagem de cartas no bacará, 178-82; vantagem do jogador no blackjack e, 100; viagem de Natal a Las Vegas (1958), 86-91; visado por cassinos, 136

Thorp, Edward O.: mercado, investimentos, sociedades, conselhos financeiros, 184-434; 3Com-PALM Pilot, negócio, 359-62; *Beat the Market*, 194, 196, 198, 205, 213; Berkshire Hathaway e, 208, 305-13, 452; Buffett e, 196-204, 208; Citadel Investment Group e, 260; colaboração com Kassouf, 193-4; deixa a academia (1982), 230; descobrindo fraude financeira, 264, 266, 268-9; dotação para cátedra acadêmica, 380-3; em encruzilhada profissional, 208; empréstimos e poupanças mútuas, conversões, 299-305; estratégia de investimento de nicho, 172; estratégia de Kelly e, 165; estudando o mercado de ações, 184-5, 191; fórmula de negociação, 213-6, 220, 231, 446; gestão de portfólio hedgeado, 194, 196, 201, 204, 208, 270, 294; gestão de riqueza, 366-79; gestão de riscos, 190, 215, 236, 249, 286, 292, 448; lições sobre o problema do principal-agente, 191; lucros de, 204, 211, 227; "método integral" para a avaliação de opções, 232-3; métodos de avaliação de opções, 236; Mi-

das, sistema de negociações, 243; operações de arbitragem estatística, 286-305, 433-4; parceria para comprar um petroleiro, 271; PNP e, 204-61, 430-2; portfólio pessoal, 313; primeira tentativa em investimento, 183; primeiro escritório, 212; primeiros erros em investimentos, 185, 188, 190; resposta a Segunda-Feira Negra de 1987, 249-50; Ridgeline Partners, 295-8; vendendo conhecimentos sobre arbitragem estatística, 270; warrants, 10, 191-4, 215

Thorp, James "Jimmy" (irmão), 22, 32-3, 42, 61

Thorp, Jeff (filho), 139, 155, 174, 263, 281; assembleia geral ordinária da Berkshire Hathaway, 308-12; Com-PALM Pilot, negócio, 359-62; empréstimos e poupanças mútuas, conversões, 299, 303; investimentos hedgeados, 359-62; SPACS e, 456

Thorp, Josie (mãe), 20-3, 25, 34, 42; casa-se com Oakley Thorp, 33; divórcio de, 60-1; Filipinas e família de, 32, 42-3; irmão Edward, 31

Thorp, Karen (filha), 130, 139, 155, 162, 174

Thorp, Oakley Glenn (pai), 20-2, 26-9, 47, 67; *Beat the Dealer*, publicidade e, 141; divórcio de, 60; morte de, 142; nas Filipinas, 33; trabalho em Todd Shipyards, 34

Thorp, Raun (filha), 98, 108, 130, 132, 139, 155, 167, 174, 308

Thorp, Vivian Sinetar (esposa), 153, 167, 245; ajudando nos experimentos com a roleta, 83; caráter de, 222; casa com Thorp, 80; casa em Newport Beach, 211; como apoio a Thorp, 81; como juíza de caráter, 223; como leitora, 418; conhece Thorp na UCLA, 70; dotação para cátedra de matemática, 380-3; em Las Cruces, Novo México, 132, 174; família e antecedentes, 70, 79-80; filha Karen, nascimento, 130; filha Raun, nascimento, 96, 98; interesses de, 418; investimentos de Thorp e, 185, 189, 210, 223; jantar com os Buffett, 198; Kimmel e as "sobrinhas" dele, 113; morte de, 418; na política, 222; na UCLA, 70; parentalidade por, 222; prosperidade e, 227-8, 262; publicidade sobre o sistema de blackjack e, 108; sistema codificado de ligações a cobrar, 116, 118, 121, 124; teste do computador vestível de Thorp e, 167-70; teste do sistema de bacará pelo cassino e, 178, 180-1; Thorp no MIT e, 99; Thorp, blackjack, e, 90, 104, 113, 131; "três graus de separação" e, 163; viagem de Natal a Las Vegas, 1958, 86

Tichenor, Ava (neta), 308-1

Tichenor, Brian (genro), 308, 311

Tiger Fund, 318

títulos: GNMA, títulos da, 447; Grande Recessão e, 387; melhores investimentos de longo prazo, 444; municipais, isentos de impostos, 369; preservação da riqueza nos tempos ruins e, 390; Tabela 10: Retornos históricos por classes de ativos 1926-2013, 424; Tabela 11: Retornos históricos (%) para os investidores 1926-2013, 425; Tabela 12: Quadro de custos assumidos que reduzem os retornos históricos (%), 425; Tabela 13: Retornos anuais (%) 1972-2013, 426; títulos

conversíveis, 194-5, 211, 235, 261, 366, 384; títulos podres, 258

títulos de renda fixa, 366-7; *ver também* títulos, títulos do Tesouro dos Estados Unidos

títulos do Tesouro dos Estados Unidos, 318, 367, 378, 409, 446; escalonamento, 409; Segunda-feira Negra, 1987 e, 246; sem risco, 286, 446; SPACS e, 358; Tabela 10: Retornos históricos por classes de ativos 1926-2013, 424; Tabela 11: Retornos históricos (%) para os investidores 1926-2013, 425; Tabela 13: Retornos anuais (%) 1972-2013, 426; Tabela 17: Desempenho Comparativo da XYZ, 434; taxa média, 296, 370; Thorp, fórmula de negociações e, 216

títulos mobiliários com liquidez imediata, 286

Tobias, Andrew, 447

Tombaugh, Clyde, 175

Treasure Island, Las Vegas, 154

"três graus de separação", 162

Truman, Harry S., 66

Ulam, Stanislaw e o conceito Ulam-Teller, 175

"Understanding the Kelly Criterion" (Edward O. Thorp), 378, 457

Universidade Columbia, 76

Universidade da Califórnia em Berkeley: Jacobs-Levy, sistema de negociações e, 243; Thorp na, 63, 67-9

Universidade da Califórnia em Irvine, 205; alunos chineses na, 459; Centro de Pesquisas sobre Células-Tronco Sue e Bill Gross, 385-6; departamento de matemática, 228-9; discussões Thorp-Baesel na, 289; doação de Thorp para cátedra, 380-

3; doação dos Thorps ao CIRM, 385; futuro da, 382; legado de Gerard à, 444; Paul Merage School of Business, 242; pesquisa sobre células-tronco e, 383, 385; Sharpe em, 345; tabuleta na porta de uma sala, 27; Thorp como catedrático do Departamento de Matemática, 228-9; Thorp como docente fundador do Departamento de Matemática, 192; Thorp contrata talentos de, 218; Thorp na Escola de Pós-Graduação em Admnistração, 229; Thorp, reputação como investidor, 196; Thorp-Kassouf, colaboração, 193-4

Universidade da Califórnia em Santa Cruz, 171; Eudaemonic Pie, grupo de físicos, 171

Universidade da Califórnia, Los Angeles (UCLA): Associação Cooperativa de Moradia Universitária, 69-70; *Daily Bruin*, jornal, 72; descoberta de Thorp, roubada, 104; Haugen, trabalho sobre ineficiência dos mercados, 281; Thorp como instrutor na, 85, 96; Thorp e Angus Taylor, 84; Thorp e cursos de matemática, 81; Thorp eleito para a Phi Beta Kappa, 74; Thorp frequenta, 69-76; Thorp quase expulso da, 72-4; Thorp, doutorado em matemática, 84-6, 96; Thorp, palestra sobre o problema da secretária ou casamento, 276; Thorp, pesquisas de, sobre sistemas de jogo, 92; Thorp, romance na, 71-2, 74; Vivian Sinetar e, 70

Universidade da Califórnia, sistema, 414

Universidade de Chicago, Centro de Pesquisas sobre Preços de Títulos Mobiliários (CRSP), 242

Universidade Estadual do Novo México: Crouch em, 178; Departamento de Matemática, 138, 178; Thorp, interesse por astronomia e, 175; Thorp, lecionando na, 129, 132, 167, 174-5, 189; Thorp, primeira tentativa no mercado de ações, 183

Universidade Harvard: Diaconis lecionando em, 133; fundo de dotação, 315, 375, 453; Griffin na, 260; Grosjean e, 155; "Junior" (Russell Gutting), 131; Merton em, 325; Munger na escola de direito de Harvard, 310

Universidade Princeton, fundo de dotação, 375

Universidade Stanford, fundo de dotação, 375

Universidade Yale, fundo de dotação, 375

Universidade Yeshiva, 337

Uston, Ken, 147

utilidade marginal decrescente, 455

valor intrínseco, 189

Value Line, 241

Van Hedge Fund Advisors, 318

Vanguard Total US Stock Index, 381

Vanguard, fundos de índice de ações sem taxas, 456

Vanguard, S&P 500 Index Fund, 328, 381

VAR ou "valor em risco", 237

venda a descoberto, 193, 206, 210, 244, 248, 250, 288, 290, 295; negócio da 3Com-PALM Pilot, 361, 456; regra do *uptick*, 248

Vickrey, Vic, 142, 143

volatilidade, 220

"volatility pumping" (bombeamento de volatilidade), 457

Vonnegut, Kurt, 262

Walden, William E. "Bill", 175-6
Walford, Roy, 158
Wall Street Journal, The, 222, 325; Buffett sobre a crise financeira de 2008 e, 403; 3Com-PALM Pilot, negócio, 362; "Old Pros Size Up the Game", 457
Wall Street Letter, 207-8
Wallace, Alfred Russell, 105
Walters, Billy, 443
warrants, 10, 191-4, 367; AT&T, 213; exemplo, warrants da Sperry Rand, 191; fórmula de Thorp, 194, 215; hedging, 192, 198; mercado de Tóquio, 243, 251, 294; Resorts International, 233-4; Ryder, 127; Thorp--Kassouf, colaboração sobre, 193-4
Washington Post, The, 110, 310
Wesco Financial, 310
Westinghouse, Concurso Anual de Talentos Científicos, 64-6
Weyerhaeuser, 261
"When Economic Bombs Drop, Risk Models Fail" (Tim O'Brien), 453

Wiener, Norbert, 128
Wilcox, Joe, 154
Wilmott revista, 378, 446, 449, 457
Wolfe, Tom, 110-1
Wong, Stanford, 442
Works Progress Administration (WPA), 29, 401
World Book Encyclopedia, 310
Writing on Both Sides of the Brain (Henriette Anne Klauser), 437
Wynn, Steve, 154

XYZ, conta, 296, 298, 433-4; retorno anualizado, 296; Tabela 16: Resultados da Arbitragem Estatística da XYZ, 434; Tabela 17: Desempenho Comparativo da XYZ (gráfico), 434

"You Can So Beat the Gambling House at Blackjack, Math Expert Insists" (Tom Wolfe), 110-1

Zamperini, Louis, 37
Zwillman, Abner "Longie", 126

TIPOGRAFIA Arnhem Blond
DIAGRAMAÇÃO Osmane Garcia Filho
PAPEL Pólen Soft, Suzano S.A.
IMPRESSÃO Paym Gráfica, setembro de 2021

A marca FSC® é a garantia de que a madeira utilizada na fabricação do papel deste livro provém de florestas que foram gerenciadas de maneira ambientalmente correta, socialmente justa e economicamente viável, além de outras fontes de origem controlada.